Helmut Lukesch

Einführung in die
Pädagogische Psychologie

PSYCHOLOGIE
in der Lehrerausbildung
Band 1

Helmut Lukesch

Einführung in die Pädagogische Psychologie

3. Auflage

S. Roderer Verlag, Regensburg 1997

CIP-Titelaufnahme der Deutschen Bibliothek

Lukesch, Helmut:

Einführung in die pädagogische Psychologie / Helmut Lukesch
3. Aufl. - Regensburg : Roderer, 1997
    (Psychologie in der Lehrerausbildung ; Bd. 1)
    ISBN 3-89073-188-0

1997 S. Roderer Verlag, Regensburg

Inhaltsverzeichnis

8. Literatur 324

Vorwort

Das vorliegende Buch ist aus einem mehrsemestrigen Vorlesungszyklus über das psychologische Grundwissen für die Lehrerausbildung hervorgegangen. Die spezifischen Anforderungen, die sich dabei in der Lehrerausbildung stellen, können durch das Studium der inzwischen zahlreichen und gehaltvollen Abhandlungen über Pädagogische Psychologie (z.B. Gage & Berliner, 1986; Weidenmann et al., 1993; Mietzel, 1993) sehr gut erfüllt werden. Um aber den Zugang zu den relevanten Aspekten zu erleichtern, wurden die Themen in der vorliegenden Form zusammengestellt.

Die Herkunft des Buches aus einer Vorlesung soll nicht verschwiegen werden. Das bedeutet auch, daß das eine oder andere Unterkapitel in enger Anlehnung an die Primärliteratur abgefaßt wurde. Die gewählte Publikationsform in einer kleinen Auflage soll es dabei ermöglichen, auf Neuentwicklungen relativ schnell einzugehen.

Insgesamt ist ein fünfbändiges Werk geplant, mit dem den Erfordernissen einer fachlichen Ausbildung künftiger Lehrer aller Schularten in Psychologie entsprochen werden soll. Das hier vorgestellte Buch, die *Einführung in die Pädagogische Psychologie*, bildet die zweite Auflage des ersten Bandes dieser Reihe. Der dritte Band, die *Einführung in die pädagogisch-psychologische Diagnostik*, liegt ebenfalls bereits in zweiter Auflage vor (Lukesch, 1994). Als nächstes geplant ist Band 2, der die Grundlagen von *Lernen, Gedächtnis und Denken* beinhalten soll. Band 4 ist der *Sozialpsychologie der Schule und der Familie* vorbehalten. Im Band 5 sollen *Lernstörungen, Verhaltensauffälligkeiten und Erziehungsschwierigkeiten des Kindes- und Jugendalters* abgehandelt werden.

Obwohl für die Lehrer- und Lehrerinnenausbildung ebenfalls zentral, ist nicht vorgesehen, die Entwicklungspsychologie in die vorliegende Reihe aufzunehmen. Und zwar aus dem einfachen Grund, da dieses Gebiet durch zahlreiche Monographien bereits bestens abgedeckt ist (z.B. Kohnstamm, 1988; Oerter & Montada, 1987; Schenk-Danzinger, 1985; Rost, 1982; Nickel, 1972).

Das von mir präferierte Verständnis des Faches Pädagogische Psychologie (vgl. Kap. 1.1) ist das einer technologisch ausgerichteten Disziplin. Man könnte auch sagen, daß hier die psychologischen Themen nach Möglichkeit unter den Gesichtspunkten der Förderung, Prävention, Intervention und Rehabilitation behandelt werden sollen. Dabei ist auch eine Einführung in die dafür vorhandenen psychologischen Konzepte und Theorien vonnöten. Wie aber darzustellen sein wird, muß solches Hintergrundwissen nicht unbedingt gegeben sein, um wirkungsvoll zu handeln (vgl. Kap. 1.3).

Ziel- und Wertungsfragen sind im vorliegenden Kontext kaum angesprochen, obwohl verantwortbares Handeln immer auch eine Auseinandersetzung über die Begründbarkeit eines Sollzustandes und eine Entscheidung für eine bestimmte Zielsetzung enthält, der (die) dann als „Verbesserung" einer gegebenen Verhaltensdisposition oder eines sozialen Zustandes angesehen wird.

Obwohl Pädagogische Psychologie mehr als die psychologisch relevanten Aspekte von Schule umfassen kann, erfolgt hier eine Konzentration auf diese Institution. Dabei werden auch Exkurse in bezug auf eher bildungssoziologische Fragestellungen unternommen, die für den Leserkreis relevant sein könnten (z.B. zur Frage der ehemals nachgewiesenen Unterrepräsentation von Mädchen in höheren Bildungsgängen oder die Frage der schichtspezifischen Bedingungen einer unterschiedlichen Bildungsbeteiligung) und die zeitweilig im Forschungsinteresse des Autors standen.

Aufgrund zahlloser Diskussion ist der Verfasser um eine geschlechtsneutrale Formulierung bemüht. Am leichtesten schien dies durch die sprachlich holprige und nur wenig gebräuchliche Einfügung eines „I" (SchülerInnen, LehrerInnen) möglich zu sein. Es ist zu hoffen, daß damit einer Verwechslung des grammatikalischen mit dem biologischen Geschlecht bzw. der sozialen Geschlechtsdefinition vorgebeugt wird.

Insgesamt soll durch die vorliegende Konzeption ein für die erzieherische Praxis relevantes und zugleich kompaktes Angebot an die Interessenten für psychologische Fragestellungen aus dem Lehramts- und Nebenfachbereich gemacht werden. Nicht zuletzt ist diese Reihe auch für Beratungslehrer oder Schulpsychologen gedacht. Die methodischen Anforderungen wurden deshalb in dieser Schrift bewußt gering gehalten; außer einfachsten statistischen Grundbegriffen (Verteilungskennwerte, Korrelationskoeffizienten) wird nichts vorausgesetzt. Auch dies soll dazu beitragen, nicht von den Inhalten abzuschrecken, sondern weitergehendes Interesse zu stimulieren.

Nicht zuletzt darf ich allen danken, die am Entstehen des Buches mitgearbeitet haben. Dieser Dank gilt zuerst Frau Helga Mader, die für alle Sekretariatsarbeiten verantwortlich war. Frau Dipl.-Psych. Barbara Eiwan hat die zahlreichen Abbildungen gestaltet, Frau Dipl.-Psych./Dipl.-Päd. Angela Bohrer und Frau Mary Jack haben das Manuskript Korrektur gelesen, Frau Bohrer hat ein Personen- und Sachwortregister angefertigt. Auch allen meinen Studenten und Studentinnen darf ich für ihre Anregungen und Fragen in den Vorlesungen herzlich danken.

Aus verlegerischen Gründen wird die Reihe „Psychologie in der Lehrerausbildung" ab 1997 im Verlag S. Roderer (Regensburg) fortgeführt.

Regensburg, Oktober 1997   Prof. Dr. Helmut Lukesch

1. Einleitung

Mit denen aus einer etymologischen Herleitung des Begriffsverständnisses von Psychologie verbundenen Konnotationen (Psyche = Atem, Hauch, im übertragenen Sinn Seele; Psychologie als „Seelenwissenschaft") vermag sich diese Disziplin schon seit langem nicht mehr zu identifizieren. Bereits Lange (1866) hat die Psychologie als Wissenschaft *ohne* Seele charakterisiert, da der Begriff der Seele mit metaphysischen Vorannahmen, die sich einer empirischen Überprüfung entziehen, vorbelastet sei. Nüchtern wird heute die Psychologie als die (empirischen Methoden verpflichteten) Erfahrungswissenschaft vom Erleben und Verhalten bezeichnet, wobei mit „Erleben" der Innen- und mit „Verhalten" der Außenaspekt des Gegenstandes der Psychologie umschrieben wird (Pongratz, 1967).

Wie „Innen" und „Außen" zusammenwirken, bleibt dabei offen, wiewohl es in der Geschichte des Faches Antwortextreme in beide Richtungen gegeben hat. Bekannt ist die für eine historische Phase des Faches wichtige Position des Behaviorismus (ca. 1910 - 1950), in der es im amerikanischen Raum verpönt war, subjektive Erlebnisse zum Gegenstand psychologischer Forschung zu machen. Vertreter dieser Richtung wollten sich darauf beschränken, das Verhalten in Abhängigkeit von situativen Gegebenheiten zu analysieren (Input-Output-Relationen, wobei der Organismus nur als „black box" figurierte). Dabei hat z.B. Skinner (1970) nicht die Existenz subjektiver Erlebnisse geleugnet - er war nur davon überzeugt, daß diese nichts zur Verhaltenserklärung beitragen würden. Die strikt reduktionistische Position (in dem Sinn zu verstehen: es gibt nur Verhalten, alles andere ist subjektiver Schein), die wieder als Antwort auf eine vorwiegend introspektive Methoden gebrauchende und streckenweise höchst spekulativ anmutende Erlebnispsychologie zu verstehen ist, wird heute allenfalls im Sinne eines methodischen Behaviorismus akzeptiert (Meichenbaum, 1979). Damit ist die Forderung gemeint, möglichst genau und an Verhaltenskriterien festgemachte Indikatoren für die als wesentlich erachteten theoretischen Konstrukte und intervenierenden Variablen (McCorquodale & Meehl, 1948) zu verwenden, um beliebige Interpretationen von psychischen Prozessen zu vermeiden bzw. diese möglichst exakt auf empirischem Weg prüfbar zu machen.

Der Psychologie kommt als wissenschaftlicher Disziplin eine dreifache Aufgabe zu und zwar
(1) die Phänomene ihres Gegenstandes zu beschreiben (dies ist allerdings ohne einen theoretischen Kontext nicht denkbar; vgl. Bunge, 1967),

(2) zu erklären (mit Hilfe von Hypothesen, Gesetzen und Theorien über die einzelnen Bereiche; nomologische Problemstellung) und

(3) eventuell auch noch Verfahren für eine zielbezogene Veränderung zu entwikkeln und zu evaluieren (technologische Problemstellung).

Eine etwas andere Antwort auf die Frage, was denn eigentlich Psychologie sei, hat Schneewind (1975) in einer Monographie (Psychologie - Was ist das?) gegeben: Auf einen kurzen Nenner gebracht, wird dabei expliziert, daß Psychologie die Wissenschaft vom menschlichen Handeln und Erleben sei. Dies ist eine wesentlich engere Festlegung als die zuvor gegebene Umschreibung, u. zw. weil

(1) der Handlungsbegriff nur Verhaltensweisen umfaßt, die bewußt, geplant und zielgerichtet (intentional) sind. Dabei sei eine unterschiedlich automatisierte Steuerung von Handlungen (z.B. Autofahren vs. Problemlösen) zugestanden.

(2) damit tierpsychologische Untersuchungen ausgeschlossen werden, d.h. es erfolgt eine Engführung auf den Bereich der „Humanpsychologie". Dies ist insofern mit der Fachtradition nicht ganz in Einklang, da aufgrund der allgemein akzeptierten darwinistischen Position die phylogenetischen Kontinuitäten besonders in den Grundlagenfächern der Psychologie sehr deutlich gesehen werden (z.B. existieren verschiedenste Formen des Lernens auf sehr frühen Stufen der Stammesgeschichte, der Mechanismus der klassischen Konditionierung ist schon bei Wirbellosen nachweisbar). Das Tier ist außerdem ein gutes Modell für die Untersuchung von Prozessen, die beim Menschen - eventuell aufgrund ethischer Bedenken - nicht manipulierbar sind. Hinter der z.T. sehr intensiven und unreflektierten Übertragung tierexperimentell geprüfter Ergebnisse steht auch der Versuch, zu möglichst kulturabhängigen Theorien zu kommen, wie es ja ebenfalls allgemeines wissenschaftliches Bestreben ist, Regularitäten mit möglichst großer Allgemeinheit (aber auch mit hohem empirischen Gehalt) zu finden.

Geleistet wird mit diesen Definitionsversuchen eine vage Gegenstands- oder Bereichsumschreibung. Man kann aus den Beispielen zumindest folgern, daß immer dann, wenn es um Verhaltens- (Handlungs-) oder Erlebensaspekte geht, auch eine psychologische Problemstellung gegeben ist. Die psychologische Perspektive ist dabei aber keinesfalls die einzige. Nolting und Paulus (1985, S. 16) illustrieren dies an dem (wohl unwahrscheinlichen, aber stereotypen) Beispiel, daß „ein Vater sein Kind schlägt". Dieses Ereignis kann unter der Perspektive der verschiedensten Fachdisziplinen analysiert werden, z.B.

Psychologie: Hat Schlagen Auswirkungen auf das Selbstwertgefühl des Kindes? Übt der Vater damit eine Modellfunktion aus? Werden aus geschlagenen Kindern wieder schlagende Eltern?

Jurisprudenz: Hat der Vater das Recht, sein Kind zu schlagen? Handelt es sich um eine noch tolerierbare Erziehungsmaßnahme oder bereits um den Tatbestand der Kindesmißhandlung?

Theologie: Ist es mit den Vorstellungen einer christlichen (jüdischen, mohamedanischen ...) Erziehung zu vereinbaren, daß der Vater sein Kind züchtigt?

Soziologie: Ist das Verhalten des Vaters typisch für Erziehungs- und Bestrafungspraktiken bestimmter gesellschaftlicher Gruppen oder Schichten?

Medizin: Welche körperlichen Schäden sind die Folge? Kann man aufgrund der Art von Verletzungen auf Mißhandlungen schließen (z.B. Mehrfachverletzungen in derselben Körperregion)?

Diese Perspektiven sind sicherlich nicht die einzigen. Aus dem Beispiel kann man auch ersehen, daß strikte Grenzziehungen zwischen den einzelnen wissenschaftlichen Disziplinen nicht immer möglich und sinnvoll sind, z.T. lassen sich Grenzüberschreitungen auch gar nicht vermeiden (vgl. z.B. die psychologischen Fragestellungen mit den soziologischen). Bisweilen sind Grenzüberschreitungen sogar sehr fruchtbar, weil u.U. bestimmte Fragestellungen in einer Nachbardisziplin besser gelöst werden können oder weil es für diese in benachbarten Gebieten bereits paradigmatische Problemlösungen bzw. Problemlösungsroutinen gibt.

1.1 Pädagogische Psychologie - Was ist das?

(1) Unter Pädagogischer Psychologie wird oft eine „verkürzte" Darstellung der Psychologie für LehrerInnen verstanden (Ewert, 1979, S. 16). Es werden in diesen „Psychologien für Pädagogen" die für Erziehungsprozesse relevant gehaltenen Aspekte der Differentiellen Psychologie, der Entwicklungspsychologie, der Sozialpsychologie, der Allgemeinen Psychologie oder der Psychologischen Diagnostik vorgetragen, wobei die Frage der Umsetzung den Rezipienten überlassen bleibt. Obwohl gegen dieses Begriffsverständnis polemisiert wird (Hofer, 1987, S. 82), leben viele der heutigen Lehrbücher der Pädagogischen Psychologie von diesem Gegenstandsverständnis (z.B. weite Teile von Gage & Berliner [1986] oder Mietzel [1993]). Solche Darstellungen sind insofern nützlich „als Wissenschaft immer besser ist als Nicht-Wissen ... Beschreibung und Erklärung von Realität wirkt aufklärend, generiert 'Hintergrundwissen', macht das Unverstandene begreifbarer, vermag dem praktisch Handelnden neue Denkanstöße zu geben" (Hofer, 1987, S. 83). Letztlich rechtfertigt dieses Verständnis aber nicht die Existenz eines eigenständigen Faches „Pädagogische Psychologie".

(2) Ein zweites Verständnis von Pädagogischer Psychologie bezieht sich darauf, daß hierbei die Erziehungswirklichkeit - als ein Teilbereich der Realität - mit der empirischen Methodik der Psychologie beschrieben und erklärt werden soll (Ewert, 1979, S. 19). Dies läßt sich dadurch begründen, daß in den sog. Grundlagendisziplinen die spezifischen Kontexte (z.B. Schule, Familie, Betrieb), die für die sog. angewandten Fächer konstitutiv sind, nicht ausreichend thematisiert sind, eine Beschreibung der Rahmenbedingungen durch das Fach selbst geleistet werden muß.

Nach Ewert (a.a.O.) findet man diese Ansicht um die Jahrhundertwende bei Ferdinand Kemsies (vgl. seine Forderung nach Forschungen zu dem gesetzmäßigen Zusammenhang zwischen erzieherischer Einwirkung und den „Phänomenen der Kinderseele"), Wilhelm A. Ley (empirisches Vorgehen verstanden als Beobachtung in der konkreten pädagogischen Situation => Feldforschung) und Ernst Meumann („experimentelle Pädagogik auf psychologischer Grundlage" => laborexperimentelles Vorgehen) vertreten. Die Fragen, die dabei untersucht werden, können höchst heterogen sein, die verbindende Klammer ist das Arsenal der empirisch-experimentellen Methoden der Psychologie (zur Illustration vgl. z.B. die Beiträge in der von Meumann begründeten „Zeitschrift für experimentelle Pädagogik").

(3) Ein drittes Verständnis bezieht sich auf Pädagogische Psychologie als „Theorie einer Praxis" (Ewert, 1979, S. 25). Damit ist gemeint, daß nicht von außen an die Erziehungs- und Lernprozesse Theorien herangetragen werden sollen, sondern daß diese Prozesse „Gegenstand einer eigenen Theorienbildung" sein sollen (dies ist am ehesten noch für den Teilbereich der „Instructional Psychology" gewährleistet).

In diesen Kontext wäre auch der Vorschlag Hofers (1987, S. 87) einzuordnen, nach dem Pädagogische Psychologie der Teilbereich der Psychologie ist,

„der sich mit der Beschreibung, Erklärung und Verbesserung jener Realitätsausschnitte einschließlich ihrer Bedingungen und Konsequenzen befaßt, in denen Erzieher und Educanden direkt oder technisch vermittelt miteinander interagieren ... Der Begriff der Wechselseitigkeit enthält vier weitere Aspekte zunehmender Komplexität:
- Neben der erziehenden Beeinflussung wird auch die Beeinflussung des Erziehers durch den Educandus als genuiner Gegenstand der Pädagogischen Psychologie begriffen.
- Im Sinne der statistischen Wechselwirkung wird die Abhängigkeit der Wirkung von Erziehermaßnahmen von Charakteristika des Educandus ... betrachtet.
- Der Begriff der Wechselseitigkeit enthält die Vorstellung von einem prozeßhaften Geschehen mit sequentiellem Charakter ...
- Da Erziehung meist innerhalb eines Systems mit mehr als zwei Personen stattfindet, muß schließlich auch davon ausgegangen werden, daß das Verhalten eines Mitgliedes das Verhalten aller anderen beeinflußt. Damit wird eine systembezogene Denkweise angesprochen."

(4) Ausgehend von der Unterscheidung von Grundlagenwissenschaft und angewandter Wissenschaft kann man schließlich annehmen, daß in den sog. Grundlagenfächern der Psychologie (d.h. der Allgemeinen Psychologie, Sozial- und Entwicklungspsychologie, Differentiellen und Persönlichkeitspsychologie) die wesentlichen Theorien zur Erklärung des menschlichen Verhaltens repräsentiert sind (d.h. das für Psychologie zentrale nomologische Wissen), dessen sich die Pädagogische Psychologie, verstanden als technologische Disziplin bedienen kann, um rational begründbare zielorientierte Veränderungen im Erziehungs- und Sozialisationsbereich in die Wege zu leiten (vgl. hierzu die Unterscheidung in (a) historiographisches Tatsachenwissen, (b) nomologisches Wissen und (c) technologisches Wissen durch Perrez & Patry [1982]; vgl. Kap. 1.3). Pädagogische Psychologie wäre demnach ein System technologischer Regeln, wobei eine technologische Regel immer eine Handlungsanweisung enthält, in der expliziert wird, wie - ausgehend von einem bestimmten Ausgangszustand - ein erwünschter Zielzustand erreicht werden kann.

Genau diese Art von Wissen erwarten viele Erzieher, um die Probleme, die sich im Rahmen ihrer Berufspraxis stellen, besser als mit Hilfe von ungeprüften Alltagstheorien lösen zu können. Diese Sichtweise ist auch für alle sog. „angewandten" Disziplinen, gleich, ob es sich um Klinische Psychologie, A-B-O- (= Arbeits-, Betriebs- und Organisations-) Psychologie oder Erziehungswissenschaft handelt, zentral. Hofer (1987, S. 83) kritisiert aber auch dieses Begriffsverständnis, da es seiner Meinung nach voraussetzt, daß psychologische Gesetze „zu allen Zeiten, bei allen Menschen und in verschiedenen Kontexten wesentlich gleichartig zutreffen" und „daß gesicherte Gesetzesaussagen vorliegen zu genau jenen Variablen, die für die Lösung von im spezifischen Kontext auftauchenden praktischen Problemen zu betrachten sind". Diese Kritik geht allerdings an der Sache vorbei, da für technologisches Wissen nicht unbedingt die Fundierung in einer nomologischen Theorie verlangt werden kann (Lukesch, 1979), sondern für technologische Regeln nur (a) ein relativer Effizienznachweis sowie (b) die Vereinbarkeit mit dem Korpus des rationalen Wissens (Perrez, 1982a) gefordert wird.

Auch die Festlegung der Aufgaben der Pädagogischen Psychologie durch Brandtstädter, Reinert und Schneewind (1979, S. 9) trifft auf diese Begriffsvariante am besten:

„Als allgemeine Aufgaben Pädagogischer Psychologie werden Entwicklung, Vermittlung und Anwendung psychologischen Wissens zur 'Optimierung' von Erziehungs-, Unterrichts- und Sozialisationsprozessen betrachtet. Der Optimierungsauftrag impliziert nicht nur Bemühungen um die Verbesserung der Realisierungschancen vorgegebener oder vorfindlicher Erziehungsziele, sondern auch die Einschaltung psychologischen Sachverstandes in die Prozesse der Entwicklung und der Kritik erzieherischer Handlungsziele."

Damit ist oft der Anspruch vertreten, sich nicht nur mit Erziehungsprozessen in der Schule zu befassen, sondern alle Teile des Erziehungs-, Bildungs- und Sozialisationssystems zu betrachten (z.B. Familie, Medien, Peers, Arbeits- und Betriebsfelder). Auch in der Regensburger Studienordnung für Psychologen findet sich eine ähnliche Auffassung vertreten:

„Pädagogische Psychologie ist die wissenschaftliche Disziplin, die mit der Beschreibung und Erklärung der psychologischen Komponenten von Erziehungs-, Unterrichts- und Sozialisationsprozessen, einschließlich ihrer Formen und Situationen, befaßt ist. Die Erkenntnisse der Pädagogischen Psychologie werden zur Optimierung pädagogischen Handelns bzw. zu ihrer zielbezogenen Veränderung anzuwenden versucht. Der Aufgaben- und Anwendungsbereich der Pädagogischen Psychologie umfaßt dabei alle Sozialfelder und Institutionen der Erziehungs-, Bildungs- und Sozialisationssysteme unterschiedlicher Gesellschaften und Kulturen."

Die Erkenntnisse der Pädagogischen Psychologie wenden sich - nach dem überwiegenden Selbstverständnis des Faches - an Praktiker („Optimierungsauftrag"), die ihr Handeln nach vier Analyseschritten strukturieren können (Brandtstädter et al., 1976, S. 104):
- *Zielanalyse:* Was wird von wem als verbesserungsbedürftig, störend etc. angegeben? Was soll erreicht werden?
- *Bedingungsanalyse:* Welche Ausgangs- (Ist-) Lage und welches Bedingungswissen (gesetzesartiges Wissen zu dem Inhaltsbereich) liegen vor?
- *Intervention:* Welches gesicherte Änderungswissen ist vorhanden? Welche Maßnahmen können ergriffen werden, um Ist-Soll-Diskrepanzen auszugleichen?
- *Evaluation:* Welche Effekte (Haupt- und Nebenwirkungen) haben sich durch eine Intervention eingestellt?

Letztlich ist auch die Frage nach der Abgrenzung bzw. den Gemeinsamkeiten zwischen Pädagogischer Psychologie und Pädagogik zu stellen. Ein solcher Vergleich setzt zuerst voraus, daß man weiß oder festlegt, was mit „Pädagogik" gemeint ist. Ein möglicher Vorschlag ist dabei folgender (Zecha, 1992, S. 216):

„Pädagogik: ist das Gesamt aller Erkenntnisbemühungen, das Kulturphänomen Erziehung oder bestimmte Aspekte davon zu beobachten, zu beschreiben und zu erklären, dadurch auch zu verstehen ..., häufig mit dem Versuch, daraus Normen und Ideale für die Erziehung zu gewinnen".

Unter „Erziehung" selbst kann man die

„Handlungen (verstehen), durch die Menschen versuchen, das Gefüge der psychischen Dispositionen anderer Menschen in irgendeiner Hinsicht dauerhaft zu verbessern oder seine als wertvoll beurteilten Komponenten zu erhalten oder die Entstehung von Dispositionen, die als schlecht bewertet werden, zu verhüten" (Brezinka, 1978, S. 45).

Dabei kann das Fach Pädagogik in drei große Bereiche eingeteilt werden (a.a.O., S. 38), u.zw. in (1) *Erziehungswissenschaft* (mit einem a) nomothetischen und b) einem historischen Bereich), (2) *Philosophie der Erziehung* (wobei in Analogie zur Philosophie wieder die Aspekte der a) analytisch-erkenntniskritischen Philosophie, b) der weltanschaulichen Philosophie sowie c) der praktischen, i.S. von normgebend, Philosophie unterschieden werden) und (3) *Praktische Pädagogik* (dem Bereich der Erziehungslehren, die nur im Ansatz dem Anspruch einer wissenschaftlichen Überprüfung standhalten können); hinzu kommt die Reflexion über die Theorienbildung in der Pädagogik, die dem Bereich (4) der *Metatheorien der Erziehung* zugeordnet werden kann.

Mit dem als Erziehungswissenschaft (nomothetischer Aspekt) bezeichneten Teilbereich ist weitgehend das gleiche intendiert wie mit Pädagogischer Psychologie, denn „die Erziehungswissenschaft (ist) die Wissenschaft von den Versuchen, Menschen so zu beeinflussen, daß sie bestimmte Persönlichkeitsverfassungen erwerben. ... Abgekürzt läßt sich sagen: es wird nach den Bedingungen geforscht, unter denen Menschen werden, was sie werden sollen, und es wird dann gefragt, ob und wie diese Bedingungen hergestellt werden können" (a.a.O., S. 21). Der Unterschied zur Pädagogischen Psychologie besteht allenfalls darin, daß für Psychologen die Ergebnisse aus den sog. Grundlagendisziplinen des Faches (z.B. Entwicklungspsychologie, Sozialpsychologie, Lern- und Begabungspsychologie, Differentielle und Persönlichkeitspsychologie, Methodenlehre) als selbstverständliche Voraussetzungen zur Verfügung stehen, um in variierender Weise auf die institutionellen Kontexte, in denen pädagogisches Handeln optimiert werden soll, transponiert zu werden.

1.2 Geschichtliches zum Fach Pädagogische Psychologie

Was die Institutionalisierung der Psychologie betrifft, so hat die Psychologie ganz wesentlich von praktischen Aufgaben, besonders von den Bedürfnissen nach einer Ausbildung der LehrerInnen, profitiert (Geuter, 1984; zu den angegebenen historischen Daten vgl. Geuter, 1986, 1987). William Stern konnte 1919 in Hamburg am sog. Kolonialinstitut (die spätere Universität) das erste universitäre Institut für Berufseignung gründen. Vorgänger war Ernst Meumann (1862 - 1915): 1910 wurde von der Hamburger Bürgerschaft am „Allgemeinen Vorlesungswesen und Kolonialinstitut" eine Professur für „Philosophie - insbesondere Psychologie" eingerichtet, die 1911 mit Meumann besetzt wurde. Wesentlich unterstützt wurde diese Gründung von der Volksschullehrerschaft, die der „Pädagogischen Reformbewegung" nahestand. Nachfolger des 1915 verstorbenen Meumann wurde William Stern (1871 - 1938), der bis zu seinem von den Nationalsozialisten 1933 erzwungenem Ausscheiden die Psychologie im Sinne einer Schnittpunktwissenschaft (Geistes-, Sozial- und Biowissenschaft) auszugestalten versuchte (Probst, 1994, S. 14).

Das Programm einer anwendungsbezogenen Psychologie kommt in der Konzeption Münsterbergs (1863 - 1916) einer „Psychotechnik" (1913) am deutlichsten zum Ausdruck.[1]

Neben der Behauptung, für Fragen der Personalauslese und der Eignungsherstellung für Industrie und Militär bedeutsam zu sein (Angewandte Psychologie), wurde Psychologie auch für die Schule für wesentlich erachtet. So forderte das Preußische Kultusministerium 1918 in einem Beitrag „Über die künftige Pflege der Pädagogik", auch eine empirische Jugendkunde zu betreiben, eine Aufgabe, die mit der empirischen Methodik der Psychologie leichter zu erfüllen war als mit der in geisteswissenschaftlichen Betrachtungen befangenen Pädagogik.

Des weiteren wollten die Volksschullehrer „wissenschaftlich" ausgebildet werden. Während die wissenschaftliche Ausbildung der Gymnasiallehrer durch die von ihnen vertretenen Fächer bzw. die seit 1810 durch Wilhelm von Humboldt eingeführte Lehramtsprüfung garantiert war, sollte der Volksschullehrer ein wissenschaftliches Fundament für seine Tätigkeit über die Erziehungswissenschaft erhalten. Dieses Bestreben stand somit letztlich unter einer berufspolitischen Perspektive.

Dies bedeutete nach Geuter (1984) für eine Reihe von Psychologen eine reale Chance für eine universitäre Karriere: David Katz erhielt 1919 eine Professur für Pädagogik und Psychologie in Rostock und die erste ordentliche Professur für Psychologie, die überhaupt in Deutschland vergeben wurde, ging am 1.5.1923 an Wilhelm Peters an die Universität Jena und war vor allem der LehrerInnenausbildung gewidmet.

---

[1] „Psychotechnik ist die Wissenschaft von der praktischen Anwendung der Psychologie im Dienste der Kulturaufgaben" (Münsterberg, 1913, S. 1).

1.3 Historiographisches Tatsachenwissen, nomologisches Wissen und technologisches Wissen - eine Abgrenzung

Als allgemeinstes Ziel sozialwissenschaftlicher Forschung kann die Vermehrung des Wissens über die Welt und über die Beherrschbarkeit der Welt angesehen werden. Wie Perrez und Patry (1982) vorschlagen, geht es dabei um drei verschiedene Arten des Wissens, und zwar um

(1) historiographisches Tatsachenwissen,
(2) nomologisches Wissen und
(3) technologisches Wissen.

1.3.1 Historiographisches Tatsachenwissen

Mit der ersten Art des Wissens ist im wesentlichen ein deskriptiver Anspruch verbunden. „Es bezieht sich auf den Ist-Zustand bestimmter Merkmale zu einem gegebenen Zeitpunkt - ohne Wenn-dann- oder Je-desto-Verknüpfungen verschiedener Merkmale untereinander und ohne Generalisierungsanspruch im Hinblick auf Situationen, Orte oder die Zeit; allenfalls wird aufgrund einer repräsentativen Stichprobe auf die entsprechende Grundgesamtheit geschlossen" (a.a.O., S. 59).

Umfrage- oder auch Wahldaten sind Beispiele für dieses Art von Wissen. Aber auch wenn Erziehungsziele, -einstellungen und -praktiken erhoben werden (Siegmund, 1983; Engfer, 1983; Filipp & Schneewind, 1975), so ist damit im wesentlichen ein deskriptiver Anspruch verbunden. Solch ein deskriptives Tatsachenwissen kann durchaus interessant sein. Z.B. fand Mundt (1980, S. 99ff) als eine historische Momentaufnahme über Kontakte von Eltern mit ihren Vorschulkindern heraus:
- Mütter befassen sich mehr und intensiver mit ihren Kindern als Väter, dies gilt selbst dann, wenn sie berufstätig sind;
- gemeinsame Tätigkeiten der Eltern mit ihren Kindern, die aktives Engagement verlangen (Schmusen, Spielen, Vorlesen), nehmen mit der Anzahl der Kinder in der Familie ab, während passive Tätigkeiten (gemeinsam Fernsehen, Platten anhören etc.) davon nicht berührt sind;
- mit zunehmendem Alter erhalten Kinder weniger emotionale Zuwendung von seiten ihrer Eltern, wobei besonders in der Konstellation Vater/Sohn die Abnahme am deutlichsten zum Ausdruck kommt;
- Sozialschichteffekte treten in unterschiedlicher Weise auf: während die Häufigkeit gemeinsamer aktiver sprachorientierter Tätigkeiten (Vorlesen, Bilderbücher anschauen etc.) bei Eltern der oberen Sozialgruppe größer ist, werden von Eltern der unteren Sozialgruppe öfter gemeinsame rezeptive Tätigkeiten (Fernsehen, Radio hören) angegeben.
    Auch viele andere Behauptungen (z.B. über zeitliche Veränderungen) setzen im Grunde historiographisches Tatsachenwissen voraus.

- Wenn z.B. über eine Zunahme von Verhaltensstörungen geklagt wird (Meves, 1982), so sollte man meinen, daß diese Aussage auf objektiven Daten beruht, was leider nicht der Fall ist.
- Ebenso wenn über ein Nachlassen des Wissens bei Abiturienten bzw. einer geringeren „Studierfähigkeit" geredet wird (Fischer et al., 1982; Weiß, 1993), sollte man hoffen, daß es sich nicht nur um subjektiv gefärbte Meinungen ohne empirische Basis handelt.

Erscheint der Anspruch, der mit diesem historischen Tatsachenwissen verbunden ist, auf den ersten Blick als nicht sehr hoch (keine Explikation von Bedingungsverhältnissen, eingeschränkte Generalisierungsansprüche), so muß diese Ansicht bei näherer Betrachtung revidiert werden. Dem historiographischen Tatsachenwissen werden von Perrez und Patry (1982) drei wichtige Funktionen zugeschrieben:
(1) Erfassung und Beschreibung von Merkmalen psychologischer, sozialer oder soziologischer Art in einer Population oder bei bestimmten Individuen.
(2) Durch historiographisch valides Tatsachenwissen werden die Randbedingungen für die Erklärung einschlägiger Explananda beschrieben. Eine Diagnose der Randbedingungen ist gemäß dem Hempel-Oppenheimschen Schema für Erklärungen (Retrodiktionen) wie auch für Vorhersagen zentral (Stegmüller, 1969). Gegebenenfalls können damit auch nomologische Aussagen kritisiert werden.
(3) Feststellung von Ist-Soll-Diskrepanzen (z.B. bei Fragen der Sozialplanung).

1.3.2 Nomologisches Wissen

Die zweite angesprochene Art des Wissens (gesetzesartiges Wissen) entspricht den verschiedenen Theorien über einen Sachbereich, wie er in Hypothesen, Gesetzen und Verknüpfungen von Gesetzen formuliert ist (Bunge, 1967). Dieses Wissen konstituiert die „Welt Drei" im Sinne Poppers (1974). Allerdings wird dieser sehr hohe Anspruch in den Sozialwissenschaften zumeist auf wesentlich niedrigerem Niveau eingelöst, u.zw. indem unter nomologischem Wissen zumeist „Low-level-Hypothesen" oder empirische Generalisierungen mit eingeschränktem Geltungsbereich verstanden werden.

Als Beispiel einer nomologischen Theorie liegt für den Bereich der Gewaltwirkungsforschung als erklärungsmächtige Theorie die des sozial-kognitiven Modellernens vor (Bandura, 1979), wobei auch noch Beziehungen zur Streß-Theorie von Lazarus und Launier (1981) oder des Habitualisierungsprozesses im Sinne progressiver Desensibilisierung gegenüber Gewalt gesehen werden können. Nicht bewährt haben sich hingegen Vermutungen über aggressionskathartische Effekte gewalthaltigen Medienkonsums (Lukesch & Schauf, 1990). Die angesprochenen Theorien sind miteinander verträglich und weitaus reichhaltiger als die Alltagsannahmen und -theorien über Nachbildungseffekte.

Man kann auch sagen, durch nomologisches Wissens sollen Ereignisse erklärt werden. Um den Begriff „Erklärung" wieder besser zu verstehen, kann man sich das allgemeine Schema für wissenschaftliche Erklärungen in Erinnerung rufen (Stegmüller, 1969). Nach diesem Hempel-Oppenheimschen Schema werden aus allgemeinen Gesetzen (G_1 bis G_n) und gegebenen Rand- oder Antezedensbedingungen (A_1 bis A_n) Ereignisse deduktiv erschlossen oder eben erklärt. Im Fall deterministischer Gesetze folgt das Ereignis mit Notwendigkeit, im Fall probabilistischer Gesetze (wie sie für die Sozialwissenschaften typisch sind) ist der Schluß, daß das Ereignis eintritt, nur mit einer gewissen Wahrscheinlichkeit wahr.

$G_1, G_2 \ldots G_n$	(allgemeine Gesetze)	Explanans
$A_1, A_2 \ldots A_n$	(einschränkende Bedingungen)	
———————		
E_i		Explanandum

Gesetze oder gesetzesartige Aussagen („statistische Systematisierungen"), die z.B. für die Erklärung von Schulleistungen relevant sind, könnten etwa lauten:

„Wenn der IQ eines Schülers/einer Schülerin unter 90 Punkten liegt, dann schafft dieser Schüler/diese Schülerin die Anforderungen im Gymnasium nicht." Und: „Wenn eine geringe Begabung vorhanden ist, so kann sie durch zusätzliches und über die schulischen Hausaufgaben hinausgehendes Lernen oder eine höhere Lernbereitschaft kompensiert werden."

Aus diesen gesetzesartigen Aussagen kann bei Vorliegen entsprechender Randbedingungen (daß also in einem gegebenen Fall SchülerIn x tatsächlich einen geringen IQ hat und zugleich nicht bereit ist, dieses Defizit durch vermehrte Lernanstrengungen zu kompensieren) vorhergesagt werden, daß ein Kind Leistungsprobleme in der Schule haben wird.

Dieses Erklärungsschema gilt sowohl für die Prognose eines Ereignisses (das Ereignis liegt in der Zukunft, ist noch nicht eingetreten) wie auch zur Erklärung bereits eingetretener Sachverhalte (Retrodiktion, nomologisch-kausale Erklärung).

Bisweilen wird auch zwischen einer *nomologisch-kausalen Erklärung* und einer *teleologischen Erklärung* unterschieden. Unter der ersteren versteht man die Subsumption eines Einzelfalles unter eine bewährte kausale Gesetzmäßigkeit. Eine teleologische Erklärung ist die Angabe eines Mittels zu einem gewünschten Ziel (oder Zweck) unter adäquater Anwendung eines Zweck-Mittel-Satzes. Dieser wiederum ist ein Satz, in dem sowohl ein angestrebtes Ziel (Zweck) als auch das zur Erreichung dieses Zieles für notwendig erachtete Mittel in Umkehrung einer tatsächlichen oder subjektiv empfundenen empirischen Gesetzmäßigkeit angegeben wird.

Bisweilen wird der Erklärungsbegriff von dem Begriff des *Verstehens* abgehoben. Letzterer bezieht sich auf einen subjektiven Akt des Nachvollziehens eines Ereignisses: In der Regel ist es so, wenn man ein Ereignis erklärt hat, so ist es im allgemeinen auch zu verstehen (Rohracher, 1988, S. 97); bisweilen meint man aber, etwas verstanden zu haben, ohne im Detail die notwendigen und hinreichenden Bedingungen dafür angeben zu können. Die Auffassung, beim Verstehen handele es sich um eine für die Geisteswissenschaften typische und eigenständige Erkenntnisweise, muß zurückgewiesen werden.

1.3.3 Technologisches Wissen

Technologisches Wissen ist im Vergleich zum nomologischen Wissen auf die Beherrschung der Welt ausgerichtet. Technologische Aussagen haben Anweisungen zum Inhalt, durch welche Handlungen unter gegebenen Randbedingungen bestimmte erwünschte Zielzustände hergestellt werden können. In bezug auf die Struktur einer technologischen Aussage oder Regel (Perrez & Patry, 1982; Lukesch, 1979; Brezinka, 1976), der Begründung einer technologischen Regel (Perrez & Patry, 1982; Brandtstädter & von Eye, 1979) und der Anwendung einer technologischen Regel (Perrez, 1983a, b), sind zahlreiche klärende Feststellungen erarbeitet worden, auf deren Hintergrund inhaltliche Problembehandlungen diskutiert werden können. Eingeschlossen ist dabei die Betrachtung zusätzlicher technologischer Metaregeln für den Problemlösungsprozeß (Dörner, 1976; Lukesch, 1979b), z.B. dann, wenn Ziel- und Mittelfragen unbefriedigend gelöst sind. Die entwickelten Konzepte besitzen nicht nur für wissenschaftliches Handeln Gültigkeit, sondern lassen sich auch in Alltagskonzepten, z.B. im Erzieherverhalten (Genser et al., 1980; Genser, 1978), wiederfinden bzw. in Form der allgemeinen Handlungstheorien als Instrument zur Verhaltenserklärung anwenden (Huber, 1982; Werbik, 1978).

Faßt man die Ergebnisse der wissenschaftstheoretischen Diskussion zusammen (Perrez, 1983, 1982a, b), so kann man technologische Regeln dadurch kennzeichnen, daß sie
(1) eine Handlungsempfehlung beinhalten,
(2) die zur Erreichung eines Zieles vorgeschlagen wird, u. zw.
(3) bei Vorliegen bestimmter Ausgangsbedingungen.

Als Minimalkriterium für wissenschaftlich begründetes Handeln sollte gewährleistet sein, daß Kennwerte über die Effizienz dieser Handlungsempfehlungen vorliegen und (als schwächeres Kriterium) daß das vorgeschlagene Verfahren nicht auf Voraussetzungen beruht, die mit dem Korpus des rationalen Wissens unvereinbar sind. Hingegen kann für eine technologische Regel eine Fundierung durch eine nomologische Theorie als notwendige Bedingung für wissenschaftliches Handeln - wie dies in der Historie der Wissenschaftsgeschichte z.B. durch Francis Bacon (Bahr, 1962, S. 91) geäußert wurde - nicht gefordert werden (Bunge, 1967; Lukesch, 1979b). Zugestanden sei, daß kausalanalytisch begründetes Handeln das Spektrum konkreter Eingriffsmöglichkeiten normalerweise erweitert (Brandtstädter & von Eye, 1979). Da die Kriterien für technologische Regeln so klar und differenziert herausgearbeitet wurden, ist die Folge nicht Technologiegläubigkeit, sondern kritische Distanziertheit gegenüber pädagogischen Willkürakten.

Gerade Popper (1965) hat in dem gesellschaftlich-sozialen Bereich auf die Bedeutung technologischen Vorgehens verwiesen. Der von ihm geprägte Begriff der „Stückwerk-Technologie" (a.a.O., S. 47 ff) war gegen soziale Utopien gerichtet, die durch Revolutionen eine Verbesserung des Zustandes der Menschheit herbeiführen wollen. Als „Stückwerk" hat er das Vorgehen bezeichnet, weil dies am besten die Methode charakterisiert, wie man durch „Herumbasteln" (erfahrungsgeleiteter Versuchs-und-Irrtumsprozeß) in Verbindung mit kritischer Analyse am besten praktische Resultate in den Sozial- und Naturwissenschaften erbringen kann.

Als Beispiel einer technologischen Orientierung kann man in der Erziehungsstilforschung in Anlehnung an Schneewind et al. (1983, S. 208) drei Handlungsebenen unterscheiden:
(1) die makrostrukturelle Ebene, d.h. der ökologische Kontext,
(2) die mikrostrukturelle Ebene, d.h. die Familie, und
(3) die individuelle Ebene (z.B. das „Problemkind").

(1) Durch die ökologische Perspektive der Sozialisations- und Erziehungsstilforschung wurden Verbesserungsmaßnahmen inspiriert, die sich auf Veränderungen der Umwelt, angefangen von gesetzgeberischen Rahmenbedingungen bis hin zur Bereitstellung materieller Ressourcen, als Vehikel zur Verbesserung der Eltern-Kind-Beziehung verlassen. Vor allem dem Einfluß Bronfenbrenners (1981; 1976) ist es zuzuschreiben, daß sozialpolitische Maßnahmen als Interventionsmethoden thematisiert und zum Gegenstand kontrollierter Forschung wurden. Der Sozialwissenschaftler wird dabei zum Politikberater. Dabei wurden u.a. untersucht:
- Welche Auswirkungen haben finanzielle Hilfen (Kindergeld, Sozialhilfe, Erziehungsrente, Wohngeld, Mutterschaftsgeld)?
- Welche Auswirkungen besitzen Änderungen bei der Arbeitsgesetzgebung (Mutterschaftsurlaub, Kündigungsschutz einer Mutter auch bei längerem Ausscheiden aus einem Beruf, Job-Sharing, Wiedereingliederungshilfen in einen Beruf)?
- Welche Auswirkungen haben Angebote im Bereich der familienergänzenden Institutionen (Kinderkrippen, Projekt Tagesmütter, Ausbau von Kindergarten- und Vorschulinstitutionen)?

- Welche Auswirkungen haben Informationsangebote an Eltern und werdende Eltern (Elternbriefe, Kinderpflegekurse, Schwangerschaftsvorbereitung, Beratungsstellen, Gesundheitserziehung, Bildungsurlaub für Eltern)?
- Welche Auswirkungen haben Änderungen in bezug auf die Familiengesetzgebung (Adoptionsrecht, Erbschaftsrecht, Scheidungsrecht, Sorgerecht, Kinderpflegschaft)?
- Welche Auswirkungen haben Änderungen von DIN-Normen in bezug auf Wohnungsgröße, Spielplatzgestaltung, Städteplanung, Wohn-, Eßzimmer und Fernsehen?

Die Effizienz solcher Maßnahmen zu untersuchen ist schwierig, da das „besser" (= Zielanalyse), das dadurch erreicht werden soll, zuerst inhaltlich spezifiziert werden müßte (z.B. erhofft man sich einen bevölkerungspolitischen Effekt, eine Reduktion von Schulversagern, eine generelle Anhebung der Bildungsbereitschaft, eine Abnahme der Rate von Kindesmißhandlungen?). Sodann sind solche Effekte vermutlich nur langfristig und gebrochen durch konkurrierende andere Einflüsse belegbar. Abgesehen von ganz spezifischen Einzelmaßnahmen (z.B. für das Projekt Tagesmütter vgl. Blüml et al., 1980) erscheinen solche Aktivitäten weniger wissenschaftlich begründet als durch ein Konglomerat von politischen Hoffnungen, Machbarkeitsüberlegungen und Hausverstand motiviert zu sein. Als Rationalitätskriterium kann eventuell noch auf die Vermutung rekurriert werden, daß dadurch zumindest kein offensichtlicher Schaden zu erwarten ist.

(2) Durch die systemische Betrachtungsweise angeregt können Maßnahmen gelten, die sich an Erzieher mit dem Ziel wenden, ihre Einstellungen und Verhaltensweisen zu ändern, um in präventiver oder korrektiver Perspektive optimale Bedingungen für die Entwicklung der ihnen anvertrauten Kinder zu bieten. Die entsprechenden Angebote können dabei nach unterschiedlichen didaktischen Konzepten den Erziehern nahegebracht werden, z.B.

- Materialien zum Selbststudium (Perrez et al., 1985),
- Kurse im Medienverbund („Der Elternführerschein", Burkhardt & Unterseher, 1978),
- Kombination von Kurs, Veranschaulichungshilfen und Übungen unter fachkundiger Anleitung (Innerhofer & Warnke, 1980)
- Hilfen zur Selbsthilfe (Heiliger et al., 1981).

Rekurriert wird dabei zumeist auf lerntheoretische, gesprächspsychotherapeutische oder kommunikationstheoretische Positionen, deren Effektivität im Rahmen klinischer Problemlösungen nachgewiesen ist.

Evaluationen beziehen sich dabei auf zwei Aspekte

(a) zum einen auf die *implementationstechnologische Frage* (Perrez, 1980), d.h. können durch die Art der didaktischen Aufbereitung von Interventionstechniken Veränderungen im Verhalten der Erzieherpersonen nachgewiesen werden? Sind die Erzieher danach in der Lage, die Handlungen zu realisieren, welche durch eine technologische Regel beschrieben werden?

(b) zum anderen auf die Überprüfung von Effekten im Kindverhalten (= *erziehungstechnologische Frage*), d.h. Feststellung der Effizienz der realisierten Erziehungstechnologien im engeren Sinn.

(3) Ein dritter Interventionstyp liegt vor, wenn das Kindverhalten selbst primärer Anknüpfungspunkt ist und das Kind - eventuell herausgehoben aus seiner natürlichen Umwelt - in einem besonderen therapeutischen Milieu von Fachleuten behandelt wird.

Als Beispiele hierfür können eine Reihe psychologischer Behandlungsmethoden gelten, die z.B. für den Umgang mit konzentrationsgestörten oder hyperaktiven Kindern empfohlen werden (vgl. z.B. Kap. 4.2.4.3). Das Ziel dieser Maßnahmen ist allerdings, daß das Kind in der Normalsituation wieder handlungsfähig wird. Dies kann entweder durch Überlernen des neu zu erwerbenden Verhaltens angestrebt werden oder durch spezielle Maßnahmen vom Übergang von der therapeutischen in die Realsituation.

Eine ausschließliche Zentrierung der beraterischen und therapeutischen Tätigkeit am Kind birgt ein Problem in sich: Die Konzentration der Hilfsmaßnahmen auf das Kind läßt es als Ursprungsort seiner Probleme erscheinen. Das mag in einigen Fällen gerechtfertigt sein, ist aber in anderen falsch. Im letzteren Fall können Interventionen, die nur am Kind ansetzen, selbst zu einem Bestandteil des Problems werden.

Der Gedanke einer am Kind einsetzenden Intervention kann noch ergänzt werden durch eine aufgrund von Kindmerkmalen inspirierte Prävention, wie er im Begriff der Risikogruppe zum Ausdruck kommt. Z.B. könnte man mißhandelte Kinder eventuell vor Schaden bewahren, wenn man sie rechtzeitig erkannt und ihre Eltern auf die besonderen Probleme im Umgang mit den Kindern hingewiesen hätte (z.B. kränkelnde Kinder, mißgebildete Kinder, Schreikinder, Kinder mit Gedeihstörungen, häufigem Einnässen und Einkoten).

Liegen mehrere konkurrierende Verfahren zu einem als veränderungswürdig eingeschätzten Problem vor, so können für den Praktiker, der ein konkretes Problem lösen soll, einige für den Bereich der Psychotherapieforschung formulierte Entscheidungskriterien herangezogen werden (Perrez, 1983, S. 156 ff). Zu nennen wären folgende:

(1) Ethische Legitimierbarkeit der Ziele, für die eine Methode Erfolg verspricht,
(2) ethische Vertretbarkeit der Methode selber,
(3) Ausmaß der objektiv ermittelten Wirksamkeit einer Methode,
(4) Qualität und Wahrscheinlichkeit der zu erwartenden negativen Effekte (Frage nach unerwünschten Nebenwirkungen),
(5) Ausmaß der Kosten, die für die Anwendung der Methode erforderlich sind,
(6) Vereinbarkeit der theoretischen Voraussetzung einer Methode mit dem vorhandenem Wissen,
(7) Ausmaß der theoretischen Kenntnisse über die Wirkmechanismen eines Verfahrens (d.h. Verfügen über eine technologische Theorie).

Die Probleme, die dabei zu bedenken sind, können in Anlehnung an das „Modell der Beziehungen zwischen den Grundvariablen des pädagogischen Feldes" (Feig, 1972, S. 144 ff) veranschaulicht werden. Wie für andere Interventionsbereiche auch, ist dabei die Frage zu stellen: „Für welche Personen lassen sich durch welche Trainer welche Trainingsziele unter welchen Lernsettings mit welchen Lehrmethoden am besten approximieren?" (Perrez, 1980, S. 268). Eine diesem Paradigma verpflichtete technologische Forschung könnte auf lange Zeit mit fruchtbaren und konkreten Fragestellungen ausgelastet sein.

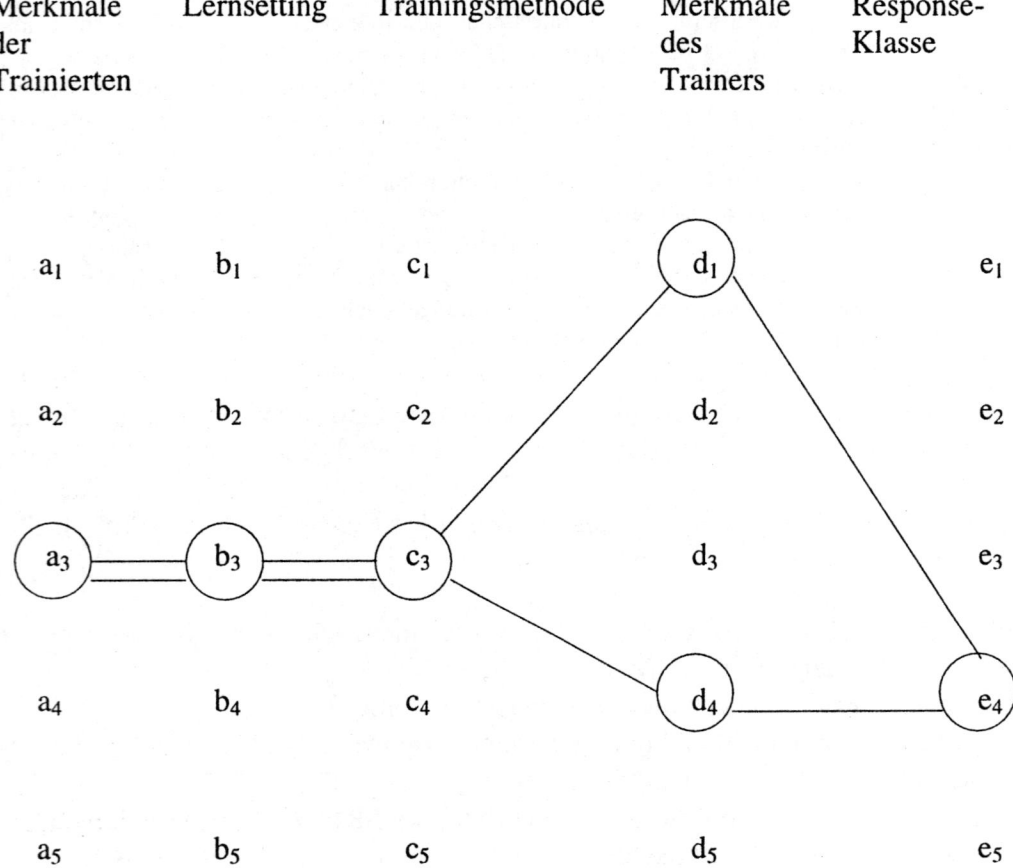

Merkmale der Trainierten   Lernsetting   Trainingsmethode   Merkmale des Trainers   Response-Klasse

a_1 b_1 c_1 d_1 e_1

a_2 b_2 c_2 d_2 e_2

a_3 b_3 c_3 d_3 e_3

a_4 b_4 c_4 d_4 e_4

a_5 b_5 c_5 d_5 e_5

Abbildung 1.1.: Illustration der Komplexität systematischer Interventionsstudien anhand der Variablen des pädagogischen Feldes (Feig, 1972, S. 144, zit. n. Perrez, 1980, S. 268)

Übungsaufgaben

1. Überlegen Sie ein weiteres Beispiel zu den Einleitungsbemerkungen über die Vielfalt der Fragestellungen, die an ein bestimmtes Ereignis gestellt werden! Welche Fragen könnten sich dabei aus ethologischer, ethnologischer, biochemischer, physikalischer ... Sicht ergeben?

2. Finden Sie jeweils ein weiteres Beispiel für historiographisches, nomologisches und technologisches Wissen in der Psychologie!

3. Erläutern Sie aufgrund wissenschaftstheoretischer Literatur (Bunge, 1967; Weingartner, 1978) die Bedeutung von „Hypothese", „Gesetz" und „Theorie" (Begriffsmerkmale und Beispiele)!

4. Überlegen Sie: Kann es aufgrund der Definition von „Erziehung" nach Brezinka (1978, S. 45) Erziehungs"mittel" geben?

Weiterführende Literatur

Brezinka, W. (1978). *Metatheorie der Erziehung. Eine Einführung in die Grundlagen der Erziehungswissenschaft, der Philosophie der Erziehung und der Praktischen Pädagogik.* München: Reinhardt.

Bunge, M. (1967a). *Scientific research. Vol. 1.* New York: Springer.

Bunge, M. (1967b). *Scientific research. Vol. 2.* New York: Springer.

Weingartner, P. (1978). *Wissenschaftstheorie* (2. Auflage). Stuttgart: frommann-holzboog.

2. Analyse der Schulleistung

Ein traditionelles Feld der Pädagogischen Psychologie ist die Institution Schule, wobei die Ergebnisse der Pädagogischen Psychologie auch hier zur „'Optimierung' von Erziehungs-, Unterrichts- und Sozialisationsprozessen" (Brandtstädter et al., 1979, S. 9) beitragen sollen. Nach den meisten Präambeln zu Schulgesetzen und Lehrplänen wird von der Institution Schule erwartet, daß mit ihrer Hilfe (a) kognitive, (b) affektive und (c) soziale Lehrziele bei den SchülerInnen erreicht werden sollen. Als Beispiel für eine solche Zielsetzung kann der Artikel 131 (Abs. 1 und 3) aus der Bayerischen Verfassung zitiert werden, in dem es in etwas blumiger Sprache heißt:

> „Die Schulen sollen nicht nur Wissen und Können vermitteln, sondern auch Herz und Charakter bilden. Oberste Bildungsziele sind Ehrfurcht vor Gott, Achtung vor religiöser Überzeugung und vor der Würde des Menschen, Selbstbeherrschung, Verantwortungsgefühl und Verantwortungsfreudigkeit, Hilfsbereitschaft, Aufgeschlossenheit für alles Wahre, Gute und Schöne und Verantwortungsbewußtsein für Natur und Umwelt. Die Schüler sind im Geiste der Demokratie, in der Liebe zur bayerischen Heimat und zum deutschen Volk und im Sinne der Völkerversöhnung zu erziehen."

In Fortführung dieses Gedankenganges werden im Bayerischen Gesetz über das Erziehungs- und Unterrichtswesen den Schulen die Aufgaben zugeordnet (Bayerisches Staatsministerium für Unterricht, Kultus, Wissenschaft und Kunst, 1994, EUG § 2 (1)):

> „Kenntnisse und Fertigkeiten zu vermitteln und Fähigkeiten zu entwickeln,
> zu selbständigem Urteil und eigenverantwortlichem Handeln zu befähigen,
> zu verantwortlichem Gebrauch der Freiheit, zu Toleranz, friedlicher Gesinnung und Achtung vor anderen Menschen zu erziehen,
> zur Anerkennung kultureller und religiöser Werte zu erziehen ..."

Dieser weite Erziehungs- und Bildungsauftrag verpflichtet Schule und LehrerInnen einerseits, das für die jeweiligen Fächer in den Lehrzielen festgelegte Wissen und Können (= kognitive Lehrziele) bei den SchülerInnen durch unterrichtliche Tätigkeiten anzustreben. Daneben soll Schule aber noch weiteren Zielsetzungen dienen (s.o.), die im wesentlichen in der Ausbildung und Festigung von bestimmten Haltungen und Einstellungen bestehen. Dabei besteht aber - traditionell und mit gutem Grund - ein großes Unbehagen, die Erreichung solcher affektiver und sozialer Lehrziele zu überprüfen oder etwa gar die Schullaufbahn davon abhängig zu machen. Man könnte auch vermuten, daß die Lehrziele, deren Errei-chung nicht versetzungsrelevant ist, im Schulleben nur eine nachrangige Bedeu-tung besitzen. Als wenig problematisch und als legitim gilt hingegen das Bestre-ben, kognitive Lehrziele zu realisieren, in Abhängigkeit von der Lehrzielerrei-chung SchülerInnen zu bewerten und somit Bildungs- und Lebenswege zu eröff-nen oder auch zu verhindern.

Diese vorrangige Bedeutung kognitiver Lehrziele für Schule hat sich auch in den Forschungsfragen der Pädagogischen Psychologie niedergeschlagen, so fin-den sich reichhaltige Befunde zu den Bedingungen kognitiver Lehrzielerreichung, aber nur selten werden psychologische Aspekte, die für affektive und soziale Lehrziele wichtig sein könnten, behandelt. Die Orientierung an kognitiven Lehr-zielen wird zwar auch im vorliegenden Kontext beibehalten, zusätzlich wird aber auch versucht, psychologische Aspekte der Erreichung weiterer Lehrziele anzu-sprechen (vgl. Kap. 7.1).

2.1 Definition von „Schulleistung"

In der allgemeinsten Fassung bezeichnet man mit Schulleistung das Ergebnis von Lernprozessen, „die durch Unterrichtsmaßnahmen initiiert und/oder gesteuert wurden" (Krapp, 1976, S. 92). Mit dieser Umschreibung ist folgendes impliziert:
- Von den tatsächlich ausgebildeten Fähigkeiten, Fertigkeiten und Kenntnissen im Schüler (in der Schülerin) ist nur ein Teil auf die Schule rückführbar. Andere außerschulische Instanzen (personaler Art: Eltern, Peers; medialer Art: Bücher, Filme) können ebenso Lernprozesse anregen wie der Schüler (die Schülerin) selbst (eigeninitiiertes Lernen, Selbsterziehung?). Obwohl also Schulsysteme immer dann begründet wurden, wenn man nicht mehr erwarten konnte, daß sich die Kompetenzen, die für die Lebensbewältigung gebraucht wurden, von alleine einstellen (durch inzidentell-zufälliges Lernen im Alltag), sollte man nicht auf den Fehler verfallen und die Effektivität von Schule glorifizieren.
- Es ist zwischen einer theoretischen Ebene (Fähigkeiten, Wissensstrukturen) und einer Beobachtungsebene (Antworten auf Testfragen, Schulnoten, Ergebnisse aus Klassenarbeiten, Schulleistungsmeßwerte aus Schulleistungstests) zu unter-scheiden. Letztere Daten sind Indikatoren für allgemeinere Fähigkeiten (Krapp, 1976, S. 92; vgl. hierzu auch die verschiedenen Lehrzielebenen nach Möller, 1971). Daß diese Indikatoren für die angezielten Bereiche aus unterschiedlichen Gründen nicht immer valide sein können oder müssen (vgl. zur Kritik an der schulischen Notengebung, Lukesch, 1994, Kap. 8), wird innerhalb der pädago-gisch-psychologischen Diagnostik problematisiert.

Die oft zu findenden Begriffe *Schulerfolg* und *Schulversagen* sind qualitative Beschreibungskategorien, die zum Ausdruck bringen sollen, ob die individuell erbrachten Schulleistungen eine von der Schule festgesetzte Mindestanforderungsnorm überschreiten (Schulerfolg) oder unterschreiten (Schulversagen) (Krapp, 1976, S. 93).

Es ist auch allgemein zu überlegen, ob die Bezeichnung der Schulleistung nicht in die Irre führt, geht es doch immer um *SchülerInnenleistungen*, die durch schulische Rahmenbedingungen angeregt werden sollen.

2.2 Bedingungsfaktoren kognitiver Schulleistungen im Überblick

In vielen Publikationen findet sich eine Grobklassifikation von Faktoren oder Korrelaten der Schulleistung. Zumeist wird unterschieden in die Bereiche
- Persönlichkeit des Schülers (der Schülerin),
- Familie des Schülers (der Schülerin),
- Bedingungen in der Schule.
Nach Krapp (1976, S. 94) ergibt sich dabei die in Abbildung 2.1 dargestellte Veranschaulichung.

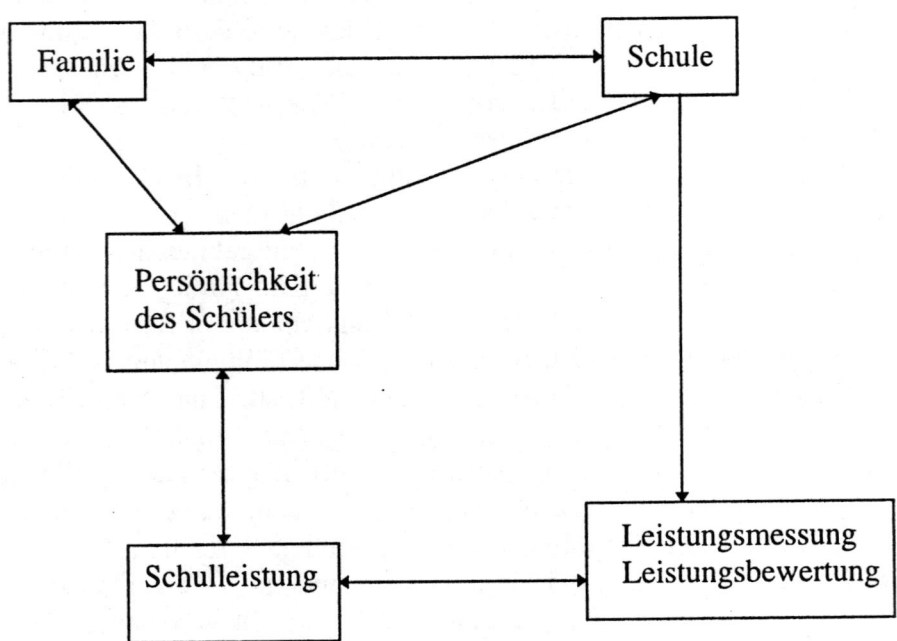

Abbildung 2.1.: Bedingungsfaktoren der Schulleistung (Krapp, 1976, S. 94)

Zwischen den vier Bereichen (Schulleistung, SchülerIn, Familie, Schule) werden Wechselbeziehungen angenommen, d.h.

- nicht nur Eigenschaften der Person des Schülers (der Schülerin) bedingen bestimmte Schulleistungen, sondern diese wirken wieder auf die Personfaktoren zurück (z.B. auf Stolz, Erfolgszuversicht bei positiven Resultaten oder in Richtung Scham, Verzweiflung, Gleichgültigkeit bei negativen).

- In diese Graphik ist noch die Zeitdimension einzubringen, d.h. neben aktuellen Gegebenheiten sind auch weiter zurückliegende einzubeziehen.

- Innerhalb der Person des Schülers (der Schülerin) ist zwischen habituellen Lern- und Leistungsbedingungen und aktualisierten Leistungsbedingungen zu unterscheiden. Intelligenz oder Motivdispositionen sind habituelle Lernbedingungen, die aber durch situationale Gegebenheiten angeregt werden müssen bzw. im Zusammenwirken mit konkreten Gegebenheiten ein bestimmtes Leistungsverhalten aktualisieren (z.B. Randbedingungen in der Situation, wie die konkrete Identifikation mit einem bestimmten Lehrer [einer Lehrerin], das aktualisierte Bedürfnis nach Strafvermeidung, der funktionale Wert einer Fähigkeit für andere Ziele des Schülers / der Schülerin).

- Frühere Gegebenheiten können bewirken, daß bestimmte Lernvoraussetzungen entwickelt oder nicht entwickelt worden sind. Die Bedeutung früherer Bedingungen ist bei empirischen Untersuchungen oft nicht genau erfaßt, da in der pädagogisch-psychologischen Forschung zumeist nur Querschnittdesigns vorliegen, Längsschnittstudien selten sind (Wimmer et al., 1975) und frühere Einflußgrößen retrospektiv nicht reliabel und valide erfaßt werden können.

- Bei empirischen Untersuchungen stellt sich außerdem die Frage, wie generell gültig gefundene Beziehungen sind,
  - hat z.B. ein Bedingungsmodell, das bei Schulanfängern validiert worden ist, auch Gültigkeit für spätere Altersstufen,
  - kann ein Bedingungsmodell für SchülerInnen aller Schularten gelten (FörderschülerInnen bis Gymnasiasten) oder sind, z.B. aufgrund von Homogenisierungseffekten, Wirkungen mancher Bedingungen nicht mehr nachweisbar,
  - kann man über Zeiten hinweg generalisieren oder stimmen die Beziehungen nur für eine bestimmte historische Situation (z.B. kann durch Änderung der LehrerInnenausbildung ein negativ wirkender Faktor [z.B. geringe Sprachkompetenz des Kindes] aufgefangen werden, weil LehrerInnen sich der leistungsbeeinträchtigenden Wirkung dieses Merkmals bewußt sind und SchülerInnen geringerer Kompetenz gezielt fördern).

Aus verschiedenen Untersuchungen und Überblicksreferaten (Haenisch, 1979; Friedrich, 1978; Rüdiger, Kormann & Peez, 1976; Krapp, 1976; Wimmer,

Nasseri-Chapar & Lukesch, 1975; Gaedicke, 1974) werden folgende Beispiele für die drei Grobbereiche (Bedingungsfaktoren) genannt:

(1) Bedingungen in der SchülerInnenpersönlichkeit

a) Kognitive Variable:
- Intelligenz (generell oder spezifische Faktoren),
- aufgabenspezifische Begabung,
- kognitive Stile (Impulsivität - Reflexivität, Feldabhängigkeit - Feldunabhängigkeit),
- Kreativität.

b) Leistungsbiographie/bisherige Kenntnisse:
- fachspezifisches Vorwissen,
- Grundschulnoten,
- Klassenwiederholung.

c) Sprachkompetenzen.

d) Motivational-affektive Bedingungen:
- Lernmotivation,
- Leistungsmotivation,
- Attribuierungsgewohnheiten,
- Begabungsselbstbild (generell Selbstbildaspekte, Selbstakzeptierung),
- Einstellung zu LehrerInnen, zur Schule, schulisches Wohlbefinden,
- Angst, Emotionalität, Neurotizismus.

e) Arbeitsverhalten, Lerntechniken:
- Zeitnutzung,
- Hausaufgabenzeiten,
- Aufmerksamkeit,
- Unterrichtsbeteiligung, Angebotsnutzung.

f) Sozialverhalten:
- Kontaktbereitschaft,
- Identifikation mit LehrerInnen,
- Anpassungsbereitschaft,
- Verhaltensstörungen.

g) Körperliche Bedingungsfaktoren:
- Dauer und Häufigkeit körperlicher Erkrankungen,
- hirnorganische Schädigungen,
- Störungen der Sinnesfunktionen,
- sonstige körperliche Beeinträchtigungen.

h) Biographische Variable:
- Geschlecht.

(2) Familiäre Faktoren

a) Lebenswelt der Familie:
- Sozialschicht, Stadt-/Land-, Milieufaktoren,
- Schulbildung der Eltern,
- Soziotope (Wohnumgebung).

b) Strukturmerkmale der Familie:
- Familiengröße,
- Stellung in der Geschwisterreihe,
- Vollständigkeit der Familie,
- Berufstätigkeit (der Mutter),
- Arbeitslosigkeit (des Vaters).

c) Prozeßmerkmale in der Familie:
- Unterstützungsverhalten (Informiertheit, Hilfestellung, Hausaufgabenhilfe, elterliche Lehrkompetenz, Anregungen),

- Erziehungsstile der Eltern,
- Leistungs-, Förderungs-, Sanktionsorientierung,
- Zuwendungsintensität,
- schulisches Aspirationsniveau, Leistungserwartungen,
- Attribuierungsgewohnheiten der Eltern, Begabungseinschätzungen,
- Harmonie/Spannungen in der Familie, Familienklima.

d) Objektive Ausstattungsfaktoren der familiären Umwelt:
- Anregungsreichtum (in bezug auf Bücher, Spielsachen),
- Wohnraum pro Kopf („crowing").

(3) Schulische Bedingungen

a) Rahmenbedingungen der Schule und Klasse:
- Zugänglichkeit von Schulen,
- Standort der Schule,
- personelle und materielle (finanzielle) Ausstattung,
- SchülerInnenzahl der Schule (pro Klasse),
- schulorganisatorische Bedingungen (z.B. Förder- und Liftkurse),
- Versetzungsbedingungen (z.B. Kompensation von schlechten Noten, Kriterien für Durchfallen, Nachprüfungen, Freiheiten bei der Fächerwahl).

b) Merkmale des Curriculums:
- Anforderungsnormen,
- Bewertungsspielräume,
- Zeitstrukturen (wie viel Zeit für bestimmte Abschnitte, Lernwegdifferenzierungen, Extensivierungsmöglichkeiten),
- Lerngelegenheiten.

c) Organisation des Unterrichts:
- Lehr-, Arbeits- und Sozialformen des Unterrichts,
- ATI-Effekte,
- Rückmeldungsstrategien der LehrerInnen.

d) Merkmale der LehrerInnenpersönlichkeit:
- LehrerInneneffektivität, Lehrkompetenz, Unterrichtsführung,
- Persönlichkeitseigenschaften des Lehrers (der Lehrerin),
- LehrerInneneinstellungen (Berufsengagement, Berufszufriedenheit, Reformbereitschaft, Wohlfühlen an der Schule),
- LehrerInnenbiographie (Ausbildung, Unterrichtserfahrung, Belastungen, außerschulische Situation),
- Erwartungshaltungen der LehrerInnen.

e) Interaktionsformen zwischen LehrerIn und SchülerIn:
- LehrerIn und leistungsschwache SchülerIn,
- LehrerIn und leistungsgute SchülerIn.

2.3 Modelle des schulischen Lernens

Neben der Aufzählung von Einwirkungsvariablen auf die Schulleistung hat es immer wieder Versuche gegeben, die Einzelbefunde zu einer Gesamtsicht zusammenzufassen. In dem durch Längsschnittuntersuchungen validierten Konzept Blooms (1976) werden einzelne Variablenkomplexe eher additiv zusammengestellt, in den Modellen von Carroll (1973) oder Harnischfeger und Wiley (1976) wird von der benötigten und aufgewendeten Lernzeit als zentrale Bedingung für Schulleistung ausgegangen.

2.3.1 Das Modell von Bloom (1976)

Bloom (1976) entwickelte sein Modell in Zusammenhang mit dem Konzept des zielerreichenden Lernen (mastery learning). Danach sind SchülerInnenleistungen durch drei Bedingungsgruppen bestimmt:

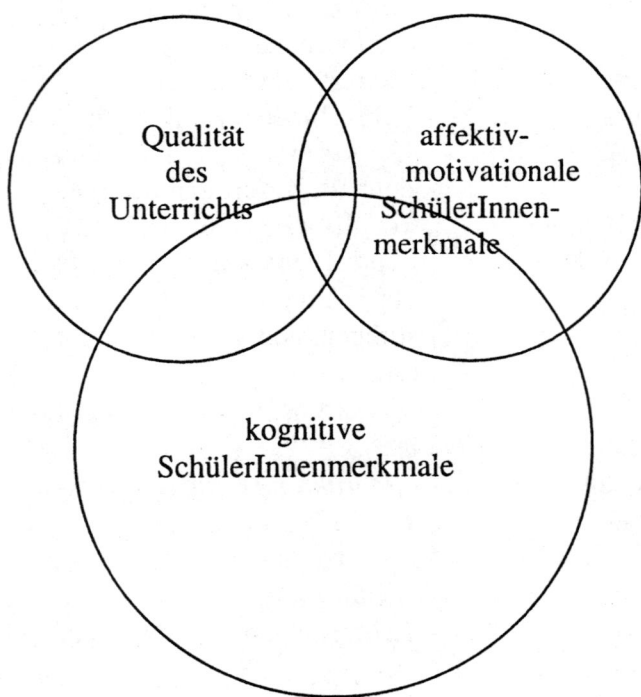

Abbildung 2.2: Zusammenwirken der drei für Schulleistungen relevanten Merkmalsbereiche

(1) *Qualität des Unterrichts* (Hinweise, Tutoring, Teilnahme, Verstärkung, Feedback). Durch die Unterrichtsqualität sollen etwa 25% der Leistungsunterschiede zwischen SchülerInnen erklärt werden können.

(2) *Affektiv-motivationale Bereitschaften der SchülerInnen* (Einstellung und Wertschätzung des jeweiligen Faches, Einstellung zur Schule, Selbstkonzept eigener Fähigkeit). Affektive Bedingungen sollen ebenfalls ca. ein Viertel der Unterschiede in den Schulleistungen erklären.

(3) *Fähigkeit der SchülerInnen, den Unterricht zu verstehen* (hierunter sind vor allem das aufgabenspezifische Vorwissen sowie in zweiter Linie Intelligenz gemeint). Durch die kognitiven Eingangsbedingungen des Unterrichts werden etwa 50% der Variation der Lernergebnisse erklärt. Diese hohe Bedeutung kognitiver Aspekte läßt sich allerdings ändern, u. zw. indem man den Unterricht so aufbaut, daß zuerst die Vorbedingungen für das Lernen neuen Stoffes egalisiert werden (vgl. hierzu das Konzept des lehrzielerreichenden Lernens).

Insgesamt können aber durch diese drei Variablenkomplexe die Unterschiede in den Leistungen der SchülerInnen nicht vollständig aufgeklärt werden. Dies ergibt sich einsichtiger Weise zum einen aus der jeder psychologischen Variable anhaftenden Meßungenauigkeit sowie aus der Tatsache, daß die jeweiligen Bereiche miteinander korreliert sind.

Zwischen diesen drei Bereichen bestehen mehrere Abhängigkeiten. Je weniger qualitativ hochwertig ein Unterricht ist, desto mehr ist der Lernzuwachs von allgemeinen kognitiven Bedigungen abhängig. Die Merkmale der Unterrichtsqualität können erst dann voll zur Wirkung kommen, wenn die erforderlichen kognitiven Eingangsbedingungen (Vorwissen) über eine Folge von Unterrichtseinheiten hergestellt sind. Unterrichtsqualität bedeutet im Detail für Bloom (1976) folgendes:

1. *Hinweise und Informationen* sollen dazu dienen, den Lehrstoff verständlich darzubieten und den SchülerInnen die Sachstruktur transparent zu machen (z.B. durch Wiederholungen, Heraushebungen, Zusammenfassung schwieriger Teile, Begründung der Ziele, Veranschaulichung).

2. *Verstärkungen* (durch materielle Belohnungen und soziale Anerkennung sowie durch ermutigende und unterstützende Äußerungen) haben das Ziel, die Zuwendung zum Lehrstoff aufrecht zu halten.

3. *Rückmeldungen und Korrekturen* (Feedback) werden in der Absicht gegeben, den SchülerInnen immer wieder aufzuzeigen, wo sie im Vergleich zu den inhaltlichen Anforderungen stehen und was sie noch zu lernen haben. Zudem sollen diese Rückmeldungen Grundlage für Korrekturmaßnahmen sein (z.B. zusätzliche Übungszeit, spezifisches Hausaufgabenangebot, Aufmerksamkeitstraining), damit eventuell vorhandene Lernausfälle behoben werden.

4. *Beteiligung* dient dazu, die aktive Lernzeit der SchülerInnen zu erhöhen, also Engagement und Aufmerksamkeit der SchülerInnen zu sichern.

2.3.2 Die Modelle von Carroll (1973) sowie von Harnischfeger und Wiley (1976)

Grundgedanke dieser Modelle ist es, den Lernerfolg als Funktion von Lernzeitbedingungen aufzufassen. Für Lernzeitbedingungen sind wiederum Merkmale der SchülerInnen, ihrer Lernumgebung sowie aus ihrer Biographie wesentlich.

Der Lernerfolg resultiert aus dem Verhältnis von aufgewendeter Lernzeit (vergleichbar mit der Bloomschen Kategorie „Beteiligung") zu benötigter Lernzeit. Auf beide Größen wirken Personfaktoren der SchülerInnen und externe Bedingungen ein (vgl. auch Zielinski, 1980, S. 125 ff). Dieses Modell richtet die Aufmerksamkeit von Pädagogen auf eine zielbezogene Variation von Lernzeitbedingungen, um etwaigen Schulleistungsproblemen begegnen zu können.

So hängt die *aufgewendete Lernzeit*
- von motivationalen Bedingungen ab (Lern- und Leistungsmotivation, Einstellung zu den LehrerInnen, zur Schule, Selbstbild der eigenen Begabung, sachbereichsbezogene Interessen),
- aber auch von der „zugestandenen" Lernzeit, also der Zeit, die im Curriculum (bzw. durch LehrerInnen) für der Beherrschung eines Stoffgebietes vorgesehen ist. Die aufgewendete Lernzeit ist nicht gleichzusetzen mit der Zeit, die SchülerInnen träumend vor den Schulaufgaben sitzen (z.B. „reine" Hausaufgabenzeit), sondern die sie aktiv und zielorientiert mit den Lernaufgaben verbringen (= genutzte Lernzeit).

Die *benötigte Lernzeit* ist wiederum
- von den kognitiven Fähigkeiten der SchülerInnen (ihrer „Begabung"),
- seinem sachspezifischen Vorwissen,
- der Qualität seiner Informationsverarbeitung,
- der Effektivität seiner Lern- und Arbeitsmethoden,
- wie auch von der Qualität des Unterrichts (Art der Stoffpräsentation) abhängig.

Sowohl die motivationalen wie auch die kognitiven Dispositionen werden von früheren Erfahrungen beeinflußt. *Motivationale Dispositionen* sind abhängig von:
- früher erlebten Herausforderungslagen, Über- und Unterforderungen,
- elterlichen Interessen,
- Einstellungen der Eltern zu schulischer Bildung, LehrerInnen, der Schule,
- elterlichen Attribuierungsgewohnheiten,

- Biographie der Leistungserbringung (Bewältigung oder Versagen).

Kognitive Dispositionen werden als abhängig gedacht von:
- dem Anregungsgehalt der häuslichen Umwelt,
- dem kognitiven und sprachlichen Niveau der Eltern,
- der kommunikativen Frequenz,
- einem mangelhaftem Unterricht.

Die aktive Lernzeit sowie die sie beeinflussenden Komponenten der nutzbaren Instruktionszeit (d.h. die für die Vermittlung von Inhalten beanspruchte Zeit), der tatsächlichen Unterrichtszeit (= Anzahl der tatsächlich gehaltenen Fachstunden) sowie der nominalen Unterrichtszeit (= Anzahl der Fachstunden in einem Schuljahr) stehen in einem mäßig linearen Zusammenhang mit der Schulleistung. Die nutzbare Instruktionszeit übt den größten Effekt auf die aktive Lernzeit aus (Treiber, 1980b; Stallings, 1980; Treiber & Weinert, 1982). Sie kann von LehrerInnen im Rahmen der lehrplanmäßigen Vorgaben gesteuert werden, indem sie z.B. darauf achtet, daß Zeitverluste durch Unterrichtsstörungen oder sachfremde Aktivitäten vermieden werden.

In beiden Modellen des schulischen Lernens sind die Einflüsse auf die Leistungen der SchülerInnen über SchülerInnenaktivitäten vermittelt. LehrerInneneinflüsse sind insofern relevant, als sie den Beschäftigungsakt der SchülerInnen beeinflussen (Umsetzungsprozeß-Paradigma). Die Nutzung des Angebots und die Zeitnutzung auf SchülerInnenseite sind letztlich die entscheidenden Determinanten für einen guten Lernerfolg. (Die empirische Untermauerung dieser Determinantenmodelle für Schulleistung werden in den Kapiteln 3 bis 6 gegeben.)

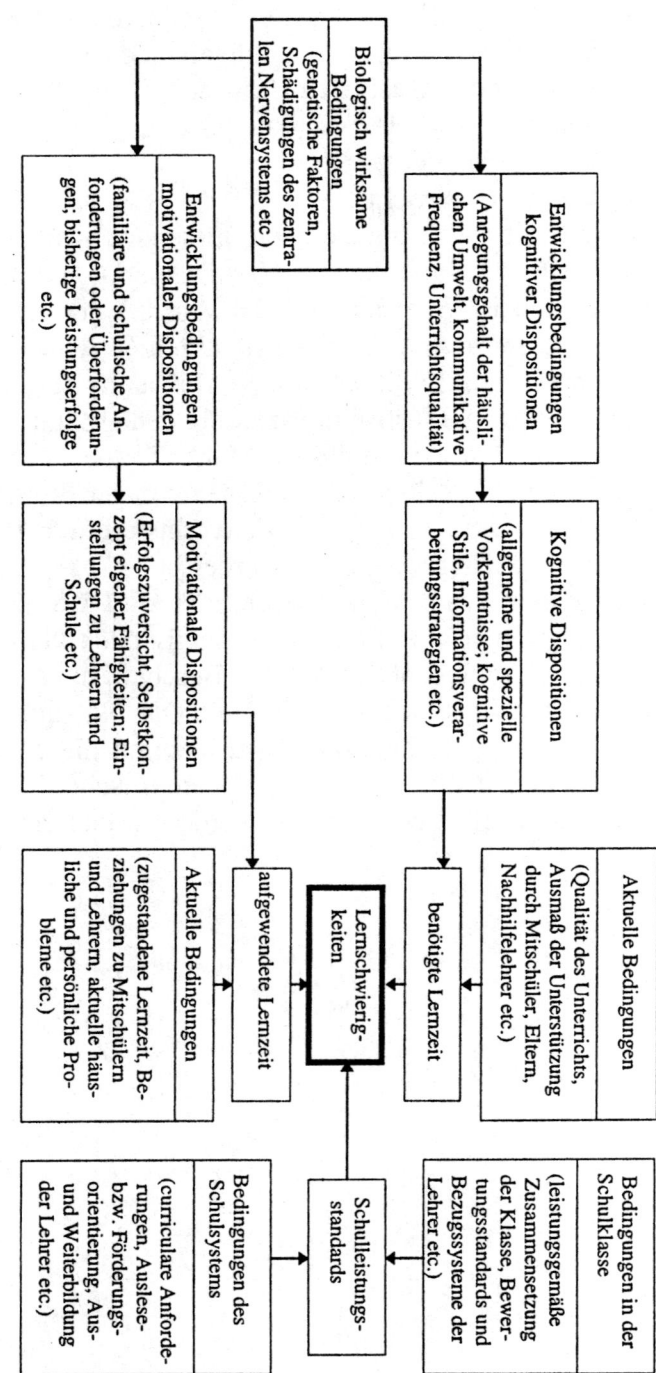

Abbildung 2.3: Lernerfolg als Funktion von Lernzeitbedingungen (Carroll, 1973; zit. n. Zielinski, 1980, S. 126)

3. Familiäre Einflüsse auf die Schulleistung

Es wird allgemein davon ausgegangen, daß die Familie als primäre *Sozialisationsinstanz* einen beträchtlichen Einfluß auf Verhaltensdispositionen, Einstellungen, Werte und Normen des Kindes besitzt. Wesentliche Persönlichkeitsaspekte werden durch die Familie mitbedingt (vgl. hierzu z.B. die familiären Bedingungen zur Entstehung des Leistungsmotivs [vgl. Kap. 4.4.2.3] oder die Erbe-Umwelt-Kontroverse hinsichtlich von Begabungsaspekten [vgl. Kap. 4.2.1]).

Um die vielfältigen familiären Gegebenheiten zu strukturieren, die sich auch auf Schulkarrieren und Schulleistungen von Kindern auswirken können (Sander, 1981, S. 47), ist die nicht völlig trennscharfe Unterscheidung in *Strukturmerkmale der Familie (z.B. Familiengröße, Vollständigkeit der Familie)* und *Prozeßmerkmale der Familie (z.B. Aspirationen, Unterstützungsverhalten bei schulischen Anforderungen, Erziehungsstilmerkmale)* hilfreich. Elterliche Charakteristika (z.B. bestimmte Eigenschaften, Belastungen durch psychische Auffälligkeiten; vgl. Havers, 1981, S. 145 ff) können ebenfalls dem letzteren Bereich zugeordnet werden. Hinzu kommen Thematisierungen des die Familie umgebenden Milieus im Sinne spezifischer *Lebenswelten (z.B. Sozialschichtfaktoren, Soziotope)*. Zugestanden sei, daß die Trennung wegen der vielfach möglichen Vernetzungen zwar künstlich, zur Erarbeitung eines Überblickes aber fruchtbar ist.

3.1 Die Bedeutung von Lebenswelten (Sozialschichtfaktoren)

Anfang der 60er Jahre in Deutschland wurde unter dem markigen Schlagwort einer „Bildungskatastrophe" (Picht, 1964) die im internationalen Vergleich geringere Anzahl an weiterführenden Bildungsabschlüssen problematisiert. Die daran anknüpfenden Hoffnungen bestanden in der Ausschöpfung von Begabungsreserven sowie der Erhöhung von Chancengleichheit (zu den verschiedenen Bedeutungsvarianten von „Chancengleichheit" vgl. Lukesch, 1994, S. 11). In diesem Zusammenhang wurde z.B. darauf hingewiesen, daß bestimmte SchülerInnengruppen (nicht zuletzt aufgrund familiärer Gegebenheiten) eine systematisch geringere Bildungsbeteiligung aufweisen. Dies waren zum damaligen Zeitpunkt Mädchen (Knoche, 1969; Pross, 1969; zur aktuellen Situation vgl. Kap. 4.1), SchülerInnen aus Landgemeinden (Geipel, 1965; OECD, 1967), Kinder aus der Arbeiterschicht (Baur, 1972; Schorb & Schmidbauer, 1973) sowie Kinder aus katholischen Familien (Erlinghagen, 1965).

Hinter diesen kruden Zusammenhängen verbergen sich vielfältigste Prozesse, welche letztendlich diese Unterrepräsentationen zuwege brachten. Hier soll diesen diffizilen Einflüssen (etwa historischer oder mentalitätsgeschichtlicher Art) nicht näher nachgegangen werden, sondern es soll in bezug auf die Sozialschichtzugehörigkeit nur die Frage geklärt werden, ob diese Unterschiede aktuell noch nachweisbar sind. Am Rande sei auch darauf verwiesen, daß nach heutigem Problembewußtsein *neue* Menschengruppen mit (noch) geringer Bildungsbeteiligung vorhanden sind (Preuss-Lausitz, 1993, S. 16 f), nämlich Ausländer- bzw. Aussiedlerkinder sowie körperbehinderte Kinder.

3.1.1 Sozialschichtzugehörigkeit, Schulleistung und Schullaufbahn

Der Zusammenhang zwischen Sozialschichtzugehörigkeit und Schulkarriere bzw. Schulleistung hat schulgeschichtlich und schulpolitisch gesehen eine lange Diskussion ausgelöst. Während hinsichtlich der Geschlechtszugehörigkeit ein deutlicher Trend in Richtung einer gleichen Inanspruchnahme des Bildungssystems gegeben ist, kann die geringere Beteiligung von Kindern aus niedrigeren Schichten noch immer deutlich nachgewiesen werden. Hierzu einige neuere Befunde:

Tabelle 3.1: Verteilung von Kindern der 7. bis 9. Jahrgangsstufe aus verschiedenen sozialen Schichten auf Hauptschulen, Realschulen und Gymnasien (Lukesch et al., 1989a, S. 488), Angaben in % (zeilenweise, N = ca. 4000)

Sozialschicht	Schulartzugehörigkeit		
	Hauptschule	Realschule	Gymnasium
Oberschicht	10,3	24,5	65,2
obere Mittelschicht	18,1	31,8	50,0
mittlere Mittelschicht	42,1	34,8	23,1
untere Mittelschicht	55,2	32,4	12,4
Unterschicht	62,4	28,8	8,8
p		ss	

In einer Repräsentativstudie mit ca. 4000 SchülerInnen der 7. bis 9. Jahrgangsstufe wurde von Lukesch et al. (1989a, S. 488) in einer bayerischen Erhebung aus dem Jahr 1985 als Nebenergebnis ein hoher Zusammenhang zwischen Sozialschichtzugehörigkeit und Plazierung in den einzelnen Schularten gefunden (vgl. Tab. 3.1; die Sozialschichtzugehörigkeit wurde aufgrund vorliegender Berufsprestigeratings der väterlichen Berufe nach dem Schema von Kleining und Moore [1968; modifiziert nach Fend et al., 1976] bestimmt). Wie man sieht, ergibt sich ein spiegelbildliches Verhältnis zwischen Ober- und Unterschichtkindern hinsichtlich der Beteiligung an Ausbildungsgängen mit höherem bzw. niedrigerem Anforderungsniveau.

Ergänzend kann man hierzu eine aktuelle und breit angelegte Studie des ISB heranziehen (von Spaun, 1992). In dieser wurden in den Jahren 1986/87 bis 1988/89 die Schulkarrieren von ca. 15 000 Grund- und HauptschülerInnen in Bayern auf die Einflüsse von außerschulischen und schulischen Faktoren untersucht. In bezug auf das Herkunftsmilieu stellt sich folgendes heraus (vgl. Tab. 3.2):

(1) In der Grundschule beträgt der Anteil der Arbeiterkinder 38,7%. Dieser Wert kann als Schätzung für die Aufteilung in der Population verwendet werden.

(2) Betrachtet man den Besuch an weiterführenden Schulen, so steigt der Arbeiterkinderanteil an der Hauptschule in den Klassen 5 und 6 überproportional an (u.zw. auf 51%), um sich auf den Klassenstufen 7 bis 9 (nach Abgang der Realschüler) noch einmal auf 58% zu erhöhen. Eine ähnliche Zunahme der Repräsentanz in Hauptschulen kann auch für Kinder von Landwirten festgestellt werden. Entsprechend niedriger wird der Hauptschulanteil unter den Kindern sowohl der einfachen Beamten und Angestellten, der selbständig Tätigen sowie - noch deutlicher ausgeprägt - bei den Kindern gehobener Beamter und Angestellter.

(3) Die sozialschichtgekoppelte Beteiligung an höheren Bildungsgängen wird besonders für das Gymnasium deutlich: Hier ist fast jedes zweite Kind aus der Familie eines höheren oder gehobenen Beamten bzw. Angestellten; Arbeiterkinder, Kinder von Landwirten, aber auch von Selbständigen sind - gemessen an der Verteilung für die Grundschule - entsprechend unterrepräsentiert.

(4) Voraussetzung für diese unterschiedliche Beteiligung an höheren Bildungsgängen ist das Übertrittsverhalten auf Gymnasien bzw. Realschulen:
- Von den Kindern höherer bzw. gehobener Beamter/Angestellter gehen nach der 4. Klasse der Grundschule 70,8% auf ein Gymnasium (bei einer globalen Übertrittsquote von 35,5%) und von den auf der Hauptschule verbliebenen SchülerInnen aus diesen Familien in der 5. Jahrgangsstufe immerhin noch einmal 21,1% (bei einer Übertrittsquote von 5,4%).

- Auch an die Realschulen gehen vermehrt Kinder aus höheren Beamten- und Angestelltenfamilien (53,9% bei einer Übertrittsquote von 33,8% nach der 6. Jahrgangsstufe).
- Entsprechend geringer ist die Bildungsbeteiligung am Gymnasium von Kindern ungelernter Arbeiter (Übertrittsquote 4,4% nach der Grundschule bzw. von 1,6% nach der 5. Jahrgangsstufe). Etwas höher fallen die Übertritte an Realschulen aus (21,1% für Kinder ungelernter Arbeiter nach der 6. Jahrgangsstufe).

Zusätzlich sei auf die Zusammenhänge zwischen Sozialschichtzugehörigkeit und Benotung verwiesen (Lukesch, 1994, S. 205 und 216 f), durch die diese Art der Selektion begründet wird.

Tabelle 3.2: Soziale Herkunft deutscher SchülerInnen in den verschiedenen Schularten in Bayern (nach von Spaun, 1992, S. 5)

Schulart	ungelernter Arbeiter/ Facharbeiter	einfacher/ mittlerer Beamter, Angestellter	höherer/ gehobener Beamter, Angestellter	Landwirt	Selbstän- dige/ Händler Freiberufler
Grundschule	38,7	22,7	16,3	7,3	15,0
THS I (5.-6. Jg.)	51,0	20,5	5,9	10,7	11,9
Schule für Lernbehinderte	74,0				
Realschule (10. Jg.)	37,0	25,0	27,0	7,0	1,0
Besondere 10. Klasse	26,0	24,0	22,0	13,0	15,0
Gymnasium (10. Jg.)	14,0	21,0	51,0	3,0	6,0

Betrachtet man die Bildungsbeteiligung im tertiären Ausbildungssektor, so wird auch hier eine sehr deutliche Unterrepräsentation von Arbeiterkindern im Hochschulsystem deutlich (vgl. Tab. 3.3). Der Großteil der Studierenden stammt aus Angestelltenfamilien, Kinder aus Arbeiterfamilien sind deutlich unterrepräsentiert, wobei der Trend sogar in die Richtung weist, daß StudentInnen mit diesem sozialen Hintergrund weiter abnehmen.

Tabelle 3.3: Zusammensetzung der deutschen Studentenschaft im 1. Hochschulsemester nach sozialer Stellung des Vaters, Angaben in %, Differenz zur Zeilensumme von 100% durch missing data bedingt (BMBW, 1988, S. 74; zit. n. Klemm, 1990, S. 153)

Jahr	Selbständiger	Beamter	Angestellter	Arbeiter
1980	20,90%	19,60%	38,20%	17,70%
1985	19,50%	19,10%	38,50%	14,80%
1987	16,70%	18,30%	36,00%	12,70%

3.1.2 Erklärungsmöglichkeiten

Zu klären bleibt, wie diese Zusammenhänge zustande kommen. Dabei sind wieder drei große Einflußgruppen zu thematisieren (Dreher, Haenisch, Klaghofer & Lukesch, 1979):

(1) Familiäre Bedingungen (z.B. vorgefaßte Bildungsaspirationen, schichtspezifisch verteilte Informations- und Motivationsunterschiede bei Eltern und Kindern, Unsicherheiten gegenüber dem Wagnis einer längerfristigen und mit Unsicherheiten belasteten Ausbildung, Erziehungspraktiken).

(2) Schulische Bedingungen (z.B. frühzeitig festgelegte Schullaufbahnen, unzureichendes Beratungssystem, Anfälligkeit der LehrerInnen gegenüber sozialen Stereotypen bzw. sozialem Druck aus der Elternschaft).

(3) Faktoren in der Person der SchülerInnen (z.B. spezifische Begabungen, unterschiedlich ausgeprägte Intelligenz, Planungshorizont, Sprachverhalten, Ambiguitätstoleranz, Fähigkeit zum Belohnungsaufschub).

3.1.2.1 Familiäre Bedingungen

(1) Elterliche Reaktionen auf Schulschwierigkeiten. Kinder von Eltern der Oberschicht nutzen bei einem Versagen der SchülerInnen die Korrekturmöglichkeiten des Schulsystems besser aus als Unterschichteltern (Bofinger, 1985, S. 74). Von ihnen wird z.B. bei einem Schulversagen der Kinder im Gymnasium (oder der Realschule) deutlich häufiger von der Möglichkeit einer Klassenwiederholung Gebrauch gemacht. Eltern aus der Unterschicht neigen im gleichen Fall vermehrt dazu, die als gefährdet erscheinende Schulkarriere durch einen Schulartwechsel (von GY auf RS oder HS bzw. von RS auf HS) zu korrigieren.

Eltern aus den höheren Schichten können ihre Kinder dabei auch besser gegenüber selbstwertschädlichen Attribuierungen von LehrerInnenseite schützen, indem sie die Leistungsprobleme ihrer Kinder externalisieren und z.B. auf fachlich schlechten Unterricht durch LehrerInnen zurückführen.

(2) Schulbezogene Aspirationen. Daß durch höhere Bildung bessere Lebenschancen gegeben sind, wird schichtspezifisch unterschiedlich von den Eltern wahrgenommen. Bei Dreher et al. (1979, S. 40 f) finden sich sowohl für das gegliederte wie auch für das Gesamtschulsystem z.B. bedeutsame Korrelationen zwischen den elterlichen Schulabschlußerwartungen und der Sozialschichtzugehörigkeit (sowie der Höhe des bevorstehenden Schulabschlusses). Die Schichtspezifität der Schulabschlußerwartungen ist aber für das Gesamtschulsystem wesentlich geringer (.17, ss) als für das gegliederte Schulsystem (.36, ss) (a.a.O., S. 46). Zudem sind die elterlichen Schulabschlußerwartungen von GesamtschülerInnen der sozialen Unterschicht deutlich höher als von den nach Sozialschichtzugehörigkeit vergleichbaren SchülerInnen im gegliederten Schulsystem. Ein unterschichtsspezifischer Aspirationsschub ist also ein genuiner Gesamtschuleffekt (a.a.O., S. 45 ff). Die Aspirationen von Kindern aus der sozialen Mittel- bzw. Oberschicht werden dadurch hingegen nicht reduziert.

Für das gegliederte Schulwesen ist ferner bezeichnend, daß Kinder aus höheren Sozialschichten, auch wenn sie bei einem Leistungsversagen vom Gymnasium auf eine Realschule wechseln mußten, ihre höheren Abschlußerwartungen eher beibehalten und versuchen, diese auf einer anschließenden Schulart (z.B. Fachoberschule) zu realisieren (Bofinger, 1985, S. 117).

Scheidung scheint hingegen keinen Einfluß auf die schulischen Aspirationen der geschiedenen Eltern für ihre Kinder zu besitzen (sehr wohl aber auf die schulische Leistungsfähigkeit des Kindes, s.u.), aber Schichtunterschiede sind auch innerhalb der geschiedenen Mütter deutlich: Mütter aus der Unterschicht wünschen zu 23% den Besuch einer weiterführenden Schule, Mütter der Oberschicht aber zu 73% (Anthes, 1974).

(3) Schichtspezifisches Sprachverhalten (vgl. hierzu Kap. 4.2.3.).

(4) Erziehungspraktiken. Die Erziehungshaltungen und -praktiken von Mittel- und Unterschichteltern werden in plakativer Weise oft als sehr unterschiedlich dargestellt. Wie eine genauere Analyse jedoch zeigt (Lukesch, 1976, S. 59 f), werden dabei die großen Überlappungsbereiche in bezug auf Haltungen und Verhaltensweisen übersehen. Unterschiede scheinen hinsichtlich des elterlichen Strafverhaltens zu bestehen, wobei manchen weitreichenden Folgerungen, z.B. Unterschichteltern bestraften nach Schadensausmaß, Mittelschichteltern nach Intentionen der Kinder, aufgrund empirischer Befunde nicht gefolgt werden kann. Die angeblich größere Restriktivität der Unterschichteltern läßt sich auch nicht durchgehend belegen (z.B. höhere Restriktivität der Mittelschichtmütter bei der Reinlichkeitserziehung, geringere im Zusammenhang mit dem Sexualverhalten der Kinder).

Relativ konsistent scheinen Unterschiede hinsichtlich des Sprachverhaltens zu sein, u.zw. verhalten sich Mittelschichtmütter durchgehend „verbaler" als Unterschichtmütter und können auch vorhandene Probleme für ihre Kinder sprachlich besser strukturieren. Sie verwenden auch gezieltere Verstärkungstechniken und ermöglichen somit den Kindern in Problemsituationen eine sicherere Orientierung. Diese Unterschiede könnten für die von der Schule geforderten Leistungen bedeutend sein.

3.1.2.2 Schulische Bedingungen

Außer den bereits genannten Schulsystemeffekten lassen sich weitere schulbezogene Bedingungen aufweisen, die zwischen den Zusammenhang Sozialschicht und Schulerfolg vermitteln.

Ein differenziertes Konzept der Chancengleichheit (d.h. anstatt der Forderung nach repräsentativer Chancengleichheit sollte die Idee der Chancengerechtigkeit bzw. der relativen Chancengleichheit treten) verlangt die Berücksichtigung von Begabungs- oder Leistungsfaktoren; d.h. gleiche Bildungsbeteiligung wird nur unter der Voraussetzung gleicher Begabung oder gleicher Leistung als gerechtfertigt empfunden. Die Prüfung dieses Postulats kann erfolgen, indem man von dem Zusammenhang zwischen Sozialschicht und elterlichen Erwartungen den Einfluß von Intelligenz (als Begabungsindikator) oder den der gemittelten Schulnoten (als Leistungsindikator) herauspartialisiert. Aber auch bei Berücksichtigung von Intelligenz und den gemittelten Schulleistungen bleibt für beide Schulsysteme eine bedeutsame Korrelation zwischen den elterlichen Abschlußerwartungen und der Sozialschicht bestehen (Dreher et al., 1979, S. 49). Die von der Sozialschichtzugehörigkeit abhängige schulische Plazierung in unterschiedliche Bildungsgänge ist also nicht durch Intelligenzunterschiede zu rechtfertigen. Offensichtlich lassen sich LehrerInnen in ihren Bewertungen von sozialen Stereotypen beeinflussen (zusammenfassend Lukesch, 1994). Ein schulinternes Beratungssystem, das stärker an objektiven Leistungsmöglichkeiten der SchülerInnen orientiert ist, könnte hier eine Abhilfe schaffen.

Die schulpolitische Antwort auf die aufgezeigten Mißproportionen war zweigeteilt:

(1) Zum einen wurde versucht, innerhalb des gegliederten Schulsystems durch Maßnahmen zur Beratung, der Angebotsverbesserung sowie der Schaffung weiterer Verzweigungen der Bildungswege (z.B. Einführung einer gemeinsamen oder an eine Schulart gebundenen Orientierungsstufe, Ausbau des berufsbildenden Schulwesens, Erhöhung der vertikalen Mobilität) Chancengleichheit herzustellen und die Beteiligung an höher qualifizierenden Schullaufbahnen zu verbessern.

(2) Die andere Antwort bestand in dem Plädoyer für eine strukturelle Aufhebung des gegliederten Schulwesens und die Überführung aller Schularten in Gesamtschulen, da hier tendenziell geringere Verzerrungen der Bildungswege in Abhängigkeit von der Herkunft der SchülerInnen vorhanden waren. Durch die damit angestrebte bessere schulinterne und mehr an den Leistungen in den Einzelfächern orientierte Steuerung der SchülerInnenströme sollten Benachteiligungen, die sich aus den außerschulischen Sozialisationsbedingungen ergeben, aufgehoben werden.

Je nach politischen Traditionen und politischen Mehrheiten wurden diese Wege in den einzelnen Bundesländern Deutschlands unterschiedlich realisiert.

3.1.2.3 Faktoren in der Person der SchülerInnen

Eine Fortsetzung der Argumentationslinie könnte sein, daß mit unterschiedlicher Sozialschichtzugehörigkeit auch unterschiedlich hohe IQs einhergehen, die Schullaufbahnen also unterschiedliche Begabungshöhen widerspiegeln. Hier sei auf die Befunde von Weiss (1971), Sauer (1973) und Wimmer (1973) verwiesen, nach denen zwar in Abhängigkeit von Sozialschichtindikatoren höhere Werte in verbalen Subtests gefunden wurden, in den traditionellen g-Maßen der allgemeinen Intelligenz (wie etwa den Coloured Progressive Matrices oder dem CFT) ein

Gleichstand zu konstatieren ist. Die sozialschichtbezogenen Unterschiede in den verbalen Intelligenzdimensionen und der Leistungsgleichstand in den nicht-verbalen Bereichen werden als Folge unterschiedlicher sprachlicher Förderung bei gleichen Intelligenzvoraussetzungen interpretiert (Sauer, 1973).

Daß begabungsäquivalente Kinder aus verschiedenen sozialen Milieus sogar unterschiedliche Schulleistungen entwickeln, wurde von Ferdinand (1969, zit. n. Weinert, 1974, S. 436) gezeigt (vgl. Tab. 3.4). Auch hier ist an die unterschiedliche elterliche Förderung zu denken.

Tabelle 3.4: Schulleistungen am Ende des 2. Schuljahres von Kindern mit gleichem IQ (jeweils n = 30) aus der sozialen Ober- bzw. Unterschicht (Ferdinand, 1969, zit. n. Weinert, 1974, S. 436)

Schulleistungsindikatoren	Kinder der sozialen Oberschicht	Kinder der sozialen Unterschicht
Fehler im Lesetest	6,80	16,37
Gesamtpunkt im Lesesinnverständnis	30,00	24,40
Fehler im Rechtschreibtest	10,20	18,00
Gutpunkte im Rechentest	10,00	9,70

Die Auseinanderentwicklung von Kindern aus verschiedenen sozialen Schichten setzt sich im Laufe der Schulzeit fort (vgl. Tab. 3.5), wie anhand einer Untersuchung von Kemmler (1976) gezeigt wurde. Hierbei wurde ein Einschulungsjahrgang in Münster vom Beginn der Schulzeit bis zur vollendeten 8. Jahrgangsstufe verfolgt und mit verschiedenen Einschulungs-, Intelligenz- und Wissenstests untersucht.

Diese Entwicklungen müssen aber nicht notwendigerweise eintreten. So berichten Dreher et al. (1979, S. 33) im gegliederten Schulsystem von einer Korrelation zwischen Sozialschicht und Bildungsniveau (= Schulartzugehörigkeit im 9. Schuljahr) von .41 (ss = sehr signifikant), die bei Konstanthaltung der Schulleistungsindikatoren nur auf .28 (ss) zurückging; im Gesamtschulsystem betrugen die entsprechenden Korrelationen hingegen .04 bzw. .01 (jeweils nicht signifikant). Das bedeutet, daß durch die spezifischen Bedingungen in der Gesamtschule (stärkere Steuerung der Schullaufbahn durch schulinterne Faktoren, Reduktion des Einflusses der Eltern) eine schichtunabhängige, aber Begabungs- und Leistungsfaktoren stärker berücksichtigende Bildungsbeteiligung erreicht wurde.

Tabelle 3.5: Begabungstestergebnisse von Schülern und Schülerinnen aus verschiedenen sozialen Schichten während der Schulzeit (Kemmler, 1976, S. 239)

Schultests	soziale Schichtgruppe				
Standardwerte	Mittelschicht		obere Unterschicht		Unterschicht
Schulreifetest	101,7		99,7	s	96,9
Leistungstests nach 4 Jahren	102,9	ss	98,0		93,6
Leistungstests nach 8 Jahren	102,8	ss	98,4	ss	91,9

3.2 Strukturmerkmale der Familie

Es ist davon auszugehen, daß sich die familiären Bedingungen, unter denen Kinder heute aufwachsen, seit Ende des 2. Weltkrieges bedeutsam gewandelt haben. Zusammenfassend geht Fölling-Albers (1995, S. 9f; ähnlich Bofinger, 1994) davon aus,

- daß sich die *Geburtenrate* deutlich reduziert hat; dies hat zur Folge, daß jedes 2. Kind in einem Ein-Kind-Haushalt aufwächst und innerhalb der eigenen Familie keine Erfahrungen mit gleich- oder andersgeschlechtlichen Geschwistern machen kann. Hinzu kommt, daß sich Kinder verstärkt an den Erwachsenen in der Familie orientieren müssen, eventuell von diesen mehr Zuwendung erhalten, aber von ihnen auch einen höheren Erwartungsdruck erfahren.

- daß die *Müttererwerbstätigkeit* angestiegen ist. Die Senkung der Kinderanzahl erlaubt die außerhäusige Berufstätigkeit bzw. es ergibt sich auch der umgekehrte Zusammenhang, daß also wegen der Berufstätigkeit der Frau die Kinderanzahl in den Familien klein gehalten wird. Bei Erwerbstätigkeit beider Partner tritt ein Betreuungsproblem für die Kinder vor und nach der Schulzeit auf, das in Form vermehrter Ansprüche nach institutionellen Betreuungsangeboten zu lösen versucht wird.

- daß sich *Familienkonstellationen* pluralisiert haben. Wegen der Zunahme der Scheidungszahlen, jede dritte Ehe wird heute geschieden, wachsen Kinder vermehrt in Stieffamilien auf (mit Stiefvätern 800 000 Kinder, 200 000 mit Stiefmüttern). Nicht-eheliche Zweit- (Dritt-, ...) partner der Mütter sind für eine weitere Million Kinder Realität. Hinzu kommen nicht-eheliche Lebensgemeinschaften, in die jedes zehnte Kind hineingeboren wird.

- daß *Eineltern-Familien* zunehmen. Durch Scheidung, Getrenntleben oder Ledigkeit ergeben sich zunehmend Ein-Eltern-(=Mütter)-Kind-Konstellationen, in denen naheliegenderweise fast immer nur ein Kind vorhanden ist.

3.2.1 Alleinerziehende Eltern/Mütter

In Bayern wuchsen 1992 13% aller minderjährigen Kinder in Familien Alleinerziehender auf, wobei sich in großstädtischen Bereichen diese Zahlen wesentlich erhöhen (Bofinger, 1994, S. 1f). Von den 91% der Kinder, die in einer Kernfamilie geboren wurden, leben bis zum 17. Lebensjahr ca. 71% in den gleichen familiären Verhältnissen, für die restlichen 20% hat sich ein ein- oder mehrmaliger Wandel eingestellt. Von den in Deutschland 1990 nur mit einem Elternteil zusammenlebenden Kindern lebten 87,4% bei ihren Müttern und 12,6% bei ihren Vätern (Bofinger, 1994, S. 43).

Mit dem Alleinerziehertum gehen eine Reihe zusätzlicher sozioökonomischer und sozialer Belastungsfaktoren einher, welche sich als Risikofaktoren für die Entwicklung des Kindes in negativer Richtung auswirken können (z.B. geringeres Familieneinkommen, beengtere Wohnverhältnisse, schwierigere Betreuung des Kindes, höhere Belastung, da sich die Erziehungsaufgabe nicht verteilen läßt und der alleinerziehende Elternteil Verantwortlichkeiten nicht teilen oder abgeben kann).

Verteilt über die Schulzeit steigt der Anteil an alleinerzogenen Kindern nach Daten aus Bayern von der Grundschule (9%) zur THS I (11,3%) und THS II (13,7%) an (von Spaun, 1992, S. 10, vgl. Tab. 3.6). Dies hängt mit der Kumulation von Scheidungszahlen über die ersten Ehejahre zusammen.

Tabelle 3.6: Schullaufbahn deutscher Grund- und HauptschülerInnen in Bayern nach der Familiensituation (von Spaun, 1992, S. 24)

Familiäre Situation	Zurückstellung bei Schuleintritt			Wiederholeranteile			vorzeitige Einschulung		Übertrittsquote	
	GS	THS I	THS II	GS	THS I	THS II	GS	THS I	an Gym aus Jg 4	an RS aus Jg 6
	%	%	%	%	%	%	%	%	%	%
beide Eltern berufstätig, nicht getrennt	2,5	3,9	5,0	3,7	4,6	15,9	6,2	6,1	39,2	36,7
Vater berufstätig, Eltern nicht getrennt	2,6	3,0	3,8	3,3	4,4	11,8	5,9	5,7	34,3	34,9
Mutter berufstätig, alleinerziehend	2,2	7,7	10,2	6,8	13,2	20,5	6,9	1,8	38,1	19,0
Mutter nicht berufstätig, alleinerziehend	4,6	1,0	5,6	9,3	10,2	18,6	6,0	6,7	21,7	12,7
SchülerInnen insgesamt	2,6	3,6	4,9	3,9	5,5	14,4	6,1	5,5	35,5	33,8
Amtliche Statistik	3,8 - 3,3						5,5 - 6,0			

Der Anteil berufstätiger Mütter (ohne Differenzierung nach alleinerziehend oder in einer Partnerschaft lebend) geht von den Grundschulkindern mit 40,4% leicht auf 37,8% bei den Kindern aus der THS II zurück. Alleinerziehende Mütter finden sich besonders häufig in der Gruppe ungelernter Arbeiter (Grundschule: 21,9%, THS II: 23,4%), aber auch bei freiberuflich Tätigen (GS: 12,8%, THS II: 17,4%). Ebenso ist der Anteil der berufstätigen Mütter unter den ungelernten Arbeiterinnen besonders hoch (GS: 49,5%, THS II: 48,0%).

Es ergeben sich im Vergleich der Kinder Alleinerziehender mit denen aus vollständigen Familien folgende Unterschiede:

(1) Nach dem LehrerInnenurteil sind die Kinder Alleinerziehender *größeren familiären Belastungen* ausgesetzt; dies betrifft das Wohnmilieu, die Wohnungsgröße und die Qualität der Betreuung. Kinder von Alleinerziehenden sind hinsichtlich der häuslichen Mithilfe wesentlich stärker belastet als solche aus vollständigen Familien (Haushaltsführung, Geschwisterhüten).

(2) Kinder aus vollständigen Familien sind *gesundheitlich* stabiler als solche von Alleinerziehenden; die entschuldigten Versäumnistage betragen bei Kindern aus vollständigen Familien 4,7 Tage (GS) bzw. 4,5 Tage (THS II), bei Kindern Alleinerziehender 5,7 Tage (GS) bzw. 7,5 Tage (THS II).

(3) Nach den LehrerInnenurteilen werden Kinder alleinerziehender und nicht berufstätiger Mütter im Mittel hinsichtlich verschiedener *Verhaltensbereiche* besonders schlecht bewertet. Dies betrifft fast alle Bereiche, wird aber beonders hinsichtlich der Eigenschaften Konzentration, Sprachverständnis, Motorik, Unterrichtsteilnahme oder Selbstvertrauen deutlich.

(4) Merkwürdigerweise ist auch die *Quote des Kindergartenbesuchs* bei Kindern aus vollständigen Familien höher (beide Eltern berufstätig: 95,9%; beide Eltern - Mutter Hausfrau: 95,2%) als bei Kindern von Alleinerziehenden (alleinerziehend und berufstätig: 92,6%, alleinerziehend und nicht berufstätig: 91,8%).

(5) Deutliche Unterschiede treten hinsichtlich der *Bildungsbeteiligung* auf, wobei die Kinder alleinerziehender und nicht berufstätiger Frauen die negativsten Bildungskarrieren aufweisen (vermehrte Zurückstellungen bei Schuleintritt, größere Wiederholungsquoten, geringere Übertrittsquoten an Gymnasien). In dieser Konstellation scheinen sich Mütter zu akkumulieren, die sowohl im privaten wie auch im beruflichen Bereich Defizite aufweisen. Umso höher werden Behütungstendenzen in bezug auf Kinder (z.B. geringerer Kindergartenbesuch, vermehrte Rückstellungen). Als bildungspolitische Konsequenz ist hier im Sinne des Kindeswohls an eine verbesserte institutionelle Betreuung zu denken.

(6) Hingegen unterscheiden sich die *Aspirationen für die Schullaufbahnen* zwischen Alleinerziehenden und traditionellen Eltern kaum, z.B. hat nach Bendkover und Oggenfuß (1980) Scheidung keinen Einfluß auf die gewünschte schulische

Laufbahn der Kinder. Ob sich diese Hoffnungen bei Alleinerziehenden auch verwirklichen lassen, ist eine andere Frage. Astone und Mc Lanahan (1991) fanden dabei, daß das Schulengagement alleinerziehender Eltern geringer war als das anderer Eltern und aus zeitlichen Gründen auch ihre Kinder weniger gut betreuen konnten.

3.2.2 Scheidung

Eine Zunahme der Scheidungszahlen ist auch für Deutschland belegt (vgl. Tab. 3.7). Gemessen an allen geschlossenen Ehen wird etwa jede dritte Ehe wieder geschieden. Durch den Rückgang der Kinderzahl bedingt, werden zunehmend Ehen ohne Kinder geschieden. Das bedeutet aber nicht, daß die Anzahl scheidungsbetroffener Kinder rückläufig wäre, im Gegenteil z.Zt. entstehen in Deutschland (einschließlich der neuen Bundesländer) jedes Jahr ca. 130 000 neue Scheidungs"waisen".

Die Frage ist aber, ob sich Scheidung auch auf Kinder und speziell auf Schulleistungen auswirkt.

(1) Nach der zusammenfassenden Darstellung von Bofinger (1994, S. 139 f) belegen einige Befunde *schlechtere Schulleistungen* bei Kindern aus Scheidungsfamilien. Nachweisbar sind diese Unterschiede bereits zu Beginn der Schulzeit. Diese Unterschiede bleiben in der Regel bestehen, auch wenn Dritteinflüsse (z.B. soziale Schicht, finanzielle Lage, Wohnsituation) kontrolliert werden.

(2) Nach Bendower und Oggenfuss (1980, S. 266) äußert sich die schulisch problematische Siuation in einer *erhöhten Wiederholerzahl*: Kinder verheirateter Mütter wiesen in 15% Klassenwiederholungen auf, Kinder Geschiedener zu 30% und Kinder getrennt lebender oder verwitweter Frauen in 22%. Unter dem im Falle von Scheidung bzw. Nichtehelichkeit in Deutschland gegebenen faktischen Matriarchat haben also Kinder gravierend zu leiden.

(3) Von manchen Kindern wird eine Verbesserung schulischer Leistungen bei längerwerdendem Abstand zum Scheidungszeitpunkt erreicht. Allerdings zeigen die Befunde auch, daß sich eine Scheidung langzeitlich letztendlich negativ auswirkt, denn Kinder aus Scheidungsfamilien erreichen im Erwachsenenleben eher Berufe mit *geringerem Sozialprestige und niedrigerem Einkommen*.

(4) Unter den scheidungsbetroffenen Kindern scheinen besonders viele „ *underachiever"* zu sein, d.h. gemessen an ihren Leistungspotentialen können sie weniger Leistung realisieren (Bendkower & Oggenfuss, 1991, S. 200). Es könnte dabei auch eine negative Erwartungshaltung von LehrerInnenseite eine Rolle spielen.

Tabelle 3.7: Scheidung im Spiegel der Statistik (Statistisches Bundesamt, 1952 - 1994)

Jahr	Geschiedene Ehen (i.T.)	Scheidungs-quote[1]	Scheidungs-ziffer[2]	Anteil geschiedener Ehen ohne Kinder	scheidungs-betroffne Kinder (i.T.)
Alte Bundesländer					
1990	122,9	29,6%	81,0	51,5%	87,1
1985	128,1	35,1%	86,1	47,5%	97,1
1980	96,2	26,6%	61,3	47,1%	79,0
1975	106,8	27,6%	67,0	41,1%	105,7
1970	76,5	17,2%	51,0	36,3%	85,0
1965	58,7	11,9%	39,0	39,2%	59,4
1960	44,4	8,5%	34,0	41,4%	41,8
1955	42,5	9,2%	36,3	41,7%	40,5
1950	74,6	13,9%	69,6	36,6%	85,6
Neue Länder + Ost-Berlin					
1989	50,1	38,2%	122,8	31,9%	50,1

[1] Anteil der Scheidungen pro Jahr, gemessen an den geschlossenen Ehen pro Jahr (= unbereinigte Scheidungsquote); aussagekräftiger wäre die Berücksichtigung der jährlichen Scheidungsquoten bezogen auf die jährlichen Eheschließungspopulationen

[2] Scheidungen je 10.000 bestehender Ehen

Die Schule könnte ihrerseits einen wichtigen stabilisierenden Einfluß auf Scheidungskinder ausüben, wenn LehrerInnen klare Rahmenbedingungen, Ziele und Verhaltenserwartungen an diese Kinder herantragen (Hetherington, 1989). Sander (1988, S. 83) spricht in diesem Zusammenhang von einem „Sicherheit bietendem Lernklima in der Schule". Dies setzt allerdings voraus, daß LehrerInnen über die familiären Gegebenheiten zumindest ansatzweise Bescheid wissen, was aber nicht bzw. nur unzureichend der Fall ist (die Reaktion ist eher betretenes Wegschauen, eventuell weil Trennung und Scheidung für LehrerInnen selbst bedrohlich erlebt werden und man sich in familiäre Gegebenheiten nicht einmischen will).

Eine weitere Reaktion des Schul- und Erziehungssystems könnte in Angeboten einer verbesserten institutionellen Betreuung liegen (Förderung familienergänzender Angebote in Kindergarten und Schule, Ganztagsschulen, Schulessen und Hausaufgabenbetreuung).

3.2.3 Mütterliche Berufstätigkeit

Die Berufstätigkeit von alleinstehenden und auch von verheirateten Frauen wird eine zunehmende soziale Selbstverständlichkeit (Sommerkorn, 1988). So standen in einer Studie des Hamburger Instituts für Ehe- und Familienforschung (1994) bei einer repräsentativen Ehefrauenstichprobe als wichtigste Werte der „Existenzaufbau" und eine „erfüllte Sexualität" an den ersten beiden Stellen, erst dann folgte der Wunsch nach Kindern.

Wenn auch noch keine gleich hohe Beteiligung der Frauen am Erwerbsleben im Vergleich zu Männern gegeben ist, so deuten die Entwicklungen doch auf eine Zunahme der Erwerbstätigkeit bei Frauen hin, bei einer gleichzeitigen Abnahme der Erwerbstätigkeit bei Männern (vgl. Tab. 3.8).

Tabelle 3.8: Erwerbsquoten bei Männern und Frauen unter den 15- bis 65jährigen (Angaben in %; Wirtschaft und Statistik, 1989; zit. n. Klemm et al., 1990, S. 53; Statistisches Bundesamt, 1994, S. 118)

Geschlecht	Jahr			
	1968	1978	1988	1992
Männer	89,3	84,5	82,5	82,0
Frauen	45,9	47,0	55,0	62,5

Neben dem Anstieg der Berufstätigkeit von Frauen im allgemeinen, nimmt auch die Erwerbsquote unter Müttern zu (Sommerkorn, 1988, S. 117; vgl. Tab 3.9 und 3.10).

Tabelle 3.9: Erwerbsquote unter Müttern, Angaben in % (Sommerkorn, 1988, S. 299, sowie ergänzt durch Statistisches Bundesamt, 1994)

Jahr	alle Mütter mit Kindern unter		
	18 Jahren	15 Jahren	6 Jahren
1950	24,3	22,8	k.A.
1961	34,7	32,7	29,7
1970	35,7	34,2	29,8
1980	42,3	40,8	35,8
1992	58,2	57,0	48,4

Tabelle 3.10: Erwerbsquote unter verheirateten Frauen nach der Kinderanzahl (a.a.O.)

Jahr	verheiratete Mütter, Anzahl der Kinder unter 15 Jahren		
	1 Kind	2 Kinder	3 u. m. Kinder
1950	22,5	21,8	25,7
1961	37,3	31,7	31,7
1970	39,0	30,5	29,3
1980	46,2	36,7	31,7
1992	57,4	56,7	???

In Bayern waren 1992 50% aller Frauen berufstätig bzw. 59% aller Kinder und Jugendlicher wiesen eine erwerbstätige Mutter auf (Bofinger, 1994, S. 65). In Bayern hatten 1992 ferner 56% aller Kinder in traditionellen Kernfamilien zwei erwerbstätige Eltern, in Familien Alleinerziehender waren 62% der Erwachsenen berufstätig (Bofinger, 1994, S. 2).

Ob sich mütterliche Berufstätigkeit negativ auf das schulische Fortkommen der Kinder auswirkt, ist dabei eine wichtige Frage. Als Vorbedingung ist zu erwähnen, daß z.B. die Schwangerschaftseinstellungen bei berufstätigen Müttern positiver sind als bei nicht berufstätigen (Lukesch, 1978); hier kommt eventuell die bewußtere Geplantheit und die gezieltere Vorbereitung auf ein Kind zum Ausdruck. Allerdings ist auch in diesem Bereich ein moderierender Einfluß der Sozialschichtzugehörigkeit nachzuweisen.

Bei Grundschulkindern konnte in der Studie von Wimmer et al. (1975) kein negativer Einfluß auf die Schulleistung bei mütterlicher Berufstätigkeit nachgewiesen werden (r=-.03 zwischen Berufstätigkeit und Noten am Ende der 1. Klasse). Nach der Zusammenfassung von Rösler (1970) liegen die Korrelationen zwischen Schulerfolg und mütterlicher Berufstätigkeit bei .00 und .24, sind also ebenfalls eher als gering zu veranschlagen.

Die Tatsache der mütterlichen Berufstätigkeit ist vermutlich ein zu grober Indikator für die damit in Zusammenhang stehenden Bedeutungen für Kinder. So ist die Qualität der Ersatzbetreuung (Projekt Tagesmütter) damit nicht erfaßt. Wesentlich ist ebenfalls die mütterliche Berufszufriedenheit (Lehr, 1973). Bei einer ausreichenden Betreuung der Kinder bzw. bei einem Engagement der Frauen an ihrer Berufstätigkeit (dies ist aber wieder sozialschichtabhängig) sind keine gravierenden Nachteile in bezug auf Schulleistungen der Kinder vorhanden.

3.2.4 Hospitalismussituation, Heimaufenthalte

Der Chronist Salimbene von Parma berichtet am Ende der Biographie des Stauferkönigs Friedrich II. von verschiedenen, in seinen Augen sehr merkwürdigen Ideen und Taten dieses Herrschers:

„Seine zweite Wahnidee war, daß er ein Experiment machen wollte, welche Art Sprache und Sprechweise Knaben nach ihrem Heranwachsen hätten, wenn sie vorher mit niemandem sprächen. Und deshalb befahl es den Ammen und Pflegerinnen, sie sollten den Kindern Milch geben, daß sie an den Brüsten saugen möchten, sie baden und waschen, aber in keiner Weise mit ihnen schön tun und zu ihnen sprechen. Er wollte nämlich erforschen, ob sie die hebräische Sprache sprächen, als die älteste, oder Griechisch oder Latein oder Arabisch, oder aber die Sprache ihrer Eltern, die sie geboren hatten. Aber er mühte sich vergebens, weil die Knaben und (anderen) Kinder alle starben. Denn sie vermochten nicht zu leben ohne das Händepatschen und das fröhliche Gesichterschneiden und die Koseworte ihrer Ammen und Nährerinnen" (Doren, 1914, S. 359).

Diese historische Anekdote wird zumeist dann erwähnt, wenn der lebensentscheidende Einfluß demonstriert werden soll, den der soziale Umgang im allgemeinen und die Beziehung zu einer Mutterperson im besonderen für die Entwicklung eines Kindes besitzt. Daß die Qualität der Betreuung von Kindern in Heimen und in Kliniken nicht die beste war und daß z.T. ähnliche Entwicklungen wie oben vorhanden sein können, wurde aus kinderärztlicher Sicht um die Jahrhundertwende herausgestellt (von Pfaundler, 1924). Zwar konnte man dort aufgrund aseptischer Behandlung die Kindersterblichkeit beträchtlich zurückdrängen, nach Abklingen der Symptomatik trat aber keineswegs eine Gesundung ein, sondern:

„Tritt man an das Bett heran, so wenden sich die Augen wohl noch dem Beschauer zu, doch weder mit dem latenten Lächeln des gesunden noch mit der ängstlichen oder schmerzhaft gespannten Miene des kranken Kindes, sondern mit einem indifferenten, resignierten, wie in Ernst und Trauer erstarrten Blick. ... Man steht einem körperlichen Verfall gegenüber, der sich in außergewöhnlicher und stabiler Blässe, Schlaffheit oder Welkheit der Haut und des Unterhautfettes, in Elastizitätsverlust bei scheinbar oft vermehrtem Muskeltonus ausdrückt ... Von diesem Stadium an macht sich die schwerste Form des Hospitalismus bemerkbar, nämlich die völlige Widerstandslosigkeit gegen infektiöse Schäden" (Schmalohr, 1968, S. 20).

Von Pfaundler (1924) gebührt das Verdienst, diese Spitalsschädigungen (von daher aus die Bezeichnung *Hospitalismus,* bisweilen auch *Hospitalmarasmus* genannt) mit der Muttertrennung in Verbindung gebracht zu haben. Ihm fiel nämlich auf, daß Kinder in der natürlichen Umgebung, in der oft ein viel geringerer Grad an Hygiene herrschte als in Spitälern, unter sonst gleichen Ausgangsbedingungen sich wesentlich schneller erholten. Er stellte auch als erster Vergleiche zwischen Kindergruppen mit unterschiedlicher Zuwendungsintensität und Entwicklungsverläufen fest. Bowlby (1951) beschreibt als Folge der Mutter-Trennung den sog. *Separationsschock,* Spitz (1945) als *anaklytische Depression* ein Syndrom, das sich ausschließlich bei Säuglingen in der zweiten Hälfte des 1. Lebensjahres in Heimen zeigte, die von ihrer Mutter getrennt wurden.

Nach dem Schweregrad der psychischen und physischen Schädigungen, die sich im Rahmen des Hospitalismus ergeben können, ist folgende Intensivierung denkbar:

(1) Seperationsschock (Protest, Verzweiflung, Ablehnung),
(2) anaklytische Depression (Apathie, Resignation, Retardierung),
(3) mentale Inanition (psychosomatische und irreversible psychische Störungen),
(4) Hospitalismus i.e.S. (schwerste psychische und physische Dauerschäden mit vitaler Bedrohnung und möglichem Tod).

Als Folgen (vor allem bei längerer Unterbringung in Heimen) wurden nachgewiesen:

(1) Motorische Entwicklungsverlangsamung,
(2) sprachliche Retardierung,
(3) intellektuelle Verkümmerung,
(4) neurotische Symptomatiken,
(5) Störungen des Sozialverhaltens und
(6) Störungen des Arbeitsverhaltens.

Heimkinder entwickeln sich ungünstiger als Kinder, die in Pflegefamilien aufwachsen (Dührssen, 1958). Ursächlich dafür ist die mangelnde Kontinuität der Zuwendung und die quantitativ geringere Zuwendung. Zwischen der Kontinuität der Zuwendung und dem Schulerfolg wurde zudem eine Korrelation von .40 gefunden (Rösler, 1970).

Diese Arbeiten haben eine deutliche Verbesserung der Betreuung in Hospitälern und Heimen nach sich gezogen. Psychischer Hospitalismus ist aber bis heute nicht völlig verschwunden. Außerdem ist dies nicht nur ein Thema für Institutionen, in denen Kinder untergebracht werden, sondern es gibt Hospitalismus auch in Familien (Kindesvernachlässigung). Die soziale Bedeutung des Hospitalismus liegt darin, daß diese Kinder zwar nicht mehr sterben, aber als chronisch affektgestörte Menschen einen Teil der Gesellschaft bilden.

3.2.5 Geschwisteranzahl

Nach Wimmer et al. (1975) ist eine Korrelation von .34 (ss) zwischen Kinderanzahl und Notendurchschnitt am Ende der 1. Grundschulklasse vorhanden, d.h. schlechtere Leistungen sind in kinderreichen Familien gegeben.

Eine Erklärung könnte man darin sehen, daß mit der Kinderanzahl auch restriktive Erziehungspraktiken zunehmen und die Unterstützung, die ein einzelnes Kind erfährt, entsprechend geringer wird. Kinder können aber auch Belastungen bedeuten, d.h. wenn mehrere Kinder vorhanden sind, erleben die Eltern mehr Streß und geben für schulische Belange weniger Hilfe. Zudem nimmt die Wahrscheinlichkeit zu, daß sich die Kinder gegenseitig erziehen; das bedeutet möglicherweise auch eine Abnahme der Qualität von Hilfestellungen.

Unter Umständen sind auch die Merkmale Sozialschicht und Familiengröße in dem Sinne miteinander konfundiert, daß in den unteren sozialen Gruppen noch ein höherer Kinderreichtum vorhanden ist (allerdings scheinen hier keine linearen, sondern eher kurvilineare Abhängigkeiten gegeben zu sein).

3.3 Prozeßmerkmale der Familie

3.3.1 Elterliche Hausaufgabenhilfe und Schulleistung

Eine adäquate elterliche Hilfe könnte für die Schulleistung ein wesentlicher Faktor sein. Denkbar ist, daß durch die Eltern (vorwiegend die Mütter) Defizite im Lehrprozeß und im Verständnis bei den Kindern kompensiert werden. Eltern können auch durch ihre Beteiligung am schulischen Geschehen die Wichtigkeit von Schulleistung herausheben und so ihr Kind motivieren.

Zu bedenken ist aber auch, daß Hausaufgaben ein familiäres Problemfeld darstellen können. Da die Kinder auch andere als schulische Interessen verfolgen, kann es zu Spannungen und Konflikten kommen, zu Belastungen und in der Folge zu schulischen Leistungsabfällen.

Eine Untersuchung hierzu stammt von Kühn (1985a, 1983). Er untersuchte bei 510 Kindern zu Beginn des 4. Schuljahres eine Reihe von familiären Bedingungen und setzte diese mit den am Ende des Schuljahres erhobenen Schulnoten in Beziehung. Folgende Einzelangaben der Mütter wurden zu einem Meßwert für „Hilfen bei den Hausaufgaben" zusammengefaßt:

- Abhören mündlicher Hausaufgaben,
- Überprüfung schriftlicher Hausaufgaben auf Richtigkeit,
- Überprüfung schriftlicher Hausaufgaben auf Vollständigkeit,
- Abgeben von Erklärungen und Beantwortung von Fragen des Kindes,
- Hilfe bei der Vorbereitung von Klassenarbeiten,
- Zeitdauer der Hilfe bei den Hausaufgaben,
- Geben von Lösungen, wenn das Kind nicht von selbst darauf kommt,
- Wiederholung von Stoff, der nicht vom Lehrer (der Lehrerin) aufgegeben wurde,
- Kritik und Tadel, wenn sich das Kind nicht anstrengt.

Folgende korrelative Zusammenhänge mit den Schulnoten wurden dabei gefunden (vgl. Tab. 3.11):

Tabelle 3.11: Korrelationen der Skala „Hilfe bei den Hausaufgaben" und (umgepolten) Schulnoten (Kühn, 1985a, S. 46)

Schulnoten	r
Deutsch mündlich	-.20**
Deutsch schriftlich	-.24**
Mathematik	-.19**
Sach- und Heilkunde	-.16**
Kunsterziehung	-.15**
Musik	-.15**
Leibeserziehung	-.01
Hauptfächer Durchschnitt	-.23**
Nebenfächer Durchschnitt	-.09**

Nach diesem Ergebnis gibt es eine durchgehend negative Beziehung zwischen den elterlichen Hilfestellungen und den schulischen Bewertungen am Ende der Grundschulzeit. Mütter scheinen also durch ihre vermutlich in bester Absicht gesetzten Maßnahmen das Ziel einer Verbesserung der Leistungen ihrer Kinder nicht erreichen zu können.

Dieses Gesamtergebnis muß aber relativiert werden. Bezieht man nämlich sowohl Persönlichkeits-, wie auch Intelligenz- und andere Umweltmerkmale in die Vorhersage des Schulerfolgs mit ein, so besteht nur mehr eine Beziehung zu den Deutsch-Leistungen, und die ist auch deutlich abgeschwächt (beta- Koeffizient zu Deutsch-schriftlich: -.10, zu Deutsch-Gesamt: -.08). Konsistent positiv fallen aber die Zusammenhänge mit der Intelligenzvariable aus (zumeist > .50).

In einer aus 117 Mütter- und Kindpaaren bestehenden Stichprobe wurden von Garbe et al. (1981) jeweils aus Mutter- und aus Kindsicht leistungsthematische Merkmale der Kindperson erhoben (Lernmoral, Begabungseinschätzung, Hoffnung auf Erfolg), schulbezogene Verhaltensweisen der Mütter (Hausaufgabenengagement, negative Verstärkung bei guten und schlechten Noten, positive Verstärkung bei guten und schlechten Noten, Belastung durch Hausaufgaben) sowie weitere Faktoren der Lernsituation (Hausaufgabenzeit, Häufigkeit zusätzlichen

Lernens). Diese wurden dann mit den Noten in den Hauptfächern am Ende der Grundschulzeit in Beziehung gesetzt (vgl. Tab. 3.12 und 3.13).

Tabelle 3.12: Schulbezogene Merkmale von Kindern (erhoben aus Kindsicht) und Schulnoten am Ende der Grundschulzeit (Garbe, Lukesch & Strasser, 1981, S. 67)

Kindmerkmale		Rechnen	Noten Deutsch	Sachkunde
Lernmoral	r	-.31**	-.37**	-.33**
	ß	.05	-.04	-.06
Begabungs-	r	-.62**	-.65**	-.56**
einschätzung	ß	-.55	-.57	-.54
Hoffnung auf	r	-.50**	-.40**	-.32**
Erfolg	ß	-.26	-.12	-.06
Hausaufgabenengagement	r	.20*	.10	.13
der Mutter	ß	.17	.15	.12
Positive Ver-	r	.02	.21*	-.05
stärkung der Mutter	ß	.09	-.08	.05
Negative Ver-	r	.27**	.42**	.23**
stärkung der Mutter	ß	-.08	.03	-.09
Anspruchs-	r	-.41**	-.21*	-.33**
niveau	ß	-.09	.07	-.05
R		.71**	.68**	.59*

Wie zu sehen ist, stehen die leistungsthematischen SchülerInnenmerkmale in einer relativ engen und der Richtung nach erwartungsgemäßen Beziehung zu den

Schulnoten. Die Beziehung bleibt bestehen, gleich welches Schulfach man betrachtet oder ob man die Angaben aus Kind- oder Muttersicht verwendet.

Inkonsistenz besteht aber bei den Mütterreaktionen. Positive Verstärkungen gehen mit schlechteren Noten in Deutsch einher und eindeutig negativ sind die Zusammenhänge mit dem Ausmaß an negativem Mütterverhalten. Ein hohes perzipiertes Anspruchsniveau der Mütter tritt wiederum bei besseren Noten auf. Innerhalb des Vorhersagesystems hat die größte Bedeutung die kognitive Variable (Begabungseinschätzung), gefolgt von der Erfolgsorientierung des Kindes, das Hausaufgabenengagement der Mütter steht wieder mit schlechten Leistungen in Verbindung.

Aus Müttersicht lassen sich diese Ergebnisse zum Teil replizieren (vgl. Tab. 3.13). Ein Unterschied besteht hinsichtlich der Bedeutung positiver Verstärkung durch die Mütter, die mit besseren Leistungen in Deutsch und Sachkunde einhergeht, während alle anderen Angaben zur Hausaufgabensituation (z.B. Ausmaß an zusätzlichem Lernen, Belastung durch Hausaufgaben) immer mit schlechteren Leistungen in Verbindung stehen.

Auch hier wäre es zu einfach, wollte man daraus schließen, daß diese mütterlichen Maßnahmen schlechte Leistungen „verursachen". Es ist vermutlich vielmehr so, daß diese Reaktionen Versuche sind, Korrekturen herbeizuführen, eventuell mit inadäquaten Mitteln, da es an didaktischer oder fachlicher Kompetenz mangelt (Warnke & Innerhofer, 1978).

Allgemein kann man hinsichtlich von *elterlichem Schulinvolvement und Hausaufgabenengagement* feststellen: Neben einer großen Heterogenität von Einzelergebnissen gibt es eine Reihe von Autoren, die das elterliche Engagement an den Hausaufgaben als dysfunktional bezeichnen (Campbell & Mandel, 1990). Negative Zusammenhänge zwischen Mütterengagement und Leistungsdaten sind andererseits aber nicht unplausibel. Die Querschnittsdaten bilden eine Momentaufnahme eines Prozesses, bei dem die elterliche Hilfe (bzw. der elterliche Druck) als relativ hilflose Maßnahme bei eingetretenen schlechten Leistungen des Kindes erscheinen (Garbe, Lukesch & Strasser, 1981). Eventuell ist in diesem Bereich aber noch weiter zu differenzieren. So haben Trudewind und Wegge (1989) drei Funktionen des elterlichen Hausaufgabenengagements unterschieden, u.zw. (1) Anregung (emotionales Engagement, Abschirmung von Störungen, Bereitstellung von Hilfsmitteln), (2) direkte Instruktion (Hilfen, Erklärungen, Übungen) und (3) Kontrolle und Bewertung von Leistungsergebnissen. Bei GrundschülerInnen wirkte sich der erste Aspekt positiv aus, die beiden anderen hingegen eher negativ.

Tabelle 3.13: Schulbezogene Merkmale von Kindern (erhoben aus Müttersicht) und Schulnoten am Ende der Grundschulzeit (Garbe, Lukesch & Strasser, 1981, S. 68)

Kindmerkmale aus Muttersicht		Noten Rechnen	Deutsch	Sachkunde
Lernmoral	r	-.36**	-.52**	-.45**
	ß	.03	-.06	-.06
Begabungs-	r	-.58**	-.72**	-.64**
einschätzung	ß	-.40	-.50	-.50
Hoffnung	r	-.56**	-.48**	-.40**
auf Erfolg	ß	-.33	-.06	-.02
Hausaufgabenengage-	r	.18*	.15	.19*
ment der Mutter	ß	-.03	-.02	-.05
Positive Verstärkung	r	.17	-.32**	-.18*
der Mutter	ß	.11	-.03	.12
Negative Verstärkung	r	.33**	.43**	.39**
der Mutter	ß	.01	.06	.05
Anspruchs-	r	-.14	-.28**	-.21*
niveau	ß	.01	-.15	-.07
Hausaufgabenzeit	r	.05	-.02	.02
	ß	-.04	-.10	-.06
Zusätzliches Lernen	r	.33**	.36**	.40**
	ß	.11	.13	.16
Belastung durch	r	.36**	.36**	.35**
Hausaufgaben	ß	.08	.08	.12
R		.67**	.76**	.68**

3.3.2 Elterliche Leistungserwartungen

Nach Helmke et al. (1991) sind viele Untersuchungen über die Bedeutung des Elternverhaltens für die schulischen Leistungen aus mehreren Gründen zu problematisieren. Dies insofern, als hier querschnittlichen Zusammenhängen eine kausale Bedeutung unterschoben wird. Dabei wird möglicherweise vergessen, daß das Elternverhalten selbst wieder als Reaktion auf bestimmte Gegebenheiten bei ihren Kindern angesehen werden kann (reziprokes Interaktionsgefüge zwischen Eltern und Kindern). Eine zweite Fehlerquelle liegt dann vor, wenn nur eine Gruppe möglicher Wirkfaktoren (z.B. die familiäre Lernumwelt) in Beziehung zu Leistungsdaten gesetzt wird, ohne den simultanen Einfluß anderer potentieller Einflußgrößen abzuschätzen (Spezifikationsfehler, durch den die Größe des Effektes einer Bedingungsgruppe falsch eingeschätzt wird).

Helmke et al. (1991) untersuchten selbst an 118 Müttern und deren Kindern (HauptschülerInnen aus 5. und 6. Klassen in Bayern) längsschnittlich den Einfluß von Mütter- und Kindvariablen auf schulische Leistungen in Mathematik (Bruch- und Dezimalrechnen). Als *Kindvariable* wurden die Intelligenz (KFT 4-13), das mathematische Vorwissen sowie die Noten am Ende der Grundschulzeit verwendet. Als *Müttervariable* gingen ein:
- Erwartungsaspekt (wie gut sollte das Kind sein, welche Noten sollte es erreichen, wie zuversichtlich, wie optimistisch ist die Mutter in bezug auf die Leistung),
- Valenzaspekt (aktional: Eingreifen bei erwartungswidrig negativen Leistungsergebnissen mit Strafen etc., affektiv: Intensität der affektiven Reaktion auf einen Mathematiktest, kognitiv: Reihung verschiedener kindbezogener Ereignisse nach Valenz),
- Instrumentalitätsüberzeugung (wie sehr es sich für das Kind lohne, durch Anstrengung zu Leistungsverbesserungen zu kommen),
- Direkte Lernförderung (produkt- und prozeßorientierte Hilfen, z.B. Ergebnis nach Sauberkeit und Vollständigkeit prüfen, Erklärung des Lösungsweges, Lerntips geben).

Signifikante Unterschiede im Verhalten gegenüber Jungen und Mädchen waren nicht vorhanden. Bei der multiplen Vorhersage der Mathematikleistung (unter Einbezug der Kindvariablen) klären die Müttervariablen 9,1% der Varianz, die kognitiven Eingangsbedingungen 12,9% und die Schulklassenzugehörigkeit 5,7%. Das bestätigt wiederum die hohe Wertigkeit kognitiver Eingangsbedingungen für Schulleistungen, zeigt aber auch die Bedeutung der konkreten schulischen Lernumgebung (Klassenzugehörigkeit) für den Lerngewinn auf.

Setzt man die Müttervariablen unter Auspartialisierung der kognitiven Bedingungen mit dem Mathematiktest in Verbindung, so ergeben sich folgende Zusammenhänge (vgl. Tab. 3.14):

Tabelle 3.14: Zusammenhänge zwischen Mütterverhalten und Mathematikleistungen am Ende der 6. Schulstufe (Konstanthaltung kognitiver Eingangsbedingungen, d.h. von Intelligenz, Mathematik-Pretest und Noten am Ende der Grundschule)

Müttervariable	Gesamt	Jungen	Mädchen
Leistungserwartungen			
Minimaler Standard (absolut)	.33**	.31**	.37*
Minimaler Standard (relativ)	.25**	.34**	.05
Leistungszuversicht	.32**	.30*	.30*
Optimismus	.25*	.16*	.33*
Valenz von Leistung und Schulerfolg			
aktionale Komponente	.19*	.24*	.09
affektive Komponente	.23*	.19	.19
kognitive Komponente	.01	.05	-.03
Instrumentalität von Anstrengung			
	.20*	.25*	.07
Hausaufgabenengagement der Mutter			
prozeßorientiert	.16	.18	.11
produktorientiert	.01	-.12*	-.37**

Nach diesen Ergebnissen scheinen sich die Leistungserwartungen positiv auf Leistungen auszuwirken. Auch die Wertschätzung von Schulerfolg, die Überzeugung, daß sich Antrengung lohne und das prozeßorientierte Hausaufgabenengagement wirken sich positiv aus. Konkrete produktbezogene mütterliche Verhaltensweisen ziehen wiederum einen negativen Effekt nach sich.

Unterschiedliche Effekte sind zudem bei Jungen und Mädchen gegeben. Besonders das Überprüfen der Hausarbeiten steht bei den Jungen mit der Leistungsentwicklung in negativem Zusammenhang. Außerdem kovariieren wettbewerbsorientierte Haltungen der Mütter (minimaler Leistungsstandard in bezug auf andere) bei den Jungen stärker mit Leistung als bei den Mädchen.

Zusammenfassend können nach einer Zusammenstellung von Helmke et al. (1991) über die Bedeutung elterlicher Merkmale für die schulische Leistungs*entwicklung* folgende Aussagen getroffen werden:

(1) *Elterliche Leistungserwartungen, schulische Aspirationen*: Während bei querschnittlichen Analysen sehr hohe Zusammenhänge gefunden werden, bleiben bei Berücksichtigung von Vortestleistungen auf Endleistungen nur mehr geringere Effekte übrig. Nach Keeves (1972) blieb trotz der einfachen Korrelation zwischen Leistungserwartung und Leistung von r = .52 nur mehr 2,5% an zusätzlich erklärter Varianz übrig, wenn Pretestergebnisse berücksichtigt wurden. Ähnliche Schlußfolgerungen zogen auch Walberg und Marjoribanks (1974) aus den Daten des Plowden-Reports (zusätzliche Varianzaufklärung zwischen 1% und 8,3%). Nach der Untersuchung von Helmke et al. (1991) sind es aber immerhin 10,89%.

(2) *Wertschätzung schulischer Tüchtigkeit*: Trotz vorliegender querschnittlicher Befunde über eine positive Korrelation von Wertschätzung und erbrachter Leistung sollen Leistungsverbesserungen nach vorliegenden Befunden nicht mit der elterlichen Leistungsorientierung verbunden sein. Zusammenhänge treten nur dann auf, wenn Kindperzeptionen zugrunde gelegt werden.

3.3.3 Elterliche Unterstützung und Kontrolle

Ein Beispiel für eine Untersuchung in diesem Bereich nach dem kritisierbaren „one-shot bivariate model" (Seginer, 1983) kann in der folgenden Tabelle gesehen werden (vgl. Tab. 3.15). Daraus ist ersichtlich, daß eine (vom Kind perzipierte) Orientierung der Eltern an schulischen Themen mit positiven Leistungsergebnissen einhergeht, negativ sanktionierendes Antreiben bei Hausaufgaben steht hingegen mit schlechten Leistungen in Zusammenhang. Familienklimatische und auf schulische Leistungen bezogene Erwartungshaltungen sind demnach dem Lernprozeß durchaus förderlich. Es sind aber im Unterschied zu der Studie von Kühn (1985a) hier nicht einzelne Verhaltensweisen abgefragt worden, sondern allgemeine Dimensionen familiären Leistungsklimas. Den Vorwurf des Spezifikationsfehlers kann man allerdings auch gegen diese Daten erheben. Zudem bleibt auch hier die Frage der Ursache-Wirkungs-Beziehung ungeklärt.

Tabelle 3.15: Elterliche Unterstützungsvariable als Schulleistungskorrelate aus einer schulsystemvergleichenden Untersuchung in Nordrhein-Westfalen, HauptschülerInnen bzw. SchülerInnen mit einer HS- Abschlußprognose in der 9. Klasse (Lukesch, 1979b, S. 342)

| *Elterliche Unterstützungsvariable*[2] | *Leistungsergebnisse*[1] | | | | | |
	LV	RS	M	E-IEA	EET9+	Ph
Leistungsorientierung	.11	.08	.06	.14	.15	.09
Förderorientierung	.13	.13	.06	.17	.11	.13
Zuwendungsintensität	.18	.16	.03	.22	.18	.14
Negativ sanktionierendes Antreiben bei Hausaufgaben	-.14	-.15	.00	-.11	-.09	-.05

[1] LV = Leseverständnis   E-IEA = IEA-Englischtest
RS = Rechtschreiben   EET9+ = Englischeinstufungstest für 9. und höhere Klassen
M = Mathematik   Ph = Physiktest

[2] Wegen der großen Stichprobe sind Korrelationskoeffizienten von r > .09 bereits signifikant und r > .13 sehr signifikant.

Nach den zusammenfassenden Befunden von Helmke et al. (1991) sind aber generalisierbare Ergebnistrends hinsichtlich *Unterstützung/Kontrolle* vorhanden: Gewähren von Selbständigkeit und elterliche Unterstützung scheint allgemein mit günstigen Schulleistungen einherzugehen. Auch *autoritatives* Elternverhalten (Setzen klarer Standards, verbunden mit Ermutigung und offener Kommunikation) hängt positiv mit Schulleistung zusammen, während *autoritäres* Verhalten (umfassende Kontrolle, Akzentuierung von Gehorsam und eingeschränkte Eltern-Kind-Kommunikation) oder *permissiv-gleichgültiges* Verhalten negativ mit Schulleistung zusammenhängt. Diese Ergebnisse sind auch mit den Befunden von Tausch und Tausch (1990) in Zusammenhang zu sehen.

Übungsaufgaben

(1) Interpretieren Sie die nachfolgende Tabelle (3.16)! Bestehen Unterschiede in der Schullaufbahnentwicklung bei SchülerInnen aus Gesamtschulen und dem gegliederten Schulsystem?

Tabelle 3.16: Grundschulempfehlung, Abschlußprognose bzw. Schulartzugehörigkeit nach gegliedertem bzw. Gesamtschulsystem, Angaben in %, Daten von 1978 (gekürzt nach Dreher et al., 1979, S. 28)

Sozial-schichtzuge-hörigkeit	Grundschulemp-fehlung der GesamtschülerInnen		Abschlußemp-fehlung der Gesamtschüler-Innen (9. Klasse)		Schulartzuge-hörigkeit im ge-gliederten System (9.Klasse)	
	HS	RS/GY	HS	RS/GY	HS	RS/GY
Oberschicht	44,8	55,2	48,8	51,2	18,7	81,3
Mittelschicht	47,1	52,9	41,4	58,6	34,5	65,5
Unterschicht	56,4	43,6	50,3	49,7	67,9	32,1
Chi2/CC	2,56/.13		2,98/.10		121,40/.47	
p	ns		ns		ss	

(2) Überprüfen Sie anhand des Statistischen Jahrbuches der Bundesrepublik Deutschland und eines anderen Landes die säkularen Veränderungen in bezug auf das Vorkommen alleinerziehende Frauen und Männer!
- Welche zeitlichen Trends sind vorhanden?
- Ist eine Änderung durch den Zusammenschluß der BRD und der DDR nachweisbar?
- Sind in anderen Ländern (Schweiz, Österreich, Großbritanien) vergleichbare Trends gegeben?
- Wie ist die Dominanz der Frauen in dieser Hinsicht zu erklären und zu bewerten?

(3) Welche Empfehlungen sollten Eltern hinsichtlich der Hausaufgabenunterstützung aufgrund der referierten Befunde gegeben werden?

Weiterführende Literatur

Bofinger, J. (1994). *Familiensituation und Schulbesuch. Dokumentation des Forschungsstandes.* München: Ehrenwirth.

Garbe, U., Lukesch, H. & Strasser, E.-M. (1981). Die Beziehung zwischen Schulnoten, leistungsbezogenen Merkmalen der Schülerpersönlichkeit und mütterlichen Erziehungsmaßnahmen am Ende der Grundschulzeit. *Psychologie in Erziehung und Unterricht, 28,* 65 - 71.

Köhler, H. (1992). *Bildungsbeteiligung und Sozialstruktur in der Bundesrepublik. Zu Stabilität und Wandel der Ungleichheit von Bildungschancen.* Berlin: Max-Planck-Insitut für Bildungsforschung (Studien und Berichte 53).

4. Person des Lerners (der Lernerin)

4.1 Geschlecht der SchülerInnen als Sozialisationsfaktor

Aufgrund der getroffenen Maßnahmen zum Ausbau des höheren Schulwesens (vermehrte und vor allem wohnortsnahe Versorgung mit weiterführenden Schulen, Ausbau eines kostengünstigen Schulbussystems), der vermehrten Bildungswerbung sowie der Betonung des verfassungsgesetzlich garantierten Gleichbehandlungsgrundsatzes besteht die als „Benachteiligung" qualifizierte Unterrepräsentation für Mädchen (Dreher et al., 1979, S. 53) bis einschließlich der Abschlüsse in der Sekundarstufe II nicht mehr. Etwas anders ist es im tertiären Bildungssektor, hier ist die Bildungsbeteiligung der Frauen zwar in etwa gleich hoch wie die der Männer, deutliche Unterschiede treten aber noch bei den Hochschul- bzw. Fachhochschulabschlüssen auf (s.u.).

Diese Änderungen während der vergangenen 30 Jahre lassen sich an der für Deutschland geltenden Bildungsstatistik gut ablesen (vgl. Tab. 4.1):

- In der Grundschule (die eine Schätzung der Geschlechtsproportion darstellt) ist wegen der leicht erhöhten Geburtenhäufigkeit von Knaben ein zwar konstantes, aber nur geringfügiges Übergewicht der männlichen Schüler festzustellen.

- Betrachtet man die auf die Grundschule folgenden Schularten, so hat sich die 1960 noch bestehende massive Unterrepräsentation der Mädchen auf den Gymnasien bis 1993 in eine Überrepräsentation gewandelt. Hinsichtlich des Abiturs ist dieser Vorteil der Mädchen reduziert, denn von den 1993 erfolgreich abgelegten 298 675 Prüfungen wurden 48.1% von Mädchen bestanden (Statistisches Bundesamt, 1994, S. 407). Dies kann aber auch an einer leichten zeitlichen Verzögerung liegen, d.h. die „Frauenwelle" hat das Ende der gymnasialen Ausbildung noch nicht erreicht.

- An den Realschulen ist ein ungefährer Gleichstand zu konstatieren; an den Hauptschulen sind die männlichen Schüler leicht überrepräsentiert.

- In Sonderschulen ist zeitkonstant ein massives Übergewicht der männlichen Schüler, die ca. zwei Drittel dieser Schulpopulation ausmachen, festzustellen.

- Auch die Beteiligung an Schulen des zweiten Bildungsweges, die 1960 zu 5/6 den Männern vorbehalten war, hat sich in eine leichte Überrepräsentation der Frauen gewandelt.

Will man diese Situationsbeschreibung zusammenfassen, so neigt sich nach dem Kriterium der Beteiligung an höheren schulischen Bildungsgängen die Waage den Frauen zu. Wenn von einer „Benachteiligung" aufgrund zahlenmäßiger Unterrepräsentanz an höheren Bildungswegen gesprochen werden muß, so sind die männlichen und nicht die weiblichen Kinder und Jugendlichen in diese Kategorie einzuordnen.

Tabelle 4.1: Zeitwandeleffekte hinsichtlich der Bildungsbeteiligung in Deutschland (1960 - 1990 alte Bundesländer, 1993 Gesamt), aufgeteilt nach dem Geschlecht (Statistisches Bundesamt, 1993, S. 43)

Schulart	Geschlecht (Angaben in %)	1960	1970	1990	1992
Grund-schulen	männlich	51,30	51,00	51,03	51,01
	weiblich	48,70	49,00	48,97	48,99
Haupt-schulen	männlich	49,82	50,88	54,17	54,19
	weiblich	50,18	49,12	45,83	45,81
Sonder-schulen	männlich	60,15	59,71	62,34	63,22
	weiblich	39,85	40,29	37,66	36,78
Real-schulen	männlich	48,17	47,10	47,69	49,70
	weiblich	52,06	52,90	52,31	50,30
Gymna-sien	männlich	60,08	56,06	48,64	46,53
	weiblich	39,92	43,94	51,36	53,47
Abends./ Kollegs	männlich	83,92	74,96	48,11	47,33
	weiblich	16,08	25,04	51,89	52,67

Mit der höheren Bildungsbeteiligung von Mädchen geht auch ein zensurenmäßig besseres Abschneiden der Mädchen einher (mit Ausnahme der mathematisch-naturwissenschaftlichen Fächer; zusammenfassend vgl. Lukesch, 1994, S. 207). Interpretativ werden diese Unterschiede auf Entwicklungsvorspünge sowie auf die größere „Schulwilligkeit" der Mädchen zurückgeführt, hingegen ist nach außen gerichtetes normabweichendes Verhalten eine Domäne der Jungen (Havers, 1981, S. 61 f).

Die nachgewiesene säkulare Angleichung bedeutet aber nicht, daß die Interessen (und auch die Leistungen) für die einzelnen Schul- und für die späteren Studienfächer zwischen den Geschlechtern gleich ausgeprägt wären. Hier sind vielmehr bis in die Kindheit zurückverfolgbare Unterschiede nachzuweisen (z.B. aufgrund der von Eltern und Verwandten praktizierten geschlechtsspezifischen Spielzeugwahl; Rost & Hanses, 1992). Infolge davon ist in der Schul-, Ausbildungs- und Studienzeit von einer traditionellen Orientierung der Mädchen an den sprachorientierten sowie sozialwissenschaftlichen Fächern und der Jungen an den mathematisch-naturwissenschaftlichen auszugehen.

Als Beispiel hierfür sei die Diskussion über schulrelevante Geschlechtsunterschiede hinsichtlich der Beteiligung der Mädchen an der Computertechnologie erwähnt (Lange & Schulz-Zander, 1994, S. 320 f), wobei z.T. durch die nicht unproblematische Wiedereinführung eines geschlechtsdifferenzierten Unterrichts die geringere selbst- bzw. fremdzugeschriebene Technikkompetenz bei Mädchen ausgeglichen werden sollte. Andere Möglichkeiten einer Kompensation von Ausgangsunterschieden werden in der Wahl von Unterrichtsbeispielen gesehen, die der Erfahrungswelt von Mädchen entstammen, der Sensibilisierung von LehrerInnen hinsichtlich einer gleichen Unterrichtsbeteiligung von Mädchen und Jungen bei Computerkursen und dem Unterricht in der informationstheoretischen Grundbildung sowie dem gleichberechtigten Zugang zu Computern an der Schule. Diese Maßnahmen haben bislang nur einen mittelmäßigen Effekt nach sich gezogen (z.B. Beteiligung der Mädchen am Fach Informatik in der 13. Jahrgangsstufe an Gymnasien 1,6%, an Informatikwettbewerben unter 2%, a.a.O.).

Bei der Diskussion über die Bedeutung des Geschlechts für Schulleistungsunterschiede ist es auch interessant, einen Blick auf die Struktur der LehrerInnenschaft zu werfen. Wie aktuelle Daten zeigen (vgl. Tab. 4.2), ist der LehrerInnenberuf weitgehend in der Hand von Frauen, einzig in den Gymnasien der Alten Bundesländer sind noch überwiegend Männer beschäftigt. Wenn man dabei den Befund von Carter (1952) bedenkt, wonach speziell Lehrerinnen Mädchen besser als Jungen benoten, u.zw. in einer den objektivierbaren Testleistungen nicht entsprechenden Weise, so ist im Schulsystem der Tendenz nach ein die Jungen benachteiligender Einfluß zu bedenken.

Im tertiären Bildungsbereich ist ebenfalls eine die Benachteiligung von Frauen abbauende Entwicklung vorhanden. 1970 waren z.B. nur 25,6% der Studierenden weiblich, im WS 1993/94 waren dies immerhin 43.1% (Statistisches Bundesamt,

1994, S. 412); betrachtet man nur die StudienanfängerInnen, so hat sich hier der Frauenanteil auf immerhin 47.7% erhöht.

Tabelle 4.2: Zusammensetzung der LehrerInnenschaft in Deutschland nach dem Geschlecht (Alte und Neue Bundesländer, 1992; Statistisches Bundesamt, 1994, zit. n. Weishaupt & Zedler, 1994, S. 424)

Schulart	Neue Bundesländer weiblich in %	Alte Bundesländer weiblich in %
Grundschule	91,6	76,1
Haupt-/Realschulen	70,3	52,6
Gymnasien	66,6	38,6
Integr. Gesamtschulen	75,2	54,9
Sonder-/Förderschulen	82,3	65,1

Es scheinen aber immer noch deutliche Unterschiede in den Lebensplanungen von Männern und Frauen vorhanden zu sein. Diese kommen im Hochschulbereich in der zunehmend geringeren Beteiligung von Frauen an den höheren akademischen Abschlüssen zum Ausdruck (Statistisches Bundesamt, 1994, S. 418 ff): Im Jahre 1992 war ein Frauenanteil bei allen bestandenen Hochschulprüfungen von 38.6% gegeben; dabei betrug der Anteil bei den Diplomabschlüssen 39.0%, bei den Promotionsverfahren 28.9% und bei den Habilitationen, welche eine Eingangsvoraussetzung für die Professorenlaufbahn ausmachen, aber nur mehr 13.0%. Selbst wenn also die Trends in Richtung einer zunehmenden Qualifikation der Frauen in akademischen Berufen weisen, wird der „Marsch durch die Institutionen" noch längere Zeit dauern (so nehmen Frauen von allen Hochschulbeschäftigten zwar 18.0% ein, von den Professorenstellen hingegen nur 5.7%).

Zusätzlich kommen auch bei den universitären Studiengängen deutliche geschlechtsspezifische Interessen zum Ausdruck (vgl. Tab. 4.3).

Tabelle 4.3: Anteil von Frauen an universitären Studiengängen im WS 1992/93 (berechnet nach Statistisches Bundesamt, 1994, S. 415)

Fächer	Frauenanteil gesamt %	Frauenanteil unter Studienanfängern %
Sprach- und Kulturwiss.	64,2	72,4
Sport	44,4	50,5
Recht, Wirtschafts- und Sozialwissenschaften	40,6	46,1
Mathematik, Naturwiss.	33,3	36,6
Humanmedizin	44,5	47,9
Veterinärmedizin	65,9	76,0
Ingenieurwissenschaften	14,2	15,5
Kunst und Kunstwiss.	59,6	61,0

Frauen sind demnach in den Bereichen Sprach-/Kulturwissenschaften, Veterinärmedizin sowie Kunst/Kunstwissenschaften deutlich überrepräsentiert, am krassesten unterrepräsentiert aber in den Ingenieurwissenschaften sowie in dem Bereich Mathematik/Naturwissenschaft.

Vergleicht man die Geschlechtsproportionen in den einzelnen Fächern mit den Zahlen der Studienanfänger, so ist einerseits in den meisten Bereichen eine Tendenz zum Abbau von Ungleichheiten vorhanden, andererseits aber bei den deutlich geschlechtsspezifischen z.T. noch ein Trend zur Akzentuierung der bestehenden Unterschiede. Da gerade in den sehr stark besetzten Fächern (Sprach- und Kulturwissenschaften als weibliche, Ingenieurwissenschaften, Mathematik/Naturwissenschaften als männliche Domäne) geschlechtsspezifische Interessen deutlich werden, mit diesen Studien aber ungleichwertige Berufs- und Einkommensaussichten verbunden sind, ist eine Perpetuierung von Ungleichheit im späteren Leben vorprogrammiert.

4.2 Kognitive Lernbedingungen

4.2.1 Intelligenz

Nach einem allgemeinen Vorverständnis wird unter *Intelligenz* die Fähigkeit bezeichnet, „sich in neuen Situationen auf Grund von Einsichten zurechtzufinden oder Aufgaben mit Hilfe des Denkens zu lösen, ohne daß hierfür Erfahrung, sondern vielmehr die Erfassung von Beziehungen das Wesentliche ist" (Häcker, 1994, S. 356). Die Intelligenzforschung ist von Anfang an von dem Bemühen angeregt worden, für schulische Zwecke Entscheidungsmethoden zur Verfügung zu haben, z.B. um SchülerInnen eine ihnen gemäße schulische Förderung angedeihen zu lassen (über die Historie der Intelligenzforschung sowie die wesentlichen Intelligenztheorien vgl. Lukesch, 1994, Kap. 7.1).

4.2.1.1 Genetische Determiniertheit von Intelligenz?

Mit dem Intelligenzbegriff ist die Konnotation einer erblich mehr oder minder fixierten Anlage verbunden. Durch den Vergleich der Ähnlichkeiten der Intelligenzleistungen von Personen unterschiedlichen Verwandtschaftsgrades sowie unter Variation der Milieubedingungen (z.B. gemeinsam und getrennt aufgewachsene Geschwister) hat man den Nachweis zu führen versucht, daß diese Leistungen im wesentlichen auf eine genetisch determinierte Disposition zurückzuführen sind. Als Beispiel hierfür können die gemittelten (Produkt- Moment- bzw. Intraklaß-) Korrelationen genannt werden, die von Erlenmeyer-Kimling und Jarvik (1963) zusammengestellt wurden bzw. die von Skodak und Skeels (1949) berichteten Ähnlichkeiten der Intelligenzleistungen mit leiblichen oder Adoptiveltern (vgl. Tab. 4.4 und 4.5).

Tabelle 4.4: Zusammenhänge zwischen den Intelligenzmaßen unterschiedlich miteinander verwandter Personen (Erlenmeyer-Kimling & Jarvik, 1963, S. 1478)

Kategorie	Anzahl unters. Gruppen	Median der Koeffizienten
nicht verwandte Personen		
getrennt aufgewachsen	4	-.01
zusammen aufgewachsen	5	.23
Adoptiv-Eltern/Adoptiv Kind	3	.20
Eltern-Kind	12	.50
Geschwister zusam. aufgew.	35	.49
Zwillinge		
ZZ: versch. Geschlechts	9	.53
ZZ: gleichen Geschlechts	11	.53
EZ: getrennt aufgewachsen	4	.75
EZ: zusammen aufgewachsen	14	.87

Die Daten von Erlenmeyer-Kimling und Jarvik (1963) scheinen zu suggerieren, daß mit der Enge der Verwandtschaftsbeziehung und unter der Bedingung eines gleichen Milieus die Intelligenztestwerte von eineiigen Zwillingen mit der durch die Reliabilitätsgrenze gesetzten maximalen Höhe korrelieren. Die von Skodak und Skeels (1949) berichteten Korrelationen gehen von einem Nullzusammenhang zwischen der Intelligenz von Kindern mit ihren Adoptiveltern und mittleren Korrelationen mit der Intelligenz ihrer leiblichen Eltern aus. Beide Befunde indizieren einen hohen Erblichkeitsgrad. Allerdings sind mit diesen Untersuchungen eine Reihe von inhaltlichen und methodischen Problemen verbunden (vgl. hierzu die ausgezeichnete Zusammenfassung von Kamin, 1977), so daß die Sicherheit, welche die obigen Zusammenstellungen nahelegen, in Zweifel zu ziehen ist.

Tabelle 4.5: Korrelationen der Intelligenzleistungen von Kindern mit ihren leiblichen Eltern bzw. ihren Adoptiv- oder Pflegeeltern (Skodak & Skeels, 1949)

	Zahl der Fälle	Korrelations-koeffizient *(r)*
Biologische Eltern, bei denen das Kind nicht gelebt hat		
IQ von Mutter und Kind	63	0.44
Bildung der Mutter und IQ des Kindes	92	0.32
Bildung des Vaters und IQ des Kindes	60	0.40
Pflegeeltern, bei denen das Kind mindestens 10 Jahre gelebt hat		
Bildung der Mutter und IQ des Kindes	100	0.02
Bildung des Vaters und IQ des Kindes	100	0.00

4.2.1.2 Umweltbedingte Beeinflußbarkeit von Intelligenz?

Für die umweltdeterminierte Position lassen sich ebenfalls eine Reihe von Argumenten anführen. So werden nach der Intelligenztheorie von Cattell (1963) fluide und kristalline Intelligenzanteile unterschieden. Letztere werden definitionsgemäß als beeinflußbar durch Lernprozesse gedacht, während erstere eine von umweltlichen Anregungsbedingungen relativ unabhängige Grundausstattung darstellen.

(1) Entwicklung von Intelligenz
Ein erstes empirisches Indiz für die in unterschiedliche Richtungen gehende und nicht vollständig fixierte Intelligenzentwicklung kann aus der von Bloom (1964, S. 56) ermittelten Kurve für die Vorhersage der Intelligenzhöhe zum 17. Lebensjahr aus den Intelligenzwerten früherer Lebensalter gezogen werden (vgl. Abb. 4.1).

Je kürzer zurück die letzte Intelligenzmessung liegt, desto enger ist der Zusammenhang, je weiter zurück die Erstmessung liegt, desto ungenauer wird die Vorhersage. Zwar ist ein bestimmtes Ausmaß der Intelligenzleistung zu einem späteren Lebensjahr bereits früh festgelegt, die Zusammenhänge geben aber Raum für Entwicklungen in unterschiedlichste Richtungen.

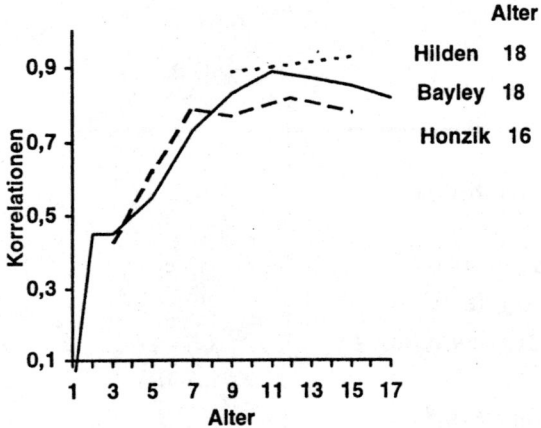

Abbildung 4.1: Vorhersagbarkeit der Intelligenzausprägung zum 15. bzw. 17. Lebensjahr aus früheren Intelligenzdaten (Bloom, 1964, S. 56)

Auch die Veränderung der Intelligenzentwicklung bei Heimkindern, die nach unterschiedlich langer Zeit adoptiert wurden und je nach Adoptionszeitpunkt einen positiveren Entwicklungsverlauf zeigten (Dennis, 1960), spricht für einen hohen Umwelteinfluß (vgl. Abb. 4.2).

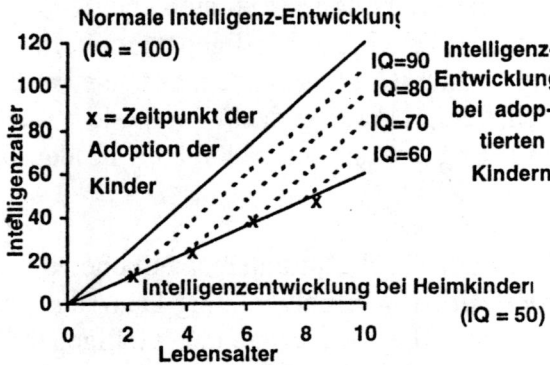

Abbildung 4.2: Schematisierte Intelligenzentwicklung von Waisenkindern, die nach unterschiedlich langem Heimaufenthalt adoptiert wurden (Dennis, 1960)

(2) Familie und Intelligenz

Eine klassische Studie über die Beeinflußbarkeit von Intelligenzfaktoren stammt von Marjoribanks (1972). Untersucht wurden 185 11jährige Jungen und ihre Eltern. Die Umweltmaße wurden aufgrund von Interviewdaten entwickelt, Intelligenz wurde mittels der PMA gemessen. Darüber hinaus wurden noch Sozialstatus- und Familienstrukturmaße erhoben.

Die Ergebnisse (vgl. Tab. 4.6) zeigen

- einen hohen Zusammenhang zwischen Familienmerkmalen und dem verbalen sowie numerischen Intelligenzfaktor und
- einen zwar geringeren, aber immer noch signifikanten Zusammenhang zu dem Faktor des räumlichen Wahrnehmens und induktiven Denkens.
- Von den Familienmerkmalen scheinen vor allem das Bestreben, die Kinder zu Leistungen, zu Aktivität und Intellektualität anzuhalten, wichtig zu sein.
- Die Sozialstatus- und Familienstrukturmerkmale korrelieren geringer als die Umweltmaße mit Intelligenz.
- Hoher Sozialstatus geht mit besseren Leistungen vor allem im verbalen und numerischen Intelligenzfaktor einher.
- Mit der Anzahl der Kinder in der Familie, der Überbelegung der Wohnung sowie mit späterer Geschwisterposition gehen schlechtere Intelligenzleistungen einher.
- Bei einem Vergleich von familiären Umwelt- sowie Sozialstatus- bzw. Familienstrukturmaßen sind in bezug auf den verbalen Faktor beide Bedingungsgruppen gleich wichtig (Umwelt 25%, Status 26%), ebenso für die Gesamtleistung in dem Intelligenztest (Umwelt 28%, Status 28%); für den numerischen Intelligenzfaktor (Umwelt 34%, Status 16%) und den Reasoning Faktor (Umwelt 12%, Status 6%) ist die familiäre Umwelt von größerer Bedeutung und für die Raumwahrnehmung in geringfügiger Weise die Sozialstatusvariablen (Umwelt 5%, Status 8%).

Tabelle 4.6: Einfache und multiple Korrelationen zwischen Umwelt- und Intelligenzmaßen (nach Marjoribanks, 1972, S. 106 ff)

| | Intelligenzfaktoren | | | | |
	Verbal	Number	Spatial	Reasoning	Gesamt
Familiäre Umweltmaße					
Leistungsdruck	.66**	.66**	.28**	.39**	.69**
Aktivitätsdruck	.52**	.41**	.22**	.26**	.47**
Intellektualität	.61**	.53**	.26**	.31**	.59**
Unabhängigkeit	.42**	.34**	.10	.23**	.38**
Englische Sprache	.50**	.27**	.18	.28**	.40**
Enthosprache	.35**	.24**	.09	.19**	.28**
Vaterdominanz	.16**	.10	.09	.11	.15
Mutterdominanz	.21**	.16*	.04	.10	.16*
R	.72**	.72**	.32**	.43**	.74**
Grobindikatoren der Umwelt					
Erziehung Vater	.29**	.27**	.26**	.22**	.31**
Erziehung Mutter	.39**	.33**	.21**	.16**	.36**
Beruf Vater	.43**	.30**	.31**	.29**	.43**
Anzahl Kinder i.d. Familie	-.32**	-.33**	-.04	-.03	-.31
Crowding Faktor	-.34**	-.34**	-.07	-.09	-.33**
Geschwisterposition	-.26**	-.25**	-.04	-.04	-.24**
R	.53**	.42**	.31**	.29**	.56**
R (Familiäre Umwelt und Grobindikatoren)	.74**	.72**	.38**	.47**	.78**

(3) Schule und Intelligenz

Neben familiären Gegebenheiten scheint sich auch die Qualität der schulischen Anregungen auf Intelligenz auszuwirken. Nach Ceci (1991) korreliert die Schuldauer sehr deutlich mit IQ-Maßen (.60). Nachteilig für die Intelligenzentwicklung ist ein unregelmäßiger Schulbesuch, wobei eine gleiche Ausgangslage sowie die Ausschaltung weiterer Drittfaktoren (z.B. Sozialschichteffekte) gesichert waren. Ein verzögerter Schuleintritt wirkt ebenfalls retardierend auf die Intelligenzentwicklung.

Der Effekt von längerer und qualitativ höherwertiger Beschulung wird auch durch die Neunormierungen der Intelligenztests nahegelegt, die im Sinne einer säkularen Akzeleration zu interpretieren sind.

Schule scheint demnach einen generellen Einfluß auf die Entwicklung von Problemlösefertigkeiten zu besitzen. Da für solche Aufgaben sowohl allgemeine Herangehensweisen wie auch sachbereichsspezifisches Wissen (vgl. hierzu die Unterscheidung in epistemische und heuristische Struktur von Dörner, 1976) wichtig sind, ist dieser positive Effekt nicht weiter verwunderlich.

(4) Intelligenztraining

Daß Intelligenz nicht unbeeinflußbar von externen Gegebenheiten ist, wurde auch im Rahmen der Programme zum Intelligenztraining demonstriert (Klauer, 1989, 1991; Masendorf, 1988). Dabei wurde verschiedenste Vorgehensweisen überprüft (Klauer, 1993):

- *Testaufgaben:* Bei diesem Vorgehen geht man davon aus, daß Aufgaben, mit denen man Intelligenz messen kann, Intelligenz auch trainieren kann.
- *Kognitive Korrelate:* Kann man zwei miteinander korrelierende Leistungen finden, von denen die eine trainierbar ist, so ist davon - nach der Philosophie dieses Vorgehens - ein Fördereffekt auf die andere Leistung zu erwarten.
- *Trainingsmethode:* Hier steht eine bestimmte Methode im Vordergrund (z.B. Brainstorming, kognitive Probleme verbalisieren), die aber auf bestimmte Inhalte anzuwenden ist.
- *Prozeßanalyse:* Bei dem Erbringen einer Leistung laufen bestimmte psychische Prozesse ab (z.B. Metakognitionen über Problemlösungsstrategien). Diese werden herausgegriffen und gezielt geschult.
- *Instruktionspsychologie:* Nach dem Feststellen einer Ist-Soll-Diskrepanz (Unterschied zwischen Lerner und Könner) wird ein nach Teilzielen gegliedertes Vorgehen erstellt und in einer lernpsychologisch sinnvollen Sequenz dem Lerner dargeboten.

Über den Effekt verschiedener Methoden sind unterschiedliche Erfahrungen gegeben. Auf der einen Seite erwartet man sich einen kompensatorischen Effekt, d.h. die Leistungsschwächeren sollen hier besonders gefördert werden. Andererseits wird auch vom sog. Matthäus-Effekt (Matth. 13, Vers 12: „Wer hat, dem wird gegeben ...") gesprochen, durch den die Leistungsunterschiede möglicherweise noch vergrößert werden.

4.2.1.3 Intelligenz und Schulleistung

In diesem Bereich gibt es zahllose empirische Untersuchungen (Kühn, 1985b), dies aus verschiedensten Gründen:

- Bereits zu Beginn der Intelligenzdiagnostik standen schulbezogene Fragen im Vordergrund, z.B. sollte mit dem Test von Binet eine Diagnose darüber gestellt werden, ob ein Kind zur Beschulung in der Normalschule geeignet sei oder in eine besondere schulische Anstalt („zur geistigen Orthopädie") verwiesen werden müsse.
- Intelligenzfähigkeiten werden häufig synonym mit „Begabung" (zumindest in kognitiver Hinsicht) verstanden. D.h. man nimmt implizit an, daß die mit Intelligenztest erfaßten Fähigkeiten „grundlegender" sind als die schulischen Leistungen.
- Da Intelligenz eher mit der „wahren" Begabung eines Schülers/einer Schülerin gleichgesetzt wird, können die erbrachten Schulleistungen in Beziehung mit diesen Grundfähigkeiten gesetzt werden (Over- und Underachiever-Problem).

In einer Vorhersagestudie fanden Schuck und Schuck (1979) bei einer Stichprobe von 49 Kindern, die zum Schulbeginn mit dem HAWIVA (Hamburg Wechsler Intelligenztest für das Vorschulalter) und der Mathematiknote (zwischen beiden Datenerhebungen lagen 4 Jahre) Korrelationen von $r = -.56$ für den Verbalteil und von $-.67$ für den Handlungsteil des HAWIVA. Durch Hinzunahme von Umweltmerkmalen (Ausmaß, in dem das Kind den Wünschen und Vorstellungen der Eltern entspricht) konnte die Korrelation auf $-.58$ bzw. $-.75$ erhöht werden.

Von Friedrich (1978) wurde der Zusammenhang von Schulnoten in den Fächern Deutsch, Mathematik, Englisch und Sport mit folgenden Merkmalen der sozialen Umwelt und des Schülers/der Schülerinnen an 523 Gymnasiasten (11 - 15 Jahre) untersucht:

(1) Positive Unterstützung durch die Eltern (Fragebogenskala aus dem Mannheimer Biographischen Inventar),
(2) Kontaktverhalten und sozialer Einfluß (Fragebogenskala aus dem Mannheimer Biographischen Inventar),
(3) Bewältigung von Frustration, Streß und Angst (Fragebogenskala aus dem Mannheimer Biographischen Inventar),
(4) Intelligenz (CFT 2),
(5) Sozialschicht der Eltern (Berufsklassifikationen).

Als Ergebnisse wurden gefunden:

1. Der Einfluß der Sozialschicht auf die Schulleistung war sehr gering (vermutlich, weil die Wirksamkeit dieser Variable bereits durch den Zugang zum Gymnasium ausgeschaltet wurde, Homogenisierungseffekt).

2. Arbeiterkinder erhielten aber deutlich weniger fördernde Unterstützung als Kinder von Angestellten oder Selbständigen. Die Berufstätigkeit der Mütter spielte hingegen keine Rolle.

3. Zwischen den Schulnoten und den anderen Werten traten die in Tabelle 4.7 dargestellten Beziehungen auf.

Tabelle 4.7: Einzelkorrelationen zwischen Schulnoten und Prädiktoren bei Gymnasiasten (Friedrich, 1978)

Fächer	(1)	(2)	(3)	(4)
Deutsch	.11**	.00	.00	-.14**
Mathematik	.12**	.12**	.09*	-.25**
Englisch	.10*	.04	.01	-.10*
Sport	.05	-.09*	-.01	-.07

Danach ist vor allem die Intelligenzvariable mit den Schulnoten (mit Ausnahme des Faches Sport) korreliert. Die elterliche Unterstützung steht an zweiter Stelle, allerdings mit relativ geringem Gewicht.

Kühn (1983) korrelierte mit den Schulnoten am Ende der Grundschulzeit eine Reihe von Prädiktoren (erhoben zu Beginn der 4. Grundschulklasse). Darunter erwiesen sich die folgenden innerhalb einer multiplen Vorhersage als bedeutsam (ß-Koeffizienten):

- Intelligenz (AzN 4+, sehr stark beteiligt: Durchschnittsnote der Hauptfächer .65**, der Nebenfächer .37**),
- Emotionalität (PFK, -.20**/-.14**),
- Aktives Engagement (PFK, .10**/.14**),
- Derb-draufgängerische Ich-Durchsetzung (PFK, -.02/-.17**),
- restriktives Erzieherverhalten (Bestrafungsverhalten, Kritik und Tadel, Androhung von Strafen, -.07*/-.14**).

Andere Umweltvariablen hatten so gut wie keine Bedeutung (z.B. Wertorientierungen, aktive Informationsquellen, gemeinsame Aktivitäten). Betrachtet man die einzelnen Prädiktorgruppen, so ergaben sich die in Tabelle 4.8 enthaltenen Varianzbeiträge.

Tabelle 4.8: Zusammenhänge zwischen Schulleistungsmaßen und Prädiktorgruppen aufgrund multipler Korrelationen am Ende der Grundschulzeit (Kühn, 1983)

Fächer	Intelligenz	Persönlichk.	Häusl. Uw.
Hauptfächer	45.7%	7.1%	16.8%
Nebenfächer	15.2%	8.9%	10.6%

In einer schulsystemvergleichenden Untersuchung (Gesamtschule vs. gegliedertes Schulsystem) wurden von uns ebenfalls verschiedenste Bedingungsvariablen der Schulleistung in Querschnittstudien erhoben (Lukesch, 1979; Haenisch, 1979). Als Kriteriumsmaße wurden dabei Schulleistungstests verwendet, da Noten aufgrund ihrer nur bedingten Eignung zur Abbildung von Leistungen als wenig geeignet erschienen.

Ein Beispiel einer varianzanalytischen Auswertung ist in Tabelle 4.9 enthalten. Wie die Ergebnisse zeigen, kommt fast allen Bedingungsfaktoren ein signifikanter Einfluß auf die mittels Tests gemessenen Schulleistungen zu:
- Bei den SchülerInnen der 9. Schulstufe in Nordrhein-Westfalen wurden bessere Ergebnisse fast immer bei SchülerInnen des gegliederten Schulsystems erbracht (Faktor A).
- Während hinsichtlich des Geschlechts (Faktor B) die Mädchen in den sprachorientierten Tests besser abschneiden, sind die Jungen in Mathematik und Physik besser (und dies, obwohl keine Intelligenzunterschiede zwischen beiden Gruppen vorhanden sind).
- Die Schichtunterschiede weisen konsistent auf bessere Ergebnisse für die Mittelschichtkinder hin (Faktor C).
- Auch das bessere Abschneiden der intelligenzbesseren SchülerInnen überrascht nicht (Faktor D).
Wichtig sind aber die Effektgrößen. Hierbei sieht man, daß die Intelligenzvariable fast immer die meiste Varianz abschöpft, in der Summe fast doppelt so viel wie die anderen Einzelvariablen, für hier gemessenen Leistungen also am bedeutsamsten ist, und dies, obwohl sie in das varianzanalytische Design an letzter Stelle eingebracht wurde. Die Sozialschicht ist an zweiter Stelle zu erwähnen, das Geschlecht an dritter, während die Schulsystemunterschiede von den gemittelten Effektgrößen am geringsten zu bewerten sind.

Tabelle 4.9: Schulleistungsvergleiche nach vier Bedingungsfaktoren N = ca. 1400), Faktor A = Schulsystemzugehörigkeit (TS = traditionelles Schulsystem, GS = Gesamtschulsystem), Faktor B = Geschlecht (männlich, weiblich), Faktor C = Sozialschicht (Mittel- vs. Unterschicht), Faktor D = Intelligenz (mehr vs. weniger intelligente nach CFT 2) (Lukesch, 1979b, S. 286)

Leistungs-bereiche	Faktoren				Interaktionen		
	A	B	C	D			
Leseverständnis[1]	ss	ss	ss	ss	ACD	ABCD	
	0.7	1.5	5.2	8.4	0.3	0.31	
Rechtschreiben	ss	ss	ss	ss	AD	ACD	BCD
	3.6	8.1	4.9	7.9	0.3	0.4	0.5
Mathematik (IEA)	ss	ss	ss	ss	AC		
	3.9	0.9	2.6	10.3	1.1		
Englisch (IEA)	ss	ss	ss	ss	AC	BC	BCD
	5.1	3.6	6.3	9.0	0.5	0.3	0.8
Englisch (EET 9+)	ss	ss	ss	ss	AC	BCD	
	6.3	4.2	7.0	6.1	1.0	0.7	
Physik (IEA)	ns	ss	ss	ss	BD		
		7.7	1.6	10.8	0.7		

[1] Signifikanzniveau und Prozentsatz an erklärter Varianz

Zusammenfassend kommt Kühn (1985b, S. 38 f) nach einer Analyse vieler Korrelationen zwischen Indikatoren des Schulerfolgs und Intelligenztestwerten zu folgenden Schlußfolgerungen:

- Zensuren in den Hauptfächern lassen sich in der Regel besser vorhersagen als Bewertungen in den Nebenfächern (zu erklären eventuell aufgrund der höheren kognitiven Anforderungen).
- Die höchsten Zusammenhänge bestehen (mit einigen Ausnahmen) zumeist mit dem Fach Mathematik.
- Wenn die Schulleistung mit Tests erfaßt wird (z.B. AST 4), so treten meistens höhere Korrelationen auf als wenn Zensuren als Kriterium dienen.

- Geht es um die Prognose von Schulleistungen, dann haben sich folgende Tests besonders bewährt: Für die Grundschulzeit der *Bildertest BT 1-2* sowie der *Kognitive Fähigkeitstest KFT 1-3*. Im Übergang Grundschule zur weiterführenden Schule sind der *Bildungs-Beratungs-Test für 3. und 4. Klassen BBT 3-4* sowie der *BBT 4-6* zu empfehlen, ebenso der *Kombinierte Lern- und Intelligenztest KLI 4-5* und die *Aufgaben zum Nachdenken AzN 4+*. Ab der 6. Klassenstufe können der *Test für schulrelevante Fähigkeiten TSF 6-7* sowie der *Analytische Intelligenztest AIT* genannt werden.

4.2.2 Zur Rolle des Vorwissens

Nach Bloom (1976) werden durch die kognitiven Eingangsbedingungen bei den SchülerInnen für den Unterricht etwa 50% der Variation der Lernergebnisse erklärt. Neben den allgemeinen Fähigkeiten des Schülers/der Schülerin, den Unterricht zu verstehen (im Sinne von Intelligenz), ist hier vor allem das aufgabenspezifische Vorwissen angesprochen. Durch Längsschnittuntersuchungen kann man zeigen (vgl. Abb. 4.3), daß die Endleistungen, z.B. im 12. Schuljahr, durch die Leistungen im Vorjahr zu 85% determiniert sind (zwischen 2. und 12. Schuljahr beträgt die Korrelation zwischen Leistungsergebnissen .60, zwischen 6. und 12. Schuljahr .78 und zwischen 10. und 12. Schuljahr .90).

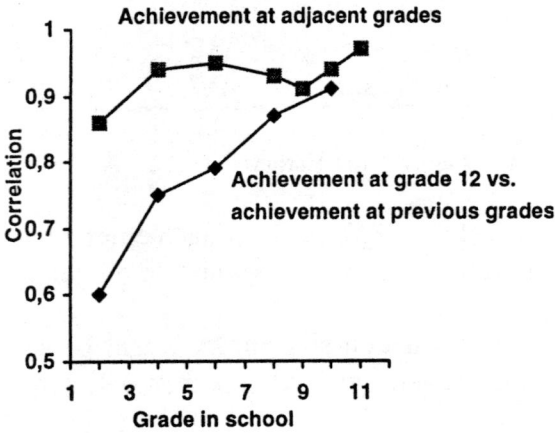

Abbildung 4.3: Korrelationen zwischen Schulleistungsmaßen aus verschiedenen Schuljahren (Bloom, 1976, S. 40)

Diese hohen Zusammenhänge zwischen Noten auf benachbarten Schulstufen werden durch die Auspartialisierung von Intelligenztestwerten nur wenig reduziert. Hingegen kann der Zusammenhang zwischen Leistung und Intelligenz bedeutsam verringert werden, wenn der Einfluß des Vorwissens konstant gehalten wird. Ausserdem sind die Korrelationen zwischen Endleistung und Intelligenz geringer als zwischen Vorwissen (Note in der vorhergehenden Schulstufe) und Endleistung (vgl. Abb. 4.4). Diese hohe Abhängigkeit der schulischen Leistungsergebnisse vom Vorwissen (ß=.46) und die geringere von Intelligenz (ß=.14) wurde von Helmke (1992, S. 191) im Rahmen eines Kausalmodells, in das auch affektive Merkmale eingingen (Leistungsangst: -.12, Anstrengungsinitiierung: .11, Anstrengungsintensität .20), nachgewiesen.

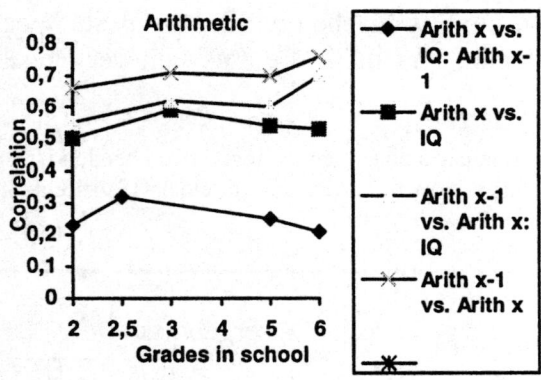

Abbildung 4.4a: Vorhersage mathematischer Schulleistungen aus Intelligenzmaßen und Leistungen in vorhergehenden Schuljahren (einfache und partielle Korrelationen nach Bloom, 1976, S. 53)

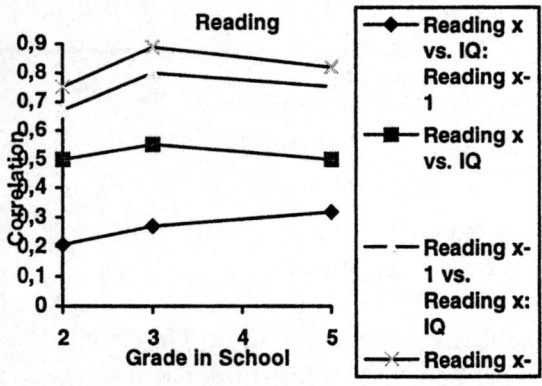

Abbildung 4.4b: Vorhersage der Leseleistungen aus Intelligenzmaßen und Leistungen in vorhergehenden Schuljahren (einfache und partielle Korrelationen nach Bloom, 1976, S. 53)

Die Abhängigkeit der Schulleistungen von Intelligenzmerkmalen läßt sich allerdings ändern, u. zw. indem man die Aufgaben so stellt, daß zuerst die Vorbedingungen für das Lernen neuen Stoffes egalisiert werden. Lassen sich diese Bedingungen (i.e. Vorwissen) angleichen, dann kommt der Qualität des Unterrichts (Hinweise, Übungen, Verstärkungen) eine weitaus wichtigere Rolle zu. Besonders in den frühen Stadien des Lernprozesses ist es wichtig, für eine Gleichheit der kognitiven Eingangsbedingungen zu sorgen, später lassen sich solche Egalisierungsversuche nicht mehr gleichermaßen effektiv durchführen.

Unter idealen Bedingungen sollte es sogar so sein, daß die Lernergebnisse zwischen den SchülerInnen minimal werden, also alle in einen Zustand des „Könnens" gebracht werden (vgl. Comenius: „omnes, omnia, per omnium"). Im Grunde liegt hier eine sehr optimistische Ansicht über die Kapazität von Menschen vor, die Selektionen unnötig machen würde; der beste Weg wäre hiernach die Entwicklung von Talenten und nicht die Auswahl der Begabten (a.a.O., S. 17).

Tabelle 4.10: Schulleistungskorrelate aus einer schulsystemvergleichenden Untersuchung in Nordrhein-Westfalen, HauptschülerInnen bzw. SchülerInnen mit einer HS-Abschlußprognose in der 9. Klasse (Lukesch, 1979b, S. 286)

| | Leistungsergebnisse[1] | | | | |
	LV	RS	M	E-IEA	E-ET9+
Kumulative Defizite (-)	.11[2]	.16	.11	.15	.18
Zeitverschwendung			-.12	-.15	-.17

[1] LV = Leseverständnis   E-IEA = IEA-Englischtest
RS = Rechtschreiben   E-ET9+ = Englischeinstufungstest für 9. und höhere Klassen
M = Mathematik

[2] Wegen der großen Stichprobe sind Korrelationskoeffizienten von
$r > .09$ bereits signifikant und von $r > .13$ sehr signifikant.

Es kann aber nicht ausgeschlossen werden, daß im Unterricht Wissenslücken unentdeckt und unbearbeitet bleiben. Dies führt in der Konsequenz zu schlechteren Schulleistungen. Wie aus Tabelle 4.10 hervorgeht, erreichen SchülerInnen, die das Gefühl haben, immer wieder wichtige Lernvoraussetzungen nicht mitbekommen zu haben, signifikant schlechtere Leistungen in standardisierten Schulleistungstests. Die Effekte sind in etwa gleich groß wie der negative Einfluß den LehrerInnen durch ein hohes Ausmaß an Zeitverschwendung im Unterricht hervorrufen können.

Wenn also Wissenslücken vorhanden sind und nicht korrigiert werden, kann von einem nachfolgenden Unterricht nicht entsprechend profitiert werden. Dies gilt besonders bei hierarchisch strukturierten Lehrstoffen (Mathematik, Latein). Hier können sich *kumulative Defizite (Schereneffekt)* ergeben (Auseinanderentwicklung aufgrund unterschiedlicher Wissensstrukturen), so daß der Anschluß an den weiteren Unterricht nicht mehr möglich ist.

Einer solchen Entwicklung kommt entgegen, daß Unterricht oft in Form von Frontalunterricht organisiert ist. Es wird dabei erwartet, daß jeder Schüler/jede Schülerin in etwa dem gleichen Tempo lernt. Braucht ein Schüler oder eine Schülerin aber mehr Lernzeit oder spezielle Hilfen, so wird er hierbei alleingelassen. Dies könnte auch eine Ursache für Sozialschichtunterschiede in der Schulleistung sein (zu wenig adäquates Unterstützungsverhalten durch die relativ „schulfernen" Eltern).

Wissenslücken können sich aber auch aufgrund von längeren Krankheiten ergeben (Tiedemann, 1977): Jeder 8. Schulversager soll auf krankheitsbedingtes Fehlen zurückzuführen sein.

Angesichts dieser Erfahrungen ist von LehrerInnen besondere *diagnostische Sensibilität* zu fordern, d.h. ein frühzeitiges Bemerken von Lernschwierigkeiten und Geben entsprechend kompetenter didaktischer Hilfestellungen. Die Defizite können z.B. aufgrund von Probearbeiten festgestellt werden. Wichtig ist dabei eine Fehleranalyse zur gezielten Feststellung des Lernschrittes, den das Kind noch nicht beherrscht. Bisweilen werden bei Lehrgängen bereits lehrzielorientierte Tests mitgeliefert. In der Regel muß der Lehrer/die Lehrerin aber selbst gezielt mit informellen Verfahren versuchen, die Lücken zu diagnostizieren. Ein Beispiel für die Kombination des Prinzips des lückenschliessenden Lernens mit der Idee der Prozeßdiagnostik sowie der darauf aufbauenden Unterrichtsdifferenzierung ist der Leselehrgang „Lernen mit Habakuk" (Rüdiger et al., 1984).

Sind Vorwissenslücken festgestellt, so sind je nach Schweregrad verschiedene *Konsequenzen* denkbar (Zielinski, 1980, S. 137):

(1) Wiederholung der Lerneinheit,
(2) Nachhilfeunterricht,
(3) (Lift-)Kurse zur Schaffung des Vorwissens,
(4) Gezielter Einsatz von Hausaufgaben (Individualisierung),
(5) Verwendung von Verfügungsstunden für solche Probleme,
(6) Beachtung des Problems der Passung: Nicht für jeden Schüler und jede Schülerin ist die gleiche Methode optimal, zu wenig Individualisierung kann zu Wissensdefiziten führen.

Die Probleme, die sich dabei ergeben können, liegen in dem zusätzlichen Zeitbedarf sowie an einem Mangel an Eingreifprogrammen für konkrete Lerndefizite.

4.2.3 Sprachliche Kompetenzen im Kontext von Umweltmerkmalen und kognitiven Fähigkeiten

Im Anschluß an Bernstein (1962) wurde von Oevermann (1969) die Bedeutung der sprachlichen Kompetenz für den Schulerfolg heraus gestellt. Dabei wird von zwei idealtypischen Sprachmustern ausgegangen, dem sog. *elaborierten* und dem *restringierten Code*, die schichtspezifisch für die Ober-/Mittelschicht bzw. die Unterschicht sein sollen. Diese Sprachformen sollen „symbolische Transformationen der Sozialbeziehungen" darstellen (a.a.O., S. 332). Dem *restringierten Code* entsprechen dabei Sozialbeziehungen, die nach traditionalistischen Normen (ritualisiert) ablaufen. Linguistische Sequenzen sind hier besser voraussagbar. Dem *elaborierten Code* liegt hingegen eine hohe Rollendistanz und demnach eine große Vielfalt an individueller Ausgestaltung von Rollenerwartungen zugrunde. In bezug auf konkrete Sprachmerkmale sollen bei Unterschichtkindern im Vergleich zu Mittelschichtkindern folgende Unterschiede gesichert sein (a.a.O., S. 309 ff):

- Geringere Phonemproduktion bereits ab dem 16. Lebensmonat. Die Phoneme der Erwachsenensprache (und eine entsprechende Artikulationsfähigkeit) werden von den Unterschichtkinder erst mit einem Jahr Verzögerung im Vergleich zu den Kindern der Mittelschicht erlernt.
- Geringere Fähigkeit zur Lautdiskrimation (und nachfolgend schlechte Leseleistungen) aufgrund wenig strukturierter Interaktionen im Elternhaus.
- Geringerer Wortschatz sowie niedrigerer Diversifikations-Quotient bei spontanen Sprachproben (Verhältnis der verschiedenen Wörter an der Gesamtzahl der Wörter).
- Hohe Anzahl konkret-deskriptiver Bezeichnungen, weniger Adjektive, Adverbien oder ungewöhnliche Präpositionen und Konjunktionen.
- Selteneres Auftauchen der Wortarten, die in der Sprachentwicklung später vorkommen (Adverbien, Präpositionen, Konjunktionen), aber hoher Substantivanteil.
- Worteinfall wird weniger durch abstrakte, grammatikalische Regeln gesteuert.
- Primitivere syntaktische Organisation (kürzere Sätze; funktional vollständige, aber strukturell unvollständige Sätze; weniger parataktische und hypotaktische Satzgefüge; weniger koordonierte oder subordinierte Satzteile, besonders Relativsätze, weniger Konzessiv- oder Konditionalsätze).
- Größere Anzahl grammatikalischer Fehler (idiomatisch bedingte Fehler, falsche Verbformen, Fehler im Gebrauch der doppelten Negation, mehr unvollständige Satzbrocken), geringere Sicherheit bei der Planung syntaktischer Konstruktionen.
- Größere Schwierigkeiten, Verben anzuwenden, nicht aber Substantive (die konkreter erscheinen).
- Geringeres sprachliches Abstraktionsniveau.

- Probleme im Verstehen von Sprechern aus anderen Statusgruppen. Auch Probleme, sich in die Rolle des Zuhörers zu versetzen.
- Kontextgebundene Sprachweise unter starkem Einsatz von Mimik und Gestik.

Als *Desiderata für den Schulbereich* werden (neben einer kompensatorischen Spracherziehung im Kindergartenalter) gefordert (a.a.O., S. 339 f):

- Rücksichtnahme auf den „Milieubruch", den Unterschichtkinder in sprachlicher Hinsicht erleiden, wenn sie mit dem elaborierten Code der LehrerInnenschaft konfrontiert werden.
- Vorläufiges Akzeptieren der Sprache der Unterschichtkinder als ein Kommunikationsmittel.
- Erkennen der Fähigkeiten von Unterschichtkindern, unabhängig von deren sprachlichen Kompetenzen.
- Keine Fehlattribuierungen, wenn Unterschichtkinder nur wenig verbalisieren, in Richtung Interessemangel am Lehrstoff.
- Inhalte der Sprach- und Sprecherziehung aus dem Erfahrungsbereich dieser Kinder entnehmen.

Oevermann (a.a.O., S. 318) gesteht allerdings zu, daß es kaum systematische Untersuchungen über den Zusammenhang zwischen Sprachcodes und Schulleistung gibt. Indirekt glaubt er aber dafür Belege zu haben, da (1) Sitzenbleiber ausschließlich in den mathematisch-naturwissenschaftlichen Fächern sehr selten sind und (2) hypothetisch der Sprache eine hohe Bedeutung für das Erkennen der sozialen Herkunft zugeschrieben wird (Dialektformen oder sprachliche Inkompetenzen dienen als Aufhänger für soziale Abwertungsprozesse).

Eine der wenigen für den deutschen Sprachraum vorhandenen (und hier auch nur für Grundschulkinder) empirischen Studien stammt von Wimmer, Nasseri-Chapar und Lukesch (1975). Diese Autoren versuchten, bei Schulanfängern das Gewicht der Merkmalsgruppen familiäres Milieu, kognitive Merkmale und sprachliche Merkmale für die Schulleistung in der 1. Schulklasse zu bestimmen (N = 99 Kinder aus 35 Volksschulen). Die Schulnoten wurden am Ende der 1. Schulklasse erfaßt, die anderen Merkmale ein Jahr zuvor im Kindergarten. Mit diesem längsschnittlichen Vorgehen konnte abgesichert werden, daß tatsächlich frühere Gegebenheiten auf Schulleistungen einwirken und nicht eventuelle Wechselwirkungen in den Korrelationen zum Ausdruck kommen.

Es wurden folgende Merkmale erfaßt:

Umweltmerkmale
- Berufstätigkeit des Vaters (Unter- vs. Mittelschicht),
- Schulbildung des Vaters,
- Schulbildung der Mutter,
- Berufstätigkeit der Mutter (dichotomisiert nach ganztags und nicht ganztags),
- Geschwisteranzahl.

Kognitive Merkmale
- Gedächtnisspanne (Zahlennachsprechen vorwärts im HAWIK),
- Merkfähigkeit (Anzahl richtig reproduzierter Items bei 12 vorgegebenen Bildern, 1 Minute Memorierzeit),
- Reflexivität/Impulsivität (finden identischer Bilder aus einer Vorlage),
- Lernfähigkeit (Analogien-Lerntest mit Instruktionsphase und Richtig/Falsch-Rückmeldung),
- Kategorisierungsflexibilität (12 Figuren mit Farb- und Formgruppierungsmöglichkeit),
- Intelligenz (Coloured Progressive Matrices).

Sprachliche Merkmale
- Passiver Wortschatz (PPVT),
- Auswertung freier Sprachproben (Verbalisierung einer achtteiligen Bildergeschichte):
-- Anteil von verschiedenen Konjunktionen,
-- Satzlänge,
-- Satzteilquotient,
-- Satzartquotient.

Schulleistung
- Mittelwert der hoch miteinander korrelierenden Schulnoten (Lesen, Sprache, Rechnen).

Die gefundenen Einzelkorrelationen zwischen Schulleistung und den Prädiktoren sind in Tabelle 4.11 enthalten.

Wie man sieht, stehen die einbezogenen Merkmale mit Schulleistung in der erwartbaren Beziehung. Dabei sind Sozialschichtkriterien negativ mit Schulleistung korreliert. Kinder mit höheren Sprachkompetenzen erhalten ebenfalls bessere Noten. Und von den kognitiven Merkmalen stehen zumindest alle in negativer Korrelation zu dem Kriterium.

Da aber eine Reihe von Schichtunterschieden nachweisbar ist, u. zw. immer in dem Sinn, daß bessere Leistungen bei den Kindern der Mittelschicht vorhanden sind (Wortschatz, Konjunktionen, Satzlänge, Lernfähigkeit) und zugleich die

Mittelschichtkinder die besseren Schulnoten bekommen, stellt sich die Frage nach der kausalen Bedeutung der einzelnen Variablengruppen:

Tabelle 4.11: Einfache Korrelationen zwischen dem Schulleistungsindikator und verschiedenen Prädiktoren bei GrundschülerInnen (Wimmer et al., 1975)

Prädiktoren	Schulleistung
Soziodemographische Merkmale	
Geschlecht	.08
Alter	.14
Umweltmerkmale	
Schicht	-.22*
Schulbildung Vater	-.23*
Schulbildung Mutter	-.15
Berufstätigkeit Mutter	-.03
Geschwisteranzahl	.34**
Sprachmerkmale	
Wortschatz	-.23**
Konjuktionen	-.19*
Satzlänge	-.22*
Satzteilquotient	.06
Satzartquotient	-.19*
Kognitive Merkmale	
Gedächtnisspanne	-.23**
Merkfähigkeit	-.28**
Reflexivität Reaktionszeit	.10
Reflexivität Fehleranzahl	.17*
Lernfähigkeit	-.39**
Kategorisierungsflexibilität	-.29**
Intelligenz	-.23**

- Ist es so, daß Umweltmerkmale über die Beeinflussung von Sprache und intellektueller Leistungsfähigkeit den Schulerfolg beeinflussen? Nach Bernsteins Theorie des linguistischen Codes (1970), die ohne empirische Prüfung von Oevermann (1969) als gültig für den deutschen Sprachraum übernommen wurde, sollte der schichtspezifische Sprachgebrauch („elaborierter" vs. „restriktiver" Code) die kognitive Entwicklung und somit die Schulleistung beeinflussen.
- Oder aber: Sind die durch Lerngegebenheiten nur bedingt beeinflußbaren intellektuellen Merkmale die wichtigeren? Ist also eher eine erbtheoretische Position (oder zumindest eine Position der sehr frühen Einwirkung der Umwelt auf die kognitiven Merkmale) für einen Teil der Varianz in den Leistungsbewertungen verantwortlich?

Um diese Fragen zu prüfen, wurden mehrere korrelationsstatistische Auswertungen vorgenommen.

(1) Zuerst wurde mit multiplen Korrelationen das Gewicht der einzelnen Prädiktorengruppen für die Vorhersage der Schulleistung berechnet (vgl. Tab. 4.12).

Tabelle 4.12: Multiple Vorhersage der Schulleistung aufgrund von Prädiktorgruppen

Prädiktorgruppen	R	Var. (%)
Umweltmerkmale	.38**	15%
Sprachliche Merkmale	.34*	11%
Kognitive Merkmale	.52**	27%
Gesamt	.60**	36%

Nach diesem ersten Schritt scheinen die kognitiven Merkmale das größte Gewicht für den Schulerfolg zu besitzen, gefolgt von den Umwelt- und den Sprachmerkmalen.

(2) Um aber zu einer Aussage über die hierarchische Beziehung zwischen den Merkmalsgruppen zu gelangen, wurde berechnet, wieviel Varianz durch die Kombination der jeweiligen Merkmalsgruppen erklärt wird (vgl. Tab. 4.13).

Wie man sieht, erklären die kognitiven Merkmale zusätzlich zu den sprachlichen oder den Umweltmerkmalen wesentliche Varianzanteile der Schulleistung.

Das Umgekehrte ist hingegen nicht der Fall. Daraus ist ein Argument für folgendes Bedingungsmodell zu gewinnen (vgl. Tab. 4.13):

Tabelle 4.13: Schrittweise Kombination einzelner Prädiktorgruppen zur Erklärung der Schulleistungsunterschiede

durch	UM[1]	SM	KM	zusätzlich zu UM+SM	UM+KM	KM+SM
UM	--	9%	7%	--	--	6%
SM	5%	--	3%	--	2%	--
KM	19%**	19%**	--	16%*	--	--

[1] UM = Umweltmerkmale, SM = sprachliche Merkmale, KM = kognitive Merkmale

Dies heißt, für die Schulleistung besitzen die kognitiven Merkmale das größte Gewicht. Lernprozesse in der Familie und andere Umweltgegebenheiten können die kognitive Merkmalsausprägung zwar früher beeinflußt haben, sind aber in der aktuellen Situation von nachrangiger Bedeutung.

Ebenso ist es mit den sprachlichen Merkmalen: Ihnen kommt im Vergleich mit den kognitiven keine große Bedeutung zu. Damit wäre die Oevermannsche Behauptung (1969, S. 318) von der „Dominanz der sprachlichen Fähigkeiten in den schulischen Leistungskriterien" widerlegt und ebenso die behauptete Beeinflussung der Leistungsbewertung durch die „an sprachlichen Merkmalen haftenden Bewertungsprozesse ... der im mittelständischen Milieu lebenden und erzogenen Lehrer".

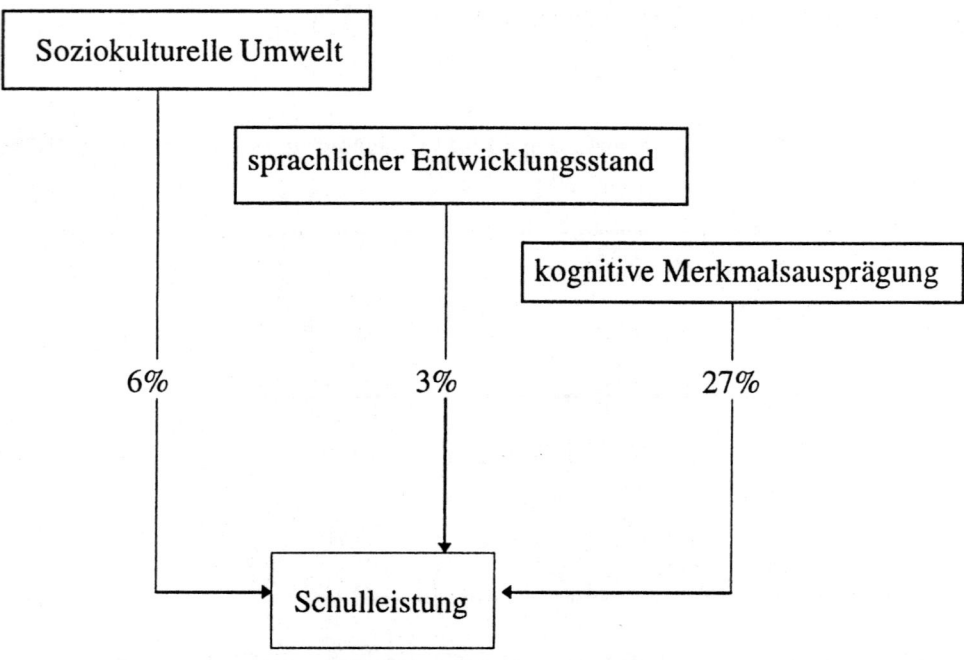

Abbildung 4.5: Kausalmodell über den Einfluß von Sprach-, Umwelt- und kognitiven Merkmalen auf die Schulleistung von GrundschülerInnen (Wimmer et al., 1975)

Weiterführende Literatur

Gould, S.J. (1988). *Der falsch vermessene Mensch.* Frankfurt/M.: Suhrkamp.

Roth, E., Oswald, W.D. & Daumenlang, K. (1980). *Intelligenz. Aspekte - Probleme - Perspektiven* (4. Auflage). Stuttgart: Kohlhammer.

4.2.4 Aufmerksamkeit und Konzentration

4.2.4.1 Vorbemerkung

Eine Behandlung zentraler Aspekte zu diesem Thema findet sich bei Lukesch (1994, S. 156 ff). Insbesondere wird dort auf die Begrifflichkeit (z.B. Konzentration, Aufmerksamkeit, Konzentrationsstörung, Konzentrationsschwäche), die Bedeutung verwandter Begriffe (z.B. Vigilanz, Reflexivität/Impulsivität, Feldabhängigkeit/Feldunabhängigkeit), die Verursachung von Konzentrationsstörungen sowie auf die Diagnosemöglichkeiten von Konzentrations- und Aufmerksamkeitsparametern eingegangen.

Hier sei nur eine kurze begriffliche Erläuterung wiedergegeben. Nach der etymologischen Herleitung stammt das Wort 'Konzentration' aus dem Neulateinischen und bedeutet soviel wie Verdichtung, Sammlung, Zusammenfassung oder Gruppierung um einen Mittelpunkt. Unter *Aufmerksamkeit* wird eine „auf die Beachtung eines Objekts (Vorgang, Gegenstand, Idee etc.) gerichtete Bewußtseinshaltung, durch die das Beobachtungsobjekt apperzipiert wird", verstanden (Dorsch, 1994, S. 69). In ähnlicher Weise wird *Konzentration* als „Sammlung, Ausrichtung der Aufmerksamkeit auf eng umgrenzte Sachverhalte" bezeichnet (a.a.O., S. 405). Der Zustand der Konzentration ist als „Gipfelform" der Aufmerksamkeit zu verstehen (Rapp, 1982, S. 22). Für diesen Zustand ist charakteristisch (Spandl, 1980, S. 20):
- das zielgerichtete Anspannen des Willens,
- ein abschirmendes Ausschalten störender Wahrnehmungen,
- ein hellwacher Zustand der Aufnahmebereitschaft,
- ein gegliedertes Ordnen des Denkens und
- ein filterndes Erinnern des Wissens.

Diese Aufmerksamkeitszuwendung kann aufgrund eines intentionalen Prozesses oder aufgrund von Reizgegebenheiten hervorgerufen werden (z.B. Reizstärke, Reizkomplexität, konflikthafte Wahrnehmungsgegebenheiten, Neuartigkeit/Überraschung, konditionierte Aufmerksamkeitsreize, „flow-Erlebnis"...).

4.2.4.2 Aufmerksamkeit und Schulleistung

Eine wichtige Frage bei der Betrachtung des Merkmals Konzentration ist, ob hier im Sinne eines ökonomischen Vorgehens zusätzliche Aspekte zu den Intelligenzleistungen erfaßt werden. Für die Bearbeitung von Intelligenztests muß bereits ein bestimmtes Ausmaß an Konzentrationsfähigkeit vorausgesetzt werden. Diese Frage ist auch in bezug auf Schulleistungen zu stellen.

Wie aus Tabelle 4.14 zu ersehen ist, bestehen zwischen den Indikatoren aus Konzentrations- und Intelligenztests bei GrundschülerInnen nur geringe bis mittlere Zusammenhänge. Die Zusammenhänge mit Noten sind sehr gering und weisen in eine kontraintuitive Richtung.

Von diesen und ähnlichen Ergebnissen ausgehend kann man annehmen, daß die mit Tests erfaßbaren Konzentrationsindikatoren keine identischen Informationen zu den Ergebnissen aus Intelligenztests darstellen. Aber auch der Zusammenhang mit Schulnoten fällt bei den GrundschülerInnen enttäuschend gering aus. Dies könnte ein Hinweis darauf sein, daß die von LehrerInnen beklagten Konzentrationsschwächen nicht auf Fähigkeitsmängel zurückzuführen sind, sondern auf motivationale Aspekte, welche die Beteiligung am Unterrichtsgeschehen steuern.

Tabelle 4.14: Zusammenhänge zwischen den Ergebnissen des DL-KG (Kleber et al., 1975) und ausgewählten Intelligenz- und Schulleistungsindikatoren

Kriterium / Stichprobe	GZT	F	SB/GZ
Intelligenzvariable			
BT 1-2　79　7jährige	.22*	.29**	.26*
BT 1-2　100　8jährige	.31**	.15	.06
BT 2-3　59　9jährige	.39**	.25*	.31*
AzN 4+　107　10jährige	.02	.16	.17
Schulnoten			
Deutsch　146　8jährige	.14	.02	.11
Deutsch　150　9jährige	.23**	.18*	.09
Mathe　146　8jährige	.18*	.02	.06
Mathe　150　9jährige	.19*	.20*	.21*

4.2.4.3 Einzelmaßnahmen und Interventionsstrategien zur Konzentrationsförderung

Wegen der vielfältigen Verursachungsmöglichkeiten von Aufmerksamkeits- und Konzentrationstörungen muß ein entsprechend differenziertes Vorgehen geplant werden. Ein mögliches Prozeßmodell zur Diagnose und Therapie von Konzentrationsstörungen wurde von Langhorst (1990) entwickelt. Damit will er vor allem den Automatismus „schlechte Leistungen in einem Konzentrationstest -> Zuweisung zu einem Konzentrationstraining" differenzieren (vgl. Abb. 4.6).

Will man die verschiedenen Interventionsmöglichkeiten klassifizieren, so bietet sich ein Vorgehen nach pädagogischen (Kap. 4.2.4.3.1), medizinischen (Kap. 4.2.4.3.2) und psychologischen (Kap. 4.2.4.3.3) Maßnahmen an.

4.2.4.3.1 Pädagogische Maßnahmen (optimale Unterrichtsführung, förderliches LehrerInnenverhalten und Elternberatung)

Nach dem pädagogischen Motto, daß man bei der Behebung von Problemen immer zuerst bei sich selbst bzw. den Bedingungen, die man selbst ändern kann, anfangen soll, sei zuerst auf die schulischen Interventionsmöglichkeiten verwiesen. Rapp (1982, S. 107 ff) nennt aufgrund seiner Analyse der Bedingungen für Konzentrationsprobleme in der Schule folgende Anregungen:

(1) Optimierung des Wechsels von Spannung und Entspannung: Welche Aktivierung (Art der Herausforderungssituationen) wird den SchülerInnen ermöglicht? Dies wird im allgemeinen durch eine entsprechende methodisch-didaktische Planung des Unterrichts zu erreichen versucht (Planung von Unterrichtsphasen, Zeitpunkt und Dauer der schulischen Beanspruchung nach psychohygienischen Gesichtspunkten gestalten, Wechsel der Beschäftigungsart einplanen, Einsetzen aller Sinnesgebiete, verschiedene materiale Betätigungen vorgeben, Einfügen von Pausen, Ausgleich schaffen, Einüben konzentrativer Selbstentspannung, Musik und Bewegung, vor allem in der Grundschule einsetzen).

(2) Strukturieren: Die Gliederung des Unterrichts sollte auch den SchülerInnen deutlich gemacht werden. Klarheit und Prägnanz sollte auch hinsichtlich der zu behandelnden Sachverhalte/Aufgaben etc. bestehen.

(3) Regeln und Rituale: Hier können quasi konditionierte Aufmerksamkeitsreize eingeübt werden (z.B. als Signal für „Ruhe" die Arme verschränken und die Kinder ebenfalls dazu auffordern). Dies ist nur mit einem längeren Lernprozeß erreichbar (bei dem auf Modell-Effekte zu achten ist).

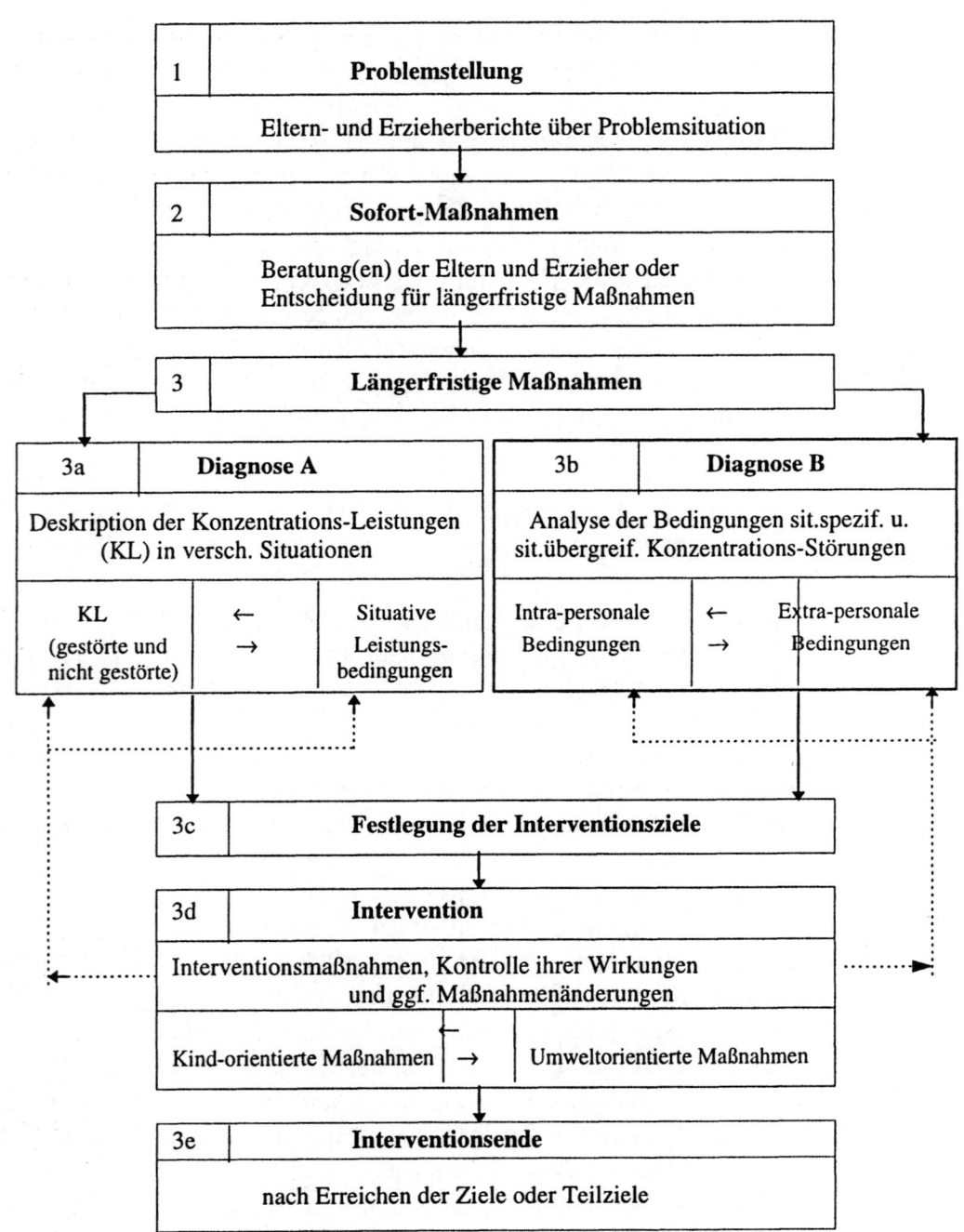

Abbildung 4.6: Konzentrationsstörungen im Kindesalter: ein „Diagnose-Interventions-Modell" (Gesamtübersicht, Langhorst, 1990).

(4) LehrerIn als Modell-Person: Eigene Art des Herangehens an Aufgaben reflektieren, zusätzlich ist die allgemeine Art des Umgangs mit den SchülerInnen wesentlich (Maximierung der Tausch-Dimensionen).

(5) Angstreduktion: Da Ängste zu einer starken Selbstzentrierung und Umleitung psychischer Energie von den Aufgaben auf sich selbst ziehen kann, sind solche Methoden empfehlenswert (vgl. Kap. 4.5.4).

(6) Neuigkeitswert der Situation individuell optimieren: Kinder können durch das gleiche Material unterschiedlich angeregt werden. Gerade bei leicht erregbaren Kindern kann ein zu hoher Anregungsgehalt zu Konzentrationsproblemen führen. Bei hyperaktiven Kindern kann daher eine Reduktion des Anregungsgehaltes der schulischen Umgebung sinnvoll sein (Cruickshank et al., 1961); solche Programme sind aber eher für Sonderschulen durchzuführen.

(7) Rückmeldungen geben: Für SchülerInnen ist es wichtig, über die Ergebnisse ihrer Tätigkeiten rasch und oft Rückmeldungen zu erhalten. Positive Rückmeldung sind als Verstärker besonders förderlich.

(8) Elterngespräche: Hier können entsprechende Anregungen gegeben werden (rechtzeitiges Eingreifen, ablenkungsfreie Gestaltung des Hausaufgabenplatzes der Kinder, Ausschalten von Ablenkungen in der Hausaufgabensituation, Organisation des Tagesablaufes des Kindes, angemessene Ernährung, ausreichende Nachtruhe, Fernsehdauer begrenzen, wann Hausaufgaben erledigen, Leistungsan- und Leistungsüberforderungen, Ausgleich durch Spiel und Freizeit, körperlicher Ausgleich, Anschluß an Gleichaltrige).

4.2.4.3.2. Medizinisch begründete Eingreifmöglichkeiten

(1) Medikamentöse Behandlungsverfahren

Diese werden in der Regel bei hyperaktiven oder frühkindlich hirngeschädigten Kindern durchgeführt. Viele Eltern erwarten, daß mittels einer medikamentösen Therapie eine schnelle Behandlung von Konzentrationsproblemen möglich ist. Die Werbung der Pharmaindustrie verspricht auch sehr positive und leicht erreichbare Effekte. Dabei wird vor allem auf Präparate verwiesen, die für den natürlichen Stoffwechsel unentbehrlich sind, allerdings auch in der Regel bereits durch eine normale Ernährung in ausreichendem Maße vorhanden sind (z.B. Lecithin, Glutaminsäure, Phosphorsäureverbindungen, Vitamine, Eisen).
Nach Klicpera (1982) stehen bei der pharmakologischen Behandlung des hyperkinetischen Syndroms (HKS) drei Gruppen von Medikamenten im Vordergrund:
1. Psychostimulantien,
2. trizyklische Antidepressiva,
3. Neuroleptika.

1. Als *Psychostimulantien* werden Amphetamie, Methylphenidat (Ritalin) und Pemoline verwendet. Als Wirkungsmechanismus wird eine erhöhte Rezeptorstimulation durch ein erhöhtes Angebot an Transmittersubstanzen angenommen. Von folgenden Wirkungen ist auszugehen:

a) *Motorische Aktivität:* Augenfällige Abnahme der motorischen Aktivität, besonders in stärker strukturierten Situationen. Weniger rasche und plötzliche Bewegungen.

b) *Impulsivität:* Angeblich werden die Kinder auch überlegter und kontrollierter. Störverhalten im Unterricht nimmt ab. Den Erziehern wird die Gelegenheit gegeben, positiv auf die Kinder einzugehen. Größere Selbstkontrolle wirkt sich auch im Sozialverhalten (weniger Aggressivität) aus. Negativ: auch Reduktion spontaner Sozialkontakte, bisweilen Konzentration auf unwesentliche Aspekte der Arbeit.

Untersuchungsbeispiele

Kinze et al. (1985) führten eine Amphetaminbehandlung bei 110 verhaltensauffälligen, stationär behandelten NormalschülerInnen der 1. bis 4. Klassenstufe durch. 70 erhielten durch 4 Wochen täglich 10 mg Aponeuron (Amphetaminil) nach der 2. Schulstunde, 40 Kinder ein Placebopräparat. Eine Parallelisierung der Gruppen wurde nach der Ausgangsleistung bezüglich Konzentration vorgenommen.

Die behandelte Gruppe war in der Nachuntersuchung bezüglich der Tempoleistung verbessert, nicht aber hinsichtlich der Leistungsgüte (Fehler). Im Gruppenversuch war die Qualität der Leistung sogar verschlechtert. Bei hirngeschädigten Kindern waren die Ergebnisse etwas besser (weniger Fehler in Einzelsituation, auch in Gruppensituation bei Rechenaufgaben).

Als Konsequenz meinen die Autoren, Aponeuron ist bei leicht hirngeschädigten, normal intelligenten Kindern indiziert, nicht jedoch bei verhaltensauffälligen Kindern (unruhigen) anderer Genese.

Martinius (1982) untersuchte eine Stichprobe von 30 mittelfristig stationär behandelten Kindern zwischen 8 und 12 Jahren (26 Jungen, 4 Mädchen). Dabei wurde ein Vergleich der Behandlung mit Placebo mit dem Präparat Methylphenidat (= Ritalin) vorgenommen.

Als Ergebnis stellte sich heraus: Die behandelten Kinder hatten eine etwas bessere Reaktionszeit sowie weniger vorzeitige und verspätete Reaktionen. Von den behandelten Kindern konnte nur die Hälfte als Responder bezeichnet werden, d.h. als solche, die eine Leistungsverbesserung zeigten.

Steinhausen et al. (1982) untersuchten eine Stichprobe von 14 Kindern mit HKS (7 bis 12 Jahre alt, 12 Jungen, 2 Mädchen). Verglichen wurde eine Placebo- mit einer Methylphenidat-Behandlung (randomisierte Gruppenzuweisung).

Als Ergebnis war in einem Lernexperiment kein Unterschied zwischen behandelten und nichtbehandelten Kindern nachweisbar.

c) *Aufmerksamkeit:* Verbesserung bei einschlägigen Leistungstests. Zunahme der Beschäftigung mit Lernmaterial.

d) *Schulleistungen:* Eine Besserung tritt nicht gleichzeitig ein, vermutlich weil die medikamentös erreichbaren Verbesserungen nur Teilbedingungen für schulischen Erfolg sind. Es mangelt den Kindern aber weiterhin an effektiven Lernstrategien.

e) *Soziale Anpassung:* Ein längerfristiger positiver Effekt in diesem Bereich konnte bislang nicht nachgewiesen werden, z.B. hat ein Teil der hyperaktiven Kinder auch noch in der Adoleszenz beträchtliche Anpassungsprobleme.

Die Nebenwirkungen bei Psychostimulantien sind teilweise sehr deutlich (Entstehung von Abhängigkeiten, Tics oder Blutdruckerhöhung).

2. Behandlung mit *Neuroleptika*. Diese sind sedierende Psychopharmaka, sie wirken meist über eine Blockade der Dopamin-Rezeptoren. Als Wirkungen werden angenommen:

a) *Motorik:* Abnahme der motorischen Unruhe, deshalb ergibt sich auch ein positiver Effekt auf das Sozialverhalten.

b) *Aufmerksamkeit:* Kein positiver Effekt - weder im LehrerInnenurteil noch in psychometrischen Tests - nachgewiesen. Bei höherer Sedierung kommt es zu einem Abfall der Testleistungen.

Untersuchungsbeispiel

Gösslbauer und Nikolaus (1982) untersuchten eine Probandengruppe von 103 Kindern aus fünf 4. und 5. Volksschulklassen. Überalterte Kinder wurden nicht in die Untersuchung aufgenommen, auch keine Gastarbeiterkinder oder Kinder mit medizinisch positivem Befund (z.B. Herzdysfunktion, extreme Blutarmut, Infektionskrankheiten, Allergien, Drüsenkrankheiten, Hyperkinese).

Geprüft wurde die Wirkung eines Kombinationspräparates (Glutaminsäure, Phosphorsäure), das nicht zu den Stimulanten i.e.S. (z.B. Amphetamin, Metamphetamin, Phenmetrazin, Fenetyllin) gezählt werden kann. Es kam ein Doppelblindversuch mit „crossing-over", d.h. Vertauschung von Präparat- und Placebogruppe nach erster Applikationsphase zur Anwendung. Die Vergleichsgruppen waren parallelisiert (Kriterien Geschlecht, Alter, IQ, d2, Neurotizismus).

Als Ergebnis ist ein leistungssteigernder Effekt nach Meinung der Autoren nachzuweisen, u. zw. im Sinne eines besseren Abschneidens in psychometrischen Tests und in den Verhaltensbeurteilungen.

Kritisch zu bemerken ist jedoch die
- Frage von Übungseffekten (keine adäquate Auswertung im Sinne eines Längsschnittdesigns),
- die Übertragbarkeit der Testergebnisse auf die Schulsituation (ökologische Validität),
- die Mittelwertsveränderungen bedeuten nicht, daß sich alle Kinder verbessert haben,
- die Wirkung des Präparates war auf die Einnahmezeit beschränkt.

3. Behandlung mit *trizyklischen Antidepressiva*. Diese bewirken im ZNS eine Hemmung der Wiederaufnahme der Überträgersubstanzen Noradrenalin und Serotonin in den präsynaptischen Endigungen. Folgende Wirkungen treten auf:

a) *Motorik:* Abnahme von Unruhe und Störverhalten

b) Zunahme von *Aufmerksamkeit*, auch in Vigilanztests nachgewiesen.

(2) Diätetische Behandlungsformen

Diese Ansätze gehen auf den amerikanischen Allergologen Ben F. Feingold (1975) zurück. Er meint, bei der Verursachung des HKS spiele eine allergische Reaktionslage eine Rolle. Ursächlich dafür sah er

(a) Farbstoffzusätze in der Nahrung an und

(b) Salicylate, die in einer Vielzahl von Früchten enthalten sind.

Gemäß dieser Hypothese müßte eine Behandlung, bei der alle diese Stoffe eliminiert sind, auch auf das HKS einwirken. Diese als Kaiser-Permanente-Diät bezeichnete Behandlungsform soll bei hyperaktiven und lerngestörten Kindern nach seinen Erfahrungen beträchtliche Erfolge erzielen könne. Die von Feingold vorgelegten Erfahrungen können aber nicht als wissenschaftlich brauchbar gelten. Aufgrund der breiten Öffentlichkeitswirkung, die das Buch Feingolds auslöste, beschäftigte sich eine Nationale Expertenkommission der Nutrition Foundation in den USA (1975, zit. n. Steinhausen, 1982) mit den Thesen Feingolds. Sie kamen zum Schluß:

(a) Es gibt keine kontrollierten Studien, die den Zusammenhang zwischen Hyperkinese und Nahrungsmittelzusätzen belegen.

(b) Es gibt keine Studien die belegen, daß unter einer von Salycilaten freien Diät HKS-Kinder ihr Verhalten besserten.

(c) Es wird die Sorge ausgedrückt, daß bei einer solchen Diät langfristig die Ernährungsbedürfnisse nicht abgedeckt werden.

(d) Demgemäß darf die Diät nur unter strenger medizinischer Kontrolle durchgeführt werden.

In der Zwischenzeit gibt es eine Vielzahl von Studien über die die Effektivität dieser Therapie (Steinhausen, 1982, S. 107). Zwar liegen tatsächliche Verbesserungsraten von bis zu 50% vor, die Ergebnisse sprechen aber dafür, daß es sich dabei um behandlungsunspezifische Wirkungen im Sinne eines Placebo-Effektes handelt (als Kriterien wurden Eltern- und LehrerInnenurteile verwendet, oft ohne hinreichende methodische Kontrolle, z.B. Doppel-Blind-Versuch). Von Steinhausen wird gefordert, auf die unspezifische Suche nach diätetischen Effekten zu verzichten, da in der natürlichen Ernährung eine Vielzahl von Substanzen enthalten sind, die nicht experimentell kontrolliert werden können. Wenn, dann sollte man den Effekten von Nahrungsbestandteilen nachgehen, deren pathogene Wirkung durch die Grundlagenforschung abgesichert ist. Dies vor allem auch, da diätische Einschränkungen oft eine große Belastung für den Patienten darstellen, selbst in den Fällen, wo der Zusammenhang Ernährung-Erkrankung eindeutig ist (z.B. Diabetes mellitus).

4.2.4.3.3 Psychologische Interventionsmethoden

Für eine symptomorientierte Behandlung konzentrationsgestörter Kinder gelten tiefenpsychologische, familien- und spieltherapeutische Behandlungsverfahren als nicht indiziert (Ausnahmen könnten Versuche sein, weitere Problemkonstellationen, z.B. Angstprobleme, therapeutisch anzugehen). Hingegen stehen übende und problemlösende Vorgehensweisen im Zentrum der Behandlungsvorschläge.

(1) Erhöhung der Selbstaufmerksamkeit
Bei Disziplinproblemen oder „unterrichtsunangemessenem" Verhalten kann man generell annehmen, daß die SchülerInnen, die solches Verhalten zeigen, sich nicht immer deutlich bewußt sind, was sie gerade tun (hohe Impulsivität, Erregtheit etc.). Wenn man nun annimmt, daß auch SchülerInnen wissen, was im Unterricht als angemessen erwartet wird (Soll-Vorstellungen), dann ist zu vermuten, daß bei Erhöhung der Aufmerksamkeit gegenüber dem eigenen Tun die Störrate abnimmt (Lohaus, 1985). Unter objektiver Selbstaufmerksamkeit wird ein Zustand bezeichnet, „in dem die Person sich selbst als Objekt sieht, d.h. in der das Selbst im Brennpunkt der Aufmerksamkeit bzw. im Mittelpunkt des Bewußtseins steht" (Frey, Wicklund & Schreier, 1976, S. 193, zit. n. Lohaus, 1985). In den Mittelpunkt der Aufmerksamkeit kann auch das eigene Störverhalten gerückt werden. Angenommen wird, daß eine Erhöhung der Selbstaufmerksamkeit folgende Effekte nach sich zieht:

1) Die Aspekte des Selbst, die in den Mittelpunkt der Aufmerksamkeit gerückt werden, werden aktualisiert und intensiviert.

2) Diskrepanzen zwischen Selbstaspekten (Intra-Selbst-Diskrepanzen, z.B. auch hinsichtlich des gesollten und real gezeigten Verhaltens) werden bewußt erlebt.

3) Daraus entsteht eine Motivation, diese Diskrepanzen zu reduzieren.

M.a.W., wenn es gelingt, eine größere Sensibilität gegenüber eigenem Störverhalten bei den SchülerInnen zu erreichen, so könnte sich dabei als Konsequenz die Rate störenden Verhaltens senken.

Diese Annahmen wurden in einer 6. Klasse einer Gesamtschule (N = 29) geprüft (Lohaus, 1985). Diese Klasse galt als sehr störanfällig. Um die Aufmerksamkeit der SchülerInnen auf ihr Verhalten im Unterricht zu lenken, wurde den SchülerInnen zehnmal nach einer Unterrichtsstunde ein kleiner Fragebogen mit folgenden Bereichen vorgelegt:

(a) Lautstärke der Klasse (laut bis leise, 5stufig),
(b) eigenes Störverhalten (habe gestört, habe nicht gestört),
(c) Wirkung des Störverhaltens anderer auf das eigene Erleben (fühlte mich nicht gestört bis sehr gestört, 5stufig),
(d) Gründe für das Störverhalten (offene Frage),
(e) Art des Störverhaltens (offene Frage).

Die Beantwortung erfolgte anonym. In den weiteren Stunden wurden die Ergebnisse der Befragung jeweils rückgemeldet. Parallel dazu schätzte die Lehrerin auch die Lautstärke in der Klasse ein (Evaluationskriterium). Nach der zehnten Stunde (2 x pro Woche) wurde die Meinung der SchülerInnen zu der Intervention erhoben. Eine Stunde wurde darauf verwandt, die Ursachen für das Störverhalten (aus SchülerInnensicht) zu besprechen.

Dann wurde die Intervention für fünf Stunden ausgesetzt. Schließlich fand in drei Stunden nochmals die Fragebogenvorgabe statt (Effektfeststellung).

Folgende Ergebnisse stellten sich ein:

Aus den Verlaufsangaben geht eine signifikante Reduktion des Störverhaltens hervor. Interessant ist der Störabfall in der vierten Unterrichtsstunde (Beginn der Rückmeldung der Ergebnisse). LehrerInnen- und SchülerInneneinschätzungen stimmen hoch überein (Lautheit r = .93).

Die Effekte bleiben über die Zeit stabil. Die Intervention wurde von 22 SchülerInnen positiv bewertet, 5 war sie gleichgültig und 2 beurteilten sie negativ.

Als besonderer Vorteil wird gesehen, daß durch die Intervention nicht einzelne SchülerInnen ausgegrenzt werden, sondern daß das Problem als Klassenproblem aufgefaßt wurde (Vermeidung von Stigmatisierung einzelner SchülerInnen). Die Intervention ist leicht durchzuführen (wenig Zeit, kann unterrichtsbezogen erfolgen). Außerdem werden die Soll-Vorstellungen der SchülerInnen selbst einbezogen.

(2) Verhaltensmodifikatorische Programme
Hier gilt es, inadäquates Arbeitsverhalten sichtbar zu machen und seine Auslöser- und Verstärkerbedingungen zu identifizieren. Inadäquates Verhalten kann dabei oberflächliches, flüchtiges Arbeiten bedeuten. Anleitungen zur Selbstentdeckung von Fehlern und zur Selbstkorrektur werden gegeben.

Das graduelle Annähern an das gewünschte Zielverhalten wird systematisch verstärkt.

Bei einer pädagogischen Verhaltensmodifikation ist nach den klassischen Teilschritten vorzugehen (Adameit et al., 1978). Im einzelnen ist

(a) eine Verhaltensbeschreibung anzufertigen (Verhaltensaktiva, Verhaltenspassiva, situative Bedingungen für beide Klassen von Verhaltensweisen im Sinne facilitativer bzw. inhibitorischer Bedingungen, Verstärkungsbedingungen, einschließlich der Kontingenzverhältnisse, vgl. hierzu auch das S-O-R-C-K Schema von Kanfer & Philips, 1975),

(b) die im individuellen Fall wirksamen Verstärker sind zu ermitteln (materielle, soziale, informative oder Verhaltensverstärker),

(c) in der Situation ist nach der Technik der differentiellen Verstärkung eine adäquate Verstärkung erwünschten Verhaltens durchzuführen, das mit dem monierten Problemverhalten nicht kompatibel ist (eventuell unter Einschluß eines A-B-A-Designs),

(d) nach der Stabilisierung des erwünschten Verhaltens eine Fading-Out-Prozedur zu konzipieren und

(e) eine Abschlußdiagnose vorzunehmen.

(3) Selbstinstruktions- und Selbstkontrollprogramme
Nach Meichenbaum (1979) sollen Kinder zu innerem Sprechen, zu verbaler Selbstanweisung als Möglichkeit der Selbststeuerung animiert werden. Inneres Sprechen begleitet und steuert äußeres Verhalten. Unkonzentrierte Kinder haben diese Art der Selbststeuerung nicht gelernt. Dieses Verfahren wurde z.B. in das Programm von Kinze et al. (1985, s.u.) eingebaut. Auch die sog. „Schildkröten-Technik" ist hierunter zu subsumieren.

Auf einer vergleichbaren theoretischen Basis der Annahmen Galperins über Kontrollhandlungen wurde von Loerincz-Markl (1986) ein Konzentrationstrainingsprogramm entwickelt. Etappenweise ausgeführte Kontrollhandlungen führten zu einer bedeutsamen Reduktion von Rechen- und anderen Aufgabenfehlern. Dabei wird z.B. überlegt, welche Handlungsschritte für eine Lernaufgabe notwendig sind. Diese werden dann laut vorgesagt, um eine bessere Handlungskontrolle zu haben.

Nach Meichenbaum und Goodman (1971) kann auch der Lehrer/die Lehrerin zuerst als Modellperson fungieren. Er gibt sich entsprechende Selbstanweisungen, bearbeitet die Aufgabe und lobt sich dann selbst, wenn das Ergebnis richtig ist. „Bewältigende" Modelle haben sich dabei als effektiver erwiesen als perfekte Modelle (d.h. Fehler machen, diese entdecken und dann entsprechend korrigieren). Diese Technik wird auch von Wagner (1990) verwendet.

Beispiel

Finden von orthographischen und sinnentstellenden Fehlern in einem Text: Welche Handlungen müssen der Reihe nach durchgeführt werden? Z.B.: Lies den Satz laut vor! Passen die Wörter zueinander? Sind Wörter ausgelassen? Ausgliedern der zu überprüfenden Textelemente. Kennzeichenen der möglichen Arten von Fehlern.
Nach einer Übungsphase mit lautem Vorsprechen wurden dann diese Anweisungen verinnerlicht (inneres Sprechen) und die Kontrollhandlungen automatisiert (Rapp, 1982, S. 115f).

---

(4) Übungsprogramme - Funktionstrainings

Die Bezeichnung „Funktionstraining" bezieht sich auf die Ansicht, daß Konzentration eine psychische Funktion sei, die durch Übung verbessert werden könne (nach Rohracher, 1988, S. 533, ist darunter aber eher der „Aktivitätsgrad der psychischen Funktionen" zu verstehen). Der Wirkmechanismus dieser Funktionstrainings besteht vermutlich darin, daß damit implizit Arbeitstechniken und Lösungsstrategien eingeübt werden.

Diese Übungen sind auch für impulsive und überreflexive Kinder anwendbar. Es gibt für die Praxis leicht anwendbares vielfältiges Spielmaterial für die Kinder. Eltern (Mütter) werden in das Training mit einbezogen, was nach Wagner (1990) einen positiven Einfluß ausübt, so daß bereits nach kurzer Zeit Erfolge nachweisbar sind. Als Programmelemente sind zusätzlich Selbstinstruktion und Selbstverbalisation enthalten. Beispiele sind die Programme von Lauster (1975), Binas (1973), Mertens (1991) oder von Marianne Frostig (1972; 1974).

Für Eltern gedachte zahlreiche Übungen anhand von Bildmaterial, die konzentriertes Verhalten voraussetzen, sind von Hippenstiel und Krautz (1991) zu einem Trainingsmanual zusammengestellt worden.

Auch der Tinker-Test Hören (Berg, 1991) kann als Übungsmaterial im auditiven Bereich verwendet werden. Dieses Verfahren besteht aus kurzen Abschnitten mit jeweils einem oder zwei Sätzen. In diesen ist ein inhaltlich nicht passendes Wort zu entdecken und dann aufzuschreiben. Die Sätze sind so einfach gehalten, daß kaum (verbale bzw. deduktive) Intelligenzanforderungen enthalten sind.

Mit dem Verfahren kann ähnlich der Unterrichtssituation das Zuhören und Notizenanfertigen geprüft werden. Dabei werden auch Unterschiede der Konzentration in Abhängigkeit von Reizkomplexität und beanspruchter Sinnesmodalität sichtbar.

In neuerer Zeit wird auf die Möglichkeit der Konzentrationsschulung durch Computerspiele verwiesen (Larose et al., 1989; Margalit et al., 1987). Da es sich bei diesen Spielen um solche mit hohem Herausforderungsgehalt handeln kann (z.B. optimale Passung der Spielschwierigkeit an die Kompetenz des Spielers, keine negative Rückmeldung durch den Computer, „Macht" des Spielers über eine geschlossene Welt), sind diese Spiele selbstmotivierend. Es überrascht daher nicht, wenn, positive Effekte mit Transfermöglichkeit auf andere Bereiche nachgewiesen werden (Gilg, 1986).

(5) Entspannungsinduktion
Die langfristig positiven Auswirkungen des Einübens in die Methode der Progressiven Muskelrelaxation auf die Konzentrationsleistung bei Kindern wurde von Stoeger (1986) demonstriert. Mit einem Kontrollgruppendesign mit Vorher-Nachher-Testung (Abstand 1 Monat) konnte bei 69 SchülerInnen der 6. bis 8. Klasse eines Realgymnasiums (KG: N = 66 aus Parallelklassen ohne Training) ein Effekt auf die Lösungshäufigkeit, die Lösungsgüte (weniger Fehler in der Experimentalgruppe) der Aufgaben im KLT sowie auf die Arbeitskonstanz nachgewiesen werden.

4.2.4.3.4. Beispiele mehrdimensionaler Interventionsprogramme

(1) Multidimensionales Konzentrationstraining nach Keller und Thewalt (1980).
Als Probandengruppe wurden 8 SchülerInnen der Klassenstufe 6 einem fünfwöchigen Training unterzogen (pro Woche eine Doppelstunde). Aufgrund von LehrerInnenangaben bestanden die Probleme der Kinder in Tagträumen, motorischer Hyperaktivität, verbaler Hyperaktivität, rascher Ermüdbarkeit und raschem Resignieren.
Als *Trainingsmethoden* wurden verwendet:
(1) Selbstbeobachtung: Mittels eines Selbstbeobachtungsbogens mußten fünf Verhaltensweisen eingeschätzt werden. Wenn sie im Sinne hoher Konzentration ausfielen, wurde mit Fremd-, später mit Selbstbelohnung darauf reagiert (positive Gefühle und entsprechende Selbstverbalisationen).
(2) Funktionsübungen mit schulbezogenen Lerninhalten: Als Materialien dienten Lesetexte, später auch mathematische Aufgaben. Als Quellen wurden Binas (1975) und Lauster (1976) verwendet.
(3) Funktionsübungen mit schulunabhängigen Lerninhalten: Spielerische Übungen, z.B. Zahlen-zu-Figuren-Verbinden, räumliches Vorstellen, Wort-Bild-

Rekonstruktionen, Memorykarten und Geschicklichkeits- (Mikado, Geröll) und Brettspiele.

(4) Entspannungsübungen: Übungen nach dem Autogenen Training anhand des Buches von Kemmler (1975).

Folgende Ergebnisse wurden gefunden:

(1) Eine Zunahme bei konzentrativen Unterrichtsverhaltensweisen (vgl. Tab. 4.15, die Objektivität der Selbstbeobachtungsangaben wurde durch LehrerInnenratings geprüft, 74% Übereinstimmung).

Der Trainingseffekt soll auch noch ein Jahr später angehalten haben.

(2) Bei einem Vergleich mit der Kontrollgruppe wurden nach dem Training bessere Leistungen im d2 und im KLT gefunden.

Tabelle 4.15: Vergleich von unterrichtsbezogenen Verhaltensweisen vor und nach dem Training (Keller & Thewald, 1980)

	vorher	nachher
kein gedankliches Abschweifen	58%	83%
wenig schwätzen	58%	81%
ruhig, nicht zappelig	59%	82%
keine rasche Ermüdung	68%	87%
bei Nichtverstehen nicht sofort aufgeben	36%	86%

(2) Konzentrations-Trainings-Programm (KTP) für Kinder der 1. bis 4. Normalschulklasse von Kinze et al. (1985).

Als Ausgangspunkt werden Prinzipien der Verhaltensmodifikation sowie Aspekte des Selbstinstruktionstrainings sensu Meichenbaum angesehen: „Gelingt es, die Kinder zu innerem Sprechen, zu verbaler Selbstanweisung zu bringen, z.B. als 'Geheimtip' für erfolgreiche Aufgabenlösung, verbessern sich ihre Sorgfaltsleistungen erheblich." Ergebnisse werden nach einem Punktesystem bewertet (Token-System). Verstärkungen können durch die Ergebnisse selbst, aber auch durch den Trainer gegeben werden. „Gemachte Fehler sollen nicht persönliche Niederlagen, sondern Lernmöglichkeiten für zukünftiges Arbeiten darstellen. Im

Vordergrund soll die stetige, sorgfältige und überlegte Lösungsbemühung stehen."

Folgendes Vorgehen wurde gewählt:
Die Trainingszeit betrug 20 Tage (= 4 Wochen), jeweils vormittags 1 Schulstunde (45 Minuten). Jeder Trainer arbeitete mit einer Kleingruppe von 3 bis 5 Kindern. Aufgaben waren:

- Suchbilder,
- Perlen fädeln,
- Labyrinthe,
- Durchstreich- und Ergänzungsübungen,
- Bildvergleiche,
- Gedächtnisübungen,
- Puzzle-Spiele,
- Kopfrechnen.

Zu Beginn wird auf die Erfahrungen in der letzten Stunde zurückgeblickt. Die Kinder können nochmals Arbeitsstile und Lösungswege diskutieren.

Bei jeder neuen Aufgabe werden vier Teilschritte nahe gebracht:

(1) Problembestimmung: Was soll ich tun? (z.B. Unterschiede zwischen zwei Bildern herausfinden).
(2) Art der Ausführung: Wie soll ich es tun? (z.B. Teil für Teil der Reihe nach vergleichen).
(3) Aufgabenbezogene Selbstanweisung: z.B. Sieht der Baum genauso aus wie der andere?
(4) Selbständige Überprüfung der Ergebnisse: Ist alles richtig? Fehlt nichts?

Eine Überprüfung des Programms fand bei 117 SchülerInnen in der Klassen 1 bis 4 statt. 76 Kinder wurden in des KTP einbezogen, 41 stellten eine nicht-trainierte Kontrollgruppe dar. Die Zuweisung erfolgte nach Zufall am Aufnahmetag.

Folgende Ergebnisse wurden festgestellt:
- Ein Trainingseffekt in der erwarteten Richtung war vorhanden. Die Wirkung ging vor allem in Richtung Fehlerreduktion, nicht so sehr in Richtung eines Zuwachses der Mengenleistung.
- Nach einem Vierteljahr waren die Verbesserungen ebenfalls noch nachweisbar, während die unspezifischen Effekte bei der Kontrollgruppe wieder verschwunden waren. Die Art des Trainings wird auch bei medikamentöser Behandlung als unverzichtbar gehalten (selbst bei HKS), da eine Stimulantienbehandlung vorwiegend das Leistungstempo steigert, nicht jedoch die Leistungsqualität verbessert.

Weiterführende Literatur

Barchmann, H. et al. (Hrsg.). (1991). *Aufmerksamkeit und Konzentration im Kindesalter*. Berlin: Verlag Gesundheit.

Mertens, C. (1991). *Lernprogramm zur Wahrnehmungsförderung*. Broadstairs: borgmann publishing (modernes lernen).

Westhoff, K., Rütten, C. & Borggrefe, C. (1990). *Hilfen bei Konzentrationsproblemen in den Klassen 5 - 10*. Broadstairs: borgmann publishing (modernes lernen).

4.2.5 Kreativität

4.2.5.1 Kreativitätskonzeptionen

Mit dem Begriff Kreativität wird versucht, ein nicht genau umschriebenes Bündel von Persönlichkeitseigenschaften zu kennzeichnen, das man schöpferischen (orginellen, innovativen) Leistungen zugrunde liegend denkt. Bereits diese erste Umschreibung macht zwei Probleme deutlich, nämlich (1) eine Definition von „schöpferischer Leistung" und (2) die Angabe von Personeigenschaften oder -fähigkeiten bzw. von Prozessen (einschließlich situativer Kontexte), die für das Zustandekommen solcher Produkte verantwortlich sein könnten.

Das Thema Kreativität wurde von Guilford (1950) in die Psychologie eingebracht. Auftrieb erhielt diese Thematik angeblich durch den sog. „Sputnikschock", der die amerikanische Gesellschaft wegen der russischen Pionierleistungen auf dem Gebiet der Raumfahrt getroffen haben soll. Die Konzeptualisierung von Kreativität in dem *Modell des menschlichen Intellekts* durch Guilford (1950) ist ein Beispiel für die Beschäftigung mit diesem Thema. Es sei aber auch nicht verschwiegen, daß dieses Thema nach einer kurzen Zeit relativer Konjunktur, während der viele pädagogische Versprechungen, diese Fähigkeit trainieren zu können, verbreitet wurden, wieder verlassen wurde, ohne daß Psychologen oder Pädagogen sehr viel Kreatives zustande gebracht hätten.

Guilford (1950, 1964) hat ein Strukturmodell des menschlichen Intellekts entworfen, das auch den Aspekt kreativen Denkens anspricht. Aufgrund seiner wissenschaftlichen Herkunft als Chemiker denkt er Leistungen - in Analogie zu den Molekülen - als zusammengesetzt aus verschiedensten elementaren Einheiten. Zudem soll sein System (wie das periodische System der Elemente) einen heuristischen Rahmen für das Auffinden bisher noch nicht empirisch nachgewiesener Fähigkeitsaspekte liefern. Die Grunddimensionen dieses Modells beziehen sich auf drei Dimensionen, u.zw. auf
- (Denk-) Operationen (s.u.),
- Produkte (gemeint sind damit Einheiten von Gedanken, Klassen von Einheiten, Relationen zwischen Klassen, Systeme, Transformationen, Implikationen) und
- Inhalte (u. zw. figuraler, symbolischer, semantischer und verhaltensbezogener Art).

In diesem Zusammenhang ist besonders die Dimension der Denkoperationen wichtig. Es werden fünf verschiedene Operationen unterschieden, die sich dann auf folgende Bereiche beziehen:

(1) Kognitionen: Diese stellen die Fähigkeit dar, Gegebenheiten aufzufassen. Mednick und Mednick (1962) weisen darauf hin, daß sich Kreative durch großes Wissen auszeichnen. Kognitive Operationen schließen die Fähigkeit mit ein, Entdeckungen zu machen sowie die Befähigung zum Planen. Ersteres wird ermöglicht durch hervorragende Klassifizierungsfähigkeit bildhafter und begrifflicher Inhalte sowie die stark ausgeprägte Fähigkeit der räumlichen Orientierung. Um zwischen vorgestellten Bildern, Symbolen und semantischen Einheiten Beziehungen erkennen und Implikationen ableiten zu können, ist es notwendig, planen zu können - sei es einen Gedankengang, ein Bild oder eine mathematische Aufgabe.

(2) Gedächtnis: Wissen und Kenntnisse sind notwendig (epistemische Struktur, vgl. hierzu die Modelle des semantischen Gedächtnisses), um in einem Realitätsbereich etwas Neues finden zu können. So wird immer wieder festgestellt, daß Wissen eine unbedingte Voraussetzung für kreatives Denken darstellt. Nur derjenige, der ein System genau kennt, kann es erneuern. Abgesehen von der immer erforderlichen minimalen Gedächnisfähigkeit ist nach Guilford besonders für Künstler - je nach Kunstrichtung - ein gutes visuelles bzw. auditorisches Gedächtnis notwendig. Die Leichtigkeit, mit Zahlen umzugehen, kennzeichnet besonders den Mathematiker.

(3) Divergente Produktionen: Gemeint ist hier eine Denkform, die zu mehreren Lösungsmöglichkeiten für ein Problem führt. Guilford unterscheidet dabei drei Faktorengruppen:

(a) Flüssigkeit: Flüssigkeit ist der Grad der Leichtigkeit, mit dem ein Individuum gespeicherte Informationen aus seinem Gedächtnisspeicher abruft, indem es Wörter, Ideen, Assoziationen oder Wortsequenzen zu bestimmten Aufgaben findet (*assoziative Flüssigkeit*).

Erfassung: Innerhalb von 4 Minuten möglichst viele Wörter mit der Nachsilbe „tion" finden (*Wortflüssigkeit*). Aus einer einfachen Figur, z.B. einen Kreis, der 12 mal wiederholt wird, sollen verschiedene Gebilde hergestellt werden (*figurale Flüssigkeit*). Schreibe Namen auf, die in relativ große Klassen hineinpassen, z.B. Sachen, die weiß und eßbar sind (*Ideenflüssigkeit*).

Figurale Flüssigkeit, Wortflüssigkeit und Ideenflüssigkeit sind wichtig für die künstlerische Produktion mit den entsprechenden Inhalten. Die Assoziationsflüssigkeit ermöglicht es dem Künstler, Gedanken oder andere Inhalte rasch miteinander zu verbinden, und die Expressionsflüssigkeit läßt ihn angemessene Ausdrucksformen für seine Gedanken finden.

(b) Flexibilität: Spontane Flexibilität ermöglicht es dem Individuum, von sich aus Gegebenheiten umzustrukturieren, Neues zu finden. Adaptive Flexibilität bezeichnet er als Originalität, sie ist notwendig in Situationen, in denen zusätzlich bestimmte Anweisungen zu befolgen sind. Sie ist auch als Grad des Informationsflusses zu umschreiben.

Beispiele: *Semantische spontane Flexibilität* (Umstrukturierung von Informationsklassen): Zähle sechs Anwendungsmöglichkeiten für einen Gegenstand auf, z.B. für eine Zeitung, jedoch nicht die üblichen. *Semantische adaptive Flexibilität* (sich anpassende, adäquate Zugangsmöglichkeit zu einem Problem): Gib einfache Symbole, die bestimmte Sachen repräsentieren.

(c) Originalität: Dies ist die Bereitschaft, Dinge anders zu sehen als es im allgemeinen üblich ist. Je seltener eine Antwort ist, desto origineller ist sie. Eine andere Möglichkeit, Orginalität zu operationalisieren, besteht in der Erfassung möglichst weit entfernter Assoziationen, die durch eine Frage hervorgerufen werden.

(d) Elaborationsfähigkeit: Diese soll es dem Individuum ermöglichen, die nächsten Schritte auszuarbeiten, wenn Gedanken, Bilder, Sätze konzipiert sind. Mit ihr wird das sorgfältige Planen bestimmter Vorhaben (allgemein und im Detail) in figuralen, symbolischen, verhaltensmäßigen und semantischen Bereichen bezeichnet.

Beispiele: *Figurale Elaboratiation:* Gegeben sind Möbel in Umrißskizzen. Füge dekorative Linien und Markierungen hinzu. *Semantische Elaboration:* Gegeben sind zwei gebräuchliche Worte. Mache aus den vorkommenden Buchstaben eine Anzahl von neuen Wortpaaren und benutze dazu alle Buchstaben. *Symbolische Elaboration:* Erfinde für ein vorgegebenes Symbol mehrere unterschiedliche Berufe, für die es stehen könnte. Z.B. eine elektrische Glühbirne kann einen Elektroingenieur, einen Missionar oder einen Nachtarbeiter symbolisieren. *Verhaltensmäßige Elaboration:* Stelle einen Begriff in pantomimischer Form dar.

(4) *Konvergente Produktion:* Immer wenn aus einem Problem eine und nur eine Lösung ableitbar ist, dann spricht man von konvergenter Produktion. Für kreatives Verhalten sieht Guilford zwei Faktorengruppen der konvergenten Produktion für wichtig an: Die Fähigkeit, Gegebenheiten verschiedenster Art zu ordnen und diese zu transformieren (Fähigkeit zur Redefinition).

(5) *Bewertung:* Diese Fähigkeit ist für den ganzen kreativen Pozeß notwendig. Schon die Ausgangssituation muß bewertet werden können, um das Problem überhaupt zu entdecken („sensitivity to problems"). Beurteilungsfähigkeit ist weiterhin notwendig, um die einzelnen Gedankenabschnitte und insbesondere die endgültige Lösung eines Poblems auf ihre Angemessenheit hin zu prüfen und die nächsten Schritte zu planen.

Beispiele: *Logisches Bewerten:* Entscheide, welche von 4 Alternativentscheidungen logisch aus zwei Prämissen folgt. *Erfahrungsmäßiges Bewerten:* Finde nichtpassende Dinge heraus, die in jeder der vorgegebenen Kurzgeschichten über alltägliche Situationen vorkommen. Z.B. Widersprüche, fehlende Teile usw. *Urteilsfähigkeit:* Wähle aus vorgegebenen Lösungen die beste für eine schlimme Lage aus. *Fähigkeit, Probleme zu sehen:* Schlage ein oder zwei notwendige Verbesserungen an Gebrauchsgegenständen vor.

Bewertung: Wann ist eine Idee kreativ? *Neuheit:* Definiert im statistischen Sinn. Je nachdem, wie gering der Prozentsatz eines bestimmten Gedankens in einer betrachteten Population ist, desto ungewöhnlicher, d.h. neuer, ist dieser Gedanke. Eine weitere Möglichkeit, Neuheit zu definieren wäre, daß eine Idee in bezug auf ein bestimmtes System aus diesem System *nicht vorhersagbar* sein darf. Das setzt voraus, daß ein System vorhanden ist, das dem Individuum als solches bekannt ist, daß dieses System als lückenhaft, unrichtig oder zu umständlich und unzureichend erkannt und der Zwang der Tradition, der von diesem System ausgeht, überwunden werden kann.

Man hat andererseits immer als Merkmal der kreativen Idee hervorgehoben, daß sie „wertvoll", „richtig" und „brauchbar" sein muß. D.h. nicht „Abstrusität" ist das Kriterium, sondern soziale Brauchbarkeit.

4.2.5.2 Phasen des kreativen Prozesses

Patrick (1937) forderte eine Gruppe von Künstlern und eine von Nicht-Künstlern auf, eine Illustration zu einem literarischen Text zu zeichnen. Die Sitzung fand im Laboratorium statt. Die Vpn wurden gebeten, ihre Gedanken zur Aufgabe während der Zeit im Laboratorium und auch außerhalb der Sitzungen zu verbalisieren. Patrick teilte die Versuchszeit in vier gleiche Zeitabschnitte ein und protokollierte genau, was sich in den einzelnen Abschnitten ereignete. Sie stellte fest, daß die meisten Gedankenänderungen während des 1. Abschnittes erfolgten, daß im 2. Viertel Überlegungen angestellt wurden, die zum Verwerfen oder zum Wiederaufnehmen der vorigen Gedanken führten, oft wurde in dieser Phase auch von nicht zur Aufgabe gehörigen Dingen gesprochen. Im 3. Abschnitt wurde meist die endgültige Skizze angefertigt, im 4. Abschnitt wurde sie nur noch leicht revidiert. Diese vier Phasen hält sie und auch andere (Torrance, 1962a, b) für die Charakteristika des kreativen Prozesses: Vorbereitung, Inkubation, Erleuchtung und Verifikation (vgl. Poincare, 1913).

(1) Vorbereitung: Hilgard (1959) betont, daß das Finden von Problemen ebenso wichtig ist, wie das Finden von Lösungen. Das selbständige Entdecken des Problems ist ein Aspekt, der kreatives Denken vor bloßem Problemlösen auszeichnet (vgl. „sensitivity to problems" im Modell Guilfords, 1959).

Die Voraussetzung für die Entdeckung eines Problems ist die intensive Beschäftigung mit einem bestimmten Gebiet. Bei wissenschaftlichen Entdeckungen spricht man oft davon, daß ein Problem „in der Luft" gelegen habe. Wenn die Entdeckung von Problemen durch je aktuelle Ereignisse bedingt ist, geschieht es oft, daß gleichzeitig und unabhängig gleiche Erfindungen auf wissenschaftlichem oder künstlerischem Gebiet gemacht werden. Probleme können auch entstehen, wenn verschiedene Wissensgebiete oder Erkenntnisse in Relation zueinander gesehen werden (Exportation eines Problems von einer Wissenschaft zu einer anderen). Das Problem stört das Gleichgewicht des Individuums und drängt es so von sich aus zu einer Lösung - womit dann das Gleichgewicht wieder hergestellt ist. Das Individuum muß sich aber dem Problem unterwerfen können und die Freiheit haben, sich von der erst zu schaffenden Idee beherrschen zu lassen.

(2) Inkubationsphase: Diese ist dadurch eingegrenzt, daß sie zwischen dem Aufstellen der ersten Hypothesen und dem Finden der endgültigen Lösung liegt. Autobiographische Berichte von Künstlern und Wissenschaftlern enthalten immer wieder die überraschende Feststellung, daß sie nicht wußten, wie sie von der nicht zum Ziele führenden Vorbereitung nach einiger Zeit doch zur Lösung gelangten. Von einigen Theoretikern (Kubie, Freud, Hadamard) wird angenommen, daß hier unbewußte Prozesse ablaufen, die durch Zufall zu einer Lösung führen. Die assoziierten Gegebenheiten werden erneut organisiert bzw. kombiniert. Diese Kombinationen erfolgen weder rein zufällig noch werden sämtliche Möglichkeiten durchvariiert, wie es etwa ein Computer machen könnte (algorithmische Abarbeitung), sondern es werden vorwiegend die potentiell „sinnvollen" Kombinationen ausprobiert. Falsche Kombinationen werden weitgehend vermieden oder als solche frühzeitig erkannt und verworfen (Verwendung von Heuristiken). Demnach ist während des Denkprozesses ein fortlaufender Selektionsprozeß anzunehmen.

(3) Inspiration, Einsicht, Illumination: In dieser Phase wird plötzlich eine Lösung bewußt. Sie kann in Momenten oder Situationen auftreten, in denen man sich nicht explizit mit dem Problem beschäftigt hat.

(4) Verifizierung (und/oder Ausarbeitung): Es handelt sich darum festzustellen, ob der Gedanke den oben genannten Kriterien (Neuigkeit, Richtigkeit, Brauchbarkeit) entspricht. Wichtig ist es noch hervorzuheben, daß oft erst adäquate Prüfmittel geschaffen werden müssen und daher letztlich nur über die momentane Brauchbarkeit, nicht aber die endgültige Unbrauchbarkeit einer Idee entschieden werden kann.

4.2.5.3 Kreativität und Intelligenz

Zwischen Intelligenz- und Kreativitätstests gibt es eine Reihe von Unterschieden und nur wenig Gemeinsamkeiten:

(1) Im Intelligenztest wird eine vorher bekannte Lösung gesucht, im Kreativitätstest eine vorher unbekannte.

(2) Im Intelligenztest gibt es eine richtige Lösung, im Kreativitätstest mehrere gute.

(3) Im Intelligenztest sind Symbole bereits benannt, im Kreativitätstest müssen sie erst gedeutet werden.

(4) Kreativitätstests sind noch wenig standardisiert. Zumeist wird auch bei Kreativitätstests ein Summenwert gebildet, ähnlich dem IQ und mit den Ergebnissen aus Intelligenztests korreliert.

(5) Bei Intelligenztests liegen zumeist genaue Maßstäbe für die Bewertung vor (richtig - falsch), während bei Kreativitätstests die Bewertung oft subjektiv bleibt (origineller als ...).

(6) Von Intelligenztests weiß man, daß die Lösungshäufigkeit vom Alter abhängt - für die Auswertung hat man daher entsprechende Auswertungstabellen. Von den Kreativitätstests weiß man noch wenig über die Altersabhängigkeit und sie sind auch noch nicht für bestimmte Altersgruppen geeicht.

Je nach Operationalisierung der beiden Bereiche kann es zu unterschiedlichen Zusammenhangsmustern kommen. Im allgemeinen wird der Zusammenhang zwischen Intelligenz und Kreativität als niedrig bzw. als nicht verschieden von Null angesehen (Wallach & Kogan, 1965). Von einigen Autoren konnte bei Untersuchungen gezeigt werden, daß die Kombinationen hohe Intelligenz - niedrige Kreativität, niedrige Intelligenz - hohe Kreativität, hohe Intelligenz - hohe Kreativität und niedrige Intelligenz - niedrige Kreativität gleich häufig zu beobachten sind (Wallach & Kogan, 1965; Getzels & Jackson, 1959). Dieses Ergebnis zeigt sich besonders dann, wenn die Kreativitätstests in einer entspannten Situation durchgeführt wurden. Worte wie „Test", „Kreativität" oder „richtig" durften bei der Instruktion nicht verwendet werden. Den Kindern wurde außerdem unbeschränkt Zeit zur Problembearbeitung gelassen. Dies war aber auch Anlaß zu Kritik, denn die Unabhängigkeit der Ergebnisse aus beiden Bereichen könnte nur die Unterschiedlichkeit der Durchführungsbedingungen für Klassen von Problemlösungsaufgaben wiederspiegeln (normale Testbedingung vs. spielähnliche Situation; Seiffge-Krenke, 1974). Eine Konsequenz für den schulischen Bereich könnte sein: Bei der Auswahl von SchülerInnen sollten nicht nur Intelligenztests verwendet werden. Torrance (1962a, b) konnte nachweisen, daß bei Verwendung von Intelligenztests allein als Auswahlkriterium 70% der sehr kreativen SchülerInnen übergangen werden.

4.2.5.4 Kreativität in der Schule

Aus Untersuchungen über die Beziehungen zwischen Kreativität und Schulleistung geht hervor, daß die Kreativitätstests andere Variablen erfassen als die Intelligenztests und daß ein nach dem IQ bestehendes „overachievement" (bessere Schulleistung als vom IQ her vorausgesagt werden konnte) bisweilen mit dem Vorhandensein kreativer Fähigkeiten erklärt werden könnte. Deshalb scheinen Kreativitätstests eine sinnvolle Ergänzung der Hochschulauslesetests zu sein.

4.2.5.4.1. Charakteristika des kreativen Schülers/der kreativen Schülerin

Nach den Untersuchungen von Torrance ist das kreative Kind der Umwelt gegenüber offener: Es ist lebhafter, stellt im Unterricht mehr Fragen und glaubt nicht an alles, was ihm LehrerInnen erzählen. Es ist verspielter, experimentiert mit dem Lehrmaterial, anstatt es einfach zu übernehmen. Der (die) kreative Schüler(in) hat außerschulische Interessen und arbeitet in der Schule zwar hart und ausdauernd, aber nur, wenn ihn die Aufgaben interessieren. Dann arbeitet er auch selbständig und geht über die ihm gestellten Aufgaben hinaus, indem er sich in seiner Freizeit damit beschäftigt.

Dieses Verhalten tritt zusammen mit großer Flexibilität in der Wahrnehmung, im Denken sowie außerordentlicher Phantasie und Sinn für Humor auf. Der (die) kreative Schüler(in) ist nicht rigide und weniger ängstlich als seine Mitschüler. Kreative SchülerInnen sind selbstsicher und haben ein positives Bild von sich selbst.

Dieses eben gezeichnete Bild der kreativen SchülerInnen läßt bereits vermuten, daß die kreativen SchülerInnen in der Klasse Disziplinschwierigkeiten haben können und sich nicht immer gut bestehenden Regeln und der Schulroutine unterordnet (Guilford, 1964). Torrance (1962a, b) analysierte die Unterrichtssituation folgendermaßen: Das Ziel des Unterrichts ist, daß alle Kinder möglichst viel und möglichst gleichzeitig lernen. Kinder, die immer neugierig sind, halten den Fortgang des Unterrichts auf und bringen noch dazu LehrerInnen durch Fragen in Verlegenheit, die er/sie nicht beantworten kann, oder durch Antworten, die er/sie nicht erwartet hat. LehrerInnen haben das Ziel, die Aktivitäten der SchülerInnen zu koordinieren, und wird daran durch die Kinder gehindert, die ihren eigenen Interessen nachgehen, ihren eigenen Arbeitsrhythmus haben, LehrerInnen nicht fürchten und selbstsicher sind.

4.2.5.4.2 Interaktion zwischen LehrerInnen und kreativen SchülerInnen

Getzels und Jackson (1963) berichten, daß kreative SchülerInnen zwar beliebter bei den LehrerInnen als die allgemeine SchülerInnenschaft, aber nicht so beliebt wie die sehr intelligenten und weniger kreativen SchülerInnen sind. LehrerInnen beschäftigen sich mehr mit den sehr intelligenten SchülerInnen und kennen sie auch besser (Torrance, 1962a, b). Es wurde gezeigt (Ryan, 1958), daß das Lehrer-Innenurteil sehr viel weniger davon abhängt, was beurteilt werden soll (z.B. welche Eigenschaft), als davon, welche SchülerInnen beurteilt werden. Bestimmte SchülerInnen werden von den LehrerInnen auf den meisten Eigenschaftsdimensionen positiv eingeschätzt, andere auf den meisten negativ, und dies unabhängig von den Eigenschaftsdimensionen (vgl. Halo-Effekt). Daraus kann man die Frage ableiten, durch welche Merkmale der SchülerInnen wird ein positives LehrerInnenurteil hervorgerufen. Holland (1959) zeigte, daß ausdauernd und gewissenhaft arbeitende SchülerInnen, die sich kontrolliert, sicher und angstfrei verhalten, von den LehrerInnen bevorzugt werden. Holland schließt daraus, daß aus dem LehrerInnenurteil keine Vorhersage für potentielle Kreativität gewonnen werden könne, da kreative SchülerInnen nach Hollands Meinung ein gänzlich anderes Verhalten zeigen.

Es wurde weiters belegt, daß SchülerInnen, die gute Schulleistungen aufwiesen, nicht als kreativ i.e.S. zu bezeichnen sind. Sie hatten weder einen hohen Punktwert im Kreativitätstest, noch zeigten sie unbedingt kreatives Verhalten in Form von wissenschaftlicher oder künstlerischer Tätigkeit innerhalb und außerhalb der Schulstunden.

Kreatives Verhalten während der Schulstunden trägt nicht unbedingt zur Verbesserung der Schulzensuren bei, es sei denn, LehrerInnen sehen kreatives Verhalten als wichtig an. Bloom (1964) kommt zu dem Ergebnis, daß von guten Zensuren zwar auf hohe Kreativität, von mittleren oder schlechten Zensuren jedoch nicht auf niedrige Kreativität geschloßen werden kann (?).

Ryans (1961) konnte zeigen, daß nur in der Elementarschule eine positive Beziehung zwischen verstehendem, freundlichem und originellem LehrerInnenverhalten und „produktivem" SchülerInnenverhalten (Teilnahme an Gruppenvorhaben, Selbstvertrauen, Selbstkontrolle, Initiative) besteht. In der Sekundarschule steht „produktives" SchülerInnenverhalten eher in Beziehung zu stimulierendem

LehrerInnenverhalten; die Beziehung zwischen LehrerInnen- und Schülerverhalten ist jedoch in höheren Schulen nicht so ausgeprägt wie in niedrigen Schulstufen.

4.2.5.4.3 Kreative SchülerInnen und ihre MitschülerInnen

Kreative SchülerInnen stehen oft mit ihren Einfällen und ihrem Verhalten in Opposition zu der Klassengruppe, zu der sie gehören. Torrance (1962a, b) untersuchte SchülerInnen der 2. - 6. Klasse. Mit Kreativitätstests waren die Kinder je nach der Höhe der Punktwerte in eine Rangreihe gebracht worden. Die Kinder wurden dann so auf Gruppen zu je fünf verteilt, daß überall vergleichbare Kreativitätsgrade waren. Den Gruppen wurde eine gemeinsame Aufgabe gesetzt und für die beste Gruppe ein Preis ausgesetzt. Torrance konnte beobachten, daß die kreativsten Kinder versuchten, allein und selbständig zu arbeiten. Dafür wurden sie von den anderen Kindern bestraft, kritisiert, angegriffen und abgewiesen. Die kreativen Kinder reagierten darauf mit Gegenaggressionen oder auch mit Apathie. Es zeigte sich, daß die jeweils kreativsten Gruppenmitglieder zwar die meisten Ideen vorbrachten, daß aber die übrigen Gruppenmitglieder, als sie daraufhin befragt wurden, ihnen dies nicht zugestanden.

In soziometrischen Tests werden kreative Kinder häufiger genannt, wenn danach gefragt wird, wer die unartigsten, wildesten und wer die lustigsten Einfälle hat und wer am schwatzhaftesten ist. Nicht jedoch, wenn gefragt ist, wer der beste Freund ist. Kreative Kinder haben weniger Freunde. Dieser Unterschied verwischt sich aber mit dem Alter. Allerdings neigen kreative SchülerInnen dazu, sich eher mit kreativen zu befreunden, während die weniger kreativen sich zu weniger kreativen SchülerInnen hingezogen fühlten (allerdings liegen hierzu auch andere Befunde vor.)

4.2.5.5 Determinanten kreativen Verhaltens

4.2.5.5.1 Einfluß der Gesellschaft oder Kultur

Eine optimale Herausforderung durch die Umwelt wird für die Förderung von Kreativität oft beschworen. Toynbee (1964) hebt den Einfluß der Gesellschaft auf das Erleben des kreativen Individuums hervor. Kreative, nicht konform denkende Menschen geraten auch außerhalb des schulischen Kontextes leicht in die Rolle von Außenseitern. Er sieht die Ursache dafür in den sozialen Einstellungen der gesellschaftlichen Institutionen und meint, es sei Pflicht der Demokratie, die potentielle Kreativität aufkommen zu lassen.

Der Einfluß der Gesellschaft auf kreatives Verhalten ihrer Mitglieder wird angeblich auch durch die vergleichenden Untersuchungen von Margaret Mead (1954; 1970), die in der Zwischenzeit allerdings in Verruf geraten sind, nachgewiesen: Die Kulturen, die ihre Kinder offen und frei dazu erziehen, die Herausforderungen der Umgebung anzunehmen und an diese Fragen zu stellen, sie zum divergenten Denken zu bringen, und jene, die sich am Prozeß und nicht am Produkt orientierten, sind diejenigen, die kreativere Persönlichkeiten hervorbringen.

4.2.5.5.2 Einfluß der Eltern

Nach Roe (1963), der die Biographien herausragender Wissenschaftler untersucht hat, stammen die meisten aus sog. „guten" Elternhäusern, in denen viel Wert auf Erziehung gelegt wurde. Charakteristisch soll für viele noch sein, daß sie sich in der Kindheit und Jugend oft als minderwertig erlebten oder Schwierigkeiten hatten, soziale Beziehungen aufzubauen. Diese Mängel sollen zu einer kompensatorischen Beschäftigung mit wissenschaftlichen Fragen geführt haben. Die Arbeit steht im Mittelpunkt ihres Lebens und sie legen keinen großen Wert auf interpersonelle Beziehungen. Vernon (1970) interpretiert das Faktum einer als unglücklich erlebten Kindheit in die Richtung einer für kreative Menschen besonders ausgeprägten Problemsensibilität und nicht als tatsächliche Vorkommnisse.

Das Ausmaß auf der Dimension „autoritäre Kontrolle" von Müttern fand Nichols (1964) signifikant negativ zusammenhängend mit der in verschiedenen Tests erfaßten Kreativität der Kinder (N = 1000), u.zw. bei besonders intelligenten älteren SchülerInnen der High-School. Eine signifikant positive Beziehung ergab sich zwischen „autoritärer Kontrolle" der Mütter und günstiger Beurteilung ihrer Kinder durch LehrerInnen sowie guten Schulleistungen. Obwohl diese Zusammenhänge nicht überschätzt werden sollen, scheinen sie doch plausibel: Strikte Kontrolle der Mütter fördert bei diesen Jugendlichen bessere Schulleistungen und günstigere Beurteilung durch LehrerInnen, beeinträchtigt jedoch kreatives, originelles Verhalten.

Nach einer Untersuchung von Datta und Parloff (1967) beschreibt die Gruppe der in höherem Maße kreativen jungen Wissenschaftler im Vergleich zu der Gruppe weniger kreativer Wissenschaftler
- ihre Väter signifikant geringer in autoritärem Verhalten, Kontrolle und Zwang sowie signifikant höher in Zwanglosigkeit und extremer Autonomie,

- ihre Mütter als weniger bestrafend, weniger Kontrolle und Zwang ausübend sowie niedriger in Feindseligkeit.
- Nicht unterschieden sich die beiden Gruppen hinsichtlich des sozioökonomischen Status ihrer Väter, nicht in wissenschaftlicher Eignung und nicht im Ausmaß ihres Interesses für wissenschaftliche Tätigkeiten.

4.2.5.6 Regeln für die Entfaltung kreativen Verhaltens

Bisweilen hat man irrtümlicherweise angenommen, im Kind eine kreative Haltung zu erzeugen, indem man es zur Kritik seiner Umwelt gegenüber erzieht. Als eine Konsequenz überkritischer Haltung stellte sich heraus:

(1) Jede Möglichkeit einer Lösung wird von vornherein dadurch genommen, daß man denkt, jene Gedanken hätten, wenn sie richtig wären, auch schon ein anderer finden müßen.

(2) Kritisches Denken ist immer reaktiv, während kreatives Denken eigene, aktive Produktion von Ideen bedeutet.

(3) Bloße Kritik ist destruktiv und verhindert Kreativität. Es ist wichtiger, daß die SchülerInnen die Intentionen anderer Forscher oder Künstler versteht und sich von diesen mitgerissen fühlt. Das bedeutet, das Kind soll die Probleme sehen, richtig verstehen, sich engagieren und auf die Lösung konzentrieren können.

(4) Das Auftauchen eines Gedankens kann man nicht unter Zeitdruck erzwingen. Weiterhin darf sich das Kind nicht scheuen, seine eigenen Gedanken auszusprechen. Phantasie und zunächst unsinnig erscheinende Gedanken des Kindes sollten wohlwollend von den LehrerInnen aufgenommen werden, und das Kind sollte gelehrt werden, diese richtig auszudrücken.

(5) Statt jeden Gedanken des Kindes mit richtig oder falsch zu bewerten, sollten LehrerInnen dem Kind Möglichkeiten zur Prüfung seiner Einfälle geben.

(6) Vor allem dürfen „falsche" Gedanken nicht moralisch abgewertet werden, da das Kind sonst aus Angst vor Fehlern sich davor fürchtet, eigene Lösungen für die Probleme zu finden.

(7) Das Verhalten des Kindes sollte nicht zu stark reguliert werden und autonome Motivation nicht als Aggression gegen das Schulsystem oder den Lehrplan mißverstanden werden. Kinder, denen immer genau gesagt wird, was sie zu tun haben, entwickeln sich niemals zu selbständigen, kreativen Erwachsenen.

(8) Das Bedürfnis des Menschen nach sozialer Sicherheit verleitet die Menschen leicht dazu, sich konform zu verhalten, sich an den Mitmenschen zu orientieren. Es ist Aufgabe der LehrerInnen, Konformität nicht zu belohnen, sondern dem kreativen Kind, das eher introvertiert und unabhängig ist, im Klassenraum

soziale Sicherheit zu geben, indem er Wettbewerbe, die nicht aufgabenorientiert sind, vermeidet.

(9) Das Streben nach Konformität (z.B. Kinder sollen sich geschlechtsspezifisch und altersspezifisch verhalten) und Mittelmäßigkeit wird allgemein als das stärkste Hemmnis für die Entwicklung des kreativen Potentials bezeichnet. Wichtiger als die Anpassung des Menschen an die Umwelt ist die Fähigkeit des Menschen, sie nach seinen Vorstellungen zu verändern.

Exkurs: Die Wirkung von Denkgewohnheiten („sets")

Die Wichtigkeit des verbalen Prozesses beim Problemlösen ist von Luchins (1942) herausgestrichen worden. Er gab seinen Vpn Aufgaben der folgenden Art vor:

„Eine Mutter schickt ihren Sohn fort, um drei Liter Milch zu holen. Sie gibt ihm eine fünf und eine acht Liter Kanne mit. Wie kann der Junge aus einer großen Milchkanne genau drei Liter Milch abmessen, wobei er nur seine beiden Behälter verwendet? Schätzen gilt dabei nicht."

Die von Luchins verwendeten Aufgaben waren dabei noch etwas schwieriger (s.u.).

Luchins Probleme

Problem	a	b	c	to obtain
1	21	127	3	100
2	14	163	25	99
3	18	43	10	5
4	9	42	6	21
5	20	59	4	31
6	23	49	3	20
7	15	39	3	18
8	28	76	3	25

Seine Vpn in der experimentellen Bedingung mußten zuerst eine Beispielsaufgabe und dann die Aufgaben 1 bis 5 lösen. Diese Aufgaben waren alle in der Form b - a - 2c zu lösen. Dann wurden die Personen der Kontrollgruppe, die nur die Beispielsaufgabe gelöst hatten, hereingebeten und alle bearbeiteten die Aufgaben 6 bis 8.
Die letzteren Aufgaben konnten zwar auch nach dem komplizierten Schema gelöst werden, aber auch wesentlich einfacher (a - c bzw. a + c). Die letzte Aufgabe nur nach dem Schema a - c. Die Vpn der experimentellen Gruppe versuchten zu 80%, die Aufgaben 6 - 8 nach dem Schema, das für die Aufgaben 1 - 5 erfolgreich war, zu lösen. Die leichtere Lösungsmöglichkeit fiel kaum jemandem ein. Die letzte Aufgabe wurde häufig gar nicht richtig gelöst.

4.2.5.6.1 Hemmungsfaktoren für Kreativität

Torrance (1964) nennt folgende Blockierungsfaktoren für kreatives Verhalten:

(1) Erfolgsorientiertheit: Es wird nur das gewagt, was einen maximalen Erfolg garantiert.

(2) Orientierung an den Altersgenossen: Nicht von der Konformität abweichen. Die Angst, anders zu sein, verdrängt den Drang, die Umwelt selbst zu entdecken.

(3) Verbot zu fragen und die Welt zu explorieren: Vielen SchülerInnen wird gesagt, daß sie den Unterricht nicht durch Fragen unterbrechen dürfen. Auch zu Hause müssen sie still sitzen und dürfen sich nicht zu weit entfernen.

(4) Betonung der Geschlechtsrollen: Angst bei Jungen, feminin zu erscheinen und die Verweigerung bei Mädchen, Aufgaben zu lösen, die ihrer Ansicht nach „männlich" waren. Erfolgsangst von Mädchen.

(5) Divergenz wird mit Abnormalität gleichgesetzt: Kinder erfassen sehr früh die Konsequenzen des divergenten Verhaltens. Sie verbrauchen ihre Energien für die Bekämpfung ihrer sogenannten Schwächen und nicht für die Entwicklung der Kreativität. (Eltern sollen divergentes Verhalten der Kinder unterstützen).

(6) Die Arbeit-Spiel-Dichotomie: „Man soll das Spiel genießen", d.h. eigentlich, man soll die Arbeit ungern tun. Spiel in der Arbeit ist nicht vorstellbar. Diese Vorurteile zeigen sich auch in der Reaktion der LehrerInnen, die ernsthafte „intelligente" SchülerInnen den spielerisch arbeitenden „kreativen" vorziehen. Das führt dazu, daß sich die SchülerInnen ihrer Kreativität schämen.

4.2.5.6.2 Training kreativen Verhaltens - "Brainstorming"

Grundgedanke des „Brainstormings" nach Osborn (1957) ist: Je mehr Gedanken man produziert, um so größer ist die Chance, daß sich unter diesen Gedanken einige gute finden werden. Jede Beurteilung eigener oder fremder Gedanken ist während des „brainstorming" verboten. Um originelle Gedanken zu finden, werden die Mitglieder der „brainstorming"-Gruppe aufgefordert, auch die „wildesten" Gedanken auszusprechen, verschiedene Gedanken anderer Mitglieder zu kombinieren und zu verbessern, ohne sie zu kritisieren.

Da die geäußerten Gedanken nicht kritisiert werden, schwindet die zunächst bestehende Unsicherheit der Gruppenmitglieder - andererseits werden die Mitglieder, da spezielle Ideen auch nicht belohnt werden, sondern alle Ideen als gemeinsames „Gruppenprodukt" betrachtet werden, zur Aufgabenorientierung erzogen. Sie werden weiterhin autonomer, da die Gruppenmitglieder aufeinander keinerlei Konformitätsdruck ausüben. Persönliche Sicherheit, Autonomie und Aufgabenorientierung sind aber förderlich für kreative Prozesse.

Nach der Phase der Produktion von Ideen folgt die Phase der Bewertung der Ideen.

Cartledge und Krauser (1963) wählten aus einer größeren Gruppe 120 SchülerInnen des 1. Schuljahres mit den geringsten Testwerten in nicht-verbalen Kreativitätstestaufgaben. Diese wurde in zwei Gruppen geteilt. Die experimentelle Gruppe erhielt 5 Übungen von 20 Minuten an verschiedenen Tagen einer Woche, die darin bestanden, Veränderungen und Verbesserung von Spielzeug vorzuschlagen (nach dem Konzept Osborns). Ergebnis: Die trainierte Gruppe zeigte einen signifikanten Gewinn in den Testscores für Kreativität nach Abschluß des Trainingsprogrammes. Fraglich ist sicherlich, ob der Effekt längerfristig bestehen bleibt und ob das Ergebnis über die speziellen Aufgaben hinaus generalisierbar ist. Immerhin erscheint es naheliegend, daß ein frühzeitiges, länger andauerndes Training in Kreativität diese Fähigkeit des Menschen fördern könne.

An amerikanischen Universitäten wurden ebenfalls nach der Technik Osborns Kurse abgehalten. Man ging dabei so vor, daß zuerst die Bedeutung kreativen Denkens hervorgehoben wurde und Hemmnisse perzeptueller, kultureller und emotionaler Art diskutiert wurden. Diese Hemmnisse wurden dann beseitigt, indem die Studenten lernten, nicht jede Idee gleich zu beurteilen, Probleme von verschiedenen Seiten zu betrachten und sich bei Lösungsversuchen alle von Osborn entwickelten simulierenden Fragestellungen vorzulegen. Die Studenten wurden dann angehalten, bestimmte Zeiten des Tages nur für das Produzieren von Ideen zu reservieren, sich Notizen zu machen und auch ihre eigenen Probleme sauber zu definieren. Ergebnisse: Die Autoren konnten zeigen, daß Absolventen dieser Kurse in vieler Hinsicht gefördert wurden. Sie erzielten in Vergleich zu anderen höhere Werte in Kreativitätstests. Auch in späteren Brainstorming-Gruppen zeigte sich, daß die Absolventen der Kurse mehr Ideen und bessere Ideen hatten als untrainierte. Die Autoren betonen, daß die Ergebnisse unabhängig von dem Intelligenzniveau der Teilnehmer sind und daß die Effekte lange Zeit bestehen bleiben.

Exkurs: Methode des Brainstorming von Osborn

1. Das Brainstorming ist eine Methode, um neue Gedankengänge zum Lösen von Problemen während Gruppendiskussionen zu entwickeln.

2. Der Grundgedanke dabei ist, daß je mehr Gedanken, Einfälle und Ideen man entwickelt, die Chance um so größer ist, daß originelle und brauchbare Lösungen darunter sind.

3. Der oberste Grundsatz während der ersten Phase des Brainstorming ist, daß jede Bewertung der eigenen Ideen oder der Ideen anderer verboten ist.

4. Während des Brainstorming sollen die Gruppenmitglieder alle Gedanken aussprechen, die ihnen durch den Kopf gehen.

5. Gesichtspunkte zur weiteren Förderung der Produktivität in Brainstorming-Gruppen, die angewandt werden können, wenn keine weiteren Anregungen kommen:

a) *Anders verwenden:* Wie kann man etwas anders verwenden? Welchem Gebrauch wird es zugänglich, wenn es in einen anderen Zusammenhang gestellt wird?

b) *Adaptieren:* Was ist so ähnlich? Welche Parallelen lassen sich ziehen? Was kann ich kopieren?

c) *Modifizieren:* Kann man Bedeutung, Farbe, Bewegung, Klang, Geruch, Form, Größe verändern bzw. hinzufügen? Was läßt sich noch verändern?

d) *Magnifizieren:* Was kann man addieren? Mehr Zeit? Größere Häufigkeit? Stärker? Höher? Länger? Dicker? Verdoppeln? Multiplizieren?

e) *Minifizieren:* Was kann man wegnehmen? Kleiner machen, kondensierter, tiefer, kürzer, heller? Aufspalten?

f) *Substituieren:* Wodurch kann man ersetzen? Kann man anderes Material verwenden? Kann man den Prozeß anders gestalten? Andere Kraftquellen? Anderen Platz? Andere Stellung?

g) *Rearrangieren:* Kann man Komponenten austauschen? Andere Reihenfolge? Kann man Ursache und Folge austauschen?

h) *Umkehrung:* Läßt sich positiv und negativ transponieren? Wie ist es mit dem Gegenteil? Kann man es rückwärts bewegen? Kann man die Rollen vertauschen?

i) *Kombinieren:* Kann man Einheiten kombinieren? Kann man Absichten kombinieren? Kann man Ideen kombinieren?

6. Organisation: Die Gruppen sollen nicht mehr als 12 Personen umfaßen. Die Diskussion soll nicht länger als 45 Minuten dauern. Am Anfang soll die Gruppe selbst einen Diskussionsleiter und einen Protokollführer wählen.

7. Eine Bewertung, Gliederung und Zusammenfassung der Diskussionsbeiträge wird erst am Schluß der Gruppensitzung oder in einer zweiten Sitzung versucht.

Anregungen für kreative Prozesse finden sich bisweilen auch in Methodenbüchern oder wissenschaftstheoretischen Abhandlungen (vgl. Tab. 4.16).

Tabelle 4.16: Heuristische Hilfen für einen wissenschaftlichen Problemlösungsprozeß (modifiziert nach Bunge, 1967a, S. 195 ff.)

1. Stelle das Problem möglichst klar dar. Minimiere die Vagheit von Begriffen und die Mehrdeutigkeit von Zeichen. Wähle adäquate, einfache und möglichst suggestive Symbole. Vermeide logisch mangelhafte Formen.

2. Identifiziere die wesentlichen Bestandteile eines Problems. Mache die Prämissen und die Unbekannten eines Problems ausfindig. zeige den Ursprung des Problems auf. Auf welchen Referenten bezieht sich das Problem? Wie können seine Eigenschaften beschrieben werden? Wo kann es aufgefunden und wie zeitlich lokalisiert werden? Welche Ähnlichkeit mit Bekannten besteht? Liegt etwas beobachtbares vor?

3. Stöbere die Vorannahmen auf. Welche Annahmen wurden getroffen (Ideenvorrat)? Welche Daten sind vorhanden (Informationsvorrat)? Welche Hilfsmittel, z.B. Techniken, stehen zur Verfügung (Verfahrensvorrat)? Welche logischen Beziehungen bestehen, z.B. zwischen den vorhandenen Daten und dem Unbekannten? Welche Lösung wird angestrebt? Welche Prüfungen werden verlangt (Kriterien für das Anerkennen einer Lösung)? Warum wird eine Lösung gesucht (Ziel)?

4. Bestimme den Standort des Problems. Handelt es sich um eine substantielle oder um eine strategische Frage? Im ersteren Fall, ist es eine begriffliche oder eine empirische? Im zweiten Fall, handelt es sich um ein Verfahrensproblem oder um ein Evaluationsproblem? Gliedere das Problem in eine oder mehrere Disziplinen ein. Stelle die Geschichte des Problems fest, so es überhaupt eine gibt.

5. Wähle eine Methode aus. Die Methode soll der Natur des Problems und der gewünschten Lösung angemessen sein. Schätze im vorhinein die verschiedenen Vor- und Nachteile der vorhandenen Methoden ab. Wenn keine Methoden vorhanden sind, nimm zuerst das strategische Problem der Methodenentwicklung in Angriff.

6. Simplifiziere. Eliminiere redundante Information. Komprimiere und vereinfache die Daten. Triff vereinfachende Annahmen.

7. Analysiere das Problem. Teile es in Unterprobleme und einfachere Einheiten auf. Woraus ist es zusammengesetzt? Wenn es aus verschiedenen Teilen besteht, wie sind diese aufeinander bezogen? Welche quantitativen Größen kann man ausmachen? Welches sind die relevanten Variablen? Welches sind die verursachenden Faktoren? Wie sind die relevanten Variablen aufeinander bezogen (Gesetze)? Wie arbeitet das System (Mechanismen)? Woher kommt es und wohin führt es? Welche Transformationen finden statt? Welche prüfbaren Konsequenzen lassen sich ableiten?

8. Plane. Stelle eine Reihenfolge der Unterprobleme hinsichtlich ihrer logischen Priorität auf. Wenn dies nicht möglich ist, ordne die Probleme nach ihrer Schwierigkeit.

9. Suche nach ähnlichen, bereits gelösten Problemen. Versuche das anstehende Problem in eine Klasse bereits bekannter Probleme einzuordnen, d.h. routinisiere dadurch die Aufgaben.

10. Forme das Problem um. Versuche die notwendigen Bestandteile eines Problems zu variieren. Wandle das Problem in ein anderes, besser behandeltes Problem aus demselben Bereich um.

11. Exportiere das Problem. Wenn dies nicht geht, suche nach einem homologen Problem in einem anderen Bereich.

12. Kontrolliere die Lösung. Prüfe, ob die Lösung richtig, zumindest aber vernünftig ist. Ist die Lösung mit dem akzeptierten Hintergrundwissen vereinbar? Welchen Unterschied, wenn überhaupt, hat die Lösung hinsichtlich des vorhandenen Wissens? Überprüfe den Gültigkeitsbereich der Lösung. War die Lösung bekannt? Gehe auf die simplifizierenden Annahmen zurück; wenn notwendig, nimm einige Einschränkungen zurück und bearbeite ein neues, komplexeres Problem. Wiederhole den ganzen Prozeß; wenn möglich, verwende eine andere Technik. Schätze die erreichte Präzision ab. Deute Möglichkeiten an, die Lösung zu verbessern.

4.2.5.6.3 Vorschläge zur Förderung kreativen Verhaltens im Unterricht

(1) Ein Anstoß zum kreativen Verhalten ist eher gegeben, wenn man die SchülerInnen auffordert, etwas besser zu machen als nur etwas zu kritisieren.

(2) Probleme nicht immer vorgeben, sondern von den SchülerInnen selbst finden lassen oder die genaue Formulierung den SchülerInnen überlassen.

(3) Nicht Lösungen in der optimalen Form vorgeben, sondern dem Kind Gelegenheit geben, verschiedene Lösungswege zu versuchen, mehrere Lösungen zu finden, diese selbständig zu prüfen und anzuwenden.

(4) Belohnen Sie kreative Leistungen der SchülerInnen. Behandeln Sie ungewöhnliche Fragen, Ideen und Lösungen mit Respekt. Zeigen Sie den Kindern, daß deren Ideen wertvoll sind.

(5) Geben Sie Gelegenheit für selbst-initiiertes Lernen und belohnen Sie ein solches Verhalten. Das Kind hört auf, kreativ zu sein, wenn die Umwelt nicht darauf reagiert.

(6) Das Verhalten des Kindes sollte nicht zu stark reguliert werden und autonome Motivation sollte nicht als Aggression gegen das Schulsystem oder den Lehrplan mißverstanden werden. Kinder, denen immer genau gesagt wird, was sie zu tun haben, entwickeln sich kaum zu selbständigen und kreativen Erwachsenen.

(7) Die SchülerInnen müssen wissen, daß man von ihnen Kreativität erwartet.

4.3 Nicht-kognitive Begabungen

4.3.1 Begrifflichkeit

Die lange und erfolgreiche Entwicklung der Intelligenztheorien hat eine einseitige Engführung des Forschungsinteresses auf kognitive Begabungsaspekte mit sich gebracht. Im Vergleich zu den intellektuellen Leistungsdispositionen, die mit dem Begriff „Intelligenz" umschrieben werden, scheint nach dem alltäglichen Sprachverständnis der Begriff „Begabung" weiter zu sein, da mit ihm auch nicht-intellektuelle Fähigkeiten gemeint sind (vgl. hierzu auch die bisweilen verwendete Dichotomie von „Allgemeinbegabung" zu „Spezial- oder Sonderbegabungen"). Dabei wird bisweilen betont, daß hierbei eine „besondere Beziehung zu einem enger oder weiter umgrenzten Bereich des Lebens, des Berufs oder - allgemein - der Kultur" hergestellt wird, „eine Begabung ist also ... auf einen *bestimmten Leistungsbereich* ausgerichtet" (Mühle, 1971, S. 73). Welche solcher Spezialbegabungen letztendlich zu unterscheiden seien, ist willkürlich; allerdings haben sich für manche Bereiche Forschungstraditionen (z.B. Musikalität, technische Begabung, künstlerische Begabung, sportliche Begabung, handwerkliche Begabung) eingestellt.

In dem Begabungsbegriff schwingt noch eine zusätzliche Konnotation mit, nämlich die, daß „begabte" Menschen besonders gut mit diesen Fähigkeiten („Talenten") ausgestattet sind (Begabung wird also als „ *Hochbegabung"* in dem jeweiligen Bereich verstanden). Auch stellt sich die Frage, ob besonders Begabte die jeweiligen Bereiche qualitativ anders erleben als die weniger Begabten, d.h. einen ganz anderen Zugang zu diesem Ausschnitt der Welt besitzen und eventuell, zumindest tendenziell, auch produktiv und schöpferisch im jeweiligen Bereich tätig sind (besondere durch die Fähigkeit und bisherigen Lernerfahrungen ausgebildete Motivationslagen).

In dem Begabungsbegriff ist - wie auch bei dem Intelligenzbegriff - bisweilen die Vermutung enthalten, daß es sich um eine mehr oder minder *genetisch determinierte Fähigkeit* handelt. Diese Diskussion stellt sich letztentlich für alle Dispositionen (z.B. auch in bezug auf andere Persönlichkeits- oder Temperamentseigenschaften), nicht nur für Begabungen. Es macht prinzipiell aber wenig Sinn, eine erhöhte Erblichkeit zu postulieren; vielmehr sind hier - wie auch in den anderen Bereichen - die üblichen empirischen Methoden zur Bestimmung des Erblichkeitsgrades von psychischen (und körperlichen) Merkmalen anzuwenden und deren Ergebnisse abzuwarten (z.B. Familien- oder Stammbaumanalyse, korrelative Bestimmung von Ähnlichkeiten zwischen unterschiedlich eng miteinander verwandten Personen, z.B. ein- vs. zweieiige Zwillinge, Eltern-Kind-Korrelationen, Adoptionsstudien, Leistungen von homini ferres, „idiot-savant"-Phänomene).

Letztendlich muß man zwischen *Leistung und Disposition* unterscheiden. Eine Leistung wird immer aktuell vollbracht, Leistungskonstanz kann eventuell auf die Höhe einer Disposition schließen lassen. Leistung und Begabung sind aber nicht identisch, Begabung zielt auf Lernpotenzen, Leistung bezieht sich auf bereits Ausgeformtes, Gelerntes.

4.3.2. Das Beispiel Musikalität

4.3.2.1 Definitionen - Konstrukte

Nach den vielen durch Ribke (1979, S. 19) zusammengetragenen Umschreibungsversuchen von *Musikalität* kann man zu der Auffassung kommen, daß damit eine spezifische Disposition gemeint ist, deren Ausgestaltung durch Anlage- und Umweltbedingungen zustande gekommen ist und in verschiedenen speziellen Fähigkeiten zum Ausdruck kommt. Diese umfassen im einzelnen:

- Bewußtheit für tonale Beziehungen und rhythmische Gruppierungen,
- akustische Differenzierungsfähigkeit,
- das Auffassen und Behalten einer Melodie,
- musikalische Lernfähigkeit,
- Erlebnisfähigkeit entsprechend der sinngebenden Gesetzmäßigkeiten der Musik,
- Fähigkeit zum Erleben und Beurteilen musikalischer Äusserungen,
- musikalische Tätigkeit, Bewältigung musikalischer Anforderungen.

Andere Autoren unterscheiden andere 7 bis 20 Faktoren der musikalischen Begabung bzw. Felder der musikalischen Begabung (Gordon, 1986, S. 21); es scheint sich also keineswegs um eine einfach strukturierte Fähigkeit zu handeln. Die Ausprägung auf allen diesen Dimensionen ist nicht dichotom, sondern es ist möglich, bei Verwendung geeigneter Meßinstrumente verschiedenste Ausprägungsgrade zu unterscheiden. Als wesentlichen Teilbereich musikalischer Fähigkeiten stellt Gordon (1986, S. 22) die *Fähigkeit zur „ Audiation"* heraus; damit ist das innere Hören von Musik gemeint („Tonvorstellung", „aural imagery"). Eine spezifische Unterfähigkeit stellt die sog. Notations-Audiation dar, d.h. die Fähigkeit, beim Lesen eines Notenbildes die gelesenen Noten innerlich in Töne umzusetzen und zu hören. Gordon (1986, S. 25) meint: „Die Audiation erweist sich, indem sie die Grundlage musikalischer Begabung bildet, als deren wichtigstes Merkmal. Wenn jemand außerstande ist, seine auditiven Wahrnehmungen zu audiatisieren, kann sich ihm der Sinn von Musik nur bedingt oder eben auch gar nicht erschließen."

4.3.2.2 Erbe-Umwelt-Einflüsse

Auch in bezug auf Musikalität wurde die Erb-Umwelt-Frage häufig gestellt. Dabei kann man auf eine überzufällige familiäre Häufung gleichartiger Begabungsausprägungen verweisen. Häcker und Ziehen (1922, zit. n. Ribke, 1979) fanden z.B. heraus, daß - wenn beide Eltern überdurchschnittlich begabt sind - die Kinder in 85% der Fälle ebenfalls überdurchschnittlich musikalisch sind, bei diskordanten Eltern beträgt der Prozentsatz begabter Kinder noch 58% und bei unterdurchschnittlich begabten nur mehr 25%. Es liegt aber auf der Hand, daß durch diese Befragungsstudien keine Separierung des Erb- und des Umwelteinflusses erfolgen kann.

Als weiteres Vorgehen kann die Stammbaumanalyse erwähnt werden, durch die zwar auch eine überzufällige Häufung gleicher Begabungen in Musikerfamilien nachgewiesen wurde (z.B. in der Familie Bach), bei der aber die gleichen methodischen Einwendungen gemacht werden können.

Zwillingsuntersuchungen, wie z.B. die von Shuter (1968) haben z.T. kontraintuitive Ergebnisse erbracht (z.B. mit dem Tonhöhentest von Wing [1948] ergaben sich Korrelation der Leistungen bei eineiigen Zwillingen .56, bei zweieiigen hingegen .78; bei dem Gedächtnistest für Melodien bei eineiigen Zwillingen hingegen .77 und bei zweieiigen .50).

Dennoch wird unter dem Eindruck der Familienforschung und der unbestreitbaren Existenz musikalischer Wunderkinder darauf geschlossen, daß Musikalität eine schon in der frühen Kindheit nachweisbare Begabung sei, die nur wenig durch Lern- und Umweltbedingungen beeinflußt werden kann. Selbst dezidierte Milieutheoretiker wie Ludin (1967, zit. n. Ribke, 1979, S. 119) konnten sich diesen Schlußfolgerungen großer individueller Unterschiede trotz gleicher Anregungsbedingungen nicht entziehen. Dabei sollte aber auch nicht vergessen werden, daß höchst begabte Musiker (Toscanini, Rubinstein, Schnabel) bisweilen untalentierte Eltern hatten (Gordon, 1986, S. 13).

Der Kompromiß wird also in einer *Wechselwirkungstheorie* gesucht, bei der sowohl genetische Potentiale wie auch die frühzeitige und kundige musikalische Förderung eine Rolle spielen. Besonders die Frühförderung des Musiktalentes scheint wichtig, da angenommen wird, daß sich ab dem 9. Lebensjahr die musikalische Begabung verfestigt habe (Gordon, 1967, S. 40 f).

4.3.2.3 Intelligenz und Musikalität

Die Frage, ob Musikalität eine eigenständige Begabungsdimension sei, wurde mittels verschiedener Methoden zu beantworten versucht.

Ein Befund, der einen Nicht-Zusammenhang von Intelligenz und Musikalität nahelegt, stammt aus Untersuchungen über sog. „idiot savants", also extrem einseitig begabten Menschen, die im Intelligenzbereich Minderleistungen aufweisen.

Tabelle 4.17: Zusammenhänge zwischen den Subtests aus dem Seashore-Musikalitäts-Test und verschiedenen Intelligenztests (Pollok, 1971, S. 138)

Untersucher/ Intelligenz- test	Tonhöhe	Tonstärke	Tonlänge	Konson.	Tonge- dächtn.	Rhythmus
Weaver Army Alpha	.35	.24	.12	.06	.26	-
Fracker & Howard Army Alpha	.32	.01	.13	.09	.10	.12
Highsmith Thurstone- Test	.58	.35	.39	-.14	.30	-
Farnsworth Thurstone- Test	.14	.11	.10	-.38	.11	.17
Salisbury & Smith Terman-Test	.39	.15	.49	.38	.34	.23

Farnsworth (1958) berichtet von einem vierjährigen Kind, das kaum „Papa" und „Mama" sagen konnte, aber über 50 Melodien auswendig singen konnte. Danach können hohe musikalische Leistungen ohne entsprechende kognitive Fähigkeiten vorkommen.

Auf der anderen Seite liegen Studien vor, welche diese Frage über die Korrelationen zwischen den Ergebnissen aus Intelligenz- und Musikalitätstests zu beantworten versuchen (vgl. Tab. 4.17). Nach dieser Aufstellung sind substantielle Korrelationen vor allem zu dem Test zur Erfassung von Tonhöhen zu finden. Auch Fischer und Butsch (1961) berichten aus einer Schweizer Untersuchung von Korrelationen, die zwischen -.14 und .32 variieren. Insgesamt sind die Zusammenhänge als nicht sehr hoch zu bewerten.

Gordon (1986, S. 108) verwendet aus den Iowa Tests of Basic Skills die Mathematik- sowie Sprachleistungen und findet zwischen seinem Verfahren, dem Musical Aptitude Profile und dem ersten Bereich Korrelationen zwischen .20 und .40 sowie für den letzteren zwischen .30 und .50.

Kormann (1971) kommt zu dem Befund, daß sehr gute Musikalitätsleistungen erst ab einem IQ von etwa 100 zu finden sind. Auch Gordon (1986, S. 106) argumentiert aufgrund einer Synopse der Ergebnisse zu diesem Thema, daß intelligente Menschen nicht ausgeprägt musikalisch sein müssen, daß aber musikalische Hochbegabung mit höherer Intelligenz einhergeht.

4.4 Affektiv-motivationale Bedingungen schulischen Lernens

Bei der Suche nach den Bedingungen des Verhaltens und Erlebens wird Motiven bzw. der Motivation eine zentrale Rolle zugeschrieben (Graumann, 1969): „Das Studium der Motivation betrifft die Begründung des Verhaltens, meint immer dasjenige in und um uns, was uns dazu bewegt, uns so und nicht anders zu verhalten."

Diese Fragestellung ist häufig auch für das Interesse des Laien an der Psychologie ausschlaggebend. Er will wissen, welches die „wirklichen" Beweggründe menschlichen (eventuell auch tierischen) Verhaltens sind.

Solche Fragen nach den Motiven (movere ⇒ bewegen) des Verhaltens sind auch in anderen Fachgebieten (Erziehung, Rechtsprechung, Politik) alltäglich, z.B. bei den Fragen:

- Hat der mutmaßliche Täter ein Motiv für seine Handlung? Warum entpuppt sich der Feuerwehrmann als Brandstifter?
- Warum ist der Junge von zu Hause weggelaufen?
- Weshalb hat die Arbeitsleistung in einer Schulklasse, in einem Betrieb nachgelassen?

Daran schließen sich technologisch gemeinte Fragen an, wie man bestehende Ereignisse, Gegebenheiten ändern kann, z.B.:

- Wie kann man Eltern dazu bringen, ihre Kinder bei den Hausaufgaben adäquat zu unterstützen?
- Was kann getan werden, damit Kraftfahrer rücksichtsvoller fahren?
- Wodurch läßt sich der Umsatz eines Unternehmens steigern?

Die Frage nach Motiven begründet kein strukturell anderes Erklärungsschema als das in den empirischen Wissenschaften übliche Hempel-Oppenheimsche Erklärungsschema. Bisweilen wird zwar behauptet, durch den Einbezug von Motiven (und die damit vorgenommene Ausrichtung auf Zukünftiges, das es zu erreichen gilt) könnte neben dem *kausalen* auch ein sog. *teleologisches Erklärungsschema* in die Psychologie Eingang finden. Dies ist aber nicht korrekt, denn immer dann, wenn eine „echte" teleologische Erklärung vorliegt, ist dies eine kausale, bei der im Moment vorhandene Bedingungen Ursachen für zukünftiges Verhalten sind (Stegmüller, 1969).

4.4.1 Motivationsmodelle

4.4.1.1 Definitionen, Vorbemerkungen

Die Umgangssprache enthält eine Vielzahl von Begriffen, welche die Phänomene des „Motiviert-Seins" umschreiben (Graumann, 1969, S. 3):

Abscheu, Achtung, Aggression, Angst, Antipathie, Ärger, Arglist, Bewunderung, Dankbarkeit, Dogmatismus, Durst, Egoismus, Ehrfurcht, Ehrgeiz, Eifersucht, Ekel, Empörung, Entsetzen, Entzücken, Feindseligkeit, Freude, Freundschaft, Furcht, Gehorsam, Geilheit, Geiz, Geltungsdrang, Gerechtigkeit, Gefühl, Gleichgültigkeit, Großmut, Habgier, Haß, Hingabe, Hoffnung Humor, Hunger, Indolenz, Intoleranz, Kummer, Liebe, Machtstreben, Masochismus, Mißmut, Mißtrauen, Mitleid, Mütterlichkeit, Mut, Nachgiebigkeit, Nächstenliebe, Neid, Neugier, Opposition, Optimismus, Pessimismus, Pflichtgefühl, Rache, Rachsucht, Redlichkeit, Reue, Ritterlichkeit, Rücksicht, Rücksichtslosigkeit, Ruhmsucht, Sachlichkeit, Sadismus, Schadenfreude, Schaffensfreude, Scham, Schmerz, Selbstbehauptung, Sexualität, Sorge, Spott, Spottlust, Stolz, Strebsamkeit, Sympathie, Toleranz, Trauer, Treue, Trotz, Trunkenheit, Übermut, Unzufriedenheit, Verachtung, Verehrung, Vergnügen, Vertrauen, Verzagen, Verzweiflung, Wertschätzung, Widerwillen, Wille zur Macht, Wut, Zärtlichkeit, Zerstörungstrieb, Zorn, Zufriedenheit, Zynismus.

In diese gehen vor allem soziale Wertungen sehr stark ein, Billigung und Mißbilligung werden damit ausgedrückt (Laune - Vorsatz). Es stellt sich dabei die Frage, wie sich diese Vielfalt der sprachlichen Bezeichnungen zu den „tatsächlichen" Phänomenen verhält; also z.B.:

- Wie viele dieser Wörter sind reine Synonyma?
- Wie viele Bedeutungsüberschneidungen gibt es?
- Sind die Bedeutungsumfänge vergleichbar?

Ähnlich vielfältig sind die alltagssprachlichen Unterscheidungen von Motivationsformen (Graumann, 1969, S. 4):

Ablehnung, Abneigung, Abscheu, Absicht, Affekt, Ansporn, Anspruch, Anreiz, Antrieb, Bedürfnis, Begierde, Bemühung, Bereitschaft, Beweggrund, Drang, Einstellung, Ekel, Entbehrung, Entscheidung, Entschluß, Erregung, Erwartung, Gefühl, Gesinnung, Gier, Haltung, Hemmung, Impuls, Initiative, Instinkt, Intention, Interesse, Konflikt, Laune, Leidenschaft, Lockung, Lust, Motiv, Neigung, Plan, Reiz, Scheu, Sehnsucht, Spontaneität, Stimmung, Streben, Sucht, Tendenz, Trieb, Triebfeder, Triebkraft, Überzeugung, Unlust, Verlangen, Voreingenommenheit, Vorliebe, Vorsatz, Vorurteil, Wahl, Werthaltung, Widerwillen, Willkür, Wunsch, Zwang.

Diese verwirrende Vielfalt findet sich auch in der psychologischen Fachliteratur wieder, ergänzt durch etliche termini technici, die ebenfalls nicht immer einheitlich gebraucht werden (z.B. Einstellung, Triebreiz, Selbstverwirklichungsstreben etc.). Für eine wissenschaftliche Analyse können diese Alltagsbezeichnungen zwar eine Herausforderung, nicht aber eine Lösung sein (Ausnahme: Psychologie des Alltags, naive Psychologie).

Motive und Motivation werden in der Psychologie als hypothetische Konstrukte aufgefaßt, als Denk- und Erklärungsmöglichkeiten für das Ablaufen von Verhaltensweisen und Handlungen. Es stellt sich aber die Frage, nach welchen Kriterien eine eindeutige Abgrenzung des hypothetischen Konstrukts „Motiv - Motivation" (dynamische Kräfte) gegenüber anderen Konstrukten (z.B. Intelligenz) vorgenommen werden kann. Fast allgemein wird mit Motivation die Auffassung vertreten, daß sie als Ursache des Verhaltens eine Art Kraft oder Energiequelle sein müßte, die
- Verhalten in Gang setzt
- ihm Intensität verleiht und
- in eine bestimmte Richtung lenkt.

Diesen Kräften stellt man bisweilen verschiedene Funktionen gegenüber (vgl. hierzu Rohrachers [1988] Unterscheidung in *psychische Kräfte* und *psychische Funktionen* wie Wahrnehmung, Gedächtnis, Denken). Oftmals scheint heute der Steuerungsaspekt wesentlicher als die Gleichsetzung von Motivation mit treibenden Kräften.

Daß die Beschäftigung mit Motiven des Verhaltens nicht aus der Luft gegriffen ist, läßt sich nach Heckhausen (1980) aus mehreren Phänomenen ableiten, für deren Erklärung der Motivationsbegriff unerläßlich ist:

1. Interindividuelle Unterschiedlichkeit und fallweise relative Situationsunabhängigkeit des Verhaltens (verschiedene Individuen verhalten sich in gleichen äußeren Situationen verschieden oder ein Individuum verhält sich in verschiedenen Situationen gleich).

2. Starker und langanhaltender Kräfteeinsatz, besonders wenn sich Hindernisse in den Weg stellen.

3. Gerichteter oder geordneter Phasenablauf der psychischen und motorischen Gesamttätigkeit, bis ein „natürlicher Abschluß" erreicht ist.

4. Auffällige Abweichungen der psychischen Funktionsleistungen von Vorgegebenem, Üblichen, Zweckmäßigen; besonders deutlich wird dies bei sog. Fehlleistungen.

5. Binnenerleben von emotionaler bzw. dranghafter Natur, das sich auf bestimmte Objekte oder Ereignisse richtet.

Motiv ist ein dispositioneller Begriff; er bezeichnet alle Dispositionen, nach einem bestimmten Zielzustand zu streben (vielleicht ist aber der Weg das Ziel? vgl. hierzu den Begriff der „intrinsischen" Motivation). „Motiv" ist ein Oberbegriff für alle Bedingungen, um derentwillen eine Person handelt. Heckhausen

(1974a, S. 142) versteht darunter „überdauernde Voreingenommenheiten kognitiver Prozesse ..., mit denen die einzelnen Individuen die gleiche Situation verschieden auffassen und den Ausgang ihres Handelns und dessen Folgen verschieden bewerten". Und: „Der Motivbegriff macht Aussagen etwa darüber, daß Personen sich in den allgemeinen Erwartungen über Erfolg und Mißerfolg ihrer Handlungen unterscheiden; desgleichen in den für sie verbindlichen Normwerten, die sie zu erreichen oder aufrechtzuerhalten suchen; desgleich in den bevorzugten Ursachenfaktoren, mit denen sie ihre Handlungsergebnisse zu erklären geneigt sind."

Es ist nicht sinnvoll, für jede konkrete Situation (oder jeden Handlungs-Situations-Bezug) ein eigenes Motiv anzunehmen. Dann gäbe es unzählige Motive: „Motive sind vielmehr hochgeneralisierte Wertungsdispositionen für einzelne 'Grundsituationen', die letztlich in der menschlichen Existenzweise, in den Notwendigkeiten der Daseinsfristung und Daseinsvorsorge unter den gegebenen Lebensbedingungen, begründet sind. In diesen Grundsituationen findet sich jeder Mensch im Laufe seines Lebens immer wieder vor. Man kann deshalb Motive auch als wiederkehrende Anliegen bezeichnen" (Heckhausen, 1974a, S. 142).

Motivation ist die Bezeichnung für einen aktuellen Zustand, der durch die Erregung einer solcher Disposition ausgelöst worden ist (Atkinson, 1958). Motivation tritt unter gegebenen situativen Anregungsbedingungen auf, Motiv und Situation bewirken eine Handlung.

Wenn gesagt wird, Motive seien die Verhaltensursachen, so gilt dies nur mit Einschränkungen:

1. Motive sind nicht die einzigen Verhaltensursachen. Es gibt vielmehr eine Unzahl weiterer Bedingungen für Verhalten (Instinkte, Klima, Drogen, Krankheit).

2. Nicht alles menschliche Verhalten ist motiviert. Im Laufe des Lebens bildet der Mensch Gewohnheiten aus, es entstehen Automatismen, denen *keine* aktualisierten Bedeutungszusammenhänge zugrunde liegen.

3. Lewin (1963) und nach ihm viele andere sahen das Verhalten als Funktion von Person- und Umweltbedingungen (V = f {P, U}) an. Die Persönlichkeitsvariablen schließen dabei sowohl relativ stabile und überdauernde Eigenschaften und Dispositionen ein (traits), als auch vorübergehende Zustände oder kurzzeitige Aktivierungszyklen (states). Ein Teil dieser Personvariablen können wiederum erlernt, ein Teil aber nicht durch Lernen beeinflußbar sein (vgl. Abb. 4.7). Die Umweltvariablen beeinflussen zugleich mit diesen Personvariablen Energie und Ausrichtung des Verhaltens (Anreize der LehrerInnen, Erfolgserlebnisse etc.).

	gewöhnlich *gelernt*	gewöhnlich *nicht gelernt*
gewöhnlich stabil *(traits)*	Leistungsbedürfnis Machthunger Bedürfnis nach Gruppenzugehörig-keit	Furcht, Unterstützung zu verlieren; Gefallen am anderen Geschlecht
gewöhnlich vorüber-gehend *(states)*	Testangst Schamgefühl Lampenfieber	Hunger Durst

Abbildung 4.7: Person-Variablen nach Gage und Berliner (1979, S. 270)

Für LehrerInnen ist Motivation sowohl Ziel wie auch Mittel. Ziel insofern als bereits Herbart (1835) meinte, Ziel des Unterrichts sei die Vielfalt der Interessen. Generell sollte es eine Sozialisationswirkung von Schule sein, daß Lern- und Leistungsmotivation (Lernfreude) ausgebildet werden. Darüber hinaus werden eine Reihe anderer Zielsetzungen verfolgt, die ebenfalls motivationale Kategorien ansprechen (z.B. Entwicklung ästhetischer Interessen, soziale Motivationen, Werthaltungen aller Art, „affektive Lehrziele").

Motivation (also die Aktivierung von Motiven) ist aber auch ein Mittel, das genauso wie andere Bedingungen (z.B. Intelligenz, Vorkenntnisstand) bestimmt, welches Fähigkeits- oder Fertigkeitsniveau erreicht wird. Bei niedrigen Lerner-gebnissen wird auch auf Motivationsmängel zu achten sein.

4.4.1.2 Motivationstheorien

Im Laufe der Psychologiegeschichte ist die Frage nach der Art und der Anzahl von Motiven unterschiedlich beantwortet worden. Dabei sind vier verschiedene Positionen (mit vielen Unterschattierungen) vertreten worden, u.zw.
1. *monothematische Antriebstheorien,*
2. *athematische Antriebstheorien,*

143

3. *polarisierende Ordnungsversuche* und
4. *polythematische Ordnungsversuche.*

(1) Monothematische Antriebstheorien
Bei den *monothematischen Antriebstheorien* wird versucht, eine einzige Quelle für die verschiedenen Formen des Motiviert-Seins namhaft zu machen. Beispiele hierzu sind:
- Egoismus: vertreten durch die Sophisten, die sog. französischen Moralisten oder die Philosophie der Aufklärung;
- Hedonismus (Luststreben);
- Sexualtrieb (Libido): in der frühen Fassung von Freud (später als polares Prinzip zum Todestrieb);
- Wille zur Macht: Adler, Nietzsche.

(2) Athematische Antriebstheorien
Gehlen (1950) lehnt die Auflistung jeglicher Instinkt- oder Motivlisten für den Menschen ab, da sie dem Prinzip der Weltoffenheit der menschlichen Natur widersprechen. Ähnlich vertritt auch Allport (1953) die Auffassung, die menschlichen Antriebe sind entwicklungsfähig und formbar. Sie sind in der Lage, „den menschlichen Handlungen nachzuwachsen", die damit selber zu Bedürfnissen werden. Die Aktivität des Organismus besteht aus keinen über den Augenblick hinausreichenden energetisierenden Untereinheiten. Jeder Wunsch etc. ist Ergebnis und Ausdruck einer jeweils einmaligen Situation. Mit seinem „Prinzip der funktionalen Autonomie der Motive" kann jegliche Aktivität zu einer für einen bestimmten Menschen wichtigen Motivklasse werden.

(3) Polarisierende Ordnungsversuche
Hierbei werden, ähnlich wie in literarischen oder philosophischen Vorstellungen, zwei Grunddispositionen unterschieden, die entweder gegeneinander gerichtet, sich bekämpfend erscheinen können (Gut und Böse, Gott und Teufel) oder einander polar ergänzend (Narziß und Goldmund, männlich - weiblich). Ein Beispiel im psychologischen Bereich ist Freuds (1905) Ansicht über den *Lebens-* und *Todestrieb (Eros und Tanatos).* Stern (1950) unterschied *Vitaltriebe und Humantriebe,* wobei noch zusätzliche Differenzierungen getroffen wurden (Vitaltriebe: Selbsterhaltung - Nahrung, Schutz, Verteidigung, Flucht; Selbstentfaltung - Geltung, Macht, Angriff, Wachstum, Entwicklung; Sozialtriebe - Gattungsstreben, Herden-, Kampf-, Pflege-, Nachahmungstriebe; Humantriebe sind alle auf geistige, ideelle und kulturelle Zielsetzungen gerichtete Motivationen).

Maslow (1978) unterscheidet zwei Motivklassen, u.zw. *Defizitmotive* und *Wachstumsmotive*. Defizitmotive entstehen aus der Wahrnehmung eines Mangels und dem Versuch, diesen auszugleichen. Sie funktionieren nach dem Prinzip der Aufrechterhaltung einer Homöostase. Beispiele dafür sind biologische Grundbedürfnisse (Hunger, Durst, Sauerstoff, Schmerz, Temperatur). Die Wachstumsmotive zielen auf schöpferische Ausgestaltung, auf die Erfahrung neuer Bereiche. Sie werden erst dann wirksam, wenn die Defizitmotive befriedigt sind („primum vivere deinde philosophari"). Sie steigen zudem mit ihrer Befriedigung weiter an.

In den Defizitmotiven liegen biologische Erklärungsansätze für Motivationen. Anstoß hierfür war die Erkenntnis des französischen Physiologen Bernard (1859), wonach jeder Organismus nach einer relativen Konstanthaltung seines „inneren Milieus" strebe. Wird dieses gestört, versucht der Organismus, den Mangel auszugleichen. Später (Cannon, 1932) wurde dieses Phänomen als *Homöostase-Prinzip* für viele lebensnotwendige Funktionskreisläufe nachgewiesen (vgl. den Adler, der, wenn er satt ist, sich über mehrere Tage kaum rührt; Salzgehalt des Blutes, Blutzuckergehalt, Nahrungs- und Flüssigkeitsaufnahme; Pica bei Schwangeren, Essen von Erde bei Naturvölkern, um einen spezifischen Mangel auszugleichen; auch bei Tieren in vielfältiger Form nachgewiesen).

Diese Erkenntnisse wurden auch auf menschliche Motivationen ausgedehnt. Der Mensch soll in einem Zustand fehlenden Gleichgewichts dazu tendieren, dieses wieder auszugleichen. Herrick (1924) spricht dabei von einem sog. *Fließgleichgewicht*. Damit ist gemeint, daß sich nach einer Beseitigung der Störung das erneut hergestellte Gleichgewicht auf einem vom Ausgangsniveau unterschiedlichen Niveau einpendeln kann. Auch die in der Sozialpsychologie tradierten Balance- oder kognitiven Konsistenztheorien von Heider (1958) oder seinem Schüler Festinger (1957) machen von dieser Vorstellung Gebrauch; auch hier wird eine psychische Unstimmigkeit Anlaß zu vielfältigen Änderungen.

Der Nachweis selbstregulatorischer Mechanismen, die für das Überleben notwendig sind, war sicher auch für die psychologischen Motivationstheorien sehr anregend. Diese aber als einziges Prinzip zu betrachten, wird jedoch der Tatsache nicht gerecht, daß es auch bei biologischem Gleichgewicht Verhalten gibt. D.h. für das, was ein Mensch tut, wenn seine biologischen Bedürfnisse gestillt sind, findet man keine Erklärung (=> Wachstumsmotive nach Maslow). Außerdem zeigt die genauere Untersuchung biologischer Grundbedürfnisse (z.B. von Hunger und des Eßverhaltens), daß die Phänomene, die spezifisch menschlich sind, durch das Homöostaseprinzip nicht erklärt werden können (Appetit, Genuß am Essen, Bedeutung des Essens bei Adipösen etc.).

Tabelle 4.18: Hierarchie der menschlichen Bedürfnisse/Motive nach Maslow (1978)

Selbstverwirklichung	das Selbst werden, das man selbst ist, ein voll handlungsfähiger Mensch sein („Was ein Mensch sein *kann, muß* er werden.")	
Ästhetische Bedürfnisse	Wertschätzung der Ordnung und des Gleichgewichts allen Lebens, Sinn für Schönheit und Liebe gegenüber allen Lebewesen	*Seins- oder Werdens- motive*
Leistungs- und intellek- tuelle Bedürfnisse	Verständnis- bedürfnis	Wissen über Systeme, Theo- rien, Integration des Wissens
	Wissens- bedürfnis	wissen, wie Dinge, getan werden, was Ereignisse, Symbole bedeuten
Gruppenzugehörig- keit, soziale Bedürfnisse	Geltungs- bedürfnisse	als besonderer Mensch anerkannt sein, Achtung, Prestige
	Zugehörig- keitsbedürf- nisse (Liebe, Zuneigung, Zugehörigkeit)	als Mitglied einer Gruppe akzeptiert sein
Sicherheitsbedürfnisse	eine voraussehbare Existenz für sich, seine Familie; seine Gruppe besitzen; Schutz, Geborgenheit, Stabi- lität, Ordnung, Gesetz, Angstfreiheit	*Mangel- oder Erhaltungs- motive*
Physiologische Bedürfnisse	Hunger, Durst, Atmung, Sexualverlangen, Stimulierung, Erregung (homöostatische Regulation)	

Gerade wenn die „basic needs" befriedigt sind (Homöostase also gegeben sein müßte), tritt nicht ein Zustand absoluter Ruhe ein. Vielmehr werden dann andere Verhaltensziele in Angriff genommen. Dies kann man bereits bei kleinen Kindern beobachten, diese sind dann in Spiele versunken, ohne auf ihre Umwelt zu achten. Allerdings wird auch hier wieder versucht, dieses Verhalten als trieb-reduzierend zu interpretieren. Jones et al. (1961) leiten die Berechtigung dieser Interpretation aus Untersuchungen zur sensorischen Deprivation ab. Vpn halten eine Situation in dunklen, schallisolierten Räumen bei konstanter Temperatur nicht lange aus. Selbst wenn sie zu essen bekommen und dafür gut bezahlt werden, können sie die Situation nicht sehr lange ertragen (Bexton et al., 1954). Sie scheinen gierig auf Information bzw. auf sensorische Reizung zu sein. Aus diesen Beobachtungen leitet Jones (a.a.O.) die Berechtigung für einen „Informationstrieb", der eben durch neue Informationen befriedigt werden kann, ab.

Wichtig bleibt es festzuhalten, daß in dem System von Maslow (1955) eine hierarchische Ordnung vorliegt, d.h. oft können „höhere" Motivationen gar nicht in den Blick kommen, weil weiter unten liegende nicht befriedigt sind (z.B. Geltungsbedürfnis, Bedürfnis nach sozialer Zugehörigkeit, nach Liebe und Geborgenheit -> Blockierung der Selbstverwirklichung, da das Handeln auf die Erreichung dieser Grundbedürfnisse gerichtet ist).

(4) Polythematische Ordnungsversuche
Hierbei wird die Vielfalt der Antriebe betont. Im Grunde wird dies auch schon bei dem vorhergehenden Modell angesprochen. Eine Gefahr dabei ist, daß man zu so vielen Motivklassen kommt, wie es Verhaltensweisen gibt. Der Motivbegriff (Bedürfnisbegriff) besitzt dann keine Erklärungskraft mehr (vgl. hierzu „Der eingebildete Kranke" von Moliere: Warum wirkt Morphium? Weil in ihm eine „vis dormativa" steckt). Die Annahme einer solchen Vielfalt bedeutet einen Verstoß gegen das Gebot der „Sparsamkeit" (Occam's razor) und führt zu einer nicht zu rechtfertigenden „Duplizierung der Wirklichkeit", indem für alles (zumindest vieles) Verhalten ein eigenes Erklärungsprinzip postuliert wird (Hofstätter, 1958: Trieblisten mit bis zu 5000 Einzeltrieben).

Beispiele für polythematische Motivtheorien findet man im deutschen wie im amerikanischen Sprachraum, etwa bei Lersch (1938) oder Murray (1938).

Ein solches primär klassifikatorisches Vorgehen ist letztendlich aber unbefriedigend. Daher sind diese Trieb- oder Motivlisten auch nicht mehr fortgesetzt worden; einige (vorwiegend Maslow, 1978) erfreuen sich noch einer gewissen Beliebtheit, weil mit ihnen der Konnex zur früheren Psychologie hergestellt wird. An die Stelle der Motivlistungen und der damit einhergehenden Globalerklärungen (etwa: „Alles menschliche Verhalten ist auf den Sexualtrieb zurückzuführen") sind prozeßhafte Analysen einzelner Motivsysteme getreten. Wie immer, ist dabei eine genaue Beschreibung des Konstruktes vonnöten (was ist unter XY zu verstehen?). Ist dies geklärt (d.h. sind die beobachtbaren Phänomene einem oder mehreren Motivsystemen zugeordnet), so sind dabei vier weitere Fragen zu beantworten:

(1) Welche individuellen Unterschiede sind vorhanden, d.h. wie unterscheiden sich einzelne Personen nach den für sie bedeutsamen Motiven (*differentialpsychologische Fragestellung*)?

(2) Wie sind diese Unterschiede zu objektivieren, welche Testverfahren besitzen wir, um Motivstärken oder motivationale Gerichtetheiten zu messen (*diagnostische Fragestellung*)?

(3) Wie entstehen oder entwickeln sich Motive? Welche systematischen sozialisatorischen Unterschiede (z.B. zwischen Jungen und Mädchen, Angehörigen aus verschiedenen Sozialschichten) gibt es dabei (*ontogenetische Fragestellung*)?

(4) Wie verläuft motiviertes Verhalten bzw. Verhalten, das unter dem Primat eines Motives steht? Welche situativen Bedingungen sprechen ein Motivsystem an, wie sieht das Zusammenwirken von Disposition und Situation konkret aus (*aktualgenetische Fragestellung*)?

4.4.2 Leistungsmotivation

4.4.2.1 Grundkonzepte der Leistungsmotivation

Als leistungsmotiviert bezeichnet man ein Verhalten, das auf eine Auseinandersetzung mit Gütemaßstäben gerichtet ist. Die Person versucht dabei, einen subjektiv als verbindlich erlebten Mengen- oder Gütemaßstab zu erreichen oder zu übertreffen (Rheinberg, 1980). Bereits McClelland et al. (1953) sprechen von einer „Auseinandersetzung mit Güte- oder Tüchtigkeitsmaßstäben" (standards of excellence), die für leistungsmotiviertes Verhalten typisch sei.

Ein *Gütemaßstab* ist ein Bezugssystem, innerhalb dessen ein Sachverhalt erst einen Stellenwert, eine Bedeutung erhält. Ähnlich meint man mit *Anspruchsniveau* die Anforderungen, die jemand an seine Leistungen stellt, um diese als befriedigend zu erleben. Wahrgenommene Abweichungen einer erbrachten Leistung vom Anspruchsniveau nach „oben" werden als Erfolg, nach „unten" als Mißerfolg gewertet. Diese Ergebnisse sind mit spezifischen Gefühlszuständen gekoppelt (Freude, Zufriedenheit, Stolz oder Ärger, Beschämung).

Gütemaßstäbe für Leistung sind bereichsspezifisch und interindividuell unterschiedlich verankert. Unterschiedlich ist auch die Breite der leistungsthematisch strukturierten Bereiche (unterschiedliche Extensionalität des LM); ebenso die individuell bevorzugten Muster der Ursachenerklärung für gute und schlechte Leistungen (*Kausalattribuierungen*).

Das *Leistungsmotiv (LM)* ist definiert als „das Bestreben, die eigene Tüchtigkeit in all jenen Tätigkeiten zu steigern oder möglichst hoch zu halten, in denen man Gütemaßstäbe für verbindlich hält und deren Ausführung deshalb gelingen oder mißlingen kann" (Heckhausen, 1974a).

Das entwickelte LM ist ein Selbstbekräftigungssystem und damit weitgehend unabhängig von Fremdbekräftigung. Ein erzieltes Handlungsresultat wird vom Handelnden daraufhin bewertet, inwieweit er damit einen bestimmten Gütemaßstab erreicht hat. Dies zieht automatisch bestimmte Erfolgs- und Mißerfolgserlebnisse nach sich.

Innerhalb der Leistungsmotivationsforschung werden zwei Komponenten unterschieden, die zusammengenommen die Höhe des Leistungsmotivs bestimmen. Es sind dies
- die Hoffnung auf Erfolg (HE) und
- die Furcht vor Mißerfolg (FM).
Für die Gesamtmotivation wird angenommen, daß gilt:

$$GM = HE + FM$$

Um die Art der Leistungsmotivationsrichtung zu bestimmen, wird die Nettohoffnung (NH) nach der Vorstellung

$$NH = HE - FM$$

bestimmt.

Die Selbstbekräftigungsfolgen des Vergleichsprozesses mit dem Gütemaßstab hängen stark von Voreingenommenheiten in bezug auf die Erklärung von Erfolg und Mißerfolg ab *(Kausalattribuierung)*. Nach Weiner (1976) werden Leistungen bekanntlich entweder internal oder external erklärt, wobei entweder zeitstabile oder zeitvariable Ursachen herangezogen werden.

Es hat sich in der LM-Forschung gezeigt, daß eine Asymmetrie hinsichtlich der bevorzugten Erklärungsschemata vorhanden ist.
Personen, bei denen HE $\gg$ FM ist, erklären Erfolge durch stabile und internale Faktoren (gute Begabung), Mißerfolge aber external (schwere Aufgabe / Pech).

Personen, bei denen FM >> HE ist, erklären Erfolge external (leichte Aufgabe / Glück), Mißerfolge aber stabil und internal (eigene Dummheit).

Damit bekräftigen sich Erfolgsmotivierte für ihre Erfolge stärker und bestrafen sich bei Mißerfolgen nicht so stark wie Mißerfolgsorientierte.

Bei der Untersuchung geschlechtsspezifischer Unterschiede im Leistungsmotiv wurde zum einen gefunden, daß Eltern meist höhere Anforderungen an Söhne im Vergleich zu Töchtern stellen, dieser Befund ist aber heute zu relativieren. Interessant ist die Beobachtung von Horner (1972), daß es bei amerikanischen Studentinnen auch so etwas wie *Furcht vor Erfolg* geben kann. Bei der Auswertung von Aufsätzen zu Erfolgen bei Mädchen und Jungen wurden sehr viel häufiger negative Gefühle (i.S. von Erfolgsangst; intellektuelle Konkurrenzsituation zu Jungen) artikuliert, wenn ein Mädchen mit besonders guten Leistungen beschrieben wurde. Erfolgsängstliche Mädchen schneiden in Leistungssituationen dann besser ab, wenn keine Wettbewerbssituation gegeben ist. Erfolgsangst soll bei 65 bis 88% der amerikanischen Studentinnen vorhanden gewesen sein (Heckhausen, 1974b, S. 203).

4.4.2.2 Metapsychologische Begründungen der Leistungsmotivation

Hinsichtlich der Leistungsmotivation kann man überlegen, welche Einbettung es in andere Motivsysteme gibt. Heckhausen (1974b) nennt dabei Bezüge zu acht anderen thematisch relevanten Bereichen.

(1) Selbsterkenntnisstreben

Leistungen geben Aufschluß über die eigene Person im Vergleich zu anderen. Sie geben Gewißheit über die eigene Position im Rahmen einer Bezugsgruppe. Durch diesen Vergleich mit anderen kann man sich orientieren, woran man ist und beunruhigende Ungewißheiten reduzieren. Dieses Moment der Selbsterkenntnis ist allerdings keine ausreichende Erklärung leistungsthematischen Handelns. Der Mensch hört nicht auf, sich um Leistung zu bemühen, auch wenn er zur Selbsteinschätzung keiner weiteren Vergleichsinformation mehr bedarf. Beim Eintritt in neue Lebensräume scheint dies aber ein wesentliches Motiv zu sein (Eintritt in die Schule, Wechsel in andere Ausbildungsgänge, Berufseintritt, Wechsel der Arbeitsstätte).

(2) Belohnungsstreben

Die Erreichung von Leistungszielen zieht auch andere Gratifikationen nach sich (z.B. materielle Belohnungen, Statusgewinne). Wenn diese Ziele im Vordergrund stehen, kann man eig. nicht mehr von Leistungsstreben sprechen, sondern eben von „extrinsischen" Bedingungen. Allerdings sollte man das Leistungsstreben nicht vorschnell auf extrinsische Belohnungen reduzieren. Diese können vielmehr auch angenehmes Nebenprodukt sein, welche die LM stärken oder schwächen.

(3) Luststreben

Leistung kann mit Lust verbunden sein. Erfolge ziehen Befriedigung und Stolz, Mißerfolge Niedergeschlagenheit und Beschämung nach sich. In der LM-Theorie wird in der Vorwegnahme solcher affektiver Konsequenzen das eigentlich Motivierende gesehen. Dies ist im Grunde eine moderne Variante des Hedonismus. Selbst wenn man Leistungsziele nicht nur wegen des damit verbundenen Lustgewinns anstrebt, scheinen Lustgefühle ein wesentliches Moment leistungsmotivierten Handelns zu sein.

(4) Selbstbelohnung

Selbstbekräftigungen sind eine Variante der ursprünglich hedonistischen Anschauung. Offensichtlich verfügt der Mensch über die Fähigkeit, sich selbst zu belohnen, wenn er eine bestimmte Verhaltensweise zeigt. D.h. Handlungsfolgen beziehen sich nicht nur auf das, was einem von außen gegeben wird, sondern was man sich selbst in Abhängigkeit von der Erreichung eines individuell gesetzten Gütemaßstabes zubilligt. Durch Selbstbelohnung wird das Leistungsstreben intrinsisch.

(5) Sachverwirklichungsstreben

Hier zeigt sich eine antihedonistische Tendenz - das Leistungsstreben ist das Bemühen, den sachimmanenten Anforderungen einer Aufgabe zu genügen. Die angezielte Leistung wird als „gute Sache" angesehen, in deren Dienst man sich stellt.

(6) Wirksamkeitsstreben

Es sieht manchmal so aus, als ob Fähigkeiten von sich aus nach ihrer Betätigung drängen (vgl. auch die Begriffe der „Funktionslust" von Karl Bühler bzw. der „effectance motivation" [Wirkmotivation] von Robert White). Auch wenn alle lebensnotwendigen Bedürfnisse gestillt sind, suchen Menschen sich handelnd mit ihrer Umwelt auseinanderzusetzen und Effekte auch um ihrer selbst willen zu produzieren. Was dabei motiviert, ist nicht die Erreichung bestimmter Ziele, sondern vielmehr die Erfahrung eigener Wirksamkeit in der Abfolge von eigener Fähigkeit und Rückwirkung der Umwelt.

(7) Tüchtigkeitsstreben

Das Bestreben, die eigene Tüchtigkeit zu erfahren, führt zu dem Aufbau eines leistungsthematischen Selbstwertkonzeptes. Nach Möglichkeit will man jemand sein, der mit vernünftigem Aufwand an Anstrengung und Zeit etwas zustande bringt. Die Handlungsergebnisse werden dabei auf die eigene Person zurückgeführt.

(8) Selbstverwirklichungsstreben

Nach Maslow (1978) ist dies das höchste Motiv, das die Befriedigung aller anderen voraussetzt. Es gilt dabei, das eigene Leben zu erfüllen, indem die verfügbaren Möglichkeiten, so weit es geht, ausgeschöpft werden. Dazu gehört es, die eigenen Fähigkeits- und Leistungspotenzen zu erfahren und zu entfalten. Das Aufgreifen und Verwirklichen dieser Möglichkeiten wird auch als moralischer Anspruch an die eigene Lebensführung empfunden.

4.4.2.3 Entwicklung der Leistungsmotivation

LM entsteht nicht erst in der Schule. Es gibt sogar Befunde, wonach sich die Ausprägung der LM bis zum Einschulungszeitpunkt vollzogen und auch verfestigt hat (hohe Bedeutung früher Förderprogramme zur Umgehung sog. „Milieusperren"!; Kagan und Moss, 1962). Erste Anzeichen der Leistungsmotivation sind nach Heckhausen (1968, S. 203) Ende des dritten Lebensjahres zu entdecken (vielleicht schon viel früher => Wutreaktionen bei Nicht-Gelingen, Nicht-Erreichen schon im ersten Lebensjahr). Vorausgesetzt wird (notwendigerweise?), daß das Kind die Ursache für Gelingen und Mißlingen auf die eigene Person zurückführen kann.

In Abhängigkeit von tatsächlich erlebten Erfolgen und Mißerfolgen bilden sich die Komponenten HE und FM aus. Unterschiede sind hier bei etwa vierjährigen Kindern zu erkennen.

Wesentlich hierfür sind schließlich familiäre Bedingungen. Positiv zu werten sind

- *Förderung der kindlichen Selbständigkeit,* (untersucht für Mütter, Winterbottom, 1958; Heckhausen & Kemmler, 1957): Eltern, die frühe Selbständigkeit wünschen, stellen dem Kind mehr Handlungsräume zur Verfügung, um die eigenen Fähigkeiten zu erfahren und das Vertrauen in die eigene Selbständigkeit zu steigern. Dies gilt aber nur, wenn sich daraus nicht permanente Überforderungssituationen für das Kind ergeben (Anpassung an den Entwicklungsstand des Kindes).

- *Elterliche Normen in bezug auf Leistungstüchtigkeit:* Nach Rosen und D'Andrade (1959) zeigten die Eltern hochleistungsmotivierter Kinder a) hohe Erwartungen, b) Wärme, freudige Gelöstheit und lobende Anerkennung und c) bei Mißerfolg tadelte eher die Mutter und trieb den Sohn vermehrt zu Leistung an; bei den mißerfolgsorientierten Kindern waren a) geringe Leistungsanforderungen beider Eltern vorhanden, b) wenig Wärme und Anteilnahme und c) die

Mütter waren distanziert und gewährendlassend, während die Väter dominant und bei Mißerfolg verärgert und antreibend reagierten. Daß sich väterliche Dominanz negativ auf Erfolgszuversicht der Söhne auswirkt, ist auch aus anderen Untersuchungen bekannt.

- *Bekräftigungsverhalten der Eltern bei Erfolg (positiv-freudige Reaktion) und Mißerfolg (neutrale Reaktion)*: Eltern, die auf Erfolg positiv reagieren und Mißerfolg neutral übergehen, fördern Erfolgszuversichtlichkeit; Eltern die Erfolg als selbstverständlich ansehen und bei Mißerfolg stark tadeln, erzeugen Mißerfolgsängstlichkeit (Kinder mit letzteren Bekräftigungserfahrungen zeigen z.B. stärkstes Lampenfieber, wenn sie in der Klasse etwas vortragen sollen; Paivio, 1964, zit. n. Heckhausen, 1974b, S. 184).

- *Beobachtungslernen*: Belohnungsstandards werden von Erwachsenen übernommen, ebenso die Bereitschaft zum Belohnungsaufschub.

- *Aufforderungsgehalt der Sachumwelt*: Nach Trudewind (1974) ist ein mittlerer Anregungsgehalt der Sachumwelt (ebenso „mittlere" Fernsehzeiten von 6 bis 9 Stunden pro Woche) maximal in bezug auf die Ausprägung des Erfolgsmotivs.

Das Kind wird im Laufe seiner Entwicklung fähig, einen Zusammenhang zwischen einem Handlungsergebnis und den möglichen Ursachen davon festzustellen. Bereits im ersten Lebensjahr kann man beobachten, daß ein Kind seine Aktivitäten als selbstbewirkt erlebt. Die „Selbstbewirkung" von laufenden und unmittelbaren Handlungsergebnissen scheint ein motivierender Faktor für weiteres Tun zu sein. Die weiteren entwicklungspsychologischen Bedingungen für die Leistungsmotiventwicklung sind von Heckhausen (1980, S. 678) erarbeitet worden.

(1) Zentrierung auf ein selbstbewirktes Handlungsergebnis

Nach Hetzer (1931) halten Kinder mit 1 1/2 Jahren beim Spielen inne und betrachten ihr Werk, mit 2 Jahren machen dies alle Kinder. Im 2. Lebensjahr tritt auch das „Selbermachenwollen" auf, d.h. das Kind will Effekte von Handlungen herbeiführen, ohne sich helfen zu lassen. Nach den Heckhausen-Studien soll bei 2- bis 3 1/2jährigen Kindern das Selbstherbeiführen eines Handlungsergebnisses beobachtet werden können. Das Gelingen oder Mißlingen soll angeblich aber nur registriert werden, ohne daß Erfolg und Mißerfolg auf die eigene Person bezogen würde („ohne affektiven Ausdruck"?).

(2) Rückführung des Handlungsergebnisses auf eigene Tüchtigkeit und deren Selbstbewertung

Bei allen 3 1/2 Jahre alten Kindern sind affektgeladene Erfolgs- und Mißerfolgsreaktionen zu erkennen, wobei eine Zentrierung auf die Selbstbewertung vorhanden ist. Dies trifft auch auf imbezile Kinder zu, wenn statt deren Alter das Intelligenzalter verwendet wird. Ein Werk wird dabei als Produkt der eigenen Tüchtigkeit (Untüchtigkeit) erlebt. Kindern fällt es bis zu 4 1/2 Jahren sehr schwer, Mißerfolg einzugestehen. Die Reaktionen sind Schweigen mit gesenktem Blick, Leugnen, Nichtwahrhabenwollen, Bemänteln, Entschuldigen, Verharmlosen, Ablenken, Selbsttröstung durch Erinnerung an frühere Erfolge, Ausweichen (Pause einlegen), vorsorgliches Meiden von Mißerfolgen (den anderen behindern), Ersatzhandlungen.

Um von leistungsmotiviertem Handeln zu sprechen, genügt es nach Heckhausen nicht, Handlungseffekte als selbstverursacht zu erleben. Das Kind muß den Effekt zusätzlich als durch die eigene Tüchtigkeit oder Untüchtigkeit verursacht erleben. Das anfänglich globale Erleben von Urheberschaft wandelt sich zu einer Rückmeldungserfahrung über die eigene Tüchtigkeit.

(3) Unterscheidung von Graden der Aufgabenschwierigkeit und der persönlichen Tüchtigkeit

Voraussetzung für die Bildung von Tüchtigkeitsmaßstäben ist die Wahrnehmung von Unterschieden der Aufgabenschwierigkeit. Schwierigkeit muß unabhängig von Tüchtigkeit bestimmt werden. Kinder unter 3 1/2 Jahren scheinen Rückmeldungen über Handlungsausgänge eher auf Schwierigkeit als auf Tüchtigkeit zu beziehen, zumindest so lange sie noch keine Selbstbewertung zeigen. Vorausinformation, d.h. Information über die Leistung anderer in der gleichen Situation, wird erst in späteren Altersstufen genutzt (zwischen 8 und 10 Jahren). Kinder im Vorschulalter stützen ihre Leistungsbeurteilung auf Konsistenzinformation (individuelle Bezugsnorm) und nicht auf Konsensinformation (soziale Bezugsnorm). Das bedeutet ein motivationspsychologisches Primat der individuellen Bezugsnorm. Nach Schuleintritt wird vermehrt die soziale Bezugsnorm (Konsensinformation) verwendet. Zwischen 6. und 11. Klassenstufe sind beide (soziale und individuelle Bezugsnormen) gleich wichtig, ab der 11./12. Klassenstufe wird die individuelle Bezugsnorm wiederum ausschlaggebender für die Bewertung von Handlungsergebnissen.

Entscheidend für die Herausbildung eines stabilen Tüchtigkeitsmaßstabes sind Konsensinformationen, die (a) relativ spät in größerem Ausmaß vorhanden sind (erst nach Schuleintritt) und die (b) vorher noch nicht verarbeitet werden oder werden können. Erst dann lassen sich Aufgabenschwierigkeiten unabhängig von der eigenen Tüchtigkeit definieren und geben einen stabilen Tüchtigkeitsmaßstab ab.

(4) Differenzierung der Ursachenkonzepte von Fähigkeit und Anstrengung

Die Verursachung von Handlungsergebnissen in Abhängigkeit vom Anstrengungsgrad dürfte für Kinder schon früh ausgereift sein. Anstrengung läßt sich unmittelbar an sich und anderen - im Gegensatz zu Fähigkeit - beobachten. Ein einheitliches Fähigkeitskonzept im Sinne einer situationsübergreifenden Eigenschaft scheinen 6jährige Kinder noch nicht zu besitzen. Ab 5 Jahren wird von Kindern ein Zusammenhang zwischen abgestuften Handlungsergebnissen und anschaulichen Tüchtigkeitsmerkmalen hergestellt. Die Anstrengungsattributation scheint sich früher zu entwickeln als die Fähigkeitszuschreibung.

(5) Subjektive Erfolgswahrscheinlichkeit

Eine Einschätzung von Erfolgswahrscheinlichkeit in einer Handlungssituation setzt die Inbeziehungssetzung von zwei konstanten Faktoren voraus: (a) der eigenen Fähigkeit und (b) der davon unabhängigen Aufgabenschwierigkeit (z.B. Hochsprung).

Bei objektiven Erfolgsraten von 50% sind Kinder unter 4 1/2 Jahren noch völlig erfolgszuversichtlich (Ursache: mangelnde Konsistenzannahmen, wunschgeleitete Erhöhung der eigenen Fähigkeit). Bei Mißerfolgsraten von 75% zeigen 3 1/2jährige Kinder konflikthafte Verunsicherungen, 4 1/2jährige bereits bei einer Erfolgswahrscheinlichkeit von 50%. Erst bei der Mehrheit von 9 bis 10jährigen liegt ein anstrengungsbereinigter Fähigkeitsbegriff vor, der eine Schätzung von Erfolgswahrscheinlichkeiten ermöglicht. 11- bis 12jährige haben das Konzept der subjektiven Erfolgswahrscheinlichkeit voll erworben (McMahan, 1973). Zwischen diesen Kindern und Studenten konnten keine Unterschiede mehr im Verhalten nachgewiesen werden: Nach einem Erfolg steigt z.B. die subjektive Erfolgswahrscheinlichkeit, wenn das Resultat auf die stabile Fähigkeitsdimension attribuiert wird.

(6) Beziehung zwischen Erwartung und Anreiz

3- bis 4jährige erleben noch keine positive Beziehung zwischen Aufgabenschwierigkeit und Erfolgsanreiz (Harter, 1974): Vorgegeben wurden zwei Apparate, die irgendeinen Effekt produzierten. Die Wirkweise des einen war sehr leicht, die des anderen gar nicht zu durchschauen. Für 4jährige hatten beide Apparate den gleichen Anreizwert, gemessen über die Zeit, während der sich Kinder mit den einzelnen Apparaten beschäftigten. 10jährige bevorzugten eindeutig den schwierigeren Mechanismus. Die direkt proportionale Beziehung zwischen Aufgabenschwierigkeit und Erfolgsanreiz scheint früher aufzutreten als die umgekehrt proportionale zwischen Aufgabenschwierigkeit und Mißerfolgsanreiz.

(7) Multiplikative Verknüpfung von Erwartung und Anreiz (Anspruchsniveau-bildung)

Das Risikowahl-Modell Atkinsons (Heckhausen, 1980) impliziert eine multiplikative Verknüpfung von subjektiver Erwartung und Wert des Handlungsresultates. Obwohl bei Kindern erst mit 10 Jahren das Leistungshandeln gemäß dem Risikowahl-Modell (Bilanz von Erfolg- und Mißerfolgsanreiz) beschreibbar ist, gibt es schon früher Vorformen, u. zw. eine bevorzugte Wahl solcher Aufgaben und Ziele, bei denen das Produkt von Erwartung und Anreiz maximal ist.

Vorformen dürften in der Zentrierung auf einen der Faktoren (Erwartung und Anreiz) liegen. Eine Zentrierung auf subjektive Erfolgswahrscheinlichkeit müßte zu einer Bevorzugung leichter Aufgaben führen, eine Zentrierung auf Anreizgewichte müßte zu erhöhten Anspruchsniveausetzungen führen. Letzteres kann deutlich bei jüngeren Kindern (4 Jahre) beobachtet werden, aber auch 5- bis 6jährige bevorzugen unrealistische Zielsetzungen.

(8) Kausale Schemata für Fähigkeit und Anstrengung

Kausale Schemata, die Fähigkeit und Anstrengung miteinander verknüpfen (kompensatorisches Kausalschema), sind Voraussetzung für Gewichtungen in der Bewertung eigener und fremder Leistungsergebnisse und für die Entwicklung individuell unterschiedlicher Attributionsmuster in der Selbstbewertung. Eine starre Koppelung von Fähigkeit und Anstrengung (wenn das eine, dann auch das andere) wird z.T. bereits mit 8 Jahren überwunden, u.zw. wenn die Fähigkeit vorgegeben und die Anstrengung zu erschließen ist. Im umgekehrten Fall wird die starre Koppelung erst 1 bis 2 Jahre später überwunden. Ab 8 bis 9 Jahre wird das Koppelungsschema durch ein Kompensationsschema abgelöst. Bei Anstrengungskompensation ist dies früher der Fall als bei Fähigkeitskompensation. Letztere ist voll erst ab 12 bis 13 Jahre ausgebildet.

(9) Unterschiedliche Affektwirksamkeit von Fähigkeits- und Anstrengungsattribution

Für die Fremdbewertung ist Anstrengung und für die Selbstbewertung Fähigkeit der maßgebendere Ursachenfaktor. Ab ca. 10 Jahren sind Fähigkeitsattributionen maßgeblich für die affektive Selbstbewertung, u.zw. zuerst nur nach Erfolg und nicht nach Mißerfolg. In diesem Alter haben die Kinder den Fähigkeitsbegriff aus einem globalen Tüchtigkeitsschema ausgegliedert. Außerdem beginnen die Kinder über die Kausalschemata Anstrengungs- und Fähigkeitskompensation zu verfügen. Ab etwa 12 Jahren sind Kinder jedoch in der Lage, sowohl nach Erfolg wie auch nach Mißerfolg aus anstrengungsorientierten Fremdbewertungen die impliziten (auf Kompensationsschemata beruhenden) Fähigkeitseinschätzungen zu erschließen.

(10) Individuelle Unterschiede in der Anreizgewichtung von Erfolg und Mißerfolg
Zwischen Erfolgs- und Mißerfolgsmotivierten bestehen Unterschiede in der Selbstbewertung auch bei sonst gleichen Erfolgen und Mißerfolgen. Diese Befunde weisen auf eine unterschiedliche Anreizgewichtung von Erfolg und Mißerfolg. Individuelle Unterschiede in der Bewertung von Erfolg und Mißerfolg sind denkbar, sobald Kinder über die kognitiven Voraussetzungen des Kausalschemas der einfachen Kovariation von Ergebnis und Tüchtigkeit verfügen, d.h. ab 4 - 5 Jahren. Offensichtlich treten schon ab 4 Jahren deutliche Unterschiede hinsichtlich der affektiven Reaktion von Erfolg und Mißerfolg auf. Trudewind und Husarek (1979) fanden bei Erstkläßlern deutliche Veränderungen in der Motiventwicklung während des 1. Schuljahres. Bei SchülerInnen, die mißerfolgsängstlich wurden, zeigten die Mütter (in einer Hausaufgabensituation) folgendes Verhalten:

1. Orientierung an sozialen und weniger individuellen oder sachlichen Bezugsnormen. Sie wollten höhere Gütestandards erfüllt sehen und waren unzufriedener mit den Hausaufgaben, auch wenn keine Notenunterschiede vorhanden waren.

2. Stärkere Kontrolle und Strukturierung der Hausaufgabensituation; weniger Bereitschaft, auf kindliche Wünsche einzugehen. Ihre Hilfestellung war seltener und trat mehr in direkter Form auf.

3. Erklärung von Erfolg weniger mit Begabung und Mißerfolg und eher mit mangelnder Begabung. Erfolge werden der Aufgabenleichtigkeit zugeschrieben (auch während der Interaktion).

4. Auf gute Leistungen wird eher neutral reagiert, nach schlechten Leistungen wird häufiger getadelt und geschimpft.

(11) Individuell bevorzugte persönliche Standards
Unrealistisch hohe Standards mindern die Möglichkeit einer positiven Selbstbewertungsbilanz, unrealistisch niedrige Standards führen zwar zu einer leistungsthematischen „Selbstbefriedigung", allerdings werden sie im sozialen Leistungsvergleich kaum ernst genommen. Stabile individuelle Unterschiede in der Aufgabenwahl scheint es schon ab 4 bis 5 Jahren zu geben. Nach Heckhausen und Oswald (1969) wählen jene Kinder schwierige Aufgaben (und zeigen weniger Hilfesuchen), deren Mütter

1. höhere Leistungserwartungen (Anspruchsniveau) an ihr Kind stellen,

2. das Kind bei der Aufgabenbearbeitung positiv bekräftigen und

3. nicht bestrafen.

(12) Individuell bevorzugte Attributionsmuster

Diese können bei gleichen subjektiven Erfolgswahrscheinlichkeiten zu einer Asymmetrie der Selbstbewertungsbilanz führen. Attributionsmuster haben auch weitreichende Wirkungen in bezug auf individuelle Unterschiede im Leistungsverhalten. Falbo (1975) hat bei 5jährigen Kindern gefunden, daß solche mit hohem IQ Erfolge mehr auf Fähigkeit zurückführen, bei niedrigem IQ wird Fähigkeit gleich häufig bei Erfolg und Mißerfolg angeführt. Aufgabenschwierigkeit wird von Kindern mit hohem IQ verstärkt zur Erklärung von Mißerfolgen herangezogen, von solchen mit niedrigem IQ zur Erklärung von Erfolgen. Ähnliche Ergebnisse stellen sich im Laufe der Schulzeit (ab 10. Lebensjahr) in Abhängigkeit von der schulischen Leistung heraus. Mädchen verfügen über ungünstigere Attributionsmuster als Jungen. Ab dem 9. Lebensjahr sind individuelle Unterschiede in den Attributionsmustern feststellbar.

4.4.2.4 Schulbezogene Folgerungen aus der Theorie der Leistungsmotivation

(1) Aus der Theorie der Leistungsmotivation kann zuerst ein sog. Haupteffekt abgeleitet werden: Eine als leistungsthematisch interpretierte Situation löst bekanntlich sowohl HE wie auch FM aus (Beispiel: Lied vor MitschülerInnen singen, Knobelaufgabe an der Tafel lösen). Überwiegt HE, dann werden solche Situationen mit Freude aufgesucht. überwiegt hingegen FM, so versucht die Person, diese Situation zu meiden (wegen der antizipierten affektiven Folgen).

In der Schule ist aber eine Vermeidung von Leistungssituationen nicht möglich. Dies bedeutet aber für FM-motivierte SchülerInnen, daß Leistungssituationen eine Bedrohung für sie darstellen (affektiv, sozial und selbstwertbezogen), denen sie sich nicht entziehen können. Bedrohungen mit den damit gekoppelten Ängsten bewältigt man normalerweise durch Flucht. Auch dies ist in der Schule normalerweise nicht möglich (daraus ergibt sich aber ein Ansatz für die Erklärung von Schuleschwänzen, für lange Absenzen durch „Krankheiten"). Angst stimuliert aber Leistung nicht, sondern behindert in der Regel schulische Leistungen (siehe Kapitel 4.5.3).

(2) Denkbar sind auch Überlegungen über das simultane Zusammenwirken beider LM-Komponenten. Man kann dabei aus der Theorie der Leistungsmotivation die Vorstellung ableiten, daß es (vergröbert) vier schulrelevante Ausprägungen des LM gibt (Herber, 1979, S. 24, vgl. Abb. 4.8):

Diese SchülerInnentypen sind unterschiedlich zu motivieren (Herber, 1979). Dabei ist es für LehrerInnen äußerst schwierig, aufgrund all dieser Möglichkeiten mit all den Übergängen „es jedem Schüler (jeder Schülerin) recht zu machen".

- Der *Hoch- und Erfolgsmotivierte* bedarf hoher Herausforderungslagen. Mittlere Erfolgswahrscheinlichkeit sollte ihn zu maximaler Anstrengung motivieren. Er selbst überschätzt eher seine Erfolgschancen, deshalb spricht er auf leicht überhöhte Risiken besonders an. Bei Mißerfolgen intensiviert er seine Anstrengungen, selbst wenn eine Zielerreichung unwahrscheinlich ist. Werden ihm diese ständigen Herausforderungen nicht geboten, verschafft er sich selbst stimulierende Situationen („Unterrichtsstörungen" aufgrund von Unterforderung).

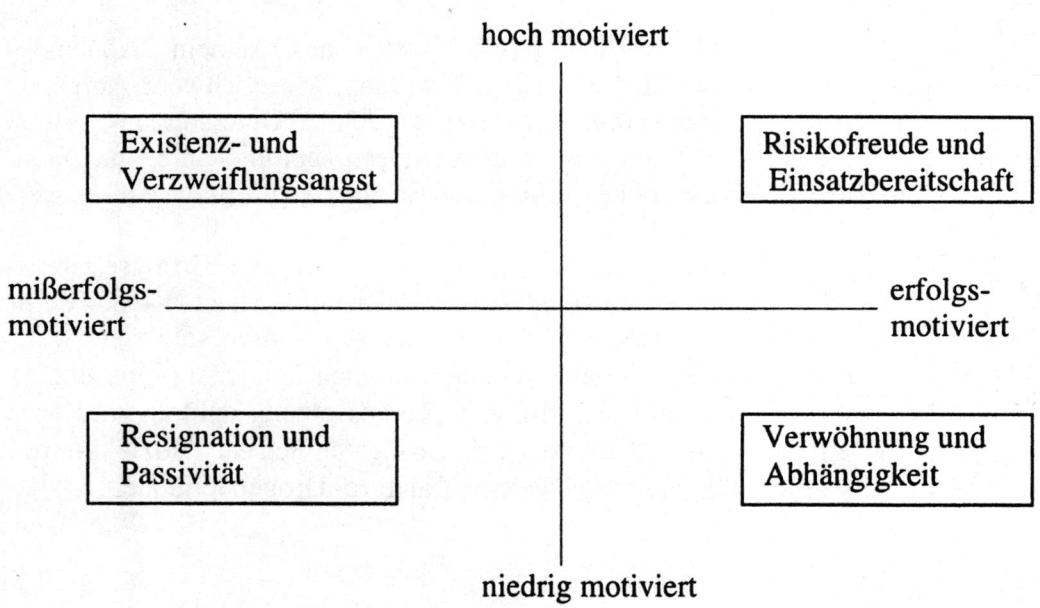

Abbildung 4.8: Varianten leistungsmotivierter SchülerInnen (Herber, 1979, S. 24)

- *Hoch- und mißerfolgsorientierte* Kinder sind besonders problematisch. Sie neigen zu deutlich überhöhten Zielsetzungen, erfahren dabei gravierende Versagenserlebnisse, fühlen sich dann durch Leistungsängste massiv bedroht etc.. Die verzweifelten Durchbruchsversuche nach vorne sollen über die unsichere gegenwärtige Situation hinwegretten. Der „Glanz des hohen Zieles" gibt scheinbare Selbstsicherheit und Aufwertung der eigenen, von vielen Versagensängsten begleiteten Lebenssituation. Diese SchülerInnen setzen alles auf eine Karte. Eintretende Mißerfolge angesichts der hohen Zielsetzung interessieren nicht. Es bildet sich kein realitätsbezogenes Anspruchsniveau heraus.

LehrerInnen haben hier folgende Möglichkeiten:
a) Kleine, realistische Zielsetzungen, die zum Erfolg führen, sollen verstärkt werden, um ein realistisches Anspruchsniveau zu finden.
b) Man sollte den SchülerInnen ihre hohen Ansprüche lassen, ihnen aber zugleich helfen, kleine Lernschritte zu bewältigen, die als erste wichtige Schritte in bezug auf das große Ziel zu deklarieren sind. Die Zielsetzungen werden realitätsnäher, wenn tatsächliche Erfolge auf den Zwischenzielen erlebt werden und der Zusammenhang mit dem Endziel erhalten bleibt.
c) Akzeptierung und Wertschätzung durch den Erzieher führen zu höherem Selbstwertgefühl und ermöglichen die Verarbeitung von auftretenden Mißerfolgen als Durchgangsstadien zu neuem Erfolg.

- Der *Niedrig- und Erfolgsmotivierte* sollte aus seinem Abhängigkeitsverhältnis zum Erzieher „herausgeärgert" werden. Mittelschwere Aufgaben mit zuerst intensiver und dann immer geringer werdender Unterstützung sollten über Erfolgserlebnisse Selbständigkeit und Kompetenzgefühle anregen. Damit soll das Kind zu höherer LM ohne Verlust der Erfolgsorientierung geführt werden.

- *Niedrig- und Mißerfolgsmotivierte* bedürfen kontinuierlicher Erfolgserlebnisse, um langsam das verlorene Selbstvertrauen wieder aufzubauen. Kleine Lernschritte, ständige positive Verstärkung, Selbstverstärkungshilfen sowie ein wertschätzendes, verständnisvolles Erzieherverhalten können langfristig eine höhere LM und Erfolgsorientierung mit sich bringen. Voraussetzung dafür ist aber das Verbleiben in einem leistungsthematischen Bezugsrahmen als soziokulturell vermittelte Selbstverständlichkeit (Ausweichvariante => Drogendelinquenz).

4.4.3 Lernmotivation

Nach Heckhausen (1968, S. 194) ist unter Lernmotivierung die momentane Bereitschaft eines Individuums zu verstehen, seine sensorischen, kognitiven und motorischen Funktionen auf die Erreichung eines Lernzieles zu richten und zu koordinieren.

Wie wichtig diese allgemeine Bereitschaft, etwas zu lernen sein kann, zeigt ein Experiment von Lewin (1963). Er beauftragte einen Studenten, seinen Kommilitonen einen Lernstoff so lange vorzulesen, bis diese ihn auswendig konnten. Als die Kommilitonen den Merkstoff lückenlos und fehlerfrei reproduzieren konnten, wurde der (die) StudentIn, der (die) als LehrerIn fungierte gebeten, den Stoff ebenfalls zu reproduzieren. Das Ergebnis war erschreckend, d.h. obwohl er (sie) sich als LehrerIn „aktiv" mit dem Stoff auseinandergesetzt hatte, die gleiche Anzahl an Stoffwiederholungen hinter sich gebracht hatte, hatte er sich fast nichts gemerkt. Fehlt also als motivationaler Faktor die Absicht, sich etwas einzuprägen, so ist (fast) kein Lerngewinn gegeben. Andererseits kann Motivation andere negative Lernvoraussetzungen kompensieren (Over- and Underachieverproblem): Burgeß (1962) konnte in einem Lernexperiment bei Erwachsenen feststellen, daß diejenigen, die als leistungsvermindert durch Altersveränderungen eingestuft worden waren, einen höheren Lernerfolg erzielten als jüngere. Das Ergebnis kann mit unterschiedlichen motivationalen Gegebenheiten und mit den verstärkten Lernanstrengungen erklärt werden.

Rheinberg und Donkoff (1993, S. 117) verweisen darauf, daß Lernmotivation noch keinen Lernerfolg nach sich zieht. Erst die dadurch veranlaßten Lernaktivitäten bzw. deren Qualität sind für den Lernerfolg relevant (vgl. Abb. 4.9). Eine Person verfügt demnach in einer Lernsituation (im Sinne metakognitiven Wissens) über verschiedene potentiell ausführbare Lernaktivitäten (z.B. Auswendig lernen, Zusammenfassungen anfertigen, Fragen zum Lernstoff stellen etc.).

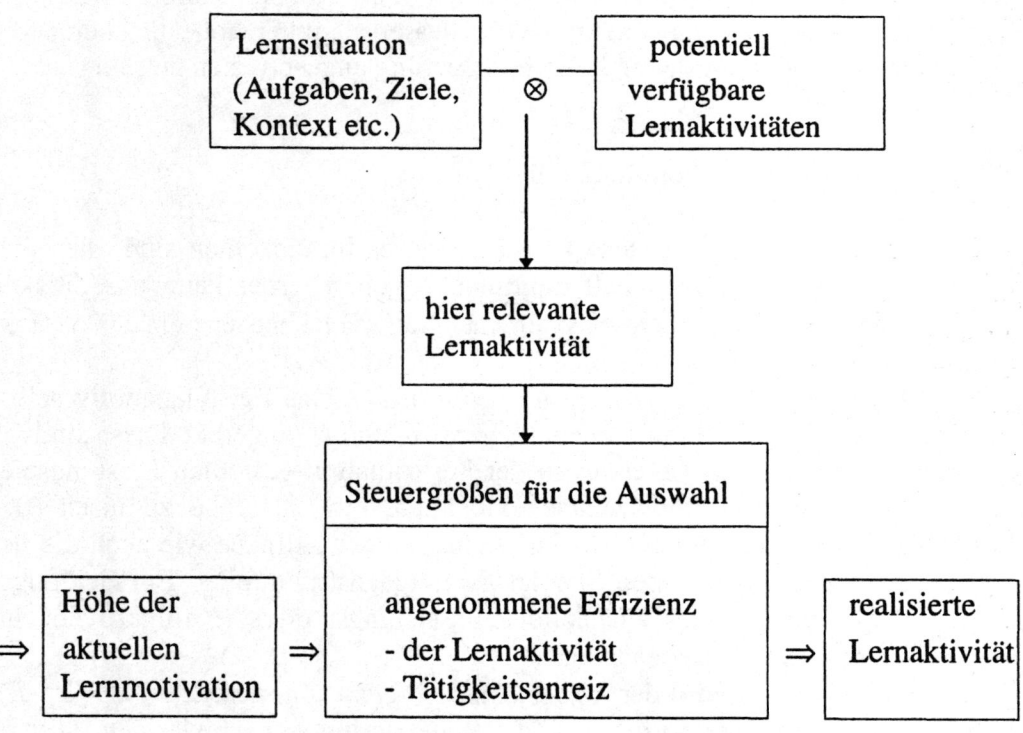

Abbildung 4.9: Zusammenhang zwischen Lernmotivation und realisierter Lernhandlung (Rheinberg & Donkoff, 1993, S. 118)

Von den zur Verfügung stehenden Handlungen wird zum einen diejenige ausgewählt, die dem Lerner am effizientesten erscheint. Daneben ist mit jeder Lernaktivität auch noch ein spezifischer Tätigkeitsanreiz verbunden (z.B. es kann angenehmer sein, eine Frage mit anderen zu diskutieren, als Details eines Lerngegenstandes auswendig zu lernen). Eine Wechselwirkung zwischen Lernmotivation und den beiden Aspekten Effizienz und Tätigkeitsanreiz wird nun in der Weise angenommen, daß

- bei geringer Lernmotivation keine Lernaktivitäten ausgeführt wird, weil andere Aktivitäten interessanter sein dürften,

- bei mäßiger Lernmotivation richtet sich die Person vorwiegend nach den Tätigkeitsanreizen und

- erst bei hoher Lernmotivation richtet sich die Person ausschließlich nach der Effizienz der Lerntätigkeit.

Auch wenn dieses Modell nur zum Teil validiert werden konnte (die Effizienz von Lernaktivitäten konnten bei einer studentischen Stichprobe unter allen Motivationsbedingungen gut vorhergesagt werden, der Tätigkeitsanreiz zumindest unter mäßiger Motivationsbedingung etwas besser als unter hoher), scheint hier eine interessante handlungsleitende Differenzierung angesprochen zu sein.

4.4.3.1 Komponenten der Lernmotivation

Inhaltlich ist zu überlegen, welche Bedingungen es im einzelnen sind, die einer solchen aktualisierten Bereitschaft zugrunde liegen. Hierbei kann aus didaktischen Gründen auf ·eine frühere Zusammenstellung Heckhausens (1968) zurückgegriffen werden.

Dies ist zum einen die *Leistungsmotivation (LM)*. Das Leistungsmotiv selbst wird von zwei situativen Bedingungen (E bzw. Ae und N) angeregt. Diese sind

- der *Erreichbarkeitsgrad (E)* eines in der Lernsituation gestellten Leistungszieles, definiert über die Erfolgswahrscheinlichkeit, eine Aufgabe zu lösen (0 - 100%). Dabei sind sowohl der Schwierigkeitsgrad der Aufgabe wie auch die bereichsspezifische Fähigkeit der SchülerInnen (sachstruktureller Entwicklungsstand) und die Qualität des ausgebildeten Leistungsmotivs (Erfolgszuversicht, Mißerfolgsängstlichkeit) zu beachten.

- Komplementär hierzu wird der *Anreiz einer Aufgabe (Ae)* gesehen ($Ae = 1 - E$), d.h. bei leichten Aufgaben ist dieser in der Regel gering, bei schwierigen steigt er an. Beide Aspekte werden als multiplikativ verknüpft angesehen ($E \times Ae$), damit wird dieser Wert bei mittleren Schwierigkeitsgraden maximal (0,5 x 0,5 = 0,25; 0,4 x 0,6 = 0,24). Anders ausgedrückt, wenn Erfolgs- und Mißerfolgsaussichten ungefähr gleich groß sind, so wird die überdauernde Leistungsmotivation am stärksten angeregt. Die individuelle Dosierung der Aufgabenschwierigkeit ist demnach das stärkste Mittel, die Lernmotivation von SchülerInnen in einer gegebenen Lernsituation anzuregen.

- Schließlich ist noch der *Neuigkeitsgehalt (N)* einer Aufgabe miteinzubeziehen. Ein Lernstoff soll nach Berlyne (1969) so gestaltet sein, daß er die bei den SchülerInnen vorhandenen Erwartungsschemata in mittlerem Ausmaß durchbricht, der Stoff wird so interessant, überraschend oder in mittlerem Grad als komplex wahrgenommen.

- Aus der (Lern-)Biographie einer Schülerin / eines Schülers sind *sachbereichsspezifische Anreize (sA)* zu berücksichtigen. Diese können sich mehr oder minder zufällig oder auch angeleitet durch Erzieher ergeben haben (z.B. was ist den Eltern wichtig, mit welchem Geschick konnten sie Verstärker für diese Interessen finden? => vgl. auch die Ausführungen zu einer teilweise erst zu begründenden Interessentheorie: Schiefele & Winteler, 1988; Krapp,1988; Schiefele, 1989). Auch die Funktionalität für spätere Tätigkeiten, z.B. beruflicher Art, sind zu berücksichtigen (Computern als Berufsvorbereitung). Die Thematisierung bereichsspezifischer „Gütemaßstäbe" weist ebenfalls in diese Richtung. Durch die Theorie der LM wird nicht erklärt, warum ein(e) Schüler(in) gerade in Bereich A solche Gütemaßstäbe entwickelt und nicht in Bereich B, dies kann aber im Rahmen einer lernbiographischen Analyse nachvollzogen werden.

Für die Entstehung von *sA* sind wieder die Erreichbarkeit von Zielen, Erfolgserlebnisse beim Umgang mit diesen Thematiken, die Generalisierung einzelner Tätigkeiten zu *„ sachbereichsbezogenen Schicksalen"* wichtig (vgl. hier z.B. schichtspezifische Anregungsbedingungen). Je nach spezifischen Gegebenheiten können diese Sachbereichsschicksale wie folgt verlaufen:

- positiv (kontinuierliche Tüchtigkeitssteigerung, Entstehung von Sondertüchtigkeitsbereichen, Entwicklung von Hobbies, die ein Leben lang verfolgt werden; aber auch Fortbestehen von Interesse ohne aktive Weiterbeschäftigung),

- neutral (eine Beschäftigung wird aufgegeben, wenn sie beherrscht wird, sie hat dann keinen intrinsischen Anreiz mehr, wie z.B. Autofahren, sondern nur mehr instrumentellen Charakter) oder

- negativ (z.B. Abbruch einer Tätigkeit aufgund von Überforderung; in der Schule z.B. „Mathematikschock").

Hinzu kommen Identifikationen mit Personen, die mit diesen Themen befaßt sind (LehrerInnen, Nobelpreisträger). Wichtig sind sicherlich auch gesellschaftliche Wertschätzungen (Einkommen, sozialer Status, Prestige, die von Personen aus den Sachgebieten vertreten werden; „Sputnikschock" => Erhöhung der Wertschätzung für Mathematik und naturwissenschaftliche Fächer). Schließlich sind auch familiäre Wertklimata zu bedenken (Hochschätzung „alter" Sprachen, Ärztefamilien, Handwerkerfamilien).

Aus empirischen Untersuchungen geht hervor, daß *schulbezogene Interessen* im Laufe der Schulzeit kontinuierlich abnehmen (Todt, 1985). In diesem Zusammenhang gibt eine Studie von Kubli (1986) weiteren Aufschluß über die Gründe des Interessenabfalls. Er wertete die mit einer Interview-Methode erhobenen Angaben zum Einfluß des Unterrichts auf die Interessenausprägung an Physik und Chemie von 100 SchülerInnen aus. Als typische Interessenkiller konnten ausgemacht werden:

- fehlender Alltagsbezug des Lernstoffes,
- keine Auseinandersetzung mit den Sachgebieten, die über den schulischen Bereich hinausgeht und
- Fachterminologie ohne Bezug zum Alltagsjargon der SchülerInnen.

Ebenso sind Versuche vorhanden, Aspekte einer positiven Interessenentwicklung zu identifizieren. Nach Arbinger et al. (1977, S. 204) wirken sich (für die Schulfächer Biologie und Physik) folgende didaktische Gestaltungsmaßnahmen positiv aus:

- Durchschaubarkeit des Dargebotenen,
- Anschaulichkeit,
- Anwendungsbezug,
- Befriedigung der Bedürfnisse nach Anerkennung,
- Erleichterung der Identifikation mit LehrerInnen,
- Ermöglichung von Eigenaktivität,
- Ermöglichung der Selbstbestimmung von Lernzielen,
- Nervenkitzel,
- Ermöglichung von Gruppenarbeit.

Haben sich einmal bestimmte Interessen etabliert, so wirkt sich dies für den Leistungsbereich positiv aus. Nach Todt (1967) sind zwischen den Dimensionen des Differentiellen Interessentests und den inhaltlich entsprechenden Schulnoten Korrelationen zwischen .28 und .41 zu finden. Die Zusammenhänge fallen höher aus, wenn anstelle der Zensuren objektive Leistungstests verwendet werden. Nicht thematisiert ist in diesem Kontext die Möglichkeit, daß die Konzentration auf einen eng umschriebenen Leistungsbereich die Gefahr nach sich ziehen kann, seine zeitlichen Ressourcen hier einseitig zu konzentrieren und somit in anderen (schulischen) Bereichen zu wenig Arbeitsaufwand einzusetzen.

Neben dem Leistungsmotiv werden in einer Lernsituation aber noch andere Motive und Bedürfnisse angesprochen. Man kann diese als die extrinsischen Anteile der Lernmotivierung ansprechen, als da sind:

Bedürfnis nach Identifikation mit dem Erwachsenenvorbild (bId): Bei einem charismatischen Führer (LehrerIn) will man so sein wie er, um die Beziehung selbst nicht auf's Spiel zu setzen (vgl. auch die Machtquellen der LehrerIn nach French & Raven, 1959). Nach Heckhausen kann sich dieses Identifikationsbedürfnis entweder auf Kompetenz- oder Machtaspekte des erwachsenen Vorbildes richten.

Bedürfnis, Zustimmung zu erhalten (bZust): Der Mensch sucht nach Verstärkungen; d.h. die Hoffnung, mit einem bestimmten Verhalten positive Rückmeldungen zu erhalten, kann motivieren (vgl. hierzu auch die sozial-kognitive Lerntheorie von Bandura, 1976).

Bedürfnis nach Abhängigkeit vom Erwachsenenvorbild (bAbh).

Bedürfnis nach Geltung und Anerkennung (bGelt): Dieses bezieht sich sowohl auf LehrerInnen, andere Erwachsene wie auch auf MitschülerInnen und Peers.

Bedürfnis nach Strafvermeidung (bStrafv): Auch hier ist wieder eine Parallele zur Bestrafungsmacht des Lehrers (der Lehrerin) als Machtquelle zu ziehen (French & Raven, 1959).

Diese Bedingungen hat Heckhausen (1968, S. 196) in seine bekannte Formel zusammengefaßt:

$$Motl = \boxed{[(LM \times E \times Ae) + sA + N]} + \boxed{[bId + bZust + bAbh + bGelt + Strafv]}$$

           intrinsische Motivationsbedingungen   extrinsische Motivationsbedingungen

- LM und sA (= Interessen) sind überdauernde Persönlichkeitszüge.
- E (bzw. Ae) und N können situativ von LehrerInnen beeinflußt werden.
- Alle in der eckigen Klammer erwähnten Bedürfnisse beeinflussen ebenfalls den Lernprozeß und stellen situative Gegebenheiten dar, auf die ein(e) Lehrer(in) teilweise zurückgreifen kann (z.B. hinsichtlich des bStrafv oder bZust). Hierbei wird der Lernprozeß aber von sachfremden (= extrinsischen) Motivationen angeregt. Fallen diese Bedingungen fort, so ist keine freiwillige (= intrinsische) Weiterarbeit an den Lernthemen gegeben. Diese wird eher durch die Merkmale LM, As sowie die Anregungsvariablen E, Ae und N angesprochen.
- In einer alltäglichen Lernsituation liegt zumeist ein Wechselspiel zwischen intrinsischen und extrinsischen Motivierungen vor.
- Es sind auch Wechselwirkungen zwischen Gegebenheiten bei den SchülerInnen und den von LehrerInnen verwendeten Motivierungsarten festzustellen (McKeachie, 1961; vgl. auch Kap. 5.3 über die ATI-Forschung):

-- Legt ein(e) Lehrer(in) hohen Wert auf zwischenmenschliche Beziehungen (sozial-integrativer Unterricht), so bedingt er (sie) besonders bei SchülerInnen mit einem hohen Motiv nach sozialer Zustimmung eine hohe Lernmotivation.

-- Bekräftigt ein(e) Lehrer(in) hingegen eher geltungsstrebiges Sich-selbst-Behaupten, so erzielen SchülerInnen mit hoher Machtmotivation bessere Leistungen.

-- Bei einem sehr leistungsbezogenen Unterricht (hoher Leistungswettbewerb) mit sehr häufigen Rückmeldungen über Erfolg und Mißerfolg werden vor allem SchülerInnen mit niedriger Leistungsmotivation und geringer Mißerfolgsängstlichkeit angesprochen. Intrinsisch hoch motivierte SchülerInnen schneiden hingegen am besten ab, wenn LehrerInnen keinen leistungsthematischen Druck auf sie ausüben (Übermotivierung).

Eine andere Kompilation von Motivationen als Facetten der schulischen *Aufgabenmotivation* stellt Pekrun (1993, S. 90) vor. Es sind dies
(a) intrinsische Motivation (Interesse und Freude),
(b) Kompetenzmotivation (Kompetenzgewinn und Selbstdiagnose),
(c) Leistungsmotivation (Erfolg und Mißerfolg) sowie
(d) soziale Motivation (in bezug auf Eltern, LehrerIn und MitschülerInnen mit jeweils positiven oder negativen Reaktionen).

Zusammenfassend ist mit Heckhausen und Rheinberg (1980) festzustellen:
(1) *Lernmotivation* ist keine feste Eigenschaft eines Schülers (einer Schülerin), sondern entsteht immer neu als Wechselprodukt zwischen SchülerInnenmotiven und situativen Anregungsvariablen der Unterrichtsführung.
(2) Besonders motivierend ist die Angleichung des Schwierigkeitsgrades des Unterrichts an Vorkenntnisse und gegebene Fähigkeiten („Prinzip der Passung", Schaffung dosierter Diskrepanzerlebnisse).
(3) Nicht nur die Leistungsmotivation ist dabei entscheidend, sondern weitere Motive bzw. deren Anregung in der Lernsituation.

4.4.3.2 Intrinsische und extrinsische Motivation

Ein Verhalten, das wegen der Folgen des Verhaltens ausgeführt wird, heißt *extrinsisch* motiviert. Ein Verhalten, das um seiner selbst willen ausgeführt wird, wird *intrinsisch* motiviert genannt. Bereits Lewin (1931) hat zwischen der Valenz eines Verhaltens und der Valenz der Folgen eines Verhaltens (Belohnungen, Sanktionen) unterschieden. In den Theorien des operanten Lernens wird hauptsächlich auf die externe Stimulierung des Lernprozesses verwiesen. Aber auch hier hat bereits Skinner (1964) auf die Tatsache der Selbstverstärkung aufmerksam gemacht. Offensichtlich sind Menschen in der Lage, sich selbst für ein Verhalten zu loben, wenn es bestimmten Kriterien genügt.

Als intrinsich gelten Lernaktivitäten, die „aus Neugier" ausgeführt werden, aus einem Interesse an der Sache selbst oder die in Form selbstvergessenen Problemlösens ablaufen. Bei intrinsisch motiviertem Verhalten erfolgt eine völlige Absorption des Erlebens auf die momentanen Aufgabenanforderungen (Computer-

spiele). Prozesse der Informationsverarbeitung erreichen ihre höchsten Grade; das „flow"-Erlebnis ist nach Csikszentmihalyi (1975) dadurch definiert, daß
- eine Person im Handlungsvollzug ganz aufgeht,
- ihren Zeitsinn verliert,
- ein klares Handlungsziel vor Augen hat,
- unmittelbares Feedback über das Erreichen des Handlungszieles erhält und
- das Gefühl der Kontrolle erlebt.

Als situative Gegebenheiten, die sich günstig auf die Entstehung einer intrinsischen Motivation (i.S. einer zunehmenden Verinnerlichung des Lernzieles) auswirken, nennen Deci und Ryan (1985) die Berücksichtigung von
- Autonomie (keine detaillierten Vorschriften, Wahlmöglichkeiten anbieten, Spielräume eröffnen),
- Kompetenz (keine abwertenden, sondern nur informierende Rückmeldungen) und
- soziale Unterstützung (d.h. die Person des Lerners ernst nehmen).

Exkurs: Definition von Interesse

Ganz ähnliche Bestimmungsstücke wie beim Begriff der intrinsischen Motivation gehen auch in ihre Versuche ein, *Interesse* als spezifische Lernbedingung zu definieren. Unter Interessen sind längerfristige und überdauernde Person-Gegenstands-Beziehungen gemeint (feststellbar z.B. an Sammlertätigkeiten), die (wie auch im Einstellungsbegriff festgehalten) durch spezifische kognitive, emotionale und wertbezogene Merkmale bestimmt sind.
Emotional: Positive Tönung des Gegenstandes und der auf ihn bezogenen Tätigkeiten.
Kognitiv: Genaue kognitive Abbildung des Gegenstandes und des darauf bezogenen Handlungswissens.
Wertbezogen: Hoher Rang des Gegenstandes in der Wertehierarchie eines Individuums.
Hinzu kommt das Merkmal der *Selbstintentionalität,* d.h. die Person-Gegenstands-Beziehung dient nicht dazu, gegenstandsäußerliche Ziele zu erreichen. Dabei hat eine kompetenzorientierte und selbstbestimmte Lernorientierung und entsprechende situationale Bedingungen (z.B. Abwesenheit von Kontrolle) eine höhere Qualität des Lernens zur Folge.
Interesse ist seit Herbart (1806) ein Erziehungsziel (Vielfalt der Interessen als angestrebtes Ergebnis von Erziehung) und nicht bloßes Mittel für anderes .

Prenzel et al. (1993) konnten für Medizinstudenten belegen, daß Unterschiede in der intrinsischen Motivation in der Tat durch Unterschiede in der Wahrnehmung von Unterrichtsmerkmalen zurückzuführen sind, d.h. durch die Art des Unterrichts kann intrinsische Motivation herbeigeführt werden. Nach einer Zusammenfassung verschiedener Arbeiten durch Ryan et al. (1985) ist als Ergebnistrend festzuhalten, daß intrinsische Motivation im Gegensatz zu extrinsischer zu höherer Schul- und Studienleistung führt (ähnliche Zusammenhänge ergeben sich nach Schiefele und Winteler [1988] auch zwischen Interesse- und Leistungsvariablen, in der Regel in der Höhe von r = .30).

Von außen kommende Anregungen (Einführen zusätzlicher Bekräftigungen, Einschränkung von Spielräumen, detaillierte Kontrolle, abwertende Rückmeldungen) zerstören die intrinsische Selbstversunkenheit in das Tun (Deci, 1975, 1992). - Durch die Antizipation unerwünschter Folgen während der Handlungsausführung wird eine kognitive Interferenz erzeugt („störende Nebeneffekte").
- Durch die zusätzliche Einführung von Nebenfolgen kommt es zu einer sog. *Übermotivation* und die Leistungsfähigkeit wird dadurch beeinträchtigt (Warum kann man nicht Nobelpreisträger werden, wenn man gerade dies will?).
- Durch Übermotivation ändert sich die Bearbeitungsstrategie von Aufgaben leicht zugunsten der Menge, dies geht auf Kosten der Güte der Leistung.

Pädagogisch steht man also vor einem Paradox, wenn man von *intrinsischer Motivierung* oder der Wirksamkeit *sachimmanenter Stimulierung* ausgehen will: Einerseits scheint dieses so motivierte Lernen besonders wertvoll und effektiv. Andererseits wird diese Art der Lernmotivation aufgezehrt, wenn die stimulierende Inkongruenz aufgearbeitet ist (das Problem z.B. gelöst wurde). Es dauert auch lange, bis die Basiskompetenzen aufgebaut sind, die eine Auseinandersetzung mit den Sachanforderungen einer Aufgabe erst intrinsisch motivierend machen. Bis dahin muß das Lernen aber durch andere Motive angeregt werden. Daraus folgt, daß eine Lernmotivation, die auf extrinsische Ergebnisfolgen gerichtet ist, unerläßlich bleibt. Dazu zählt auch, daß man lernt, um eventuell „nur" gute Zensuren zu erreichen.

Zusammenfassend heißt dies:

(1) Sachimmanente Stimulation und auf Zweckfolgen gerichtete Lernmotivation schließen einander nicht aus. Intrinsische Motivation ist vielmehr periodenhaft in eine übergreifende zweckgerichtete Lernmotivation eingebettet.

(2) Intrinsische Motivation erhöht über Teilstrecken die Lernmotivation und sie verbessert die Informationsverarbeitung. Sie kann aber zweckgerichtete Lernmotivation nicht ersetzen.

(3) Experimente zeigen, daß intrinsische Motivation durch externe Belohnungen korrumpiert werden kann. Wenn Lernen bereits intrinsisch motiviert ist, so bedeutet die Einführung zusätzlicher Belohnungen eine *Überveranlassung* (overjustification). Folge davon ist die Abwertung dieser Tätigkeit.

(4) Intrinsische Motivation sinkt bei unerwarteten Mißerfolgen stark ab. Da keine zusätzlichen Handlungs-Ergebnis-Erwartungen vorhanden sind, würde die Beschäftigung aufhören.

(5) Bei *Unterveranlassung* (insufficient justification) ist die Einführung extrinsischer Folgen pädagogisch geboten. Dabei sollten LehrerInnen beachten,
- daß die extrinsischen Anreize ergebnisabhängig gesetzt werden,
- es sollte nur so stark extern motiviert werden als zur Handlungsveranlassung notwendig ist,
- der informatorische Aspekt sollte dabei überwiegen,
- nach Möglichkeit sollte immateriell und nicht materiell motiviert werden (Probleme bei sog. Token-Programmen),
- extrinsische Motivierungstechniken sollten flexibel an die Fähigkeiten der einzelnen SchülerInnen angepaßt sein,
- sie sollten in dem Maße zurückgenommen bzw. ganz abgesetzt werden, in dem SchülerInnen von sich aus dazu neigen, das Erwünschte zu tun.

4.4.3.3 Kognitive Sichtweise der Lernmotivation

In einem weiteren Beitrag kritisierten Heckhausen und Rheinberg (1980) diese früher entwickelten und etwas mechanistisch anmutenden Vorstellungen. Z.B. meinten sie hinsichtlich der Leistungsmotivation, daß angenommen werde, diese sei durch die situative Erfolgserwartung sowie durch antizipierte emotionale Selbstbewertungen nach Erfolg und Mißerfolg (Scham, Stolz) bestimmt. Das Verhalten von SchülerInnen sei aber durch mehr als durch *Selbstbewertungsfolgen* motiviert.

Den zusätzlichen Erwartungen und Anreizwerten antizipierter Handlungsfolgen kann ein erweitertes Motivationsmodell gerecht werden. In diesem wird unterschieden zwischen

Situation ⇒ Handlung ⇒ Ergebnis ⇒ Folgen des Ergebnisses

Zwischen diesen vier Bestandteilen einer Handlungsepisode vermitteln spezifische Erwartungen:

(1) *Situations-Ergebnis-Erwartungen:* Z.B. ein(e) Schüler(in) wird in Mathematik an die Tafel gerufen. Dabei kann es bei ihm (ihr) der Fall sein, daß diese Situation die Ergebniserwartung eines totalen Mißerfolgs nach sich zieht, gleich was immer er (sie) auch macht. In diesem Fall wird er (sie) kaum Ansätze zu konstruktiven Lösungen zeigen. Es ist also abzuschätzen, mit welcher Wahrscheinlichkeit die Situation zu welchem Ergebnis führt, auch wenn der Schüler / die Schülerin nicht aktiv etwas leistet (sich also nicht vorbereitet, nicht aufmerksam ist, nicht mitarbeitet).

(2) *Handlungs-Ergebnis-Erwartungen:* Wenn Handlungen keinen Erfolg erwarten lassen, hat es für SchülerInnen auch keinen Sinn, etwas zu unternehmen. Sie können allenfalls andere Handlungsstrategien einsetzen, z.B. LehrerInnen durch interessierte Gegenfragen vom Thema weglocken oder auf ein Feld führen, auf dem die SchülerInnen besser Bescheid weiß.

(3) *Ergebnis-Folge-Erwartungen:* Die Folgen eines Ergebnisses müssen positiv sein, um zu einer Handlung anzuregen. Wie hoch wird der Wert dieser Folgen eingeschätzt? Mit welcher Wahrscheinlichkeit zieht ein Ergebnis bestimmte erwünschte oder unerwünschte Folgen nach sich oder schließt sie aus?

Mit einer solchen Auffassung sind auch empirische Ergebnisse in Einklang zu bringen. Löwe (1971) untersuchte z.B. die Wirkung von zwei Motivationsbedingungen auf den Lernerfolg. Unter einer ersten Bedingung wurde eine auf gesellschaftliche Zielsetzungen hin orientierte Aktualmotivation mit persönlicher Bedeutsamkeit bei Vpn etabliert. In der zweiten Bedingung bestand die Aufgabenstellung darin, sich etwas einzuprägen, weil die Vpn im Anschluß daran überprüft würde. Ergebnis war, daß unter Bedingung A bessere Lernergebnisse auftraten als unter B.

Das Modell von Heckhausen und Rheinberg (1980) ist als elaboriertes *Zweckhandeln* zu interpretieren. U.U. werden die einzelnen Phasen sehr schnell und ohne hohen Bewußtseinsgrad durchlaufen. Besonders deutlich ist dies bei *Impulshandlungen.* Hier werden Teilprozesse übersprungen, Nebenfolgen vergessen etc.

Das Motivierungsgeschehen kann aber auch so sehr zum Gegenstand selbstbezogener Aufmerksamkeit werden, daß kein Handeln (und Lernen) mehr erfolgt. Dieses Überwiegen der *Lageorientierung* im Unterschied zur *Handlungsorientierung* kommt bei mißerfolgsängstlichen Personen verstärkt vor. Hier stehen exzessiv selbstbezogene und aufgabenirrelevante Kognitionen im Vordergrund (vgl. hierzu das Zwei-Komponenten-Konzept der Leistungsangst in Kap. 4.5.2.4, wobei zwischen Aufgeregtheits- und Selbstzweifelkomponente unterschieden wird; auch „gelernte Hilflosigkeit" ist zu erwähnen, bei der nach Mißerfolg die Lageorientierung anhält, ohne daß es zu Handlungen kommt).

4.4.3.4 Entwicklung von Lernfreude

Als Lernfreude kann die positive affektive Gestimmtheit im Zusammenhang mit (schulischen) Leistungsanforderungen angesehen werden. Man könnte auch sagen, daß Lernfreude die andere Seite von Schul- und Leistungsangst ist. Lernfreude kann sowohl instrumentell als Bedingung für Leistungen als auch als Ziel an sich, das unter einer humanen Perspektive im Schulsystem anzustreben sei, angesehen werden.

Die Beziehungen zwischen Lernfreude und Leistung sind erwartungsgemäß positiv, wobei sich aber in Abhängigkeit von Schulfach und Jahrgangsstufe unterschiedliche Beziehungen ergeben können.

Eine der wenigen Studien, welche für den Ausgangspunkt von Lernfreude im Übergang von Kindergarten zur Grundschule bedeutsam ist, stammt von Helmke (1993). Lernfreude wurde mittels einer visuellen Analogskala in kindgemäßer Form für die Fächer Deutsch und Mathematik erfaßt. Es ergibt sich dabei ein kurvilinearer Verlauf mit einem Anstieg der Lernfreude im Übergang von Kindergarten zur Grundschule, der von einem kontinuierlichen Absinken bis zum Ende der Grundschulzeit gefolgt wird (vgl. Abb. 4.10). Im Fach Mathematik ist die Lernfreude der Mädchen signifikant geringer als die der Jungen (vgl. Kap. 4.1). Die relativ niedrige Ausprägung am Ende der Grundschulzeit liegt aber noch etwas über der neutralen Mitte der Skala, d.h. man könne hier noch nicht von Schulverdrossenheit oder Lernunlust sprechen (a.a.O., S. 84).

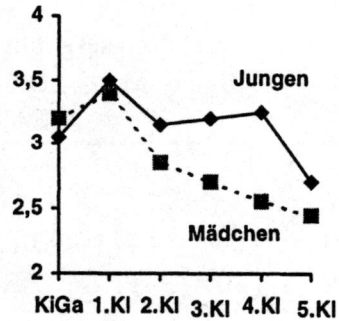

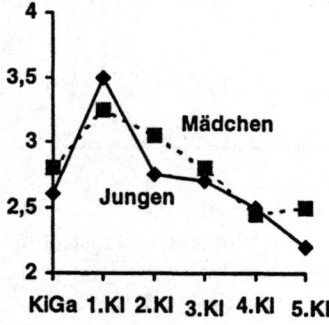

Abbildung 4.10: Entwicklung der Lernfreude in Mathematik und Deutsch (Helmke, 1993, S. 83)

Helmke (1993, S. 84) fand in den ersten beiden Grundschulklassen auch einen mittleren Zusammenhang zwischen Mathematikleistung und Lernfreude (r = .34), aber in den 3. und 4. Klassen wesentlich höhere Korrelationen (r > .60). Ab diesen Klassen konnte (bei einer kausalanalytischen Datenauswertung) auch eine bidirektionale Abhängigkeit zwischen beiden Merkmalen nachgewiesen werden, wobei die Bedeutung der Leistung für die motivationale Gegebenheit wesentlich stärker ausgeprägt war als umgekehrt.

Als weitere Illustration für die instrumentelle Bedeutung von Lernfreude können Ergebnisse aus einer schulsystemvergleichenden Untersuchung von Lukesch (1979b) am Ende der Sekundarstufe I angesehen werden. Hierbei wurden auch ausgewählte Persönlichkeitsmerkmale sowie Indikatoren der Unterrichtsbeteiligung in die Analyse aufgenommen (vgl. Tab. 4.19).

Tabelle 4.19: Schulleistungskorrelate aus einer schulsystemvergleichenden Untersuchung in Nordrhein-Westfalen, HauptschülerInnen bzw. SchülerInnen mit einer HS-Abschlußprognose in der 9. Klasse (Lukesch, 1979b, S. 286)

	Leistungsergebnisse [1]					
	LV	RS	M	E-IEA	E-EET9 +	Ph
Schulklima [2]						
Wohlfühlen a. d. Schule (-)	-.14	-.05	-.17	-.14	-.16	-.19
Anomia (-)	.22	.20	.11	.22	.12	.16
Persönlichkeitsvariable						
Leistungsangst	-.15	-.09	-.11	-.13	-.11	-.21
Selbstakzeptierung	.18	.13	.08	.11	.13	.18
Begabungsselbstbild	.23	.13	.15	.18	.21	.25

[1] LV = Leseverständnis   E-IEA = IEA-Englischtest
    RS = Rechtschreiben   E-ET9+ = Englischeinstufungstest für 9. und höhere Klassen
    M = Mathematik   Ph = Physiktest

[2] Wegen der großen Stichprobe sind Korrelationskoeffizienten von r > .09 bereits signifikant und von r > .13 sehr signifikant.

Die Ergebnisse zeigen auf der Ebene einfacher Korrelationskoeffizienten im Grunde allerdings nichts, was nicht auch aus Plausibilitätsüberlegungen erwartbar gewesen wäre:

- Wohlfühlen an der Schule und ein nur gering ausgeprägtes Gefühl der Ohnmacht gegenüber innerschulischen Abläufen (geringe Ausprägung von Anomia) finden sich eher bei SchülerInnen mit guter Leistung.
- Leistungsangst korreliert hingegen mit allen Leistungsmaßen schwach negativ.
- Ein positives Begabungsselbstbild und hohe Selbstakzeptierung gehen wiederum mit guten Leistungen einher.

Exkurs: Fachspezifische Prüfungsängste

In einer Stichprobe von SchülerInnen aller Schularten aus dem 6. Schuljahr (N = 2625) und dem 9. Schuljahr (N = 2490) wurde von Lukesch (1982) auch die Frage nach Ängsten vor schriftlichen und mündlichen Prüfungen in verschiedenen Fächern gestellt.

Nur ein knappes Viertel aller SchülerInnen geht völlig unbelastet in Prüfungen, zwischen 10 und 15% (unterschiedlich nach Fach) erleben ziemlich starke Angst bei mündlichen oder schriftlichen Prüfungen. Das Ausmaß an Angst wird gegen Ende der Pflichtschulzeit größer und Klassenarbeiten sind stärker mit Angst besetzt als mündliche Prüfungen. Es liegt dabei auf der Hand, daß die Schule unerwünschte Nebeneffekte produziert (nämlich die Angstzunahme im Lauf der Schulzeit).

In der 6. Schulstufe gilt Englisch als das Fach mit dem höchsten Angstwert bei mündlichen Prüfungen, danach rangieren Deutsch und letztlich Mathematik. Bei den schriftlichen Prüfungen kommt Englisch ebenfalls vor Mathematik und vor Deutsch.

Auf der 9. Klassenstufe sind bei mündlichen Prüfungen Mathematik und Englisch gleich hoch mit Angst besetzt; bei den Klassenarbeiten gilt Mathematik als das am meisten angstbesetzte Fach (10,6% sehr starke Angst), dann folgen Englisch (6% sehr starke Angst) und Deutsch (2,7% sehr starke Angst). Die Alterstrends weisen darauf hin, daß

- besonders in Mathematik eine Angstzunahme erfolgt (sowohl für Klassenarbeiten wie auch für mündliche Prüfungen).
- In Englisch bleibt die Bewertung der schriftlichen Prüfung gleich, die der mündlichen verändert sich signifikant negativ.
- In Deutsch bleibt die Angstbesetztheit bei den mündlichen Prüfungen gleich, die der Klassenarbeiten nimmt hingegen ab.

Als weiteres Ergebnis kam heraus, daß Prüfungsängste dort gehäuft vorkamen, wo die höchsten Anforderungen gestellt werden: Das ist im gegliederten Schulwesen im Gymnasium und im Gesamtschulsystem bei A-Kurs-SchülerInnen der Fall.

Eine Ausnahme ist hinsichtlich der C-Kurs-SchülerInnen in Hessen zu machen. Diese werden im Fach Deutsch im leistungsheterogenen Klassenverband unterrichtet. Unter dieser Bedingung (Konkurrenz mit den potentiell leistungsstarken A-Kurs-SchülerInnen) ist bei dieser SchülerInnengruppe eine erhöhte Angst vorhanden. Offensichtlich kommt es hier aufgrund sozialer Vergleichsprozesse zu Selbstwertbeeinträchtigungen.

Für die Zeit der Sekundarstufe ist relativ gut eine Abnahme von Lern- oder Schulfreude bzw. eine Zunahme von Leistungsangst dokumentiert (Czwerwenka et al., 1988; zum Rückgang von intrinsischer Motivation, Kompetenzmotivation, sozialer Motivation und schulischer Anstrengung zwischen 5. und 10. Klassenstufe vgl. Pekrun, 1993; vgl. hierzu auch den untenstehenden Exkurs über die komplementäre Veränderung fachspezifischer Prüfungsängste aus einer komperativen Querschnittuntersuchung von SchülerInnen der 6. und der 9. Schulstufe).

4.4.3.5 Schulbezogene Folgerungen aus der Theorie der Lernmotivation

Heckhausen und Rheinberg (1980) schlagen hierzu eine Differenzierung vor.
   1. Sie meinen, es gibt qualitativ unterschiedliche Motivationszustände im Unterricht:
(a) störungsfreie Anwesenheit, (b) passive Aufmerksamkeit, (c) aktive Mitarbeit.
   Für die Erreichung dieser Zustände können unterschiedliche Mittel eingesetzt werden, für (a) genügt Strafandrohung, diese wäre aber für (c) kontraindiziert.
   2. Je nach Unterrichtsphase soll und muß das Anspruchsniveau an die SchülerInnenmotivation wechseln. Nicht immer muß die Lernmotivation maximal sein. Der Wechsel zwischen den einzelnen Motivationsphasen muß von LehrerInnen flüssig gestaltet werden können. Je nach Alter der SchülerInnen sollen die einzelnen Phasen unterschiedlich lang sein.
   3. Es ist zwischen den SchülerInnen zu differenzieren. Nach einer Untersuchung naiver Theorien bei LehrerInnen durch Hofer et al. (1979) unterscheiden LehrerInnen zwischen
   (a) extravertiertem Quirl,
   (b) introvertiertem Sensiblen,
   (c) schlechte(r) SchülerIn,
   (d) Klassenprimus.
(b) und (c) sind durch Motivieren und Helfen anzusprechen, dies sei aber bei (d) kontraindiziert. Der/die SchülerIn (a) ist durch Fordern mit Strenge oder Bremsen anzusprechen, dieses Verhalten wäre aber bei (b) und (d) falsch. In Phasen der Stillarbeit kann SchülerInnentyp (b) angesprochen werden. Für den Typ (d) scheint LehrerInnen keine Eingriffsstrategie zweckmäßig; sie fürchten vielmehr, durch Eingriffe die Lernmotivation des „Klassenprimus" zu stören.
   4. Lernmotivation und die Methoden ihrer Anregung unterliegen einer Entwicklung. Was bei jüngeren SchülerInnen noch ankommt (z.B. eine aufmunternde Bemerkung), kann ältere deprimieren (z.B. weil sie durchschauen, daß LehrerInnen sie nicht für Leistung belohnen, sondern nur wegen ihres guten Willens,

sie also für unfähig halten). Vermutlich sind LehrerInnen individuell sehr unterschiedlich sensibel für solche Veränderungen.

5. Auf die Lernmotivation wirken eine Vielzahl zusätzlicher Faktoren (Unterrichtsgegenstand, häusliche Unterstützung etc.) ein, d.h. LehrerInnen bestimmen nicht uneingeschränkt über Anregungsbedingungen für die Lernmotivation. Auch die Meinung, „je mehr, desto besser", ist nicht unbedingt richtig. Vielmehr sollten die angesprochenen Differenzierungen beachtet werden.

4.4.3.6 Methoden des Motivationstrainings

Von Heckhausen (1980) bzw. Rheinberg und Krug (1993) werden verschiedene Verfahren zur Erhöhung der Leistungs- und Lernmotivation dargestellt. Dabei werden - erfahrungs- oder theoriegeleitet - verschiedenene Komponenten, die für eine positive Ausgestaltung der Leistungsmotivation wichtig sein können, unterschieden. Bei den kognitiven oder Verhaltenstrainings wird versucht, auf folgende Bereiche einen Einfluß zu nehmen:

(a) realistische Anspruchsniveausetzung,
(b) Erwerb von Vertrauen in die Wirksamkeit eigenen Handelns (Verursachertraining),
(c) Erwerb von Planungsfähigkeit zur Zielerreichung,
(d) Verantwortungsübernahme für eigene Handlungen,
(e) Förderung realistischer und zugleich selbstwertdienlicher Attributionsmuster,
(f) Förderung positiver Selbstbewertung (unter Verwendung von am Lernzuwachs orientierter Bewertungsmaßstäbe),
(g) Transfer dieser in Spielsituationen erprobten Fähigkeiten auf schulische Bereiche,
(h) Änderung der Bezugsnormorientierung von LehrerInnen in Richtung des Gebrauchs eines individuellen Bewertungsmaßstabes.

4.4.4 Motivation und Lernen

Nach der zusammenfassenden Darstellung von Gage und Berliner (1986) gibt es eine Reihe empirischer Befunde über das Zusammenwirken von Leistungsmotivation und tatsächlicher Leistungserbringung:

- Hoch motivierte SchülerInnen wählen z.B. vermehrt gute SchülerInnen als Arbeitspartner, sozialmotivierte oder niedrig leistungsmotivierte wählen in entgegengesetzter Richtung.

- Vpn mit hoher LM neigen zu hoher Ausdauer und Perseveration bei den Aufgabenbearbeitungen (Hinweis auf Generalisierungstendenzen).

- Vpn mit hoher LM lösen in experimentellen Situationen auch mehr Aufgaben.

- Mit hoher LM ist die Tendenz verbunden, einmal begonnene Aufgaben auch zu Ende zu führen (Zeigarnik-Effekt) und den roten Faden nach Unterbrechungen wieder aufzugreifen.

- Rheinberg (1976) hat bei Überprüfung von 55 Arbeiten, in denen der Zusammenhang zwischen LM und Schulleistungen untersucht wurde, in 33 Fällen positive und nur in zwei Arbeiten negative Zusammenhänge gefunden. In einigen Fällen (Pomerantz & Schultz, 1975) traten Korrelationen von .56 (LM-Fragebogen und Schulnoten) bzw. sogar .60 (LM-Fragebogen und Schulleistungstests) auf. Nach einem Übersichtsreferat von Uguroglu und Walberg (1979, S. 386) besteht eine mittlere Korrelation von .34 zwischen Motivations- und Leistungsmaßen.

- Auch auf gesellschaftlicher Ebene hängen LM und der Grad an Produktivität zusammen (vgl. McClelland & Winter, 1969: Indien / USA - LM und Stromverbrauch; Kurse in Indien mit dem Ziel, Leistungsmotivation zu steigern, sollen im unternehmerischen Bereich deutliche Effekte nach sich gezogen haben, z.B. Anstieg der unternehmerischen Aktivitäten, der Kapitalinvestitionen und der Arbeitsplätze - nach Heckhausen [1971] sind die positiven Effekte vor allem auf mißerfolgsorientierte Personen in Entscheidungspositionen zurückzuführen, bei denen ein deutlicher Motivwandel herbeigeführt werden konnte).

- Motivationale Bedingungen werden auch bei der Frage sog. *Over- und Underachiever* für wesentlich erachtet. Dabei wird aus dem mittleren Zusammenhang von Intelligenz und Schulleistung der Schluß gezogen, daß ein Teil der (intelligenz-) begabten SchülerInnen nicht die Leistung erreicht, die sie erreichen könnten, während ein Teil der SchülerInnen erwartungswidrig gute Leistungen aufweist. Bestätigend wurde nach Ringness (1965) bei den sog. Overachievern eine hohe Leistungsmotivation und zugleich eine geringe soziale Motivation gefunden (dies könnte eventuell dem Stereotyp des „asozialen Strebers" entsprechen). Underachiever akzeptierten schulische Leistungsstandards nicht so sehr, dafür bewerteten sie die Popularität in der Peer-Gruppe höher.

- Schiefele und Winteler (1988) berichten von Untersuchungen über den Einfluß des Interesses auf das Textverstehen. Sie gehen dabei von dem in Abbildung 4.11 dargestellten Modell aus. Auch nach Kontrolle des Vorwissens in dem jeweiligen Sachgebiet lassen sich spezifische Interesseneffekte nachweisen. Der Effekt des Interesses ist dabei größer als der der Textverständlichkeit oder der Lesefähigkeit der Kinder (Anderson et al., 1987). Interesse korreliert auch mit Aufmerksamkeitsindikatoren (z.B. Lesedauer), diese aber nicht mit der Lernleistung.

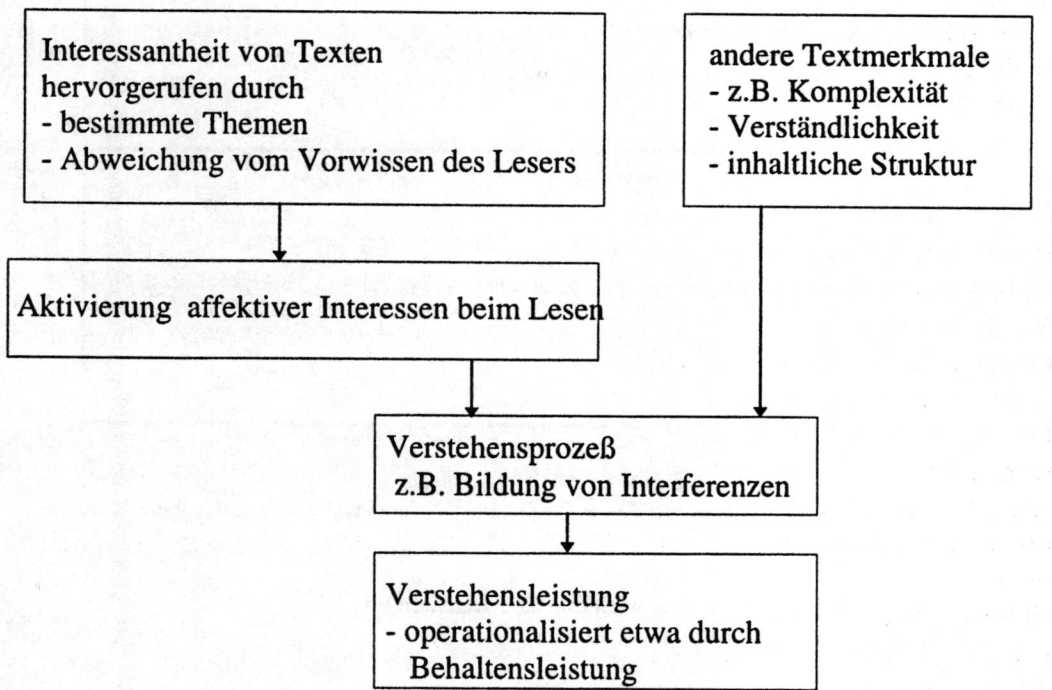

Abbildung 4.11: Zusammenwirken kognitiver und motivationaler Bedingungen beim Textverstehen (Schiefele & Winteler, 1988)

Affektive und arbeitsbezogene Merkmale der SchülerInnenpersönlichkeit und Schulleistung stehen in einer erwartbaren Beziehung (vgl. Tab. 4.20):
- Der Zusammenhang mit Aufmerksamkeit im Unterricht und Schulleistung weist vor allem für das Fach Englisch bedeutsame Zusammenhänge auf, weniger jedoch für das Fach Mathematik (eventuell ist hier eine stärkere Intelligenzabhängigkeit gegeben).
- Ebenso sind „Wohlfühlen bei LehrerInnen" und eine subjektiv angegebene „Leistungsbereitschaft" für die Leistungen in Englisch nützlich.

Tabelle 4.20: Schulleistungskorrelate aus einer schulsystemvergleichenden Untersuchung in Nord-rhein-Westfalen, HauptschülerInnen bzw. SchülerInnen mit einer HS-Abschlußprognose in der 9. Klasse (Lukesch, 1979b, S. 286)

| | Leistungsergebnisse [1] | | | | |
	LV	RS	M	E-IEA	E-EET9 +
Unterrichtsbeteiligung[2]					
Hausaufgabenzeit	-.09	.00	-.07	.10	.10
Aufmerksamkeit i.U. (-)	-.11	-.01	-.01	-.15	-.17
Wohlfühlen beim L.			-.13	.15	.14
Leistungsbereitschaft			-.06	.20	.19

[1] LV = Leseverständnis   EIEA = IEA-Englischtest
    RS = Rechtschreiben   EET9+ = Englischeinstufungstest für 9. und höhere Klassen
    M = Mathematik

[2] Wegen der großen Stichprobe sind Korrelationskoeffizienten von $r > .09$ bereits signifikant und von $r > .13$ sehr signifikant.

Weiterführende Literatur

Arbinger, R., Seitz, H. & Todt, E. (1977). Motivationsforschung im Bereich der Schule. In E. Todt (Hrsg.), *Motivation* (S. 199-224). Heidelberg: Quelle & Meyer.

Maslow, A.H. (1978). *Motivation und Persönlichkeit* (2. Auflage). Olten: Walter-Verlag.

McClelland, D.C. & Winter, D.G. (1969). *Motivating economic achievement.* New York: Free Press.

Rheinberg, F. & Krug, S. (1993). *Motivationsförderung im Alltag.* Göttingen: Hogrefe.

Todt, E. (1967). *Differentieller Interessentest.* Bern: Huber.

4.5 Schul- und Leistungsangst

4.5.1 Begriff der Angst

4.5.1.1 Definition

Als kleinsten gemeinsamen Nenner psychoanalytischer, lerntheoretischer und kognitionstheoretischer Auffassungen wurde vorgeschlagen, Angst als „einen hochgradig unangenehm erlebten Erregungsanstieg angesichts der Wahrnehmung bestimmter Gefahrenmomente" zu definieren (Krohne, 1976, S. 8).

Im Rahmen der Persönlichkeitspsychologie hat es sich dabei als nützlich erwiesen, zwischen Ängstlichkeit als Persönlichkeitsmerkmal und Angst als situationsbezogener Reaktion zu unterscheiden. Ängstlichkeit oder Furchtsamkeit (trait anxiety) bezeichnet eine Eigenschaft oder Disposition eines Individuums, zeit- und situationsübergreifend Angstreaktionen zu zeigen (Levitt, 1971, S. 21 und 117). Ängstlichkeit oder Angst als Eigenschaft kann umschrieben werden mit der „erworbenen Verhaltenstendenz eines Individuums, die es dazu disponiert, Umweltereignisse relativ häufig als Gefahrenreize zu kognifizieren. Ängstliche Personen werden daher mehr subjektive, verhaltensmäßige oder physiologische Angstreaktionen zeigen als nicht ängstliche" (Flemming, 1977, S. 6).

Hinsichtlich dieses Aspektes läßt sich aufgrund von Züchtungsexperimenten mit Ratten auch eine genetische Komponente nachweisen, u.zw. im Sinne hoher Emotionalität oder Erregbarkeit (Graumann, 1969, S. 71), wobei aber ein Lernmechanismus zum Erwerb von Ängsten nicht ausgeschlossen ist.

Im Gegensatz dazu wird Angst im Sinne eines kurzfristig bestehenden Zustandes (state anxiety, acute anxiety) „als eine subjektive emotionale, physiologische und motorische Reaktion auf einen 'bestrafenden' Reiz betrachtet. Ein aversiver Reiz wird operational als eine Bedingung definiert, der ein Lebewesen zu entkommen versucht, als eine Bedingung, die es zu beenden oder zu vermeiden versucht" (Birbaumer, 1973, S. 4).

Bisweilen wird auch versucht, zwischen *Angst* und *Furcht* zu differenzieren. Beide werden als gefahrenbezogene Emotionen verstanden. Furcht bezieht sich auf Situationen, in denen die Gefahrenquelle eindeutig und klar auszumachen ist (Epstein, 1973, S. 215); Angst bezieht sich hingegen auf Situationen, in denen Reize komplex, mehrdeutig und unbestimmt sind, so daß die Person nicht in sinnvoller Weise auf die in den Gefahrenreizen angezeigten Bedrohungen reagieren kann (Krohne, 1975, S. 11). In ähnlicher Weise hat Seligman (1975) die Begriffe Angst und Furcht nach der Vorhersagbarkeit und Bewältigungsmöglichkeit der aversiven Situation zu differenzieren versucht. Von *Furcht* spricht man, wenn die aversive Situation vorhersehbar und eher zu bewältigen ist, von *Angst* bei unvorhersehbaren und nicht zu bewältigenden Situationen (Fliegel, 1978, S. 5). Diese terminologische Differenzierung wird von anderen Autoren wiederum abgelehnt (Gärtner-Harnach, 1972), da die Unterscheidungskriterien einen kontinuierlichen Übergang als sinnvoller erscheinen lassen als zwei qualitative emotionale Zuständlichkeiten.

Steigt die situationsbezogene Angst über ein bestimmtes Maß hinaus, so spricht man von einer *Phobie* (Reinecker, 1994). Eine Phobie ist demnach eine übermäßige Furcht vor einem bestimmten Objekt oder Ereignis (Agoraphobie, Hundephobie, Phobophobie), wobei die Wahrscheinlichkeit, daß dem Betreffenden durch die Konfrontation mit dem Objekt oder dem Ereignis Schaden zugefügt wird, in Relation zu seiner emotionalen Reaktion gering ist (Levitt, 1971, S. 16). Wird von *Schulphobie* gesprochen, so sind damit alle Auslösebedingungen, die in der schulischen Umwelt liegen, gemeint, z.B. die verschiedenen Personen in der Schule, Leistungssituationen bis hin zu dem Gebäude der Schule (Helmke, 1983a). Neben dem etwas schwer abzuschätzenden Kriterium der Abnormalität der Reaktion kommt das Vermeiden der Auslösesituation als typisch hinzu (Sarason et al., 1971, S. 32). Marks (1969) beschreibt Phobien als eine spezifische Art von Angst, die

- nicht den Forderungen der Situation angepaßt ist,
- nicht in einer vernünftigen Form erklärt werden kann,
- nicht der Kontrolle des Willens unterliegt,
- die Vermeidung der gefürchteten Situation verursacht,
- über einen langen Zeitraum anhält,
- unangepaßt ist und
- nicht spezifisch für Alter oder Status ist.

Nach Miller et al. (1974) zeigen ca. 1% aller Kinder zwischen 7 und 10 Jahren phobische Reaktionen. Der Großteil hiervon (69%) bezieht sich auf Schulphobien, weitere Inhalte waren Angst vor dem Alleine-Schlafen (9%) oder Angst vor der Dunkelheit (6%). Nach Abe (1972) treten Tierphobien eher in der frühen Kindheit auf, während soziale Phobien der späteren Kindheit vorbehalten sind. Die Prognose für kindliche Phobien ist im allgemeinen sehr gut, verschlechtert sich aber mit dem Alter (bei Erwachsenen ist eine totale Remission nur in 20 - 30% der Fälle gewährleistet).

Unrealistische und unangepaßte Ängste werden auch der Klasse der neurotischen Verhaltensstörungen zugeordnet, da sie gemäß der Neurosendefinition von

Eysenck und Rachmann (1972) gelernte und fehlangepaßte Verhaltensweisen eines Individuums darstellen.

Was ist aufgrund dieser Vorüberlegungen nun unter *Schulangst* zu verstehen? In der Regel ist damit gemeint,
- die überdauernde Bereitschaft,
- in leistungsthematischen Situationen im Umfeld der Schule,
- mit interindividuell unterschiedlichen Mustern subjektiver, motorischer und physiologischer Komponenten zu reagieren.

Von einem solchen gesonderten Komplex zu sprechen ist insofern gerechtfertigt, als zwischen den verschiedenen angstauslösenden Situationen nur mittelhohe Korrelationen bestehen. Dieser Bereich weist außerdem einige Besonderheiten auf, u.zw.
- eine relativ hohe Relevanz für die Lebensbewältigung, wobei Relevanz ein zentrales Kriterium für die Beurteilung einer Situation als bedrohlich ist,
- außerdem sind in dieser Situation die Bewältigungsmöglichkeiten (Coping) eingeschränkt, Flucht, Vermeidung oder Gegenangriff stehen nicht zur Verfügung oder sind stark negativ sanktioniert.

4.5.1.2 Reaktionsebenen der Angst

Die aktuelle Angstreaktion stellt ein typisches Reaktionsmuster auf drei verschiedenen Verhaltensebenen dar (Rachmann & Bergold, 1976; Krohne, 1975; Birbaumer, 1973):
     (a) auf einer verbal-subjektiven (synonym oft: kognitiven) Ebene,
     (b) auf einer physiologischen Ebene und
     (c) auf einer verhaltensmäßig-motorischen Ebene.

Die erste *verbal-subjektive Reaktionsebene* kommt im Erleben von Spannung und Panik zum Ausdruck, in Gedanken der Bedrohung, der Hilflosigkeit und des Versagens (vgl. Zwei-Komponenten-Theorie der Leistungsangst), in Befürchtungen vor Schädigungen, des Verlustes von sozialem Ansehen etc.

Auf der *physiologischen Seite* läßt sich eine Erregungssteigerung im sympathischen Teil des autonomen Nervensystems bei gleichzeitigen Hemmungsprozessen im parasympathischen Teil nachweisen. Dies wirkt sich in schnellerer Atmung, Zittern, Herzjagen, Schweißausbrüchen, Magendruck etc. aus.

Auf der *motorischen Ebene* lassen sich Flucht- und Vermeidungsreaktionen beobachten, die durch Veränderungen der Mimik oder Gestik bei der Suche nach Hilfe und in verbalmotorischen Äußerungen zum Vorschein kommen (Fliegel, 1978, S. 8). Nach Butollo (1979, S. 102) tritt auf der motorischen Ebene als

Kennzeichen von Angst eine Inhibition auf, die sich in einer unspezifischen peripheren Muskelanspannung äußert, in „Verkrampfung", in unregelmäßiger, insbesondere flacher Atmung, begleitet von einem subjektiven Gefühl des Erstarrens.

Die Unterscheidung in diese drei Reaktionsebenen bringt einige Probleme mit sich:

(1) Zwischen diesen drei Reaktionsebenen besteht nur eine geringe Kovarianz. Die Annahme, daß sich die Angst auf allen drei Ebenen gleich deutlich bzw. gleichzeitig äußert, konnte nur selten bestätigt werden. Zumeist wurde festgestellt, daß auf den drei Reaktionsebenen zeitlich verschoben auf angstauslösende Stimuli reagiert wird. Bei der Berücksichtigung unterschiedlicher Latenzzeiten bei den einzelnen Reaktionskomponenten ergeben sich höhere Korrelationen (Fliegel, 1978, S. 12 ff).

(2) Es bestehen interindividuell große Unterschiede in der Äußerung von Angstsymptomen (z.B. deutliche Hemmungsphänomene in einem und Überaktivierungsphänomene in anderen Fällen).

(3) Die Verhaltensindikatoren sind auch mehrdeutig; Indikatoren des beobachtbaren Verhaltens sind nur dann von Aufschluß, wenn bereits sichere Informationen über die Person vorliegen (z.B. leises Sprechen muß keineswegs Angstausdruck sein; entwicklungspsychologisches Stottern ...).

(4) Die einzelnen Ebenen sind der Fremd- oder Selbstbeurteilung unterschiedlich zugänglich (z.B. übermäßige Kontrolle kann die Angstemotion von außen nicht mehr beobachtbar machen).

4.5.1.3 Ursachen und Folgen von Angst

Von Krohne (1975, S. 20 und 53) wurde ein Schema entwickelt, das eine Einordnung von Befunden zur Angstforschung erlaubt (vgl. Abb. 4.12). Die Angstreaktion kann dabei auf den drei genannten Reaktionsebenen auftreten.

Angstreaktionen werden zwar in bestimmten Situationen ausgelöst, sie sind aber eingebettet in die Lerngeschichte eines Individuums zu sehen. Z.B. hängt es u.a. von der Art des Gesellschaftssystems ab, wie viele angstauslösende Situationen ein Mensch erleben wird. Repressive Gesellschaften werden mehr Angstquellen enthalten als nicht-repressive (vgl. DDR). Sodann wird durch die familiäre Sozialisation bestimmt, welche Gegebenheiten als angstauslösend erlebt werden. Rollenspezifische Erwartungen lassen hier z.B. geschlechtsspezifische Differenzierungen entstehen. All dies heißt letztendlich, daß die individuelle Lebensgeschichte Art und Ausmaß von aktuellen Angstreaktionen vorformt (Cohen, 1971, S. 27).

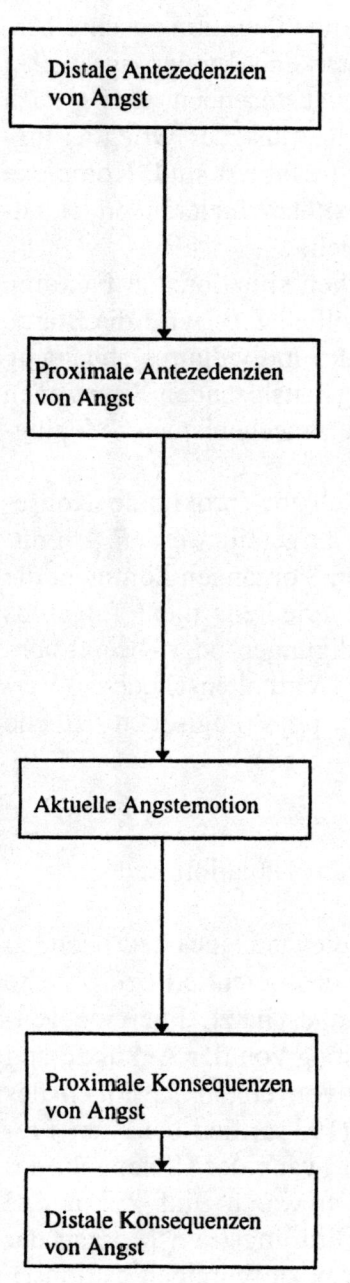

Frühe Schulerfahrungen
Gesellschaftssystem
- Sozioökonomischer Status
- Ethnischer Status

Art der familiären Sozialisation
- Stellung in der Geschwisterreihe
- Geschlecht

Bedingungen in der Situation
- überstarke Stimulation
- komplexe und mehrdeutige Gefahrenstimuli
- Beeinträchtigung von Bedürfnissen
- Reaktionsblockierung
- Psychologischer Streß

Bedingungen in der Person
- Ängstlichkeit
- Art der Angstverarbeitungsmechanismen
- vorangegangener Erregungszustand

Verbal-subjektive Indikatoren
- freie Selbstäußerungen
- Selbsteinschätzung
- Fragebögen

Physiologische Indikatoren
- Herzschlagfrequenz
- Blutdruck
- Spannung der quergestreiften Muskulatur
- Hautwiderstand
- EEG-Maße, evozierte Potentiale
- biochemisch-endokrinologische Befunde

Verhaltensmäßig-motorische Indikatoren
- Ausdrucksverhalten
- Vermeidungs- oder Fluchtreaktionen
- einfache motorische Abläufe (Mikro- und Makrotremor)

Interferenz mit kognitiven Prozessen
- Aufmerksamkeitsveränderung
- Veränderung im Sozialverhalten

Chronifizierung proximaler Konsequenzen
- Intellektuelle Minderleistung
- Ausbildung von Angstabwehrmechanismen
- Vermeidungsverhalten

Abbildung 4.12: Angstreaktionen, Ursachen und Auswirkungen (Krohne, 1975, S. 20 und 53)

183

Unmittelbar angstauslösend wirken bestimmte Reize einer Situation. Dabei kann man bei einer Liberalisierung der lerntheoretischen Position auch internen Reizen einer Person (Selbstwahrnehmungen) eine angstauslösende Funktion zuschreiben. Primär angstauslösend wirken Situationen, die einen starken Aktivierungsanstieg in der Person bewirken (vgl. die Klassen der angstauslösenden Reize nach Watson & Rayner, 1920: Schmerz, Überstimulation, Verlust der Orientierung) und in denen die Reaktionsmöglichkeiten der Person restringiert sind. Komplexe und mehrdeutige Situationen, für die keine komplexitätsreduzierenden Handlungsmöglichkeiten zur Verfügung stehen, wirken ähnlich.

Auch hierbei ist wiederum ein Wechselspiel zwischen situationalen Faktoren und solchen, die im Individuum selbst liegen, festzustellen. Z.B. wird die Stärke der Angstreaktion von der allgemeinen Ängstlichkeit des Individuums abhängen, seiner Erfahrung im Umgang mit den spezifischen angstauslösenden Situationen oder den ihm zur Verfügung stehenden Angstabwehrmechanismen (Coping-Methoden).

Die Folgen einer Angstreaktion können in unmittelbare (proximale Konsequenzen) und spätere Effekte (distale Konsequenzen) aufgeteilt werden. Unmittelbar kann es zu einer Beeinträchtigung von kognitiven Vorgängen kommen, die auch für weitere Bereiche des Leistungs- und Sozialverhaltens nicht folgenlos bleiben. Im weiteren Gefolge können sich Dauerschädigungen oder -beeinträchtigungen einstellen, u.zw. sowohl auf der Verhaltensebene (Vermeidungsverhalten, Phobien) als auch auf der physiologischen Ebene (psychosomatische Symptome, Streßeffekte).

4.5.1.4 Exkurs: Verlauf der Angstemotion in einer Prüfungssituation

Lazarus (1966) stellte die These auf, daß die Gefahrenrelevanz eines bedrohenden Ereignisses mit dem Zeitpunkt korreliert sei: Je näher das potentiell bedrohliche Ereignis kommt, desto gefahrenrelevanter wird es eingeschätzt. Für eine Prüfungssituation bedeutet dies, daß es einen linearen Anstieg von der Ankündigung bis zum Beginn einer Prüfung geben müßte, gefolgt von einem Absinken des Angstniveaus nach Ende der Prüfung. Bereits Brown (1938a) ließ bei einer Fragebogenuntersuchung (N = 405 Studenten) einschätzen, wann der Höhepunkt der Aufregung bei einer Prüfung gegeben sei. Vorgegeben waren fünf Zeitpunkte (mehr als ein Tag vor der Prüfung / ein Tag vor der Prüfung / am Morgen der Prüfung / wenn die Arbeiten ausgeteilt werden / wenn Du zu schreiben beginnst). Aus den Ergebnissen geht hervor, daß die meisten Studenten (43%) den Höhepunkt der Erregung zum Zeitpunkt des Austeilens der Arbeit verspüren. Je weiter die Prüfung entfernt ist, desto weniger Studenten vermerkten einen Erregungs-höchstpunkt (mehr als ein Tag vorher: 6% / ein Tag vorher: 14% / am Morgen der Prüfung: 25%); ebenso sank mit Beginn des Arbeitens der Prozentsatz der meist erregten Studenten abrupt ab (12%).

Mit mehreren studentischen Pbn-Gruppen führte Martin (1970) Befragungen zum Angstverlauf vor einer Prüfung durch. Die von ihm dargestellten Befunde sind uneinheitlich. So wurde bei einem retrospektiven Angstrating (N = 12) ein kontinuierliches Ansteigen der Angst bis ca. 14 Tage vor der Prüfung, gefolgt von einem Abfall und einem erneuten Ansteigen kurz vor der Prüfung gefunden. Aktuelle Selbsteinstufungen (beginnend 28 Tage vor der Prüfung) ergaben bei zwei Gruppen (N = 12, N = 6) einen durch phasische Schwankungen gekennzeichneten Kurvenverlauf, bei dem zwar die jeweiligen Maxima acht bzw. vier Tage vor dem Prüfungstag lagen, kurz vor der Prüfung aber ebenfalls ein Anstieg der Werte vorhanden war. Bei einer Kontrollgruppe, die eine weniger wichtige Prüfung vor sich hatte (N = 13), konnte ein deutliches Ansteigen der Angstbeurteilungen, be-ginnend einige Tage zuvor bis kurz vor der Prüfung gefunden werden. Angstmes-sungen mit dem STAI (N = 12) belegten wiederum ein kontinuierliches Ansteigen des Angstniveaus, beginnend vier Wochen vor der Prüfung bis kurz vor der Prü-fung und gefolgt von einem Abfall unmittelbar nach der Prüfung. Am deutlich-sten ist in dieser Untersuchung ein Niveaueffekt der Prüfungsangst in Abhängig-keit von der Bedeutung der Prüfung zum Ausdruck gekommen.

Aus der Erhebung von Scheer und Zenz (1973), in der 99 Studenten, die eine Zwischenprüfung vor sich hatten, 14 Tage vor dieser Prüfung und unmittelbar nach der Prüfung befragt wurden, können die Befunde über die Schilderung kör-perlicher Beschwerden für das vorliegende Thema herangezogen werden. Die Beschwerdeliste wurde allerdings erst nach der Prüfung ausgefüllt, einmal mußte die subjektive Befindlichkeit unmittelbar vor der Prüfung und dann während der Prüfung eingeschätzt werden. Dabei zeigte sich, daß bei so gut wie allen Sym-ptomen ein beträchtlicher Rückgang der Beschwerden nach der Prüfung zu ver-merken war; einzig bei dem Merkmal „Schwitzen" war ein leichter Anstieg im Vergleich vor und während der Prüfung festzustellen. Demnach wird von den meisten Studenten der Höhepunkt der körperlichen Beeinträchtigung unmittelbar vor der Prüfung erlebt, während der Prüfung tritt eine Konsolidierung ein. Die Daten bestätigen damit voll und ganz Ergebnisse von Turkson (1970, S. 22), der eine ähnliche Symptomliste 64 Medizinstudenten zur Einschätzung vorgelegt hatte.

Auf der Ebene physiologischer Messungen konnten ebenfalls Unterschiede der Reaktionsweisen in Abhängigkeit des Zeitpunktes vor, während und nach einer Prüfung gefunden werden. So vermerkten Brown und van Gelder (1938) Unterschiede bei Studenten vor und nach einer Prüfung (N ca. 17) in Hinblick auf den systolischen Blutdruck, die Puls- und die Atemfrequenz. Am Rande sei vermerkt, daß Brown (1938b) keinen Zusammenhang zwischen Fragebogendaten zur Prüfungsangst und den verwendeten physiologischen Maßen finden konnte, ein Faktum, das sich in nachfolgenden Untersuchungen bestätigte (Holroyd & Appel, 1980). Auch Fisch (1970, S. 61) stellte bei Studenten unmittelbar vor einer Prüfung eine bedeutende Erhöhung der psychogalvanischen Reaktion im Vergleich zu der Grundrate drei Wochen vorher (N = 9) bzw. drei Wochen nach der Prüfung (N = 9) fest.

In diesem Zusammenhang ist auch noch eine ältere Arbeit von Dobreff und Tomoff (1932) erwähnenswert. Diese untersuchten an Patienten einen Tag vor der Operation und am nächsten Tag im Operationssaal verschiedene physiologische Maße (N = 13). Obzwar nicht bei allen Patienten die gleichen Veränderungen auftraten, fanden sie als Angstsymptome Tachykardie, Blutdruckerhöhung, Blutzucker- und eine Leukozytensteigerung. Interessant ist zudem ein Vergleich mit Ergebnissen, welche die Autoren bei Examenskandidaten fanden (N = 11). Diese wurden am Tag der Prüfung und einige Tage später nach Beendigung aller Prüfungen in gleicher Weise untersucht. Bei dieser Gruppe ergab der Vergleich eine bedeutsame Abnahme bei den vier erfaßten Parametern, allerdings war bei allen Studenten nur die Pulsfrequenzsteigerung vor der Prüfung festzustellen. Aus dem Vergleich der Veränderungen bei beiden untersuchten Gruppen meinen die Autoren darauf schließen zu können, daß die durch ein Examen hervorgerufenen körperlichen Änderungen stärker seien als die durch eine Operation bedingten.

Der Frage des Angstverlaufes zu verschiedenen Zeitpunkten *während einer Prüfung* wurde am detailliertesten von Jacobs (1981) nachgegangen. Von ihm wurden zwei Stichproben näher untersucht. Eine Gruppe von Lehramtsstudenten (N = 30) mußte vor und nach einer wichtigen mündlichen Abschlußprüfung in Erziehungswissenschaft eine Einschätzung der jeweils momentan vorhandenen Angst mittels eines Angstthermometers vornehmen. Dabei zeigte sich eine bedeutsame Abnahme des Angstniveaus zwischen diesen beiden Zeitpunkten. Einer zweiten Gruppe von Studenten der Erziehungswissenschaft (N = 23) wurde zu Beginn, zu drei Zeitpunkten während und am Ende einer Klausur u.a. ein Angstthermometer und eine Eigenschaftswörterliste zur Erfassung der situativen Prüfungsangst vorgelegt. Die Ergebnisse machen eine kontinuierliche Reduktion der gemittelten Angsteinschätzungen im Verlauf der Prüfung deutlich.

Die bisher dargestellten Befunde sind noch durch Ergebnisse zum differentiellen Angstverlauf bzw. zum unterschiedlichen Verlauf der Aufgeregtheits- und Besorgniskomponente der Leistungsangst (Liebert & Morris, 1967) zu ergänzen.

Hierbei ist zuallererst die bekannte Untersuchung von Epstein und Fenz (1965) über den Verlauf von Meide- und Annäherungstendenzen bei erfahrenen (N = 33) und unerfahrenen (N = 33) Sportfallschirmspringern vor, während und nach einem Sprung zu erwähnen. Die Springer mußten nach einem vollzogenen Sprung retrospektiv beurteilen, wann das jeweilige Maximum ihrer Meidetendenzen (bzw. entsprechend abgestufte Ratings) bei 14 vorgegebenen Situationen (beginnend mit 1 Woche vor dem Sprung bis zur Landung) lag. Die Ergebnisse machen unterschiedliche Verläufe in Abhängigkeit von der Erfahrung der Pbn deutlich. Während unerfahrene Springer bei sich ein kontinuierliches Ansteigen der Meidetendenz bis zum „Fertig"-Signal bemerkten und danach einen steilen Abfall, wurde bei erfahrenen Springern ein relatives frühes Maximum des Vermeidens am Morgen des Sprungtages, danach ein Abfall bis zum Sprung und letzlich ein leichtes Ansteigen bei der Landung gefunden. Da die Anweisung zur Beurteilung der eigenen Vermeidetendenz u.a. mit „Furcht" umschrieben war, wird man nicht fehlgehen, in den Beurteilungen Angaben über das erlebte Angstniveau zu sehen. Durch die Methodik bedingt (Finden von Extremsituationen, die mit 10 bzw. 1 bewertet werden und Einordnung der anderen Situationen in diesen Raster) sind Niveaueffekte zwischen beiden Gruppen nicht eruierbar. Schließlich ist auch noch zu diskutieren, ob die hier vorgefundene Situation mit einer Prüfung vergleichbar ist. Selbst wenn vom äußeren Rahmen Unterschiede offensichtlich sind, so handelt es sich auch beim Fallschirmspringen um ein potentiell belastendes Ereignis, dem man - wenn man sich einmal in die Situation begeben hat - nicht einfach, d.h. ohne Konsequenzen für Selbst- und Fremdbewertungsprozesse, ausweichen kann. Hinzu kommen allerdings auch Unterschiede, z.B. bedeutet ein Sprung auch eine unmittelbare körperliche Gefährdung, was bei Prüfungen (hoffentlich) nicht der Fall ist.

Neben dieser Arbeit, in der eine Differenzierung des Angstverlaufes in Abhängigkeit von Kompetenzvariablen nahegelegt wird, ist noch auf die von Deffenbacher (1980, S. 119) referierten Befunde über Unterschiede hinsichtlich der Aufgeregtheits- und Besorgniskomponente der Leistungsangst zu verweisen. Danach steigen die Aufgeregtheitseinschätzungen während 5 Tagen vor einer Prüfung an, um zu Beginn einer Prüfung einen Höhepunkt zu erreichen bzw. sich im Verlauf der Prüfung zu verringern. Dieser Verlauf ließ sich für die Besorgtheitskognitionen nicht bestätigen. Dieses Merkmal variierte in Abhängikeit von der Einschätzung, ob sich das Individuum von der Situation in ihrem Selbst bedroht fühlt. D.h. die Aufgeregtheitskomponente der Prüfungsangst kovariiert mit der zeitlichen Nähe zur Prüfung, während die Besorgniskomponente eine Funktion der kognitiven (Neu-) Bewertung einer Situation zu sein scheint.

Zu untersuchen bleibt, welche der beschriebenen Phänomene zum Leistungs-angstverlauf auch für schulische Prüfungen Gültigkeit besitzen. Dabei soll neben der Frage nach dem allgemeinen Verlauf der Angst in schulischen Prüfungssitua-tionen vor allem untersucht werden, welche Merkmale mit einem differentiellen Angstverlauf (Niveaueffekt bzw. qualitativ andere Verläufe) in Verbindung ste-hen.

Im Rahmen einer schulsystemvergleichenden Untersuchung in Nordrhein-Westfalen (Fend & Klaghofer 1980; Haenisch 1979; Helmke & Dreher 1979; Lukesch 1979), die primär dem Leistungsvergleich von SchülerInnen aus Ge-samtschulen und Schulen des gegliederten Schulwesens galt, war auch ein breites Spektrum von Variablen einbezogen worden, das der sachgerechten Einschätzung und bedingungsanalytischen Aufklärung von Schulleistungsunterschieden dienen sollte.

Jeweils im Anschluß an die Erhebung von Leistungsdaten wurden den Schü-lerInnen Fragebogenhefte vorgelegt, die u.a. eine zeitlich strukturierte Folge von Situationen in bezug auf eine Klassenarbeit enthielten (Lukesch & Helmke, 1984).

Die Anweisung dabei lautete: „Im folgenden werden einige Situationen vor, während und nach einer schweren Klassenarbeit aufgezählt. Stell Dir diese Situa-tion einmal vor und gib jedesmal an, wieviel Angst Du dabei verspürst." Insge-samt mußten 11 Situationen mittels eines vierstufigen Antwortschemas (sehr gro-ße Angst / ziemlich Angst / etwas Angst / keine Angst) beurteilt werden:

(1) Der Lehrer / die Lehrerin kündigt eine Klassenarbeit an, sie soll in zwei Wochen geschrieben werden.
(2) Ungefähr eine Woche vor der Klassenarbeit.
(3) Am Abend davor, wenn ich zu Bett gehe.
(4) Am Morgen der Klassenarbeit, beim Frühstück.
(5) Beim Betreten des Klassenraumes.
(6) Der Lehrer /die Lehrerin betritt die Klasse.
(7) Die Hefte werden ausgeteilt.
(8) Kurz nach Beginn der Klassenarbeit.
(9) Ungefähr in der Mitte.
(10) Gegen Ende der Klassenarbeit.
(11) Die Hefte werden eingesammelt.

Durch die Einbettung in die Durchführung von Schulleistungstests war außerdem eine leistungsthematische Atmosphäre während der ganzen Untersuchung gege-ben.

(1) Globalergebnisse

Aus den gemittelten Beurteilungen des Angstniveaus in den elf Stadien einer Klassenarbeit (vgl. Abb. 4.13) ist ersichtlich, daß es zwischen der Ankündigung einer Klassenarbeit und deren unmittelbarem Beginn zu einem kontinuierlichen Anstieg der subjektiv wahrgenommenen Angst kommt, gefolgt von einem deutlichen Absinken mit Beginn des Arbeitens. Dieser Abfall setzt sich noch bis zum Einsammeln der Klassenarbeitshefte fort. Dies läßt sich anschaulich mit Prozentzahlen illustrieren: Von den SchülerInnen der 6. Klassenstufe geben 4,3% bei der Ankündigung einer Klassenarbeit an, sehr große Angst zu verspüren, beim Austeilen der Hefte sind es bereits 12,8%, unmittelbar nach Arbeitsbeginn noch 7,6% und beim Einsammeln der Hefte nur mehr 3,3% (die entsprechenden Angaben lauten für die SchülerInnen der 9. Schulstufe: 1,7%, 11,8%, 4,9% und 2,7%).

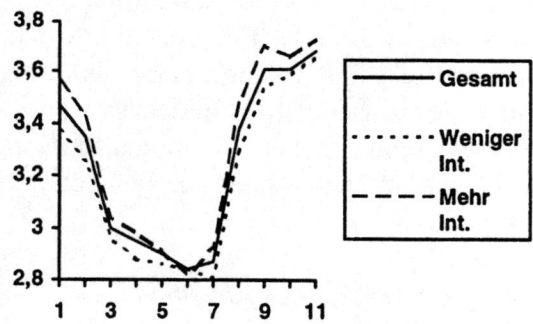

Abbildung 4.13: Angstmittelwerte bei SchülerInnen zu verschiedenen Zeitpunkten einer Prüfung, 400 = keine, 100 = sehr große Angst (Lukesch & Helmke, 1984)

(2) Konstruktferne Einflußfaktoren auf das Angstniveau
Diese Verlaufsgestalt des subjektiv wahrgenommenen Angstpegels ist invariant gegenüber Schulsystem- und Schulartzugehörigkeit, Geschlecht, Intelligenz und Begabungsselbstbild; dies bedeutet aber nicht, daß keine Niveauunterschiede in Abhängigkeit von diesen Merkmalen zu finden wären.
(1) Die Schulsystemzugehörigkeit besitzt bei multivariater Auswertung einen zwar signifikanten, von der Größenordnung her aber geringen Einfluß auf das Angstniveau (Varianzaufklärung 6. Schulstufe: 0,78%, 9. Schulstufe: 0,43%). Dabei liegt ein Niveaueffekt vor, der auf beiden Schulstufen inhaltlich gesehen ein etwas geringeres Angstniveau bei den GesamtschülerInnen bedeutet.
(2) Die Schulartzugehörigkeit im gegliederten Schulsystem besitzt für den Angstverlauf eine ebenfalls signifikante, aber von der Größenordnung her eher geringe

Bedeutung (Varianzaufklärung 6. Schulstufe: 1,46%, 9. Schulstufe: 1,09%). Den geringsten Angstanstieg vor einer Klassenarbeit verzeichnen auf beiden Schulstufen die HauptschülerInnen. Während auf der 6. Schulstufe von den RealschülerInnen bis zum Austeilen der Hefte ein etwas höheres Angstniveau als von den Gymnasiasten angegeben wird, ist es auf der 9. Schulstufe umgekehrt, hier verspüren die Gymnasiasten den höchsten Erregungsanstieg. Der Tendenz nach kommt es mit der Abgabe der Hefte bei Gymnasiasten und RealschülerInnen im Vergleich zu HauptschülerInnen zu einer deutlicheren Beruhigung, wobei sich dieses Ergebnis aber nur für SchülerInnen der 6. Schulstufe in den meisten der letzten Stadien absichern läßt.

(3) Zwischen den selbstberichteten Angstniveaus von Jungen und Mädchen bestehen erwartungsgemäß Unterschiede, die bei SchülerInnen der 9. Schulstufe deutlicher ausfallen als bei SchülerInnen der 6. Schulstufe. Übereinstimmend ist es in beiden Schulsystemen bzw. in den drei Schularten so, daß Mädchen ein höheres Angstniveau berichten als Jungen. Ein von der Größenordnung her nicht sehr deutlicher Interaktionseffekt ließ sich mit der Schulsystemzugehörigkeit zusätzlich bei SchülerInnen der 6. Schulstufe finden (Varianzaufklärung: 0,28%): Demnach scheint bei GesamtschülerInnen bei einigen Stadien eine etwas größere geschlechtsspezifische Differenz zu bestehen als bei SchülerInnen aus dem gegliederten Schulsystem.

(3) Konstruktnahe Einflußfaktoren auf das Angstniveau

(1) Bei Betrachtung der Intelligenzvariable (dichotomisiert nach dem Median) zeigt sich ein jeweils sehr signifikanter Einfluß auf das Angstniveau. Allerdings ist wiederum zu betonen, daß die Größe des Effekts sowohl für die schulsystemvergleichende wie auch die schulartvergleichende Analyse auf beiden Schulstufen sehr gering ist (Varianzaufklärung zwischen 0,20 und 1,88%). Bei den SchülerInnen der 9. Schulstufe tritt noch ein signifikanter Interaktionseffekt zwischen Schulsystemzugehörigkeit und Intelligenz auf (Varianzaufklärung: 0,32%). Während im gegliederten Schulsystem erwartungsgemäß bei den intelligenteren SchülerInnen das Angstniveau niedriger ist, kehrt sich diese Beziehung bei den GesamtschülerInnen um und die intelligenteren SchülerInnen berichten von höheren Angstniveaus.

(2) Die deutlichste Beziehung zum Angstverlauf ist zu finden, wenn man das von den SchülerInnen erfragte Begabungsselbstbild in die Analysen einbezieht. Diese Variable bindet auf beiden Schulstufen zwischen 4,26 und 5,17% der Varianz der Angstangaben, wobei erwartungsgemäß ein niedrigeres Angstniveau bei SchülerInnen mit hohem Begabungsselbstbild vorhanden ist.

Das Hauptergebnis der Untersuchung besteht in dem Nachweis, daß der Angstverlauf vor einer Klassenarbeit im allgemeinen bis zum tatsächlichen Beginn der Prüfung ansteigt, um im weiteren Verlauf wieder deutlich abzufallen. Dieser Befund steht im Einklang mit Erhebungen, die z.T. an das alltagspsychologische Verständnis von „Angst" anknüpfen (Brown, 1938b) bzw. mit einer sophistizierteren Methodik diese Erlebnisqualität zu erfassen versuchen (Jacobs, 1981; Martin, 1970; Lukesch & Kandlbinder, 1986). Übereinstimmung besteht zudem mit Untersuchungen, in denen entweder physiologische Angstindikatoren (Dobreff & Tomoff, 1932; Brown & Van Gelder, 1938; Fisch, 1970) oder Symptomlisten verwendet wurden (Turkson, 1970; Scheer & Zenz, 1973). Eventuell ist daraus auch zu folgern, daß das alltagspsychologische Verständnis von „Angst" an den Aufgeregtheitskognitionen anknüpft bzw. nur diese umfaßt.

Nicht bestätigt werden konnte die Annahme eines qualitativ unterschiedlichen Angstverlaufes in Abhängigkeit von Kompetenzmerkmalen (Epstein & Fenz, 1965). Kompetenzmerkmale (Intelligenz, Begabungsselbstbild) üben lediglich einen Niveaueffekt aus, d.h. bei objektiv gegebener bzw. noch deutlicher bei subjektiv vermuteter Bewältigbarkeit einer Prüfungssituation ist das Angstniveau geringer als bei dem Vorliegen von Merkmalen, die einen erwünschten Prüfungsausgang nicht als wahrscheinlich erscheinen lassen.

4.5.1.5 Sicherheit als Angstantagonist

Während Angstphänomene einen intensiv untersuchten Bereich darstellen, ist dies für die gegensätzliche Emotion, nämlich Sicherheit, nicht der Fall (Fürntratt, 1974, S. 29). Konsequenterweise müßten aber gerade die Bedingungen für diese Reaktion erforscht werden, da sie den Zielzustand von Angstbewältigungsstrategien ausmachen. In genetischer Hinsicht gelten für Sicherheit ähnliche formale Bedingungen wie für Angst (vgl. Tab. 4.21):

- Sicherheit kann durch Reize (Signale) ausgelöst werden und als Zustand (Stimmung) fortdauern,
- Sicherheit ist ebenfalls ein spezifischer emotionaler Zustand, der auf drei Reaktionsebenen beschreibbar ist und der mehr ist als die Abwesenheit von Angst, denn dazwischen gibt es noch den Bereich emotionaler Indifferenz,
- Sicherheit wirkt als Angstantagonist.

Tabelle 4.21: Auslösung von Angst und Sicherheit (Fürntratt, 1974, S. 47)

| | Angst kann ausgelöst werden | |
	unbedingt	*bedingt*
direkt - durch Auftreten eines Angstreizes	z.B. durch Schmerzreize, plötzlichen Lärm, rasche Annäherung eines Gegenstandes, Atemnot	z.B. durch schmerzaversierende Signale, Drohung oder Verlassen
indirekt - durch Verschwinden oder Ausbleiben eines vorhandenen bzw. erwarteten (Sicherheits-) Reizes	z.B. durch plötzlichen Verlust von körperlichem Kontakt, Verlust eines vertrauten Gegenstandes, Nicht-Antreffen einer geliebten Person	Anm.: alle dies Auslöser können auch als Vorstellungen auftreten und wirksam sein
	Sicherheit kann ausgelöst werden	
	unbedingt	*bedingt*
direkt - durch Auftreten eines Sicherheitsreizes	z.B. durch körperlichen Kontakt, Saugen, Lächeln	z.B. durch Stimme der Pflegeperson, freundliche Worte,. „Retter in Not"
indirekt - durch Verschwinden oder Ausbleiben eines vorhandenen bzw. erwarteten (Angst-) Reizes	z.B. durch plötzliches Aufhören von Schmerz, Verschwinden einer Bedrohung	Anm.: alle diese Auslöser können auch als Vorstellungen auftreten und wirksam sein

4.5.2 Erklärungsmodelle für die Entstehung von Angst

4.5.2.1 Lerntheorie

Im Rahmen der Lerntheorie wird die Entstehung von Angst durch klassische und operante Konditionierungsvorgänge zu erklären versucht (Birbaumer, 1973, S. 4). Beobachtungs- oder Modellernen kann stellvertretend für die am eigenen Leib erlebte Erfahrung wirken.

(1) Klassisches Konditionieren
Nach dem Paradigma des klassischen Konditionierens genügt die ein- oder mehrmalige raum-zeitliche Paarung eines zuerst neutralen Reizes (konditionaler Stimulus) mit einem aversiven Reiz (unkonditionaler Reiz), um auch auf den zuerst neutralen Reiz dieselbe Angstreaktion (konditionierte Reaktion) auszulösen wie auf den aversiven Reiz (unkonditionierter Reiz, dann unkonditionierte Reaktion).

Es kann dabei auch zu einer Ausbreitung des Auftretens von Angstreaktionen auf ähnliche Reize oder Situationen erfolgen, wie sie bei dem Konditionierungsvorgang präsent waren (Generalisation). Unter bestimmten Umständen kann es auch zu einem Diskriminationseffekt kommen. Der dem Konditionierungsvorgang inverse Prozeß wird Extinktion oder Löschung genannt (mehrmalige Auslösung der konditionierten Reaktion, ohne daß eine Paarung mit dem unkonditionierten Reiz erfolgt, der die Reaktion sozusagen „natürlich" auslöst).

Typische Beispiele für diese Art von Angstentstehung findet man bei den Phobien: nach einem „physischen Trauma" treten Ängste in den Bereichen auf, in denen der traumatisierende Reiz vorhanden war (z.B. Hundephobie, wenn man von einem Hund gebissen worden ist; Höhenphobien nach einem schweren Sturz; Angst, Auto zu fahren, nach einem Autounfall).

Die Lernsituation kann aber auch in einem subtileren „psychischen Trauma" bestehen, das starke Angst, Schuldgefühle oder zurückgehaltene Wut verursacht.

Die an dem Paradigma des klassischen Konditionierens angelehnte Theorie der Angstentstehung ist nicht ohne Probleme. Die Ergebnisse können keineswegs als Beleg dafür gelten, daß alle Ängste durch eine solche Konditionierung entstanden sind, sondern nur, daß diese *auch* (bei bestimmten Menschen) auf diese Weise entstehen können.

Ein klassisches Experiment in diesem Rahmen wurde von Watson und Rayner (1920) durchgeführt. Sie gingen der Frage nach, ob bzw. welche angeborenen Reiz-Reaktionsverbindungen beim Kleinstkind auf emotionalem Gebiet vorhanden sind und ob im Entwicklungsverlauf diese durch Lernvorgänge auf der Basis konditionierter Reflexe erweitert werden. Sie unterschieden dabei drei grundlegende Emotionen, u.zw. Angst, Wut/Ärger und Liebe.

Als Versuchsperson wurde ein neun Monate altes Baby ausgewählt („Albert"), das seit Geburt in einem Heim (Hospital) aufwuchs, da seine Mutter dort als Hebamme angestellt war. Er wurde u.a. wegen seiner emotionalen Stabilität ausgewählt.

In einem ersten Abschnitt wurde das Reaktionsrepertoire von Albert untersucht. Dabei stellte man fest, daß er auf alle gezeigten Objekte mit Interessiertheit bzw. Manipulationsversuchen reagierte (weiße Ratte, Hase, Hund, Affe, Maske mit und ohne Haare, brennende Zeitung). Die Erzeugung eines plötzlichen lauten Geräusches durch einen Schlag auf einer Eisenstange löste jedoch Angst aus, bei Wiederholung mit steigender Intensität.

Es wurde dann untersucht, ob
(a) durch die gleichzeitige visuelle Darbietung von neutralen Stimuli (Ratte, Hase usw.) die Angst vor dem Gongschlag auf die neutralen Reize transferiert wird,
(b) ob auch ein emotionaler Transfer stattfindet, d.h. die Übertragung von den neutralen Reizen auf ähnliche Reize (Generalisierungsphänomene),
(c) ob sich bestimmte zeitliche Abfolgen als unterschiedlich wirksam erweisen und
(d) ob eine spontane Löschung eintritt.
Die systematische Angstkonditionierung begann, als Albert elf Monate und drei Tage alt war. Nach acht Wiederholungen von Geräusch und Anblick der weißen Ratte weinte Albert bereits, wenn er die Ratte allein sah. In den folgenden Versuchen wird die Angst auch durch den Anblick eines weißen Kaninchens, von Wattebällchen oder eines weißen Mantels ausgelöst. Nach einem Monat Unterbrechung tauchen die gleichen Angstreaktionen bei der erneuten Darbietung der Tiere auf.
Als Therapiemöglichkeit wurde diskutiert, ohne daß dies aber umgesetzt wurde,
- die häufige Konfrontation des Kindes mit dem konditionierten Reiz, mit dem Ziel eines Gewöhnungseffektes, der zur Ermüdung des Reflexpotentials führen soll oder
- eine Rekonditionierung, d.h. bei der Darbietung der angstlösenden Reize sollte durch Streicheln oder Füttern entgegengesetzte Emotionen ausgelöst werden (vgl. Desensibilisierung).

Aufgrund ihrer Ergebnisse mit dem kleinen Albert spotteten Watson und Rayner (1920, S. 14) über psychoanalytische Ansichten zur Angstentstehung: „Vorausgesetzt, daß ihre Hypothesen sich nicht ändern, werden die Freudianer in 20 Jahren, wenn sie Alberts Angst vor einem Seehundfellmantel zu analysieren haben, ihm wahrscheinlich den Bericht über einen Traum entlocken. Der Traum wird (möglichweise) zeigen, daß Albert im Alter von drei Jahren mit den Schamhaaren seiner Mutter spielte und dafür heftig geschimpft wurde. ... Wenn der Analytiker seinen Patienten Albert genügend darauf vorbereitet hat, den Traum als eine Erklärung für seine Vermeidungstendenzen zu akzeptieren und wenn der Analytiker die nötige Autorität und persönliche Ausstrahlung besitzt, dies zu vermitteln, wird Albert voll davon überzeugt sein, daß der Traum die wahre Enthüllung der Faktoren mit sich brachte, die zu seiner Angst führten." In ähnlicher Weise äußerten sich die Autoren über Vererbungshypothesen, die sie als „Alt-Weiber-Geschichten" abtun.

Andere Untersucher wollten dieses Experiment wiederholen und kamen z.T. nicht zu gleichen Effekten. English (1929) gelang es bei 50maliger Wiederholung nicht, einem 14 Monate alten Mädchen Angst zu konditionieren, indem er ihm eine Ente zeigte und diesen Anblick mit einem lauten Geräusch verband. Bregman (1934, zit. n. Thorndike, 1935) berichtet von 15 Kindern, denen durch solche Konditionierungen nur relativ wenige Ängste beizubringen waren.

Von daher scheint zumindest eine Erweiterung und Ergänzung dieser Theorie notwendig.

Eine eventuell als ad-hoc-haft anmutende Zusatzannahme geht von zusätzlichen genetischen Bedingungen aus. Dabei wurde zum einen durch Züchtungsexperimente mit Ratten unterschiedliche Reaktionsweisen nachgewiesen (Graumann, 1969). Auch die Annahme einer *inneren Bereitschaft (inner preparedness)* aufgrund der manche Reiz-Reaktions-Verbindungen leichter herstellbar sind als andere ist naheliegend. Öhmann, Erixon und Löfberg (1975) belegten, daß bestimmte Stimuli leichter als Angststimuli zu konditionieren sind. Sie hatten ihre Vpn auf drei Klassen bildmäßig dargebotener Reize konditioniert: Schlangen, Häuser und Gesichter. Dabei wurde jeweils ein schmerzhafter elektrischer Reiz zusammen mit dem jeweiligen Bild dargeboten und der auftretende PGR gemeßen. In einer Extinktionsphase verlor sich die PGR-Reaktion bei den Bildern mit Häusern oder Gesichtern relativ schnell, während sie bei den Schlangenbildern lange erhalten blieb. Die dadurch gestützte Bereitschaftshypothese behauptet also, daß es bestimmte Reizklassen gibt, auf die der Mensch (eventuell durch phylogenetische Erfahrungen festgelegt) leichter Angstreaktionen erwerben kann als auf andere.

(2) Operantes Konditionieren
Nach den Prinzipien des operanten Konditionierens werden Angstreaktionen aufgrund der diesen Reaktionen unmittelbar folgenden Konsequenzen gelernt oder verlernt. Handelt es sich dabei um belohnende Konsequenzen - dabei muß es keineswegs um äußerlich-materielle Belohnungen gehen, sondern wichtig ist allein der subjektive Aspekt (z.B. die verspürte Erleichterung) - so steigt die Wahrscheinlichkeit, daß Angstreaktionen in der entsprechenden Situation gezeigt werden.

Charakteristika der Situation, in deren Gegenwart verstärkt wird, werden diskriminative Reize genannt. Reaktionen auf solche Reize, die Stimuluskontrolle über die Angstreaktion ausüben, können auch durch andere Reize, die dem ursprünglichen ähnlich waren, ausgelöst werden. Man spricht in diesem Fall von einem Vorgang der *Stimulusgeneralisation.* Allgemein läßt sich sagen: „Jeder beliebige Reiz, der mit Angst oder schmerzauslösenden Ereignissen gekoppelt wurde, kann selbst angstauslösende Wirkung erlangen" (Cohen, 1971, S. 10). Damit ist eine Rückkoppelung zu dem Prozeß der klassischen Konditionierung gegeben.

(3) Modellernen

Die hier beschriebenen Vorgänge können sich auch einstellen, wenn man bloß eine Person unter den entsprechenden Bedingungen beobachtet (Modell-, Imitations- oder Beobachtungslernen). Ein Kleinkind kann z.B. beim Besuch eines Krankenhauses sehen, wie andere Kinder Angstreaktionen in Gegenwart von Personen in weißen Kitteln zeigen. Ohne daß diese beobachtenden Kinder selbst aversive Erfahrungen gemacht haben müssen, kann es sein, daß sie später gegenüber diesen Personen ebenfalls Angstreaktionen zeigen (Tausch & Tausch, 1971, S. 128).

(4) Zwei-Faktoren-Theorie der Angstentstehung

Nach Überlegungen von Miller (1951) und Mowrer (1940) ist bei der Angstentstehung von einer Verschränkung von Prozessen des klassischen und des operanten Konditionierens auszugehen.

In einer ersten Phase erwirbt ein neutraler Stimulus nach dem Paradigma des klassischen Konditionierens die Fähigkeit, eine Angstreaktion zu bewirken. Diese konditionierte Schmerz-Furcht-Reaktion ist mit der unkonditionierten Reaktion aber nicht identisch. Sie konstituiert sich aus anderen Komponenten, z.B. fehlt ihr die Schmerzkomponente, auch andere Intensitäten werden erlebt. Die konditionierte Reaktion (KR) ist im Gegensatz zur unkonditionierten Reaktion (UR) eine antizipatorische Reaktion, d.h. sie erfolgt in der Erwartung und nicht als Konsequenz eines Schmerz-Furcht-Stimulus.

In einer zweiten Phase werden nach dem Paradigma des instrumentellen Konditionierens Flucht- und Vermeidungsreaktionen gelernt. Mit Fluchtreaktionen sind diejenigen gemeint, die den unkonditionalen Stimulus (US) beenden. Mit Vermeidungsreaktionen diejenigen, die den konditionalen Stimulus (KS) und damit die Angstreaktion beenden. Die Ausführung eines Flucht- und Vermeidungsverhaltens hat einen psychisch erleichternden Effekt zur Folge, d.h. man belohnt sich für diese Form des Umganges mit Angstreizen. Damit werden aber Habituationsbedingungen umgangen und die Angst kann sich weiter stabilisieren.

4.5.2.2 Psychoanalytische Sichtweisen der Angstentstehung

Die mit den bisherigen Ausführungen z.T. übereinstimmenden psychoanalytischen Hypothesen zur Angstentstehung sind mehrmals zusammenfassend dargestellt worden (Levitt, 1971, S. 22; Krohne, 1976, S. 11). Danach unterscheidet Sigmund Freud drei Quellen der Angst:
- Realangst,
- neurotische Angst und
- moralische („Über-Ich-") Angst.

Gemeinsam mit den Lerntheorien ist die Ansicht, daß Angst eine Reaktion auf eine Bedrohung darstellt. Die drei Angstarten geben dabei an, woher diese Bedrohung stammt. Auch die Ansicht, daß Angst eine sinnvolle Reaktion sei, ein Signal, daß etwas nicht stimmt (sog. Signal-Angst, eig. müßte man von Angst als Signal für eine Bedrohung sprechen), ist allgemein akzeptiert. Genauso wie die Schmerzwahrnehmung dazu bewegt, etwas zu tun (z.B. die Hand aus der Flamme zu ziehen, bevor zu großer Schaden entsteht), gibt auch die Wahrnehmung von Angst Anlaß für eine Reaktion (z.B. Davonlaufen, bevor man von einem Hund gebissen wird).

Realangst entsteht, wenn das Ich Vorgänge in der Umwelt wahrnimmt, von denen es aufgrund der bisherigen Erfahrungen des Individuums wahrscheinlich ist, daß es dadurch beeinträchtigt oder geschädigt wird. Diese antizipierten Beeinträchtigungen oder Bedrohungen können vorweggenommene Verletzungen des Organismus oder das Fehlen von Mitteln zur Befriedigung von Bedürfnissen des Organismus sein. Diesen signalisierten Gefahren kann sich der Mensch durch Flucht- oder Vermeidungsverhalten entziehen. Im Falle der Realangst besteht Einsicht in die Motive der Flucht- oder Vermeidungshandlungen. An dieser Form der Angstentstehung haben Psychoanalytiker wenig Interesse.

Neurotische Angst entsteht durch die Wahrnehmung von Triebregungen aus dem Es, deren Verwirklichung aufgrund frühkindlicher Erfahrungen eine Beeinträchtigung als wahrscheinlich erscheinen lassen. Bei den „gefahrvollen" Triebregungen des Es soll es sich um gesellschaftlich tabuierte Triebe, zumeist sexueller Art handeln. Die antizipierten Beeinträchtigungen stellen bei männlichen Personen die Kastration und bei weiblichen den Verlust des Liebesobjektes dar (anaklytische Identifikation). Die dadurch ausgelöste Reaktion ist die der Verdrängung der inneren Triebregungen. Dieser Vorgang erfolgt vor- oder unbewußt. Gelingt die Verdrängung nicht, so kommt es zu Symptommanifestationen (Phobien, Zwangsneurosen, Hysterie) bzw. zur überstarken Ausbildung bestimmter Angstabwehrmechanismen.

Moralische oder *Über-Ich-Angst* entsteht, wenn das Ich Gedanken und Vorstellungen erlebt, die mit den Geboten und Verboten des Über-Ich, d.h. der moralischen Instanz einer Person, nicht in Einklang stehen. Moralische Angst wird nicht als Furcht erlebt, sondern als Scham- oder Schuldgefühl. Die antizipierte Gefahr ist auch hier wieder die der Kastration bzw. des Verlustes an sozialem Kontakt. Als mögliche Reaktion steht dem Ich eine Anpassung an die Forderungen des Über-Ich zur Verfügung oder die Anwendung verschiedener Abwehrmechanismen.

Nach der Lehre von Sigmund und vor allem Anna Freud bedient sich das Ich der Abwehrmechanismen, um sich damit gegen Triebansprüche, peinliche Vorstellungen und unerträgliche Affekte (Angst, Unlust) zu schützen. Von den Kritikern der Psychoanalyse, die vor allem von der Unhaltbarkeit der Instanzenlehre (Ich, Es, Über-Ich) ausgehen, wurde vorgeschlagen, Abwehr etwas anders zu definieren: Abwehrmechanismen wären demnach Verhaltensstrategien, mit denen sich eine Person ganz allgemein gegen unangenehme Erlebnisqualitäten schützt, z.B. gegen Angst und Unlust, Triebspannung, Unbefriedigtsein, Minderwertigkeit, Scham, Schuld, Vermissen wesentlicher anderer Personen, Diskrepanz- und kognitive Dissonanzerlebnisse, Schmerz, Gefahr usw. Faßt man das Problem der Bewältigung so weit, dann sieht man leicht, daß es eine Vielzahl von Möglichkeiten und Strategien gibt, um mit solchen unlustbesetzten Situationen fertig zu werden.

Innerhalb des psychoanalytischen Gedankengebäudes wurde darauf verwiesen, daß Abwehrmechanismen „nicht per se krankhafte Phänomene (sind), sondern lebenswichtige Funktionen" erfüllen (Elhardt, 1971, S. 42). Krankheitswert erhalten solche Bewältigungsformen erst dann, wenn durch sie die Entfaltungs- und Handlungsmöglichkeiten eines Individuums eingeschränkt werden. „Mechanismen müßen wir sie deshalb nennen, weil sich diese Vorgänge reflexhaft einschleifen, sich dann automatisch vollziehen und auch später überwiegend unbewußt ablaufen" (Elhardt, 1971, S. 42).

Im folgenden seien die Angstabwehrmechanismen aus psychoanalytischer Sicht kurz skizziert. Allerdings sind nach Kiener (1978) nicht alle Angstabwehrmechanismen, die von Psychoanalytikern angenommen werden, empirisch gleich gut abgesichert.

(1) Verdrängung

Für Freud war dies lange Zeit der einzige und auch später immer noch der wichtigste Abwehrmechanismus. Er unterscheidet dabei drei Phasen:

Die *Urverdrängung*: Dies ist ein erlebnisfähiger Vorgang, wie etwa eine Wahrnehmung, der dem Bewußtwerden ausgeschlossen bleibt (siehe Wahrnehmungsabwehr und unterschwellige Wahrnehmung).

Die *eigentliche Verdrängung* ist die Unfähigkeit, frühere Bewußtseinsinhalte aufgrund bestimmter Motive nicht mehr erinnern zu können. Man könnte dabei auch von dem Phänomen des sog. „motivierten Vergessens" sprechen.

Die Wiederkehr des Verdrängten: damit ist gemeint, daß Verdrängtes aus eigener Dynamik zur Äußerung strebt.

Gegenstand der Verdrängung sind Triebe, Gedanken oder Wünsche, die in Konflikt zu dem Über-Ich stehen, und die deshalb aus dem Bewußtsein ferngehalten werden müssen (sexueller und aggressiver Art).

Beispiel:

Todeswunsch gegen die Eltern (warum gibt es ein viertes Gebot?), Todeswunsch gegen Kinder, tabuisierte sexuelle Impulse, z.B. inzestöse Wünsche des Knaben gegenüber der Mutter oder der Schwester, der Tochter gegenüber dem Vater oder der Eltern gegenüber den Kindern.

Die Freudschen Beobachtungen haben sich in diesem Bereich als sehr anregend erwiesen. Z.B. hat die „Subception-Forschung" gezeigt, daß es die von Freud bei Neurotikern beschriebenen Phänomene auch bei Normalen gibt (wobei nicht gesagt ist, daß damit auch ein Beweis für die krankmachende Funktion der Abwehrmechanismen geliefert worden wäre). Lewin (Ovsianskina, Zeigarnik): Bedürfnisse sind Spannungssysteme, die lange weiterbestehen können, wenn ihnen eine adäquate Lösung versagt geblieben ist.

Verdrängungsartige Prozesse laufen bei allen Stadien des Wahrnehmungs- und Informationsverarbeitungsprozesses ab. Wegen diesen Differenzierungen sollte man nicht mehr global von Verdrängung sprechen, sondern eben von Wahrnehmungsabwehr, motiviertem Vergessen und Reaktionshemmung.

(2) Identifikation

Nach Freud und seiner Tochter Anna richtet sich der Mechanismus der Identifikation vor allem gegen zwei Gefahrenquellen:

- Abwehr von Triebbedürfnissen insbesondere inzestöser Art, um die Liebe der Eltern nicht zu verlieren (anaklitische Identifikation),
- Identifikation mit dem Angreifer, um die Angst vor der Aggression abzuwehren (aggressive Identifikation).

Über die erste Form der Identifikation liegen eine Reihe empirischer Befunde vor, die sich allerdings auch im Rahmen der sozial-kognitiven Lerntheorie Banduras erklären lasen. In keinem Fall wird dadurch die Theorie der Ödipus-Situation und die Generalität des Ödipus-Komplexes gestützt. Die Resultate weisen in Richtung stärkerer Identifikation mit dem gleichgeschlechtlichen Elternteil. Interessant sind auch Befunde von Lazowick (1955), nach denen bei einem extrem hohen oder extrem niedrigen Grad an manifester Angst die Identifikation mit den Eltern geringer ist als bei mittleren Angstgraden (Gegenbefund zu den psychoanalytischen Thesen).

Aus Beobachtungen mit Kindern schließt Anna Freud (1964), daß die Identifikation mit dem Aggressor eine typische und primitive Form der Verarbeitung von bedrohlichen Ereignissen ist. In ähnlichem Sinn wurden auch die Übernahme der Einstellungen von Weißen gegenüber Negern durch Neger-Studenten gedeutet; ebenso der Antisemitismus bei den Juden oder die Tatsache, daß noch nicht lange in den USA lebende Personen gegenüber neuen Einwanderern größere Feindschaften hegen als Leute, die schon seit längerer Zeit in den USA wohnen. Bettelheim (1943) stellte solche Reaktionsweisen auch in deutschen KZs fest, einige der Häftlinge waren ausgesprochen aggressiv gegenüber ihren Mitgefangenen oder nähten sich Embleme der SS an die Kleidung.

Allerdings kann man auch hier wieder als alternative Erklärung den Modellierungseffekt im Sinne Banduras heranziehen (Übernahme von Verhalten, das erfolgreich ist oder mit dem man die Aggressoren milde stimmen will).

(3) Regression und Fixierung

Das Auftreten von Verhaltensweisen aus einer früheren Entwicklungsstufe (zumeist Formen von Abhängigkeitsverhalten) wird als Regression bezeichnet. Fixierung bedeutet dabei in der Konsequenz die dauernde Verkümmerung von bestimmten Möglichkeiten der Persönlichkeitsentwicklung durch Festhalten an bestimmten früheren Stadien. Dadurch wird ein Selbständigwerden in manchen Teilbereichen der Person verhindert.

Für die Rückkehr auf ein früheres Entwicklungsstadium aufgrund belastender Ereignisse oder von Konflikten gibt es zahlreiche Befunde aus Experimenten, der Ethologie und der Pathologie.

Experimentelle Psychologie: Lienert (1964) wies nach, daß durch einen Funktionsausfall oder durch Belastungen Regressionen einsetzen, d.h. daß ein Rückfall in infantile Verhaltensweisen vorkommt.

Ethologie: Dejung (1967) hat beschrieben, wie bei vielen Vogelarten das Weibchen während der Brutzeit Regressionserscheinungen zeigt, z.B. Schnabelsperren gegenüber dem Männchen. Ein Hundewelpe, der am 26. Tag nach dem Wurf normal lief, begann auf unbekanntem Terrain zu kriechen.

Pathologie: Bei zerebralen Erkrankungen kann es zu einem fortschreitenden Abbau von Leistungen kommen, die einer Umkehrung der Entwicklungsschritte entspricht. Z.B. bei der Alzheimerschen Erkrankung werden Berührungsreize im oralen Bereich mit einem Öffnen des Mundes beantwortet. Orales Greifen, Klammer-Reflex des Neugeborenen etc.

Man bekommt den Eindruck, daß es sich bei der Regression um ein allgemeines biologisches Phänomen der Reaktivierung älterer Verhaltensweisen zur Bewältigung ungewöhnlicher Situationen handelt, eventuell auch der Kapitulation vor diesen Situationen.

(4) Sublimierung

Freuds Theorie der Kulturentwicklung geht davon aus, daß die sexuellen Triebimpulse auch auf andere Objekte, auf „höherwertige" Tätigkeiten umgelenkt werden. Die persönliche geistige Entfaltung sowie die ganze menschliche Kultur zehre von dem Sublimierungsvorgang.
Beispiel:
Beim Vorschulkind wird die Freude an der Beschäftigung mit Exkrementen umgewandelt in die Freude am Spiel mit Sand und Wasser oder dem Malen mit Fingerfarben. Bei Erwachsenen könnte die Berufsausübung als Chirurg ein Beispiel für die Sublimierung aggressiver Impulse sein oder in der besonderen Hingabe einer Nonne könnten Versuche zur Sublimierung von Sexualität gesehen werden. Die Sublimierungsthese hat - vermutlich weil sie inhaltsleer ist - keinerlei empirische Forschung auf sich gezogen.

(5) Leugnung der Realität; Verleugnung

Z.B. Soldat, der im Kugelhagel plötzlich aus dem Graben springt und spazierengeht (vgl. Carl Maria Remarque: Im Westen nichts Neues).
Verleugnung: Damit wird der Vorgang der Ableugnung der Realität eines Gedankens, eines Gefühles oder einer Situation bezeichnet, über den sich die betreffende Person selbst nicht Rechenschaft geben kann oder will (Vogel-Strauß-Politik). Dieser Vorgang tritt häufig in extremen Zuständen auf, z.B. bei Kranken, denen man mitgeteilt hat, daß sie unheilbar sind.

(6) Verschiebung

Diese tritt dann ein, wenn ein Motiv, dessen Ziel blockiert ist, ein anderes Ziel sucht, also ein Ersatzobjekt, mit dem man dann zufrieden ist.

Empirische Belege dafür gibt es z.B. in der Aggressionsforschung, wobei man zwischen *Objektverschiebung* (z.B. gegen den Vorgesetzten gewandte Aggression wird bei der eigenen Frau ausgelassen, so diese ein geeignetes Opfer sein sollte) und *Reaktionsverschiebung* (statt physischer Aggression verbale) unterscheidet.

(7) Reaktionsbildung

Ein unannehmbarer Impuls wird unterdrückt, in die gegenteilige Empfindung verwandelt und so im Bewußtsein fixiert. Einen Spezialfall der Reaktionsbildung stellt die Überkompensation dar, die im Falle von Angstimpulsen in dem völligen Hinwegsetzen über die eigene Angst besteht. Besonders die Entwicklung von Scham und Ekel soll auf diese Weise zustande kommen.

Ekel: Nachdem die Umwelt die Freude an der Betätigung mit den Exkrementen nicht duldet, muß diese Freude verdrängt werden. Um die Verdrängung sicherzustellen, entwickelt sich das Gegenteil, der Ekel. Von diesem Augenblick an wird sich das Kind auch des üblen Geruches bewußt.

Scham: Entsteht zur Absicherung gegen die Freude an der Zurschaustellung der Sexualorgane. Nachdem der kindliche Exhibitionismus verdrängt wurde, bildet sich zur Absicherung gegen den Durchbruch dieses Triebanspruches das Schamgefühl aus.

Ebenso sollen Reaktionsbildungen in den familiären Konstellationen vorliegen, wenn z.B. Haßgefühle zwischen den Geschwistern in besondere Zärtlichkeit umgewandelt werden (analoge Prozesse könnten im Falle abgelehnter Kinder auf seiten der Mutter in Form von Überbesorgtheit zum Ausdruck kommen).

Empirische Untersuchungen liegen dazu kaum vor, vielleicht auch aus dem Grund, weil es sich hierbei um unbeweisbare Behauptungen handelt. Wann nämlich immer nicht das herauskommt, was man erwartet oder vorhergesagt hat, dann könnte es sich nämlich um eine Reaktionsbildung gehandelt haben.

(8) Projektion

Dies ist die Übertragung von unerwünschten und bedrohlich erlebten Selbstwahrnehmungen - wie eigene Gedanken, Gefühle, Meinungen, Wünsche, Charaktereigenschaften - auf andere Personen. Z.B. wird die Ursache von Angst, die man bei sich selbst wahrnimmt, auf die soziale Umgebung verlagert.

Oder: Sexuelle Impulse, denen man nicht nachgeben kann, werden in anderen Personen vermutet und dort bekämpft.

Dieser Mechanismus ist empirisch relativ gut belegt. Projektionsvorgänge stehen auch in enger Beziehung zur Herausbildung von Vorurteilen.

(9) Rationalisierung

Vernünftigmachen einer schwer zu ertragenden Situation (ein Beispiel hierfür findet sich in der Fabel vom „Fuchs und den sauren Trauben").

(10) Somatisierung, Konversion
Angstsymptome können in körperliche Symptome überführt werden, um das Bewußtwerden der Angst zu verhindern (Konversionshysterie).

(11) Zwangshandlungen, Anankasmen
Verhaltensweisen, mit denen es einmal gelungen ist, Angst zu reduzieren, können
sich zu Ritualen entwickeln, die abgelöst von der jeweiligen Situation ausgeführt
werden. Solche Verhaltensweisen, die isoliert von ihrem ursprünglichen Zweck
eigentlich sinnlos sind, wirken angstreduzierend.

(12) Vermeidung
Die einfachste Form, mit Angst fertig zu werden, besteht darin, den angstauslösenden Situationen aus dem Weg zu gehen. In schweren Fällen (Phobien) kann es
dadurch zu einer pathologischen Beeinträchtigung der Verhaltensmöglichkeiten
eines Menschen kommen (Vermeidungsverhalten).

(13) Ungeschehen machen, Neutralisierung
Peinliche Zustände, Frustrationen, qualvolle Ereignisse werden entschärft, indem
man sich emotional von ihnen distanziert, als ob sie einem gar nichts ausmachten
(→ wird in der Behindertenpädagogik systematisch zu erreichen versucht).

(14) Wendung gegen die eigene Person
Triebimpulse gegenüber anderen Personen werden gegen sich selbst gewandt,
weil eine andere Triebbefriedigung nicht möglich bzw. statthaft ist (z.B. in Fällen
der Autoaggression).

4.5.2.3 Kognitive Erklärungsversuche

Eine dritte Gruppe von Theorien über die Entstehung und Veränderung von Ängsten betont die kognitiven Prozesse, die eine Angstreaktion begleiten und diese
modifizieren. Zentral für diese Theorien sind die Prozesse der Erwartungsbildung
und der Bewertung von angsterzeugenden Reizen. Die Stärke und Richtung der
Angstreaktionen wird als das Produkt dazwischengeschalteter kognitiver Verar-
beitungsprozesse nach der Wahrnehmung angsterzeugender Stimuli angesehen.
Durch diese Theorie kommt eine Vielzahl von angstauslösenden Faktoren sowie
an Möglichkeiten der Angstverarbeitung in das Blickfeld, die bei den anderen
Angsttheorien nicht thematisiert wurden.

Lazarus und Averill (1972) verstehen Angst als eine Emotion, die wie andere Emotionen auch auf einer kognitiven Bewertung einer Bedrohung beruht. Der kogntive Bewertungsprozeß vermittelt zwischen situativen sowie dispositionalen Bedingungen auf der einen und emotionalen Reaktionen auf der anderen Seite. Angst entsteht, wenn die Bewertung so ausfällt, daß sich das Individuum nicht mehr fähig fühlt, in sinnvoller Weise mit einer Bedrohung fertig zu werden.

Die Bewertung beruht auf symbolischen, antizipatorischen und ambivalenten Elementen.

(1) *Symbolische Elemente:* Eine Situation wird dann als bedrohlich beurteilt, wenn aufgrund subjektiver Erfahrungen und Dispositionen, welche die Wahrnehmung und Interpretation einer Situation determinieren, die Integrität der kognitiven Schemata einer Person, z.B. ihre Werte, Normen und Selbstkonzepte, durch die sie die äußere und innere Umwelt strukturiert und mit Sinn erfüllt, gefährdet erscheint.

(2) *Antizipatorische Elemente:* Das Bedrohungserlebnis konstituiert sich aus der gedanklichen Vorwegnahme (Erwartung) einer Beeinträchtigung (Beachtung und entsprechende Interpretation von Hinweisreizen).

(3) *Mehrdeutige Elemente:* Die Bewertung ist mit Unsicherheit verbunden, d.h. es bestehen sowohl hinsichtlich der Art der Bedrohung als auch der möglichen Angstabwehrreaktionen Unsicherheiten.

Die kognitiven Prozesse der Bewertung stellen die Vermittler zwischen der umgebenden Gefahrensituation und der emotionalen Reaktion (auf allen Ebenen) dar. Das Angstgeschehen läßt sich als mehrphasiger Bewertungsprozeß darstellen, der auch die Suche nach der Ausführung sinnvoller Bewältigungsstrategien einschließt. Nach der Theorie der Angstauslösung und -verarbeitung von Lazarus (1966) umfaßt der Bewertungs- oder Mediationsvorgang drei Phasen (vgl. Abb. 4.14).

(1) In einem ersten Bewertungsprozeß wird abgeklärt, ob eine Situation überhaupt streß- oder angstrelevant (bzw. nützlich oder schädlich) ist oder nicht („primary appraisal"). Das Ergebnis kann eine Einschätzung sein als

- *irrelevant*, d.h. daß es keinerlei Implikationen für das Wohlbefinden der Person besitzt (Lazarus & Launier, 1978, S. 302);

- *positiv*, d.h. daß es einen angenehmen Zustand für die Person signalisiert, so daß sie sich etwa entspannen oder sich anderen Dingen zuwenden kann;

- *streßrelevant*, wobei hier wiederum drei Formen unterschieden werden, u.zw.

-- *Schädigung/Verlust*: das Ereignis ist bereits eingetreten, z.B. Verlust einer geliebten Person, der Arbeitsstelle, der Selbstachtung, der sozialen Anerkennung;

-- *Bedrohung*: die oben genannten Ereignisse stehen bevor, sind also noch nicht eingetreten;

-- *Herausforderung*: wird eine zwar schwer erreichbare, aber mit positiven Folgen verbundene Bewältigung angenommen, so erscheint die Situation nicht bedrohlich, sondern herausfordernd.

Das Ergebnis dieses wie auch der anderen Prozesse ist abhängig von Dispositions- und Situationsvariablen. Zu den ersteren zählt das Verhältnis der Gefahrenstimuli im Vergleich zu den aktivierbaren Gegenkräften des Individuums und die zeitliche Distanz zur Gefährdung, zu den letzteren dominante Motive, intellektuelle Fähigkeiten oder Erwartungshaltungen (Ängstlichkeit).

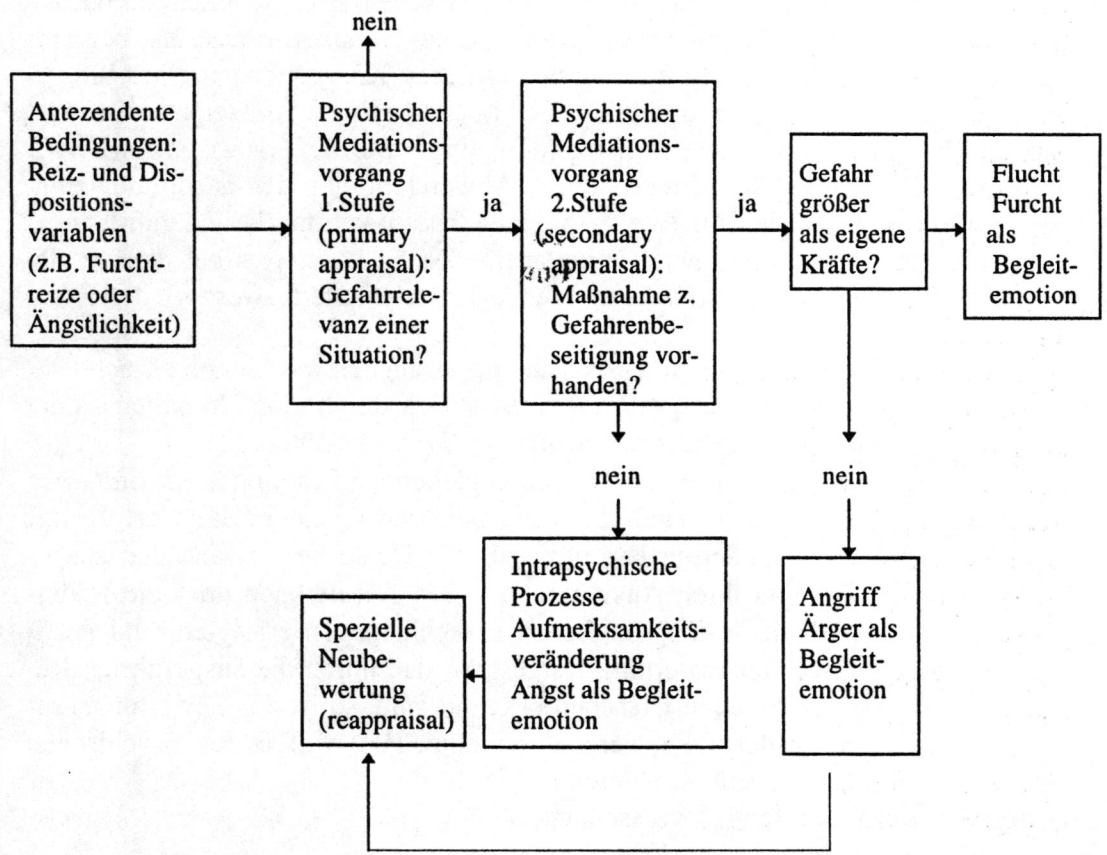

Abbildung 4.14: Schema der Angstauslösung und -verarbeitung nach Lazarus (1966; übersetzt von Krohne, 1976, S. 98)

(2) In einem zweiten Bewertungsprozeß wird geprüft, welche Art von Bewältigungsverhalten (Coping) in dieser Situation zur Verfügung steht und anwendbar ist. Ging es im ersten Bewertungsprozeß um die Diagnostizierung einer Gefahr,

so werden nun Maßnahmen zur Bedrohungsbewältigung ausgemacht. Auch hierbei sind wieder Situations- und Dispositionsvariablen von Bedeutung, z.B.
- die Lokalisierbarkeit einer Gefahrenquelle;
- Normen, die prinzipiell mögliche Abwehrmaßnahmen in einer bestimmten Situation verbieten;
- dominante Motive, deren Verletzung eine Beeinträchtigung erwarten läßt;
- Ichstärke und Impulskontrolle.

Ergibt die zweite Bewertung, daß keine direkte Handlung möglich ist, um die Bedrohung zu beseitigen, so reagiert das Individuum mit Angst und in der Folge davon eventuell mit psychischen Abwehrmechanismen. Eine Möglichkeit besteht dabei in der Aufmerksamkeitsveränderung. Bei *vigilanter Angstabwehr* beschäftigt sich eine Person verstärkt mit den bedrohlichen Konsequenzen einer Situation. Dadurch wird eine Verdeutlichung der Situation mit der Konsequenz erreicht, daß das Individuum wieder handlungsfähig wird. Bei *defensiver Angstabwehr* wird eine Mehrdeutigkeitsreduktion durch Abwendung von den angstinduzierenden Komponenten einer Situation bzw. deren Interpretation als ungefährlich erreicht. Je nach Art der Aufmerksamkeitsveränderung kommt es bei diesem Bewertungsvorgang zu einer defensiven oder realistischen Neubewertung der Situation.

Das Coping kann also prinzipiell danach unterschieden werden, ob es sich
(1) auf eine Änderung der gestörten Transaktion durch eine Verhaltens- oder Situationsveränderung bezieht (*instrumentelles Coping*) oder
(2) auf den Versuch der Regulierung der begleitenden Emotionen (*Palliation*).
(3) In einem Neu- bzw. Wiederbewertungsprozeß („reappraisal") erfolgt die Bewertung auf der veränderten Evaluationsbasis. Diese besteht aus den ausgeführten Handlungen und ihren Auswirkungen, den Reflexionen über die Bedingungen, aufgrund derer die ursprünglichen Einschätzungen erfolgten, und Feedback. Wird bei dieser Neubewertung festgestellt, daß durch die ausgeführten Reaktionen die angstauslösenden Ursachen beseitigt sind, so ist der Bewertungsprozeß abgeschloßen. Andernfalls werden die einzelnen Stufen des psychischen Mediationsvorganges erneut durchlaufen.

Ergebnis der Bewertungsprozesse kann sein:
- eine *direkte Aktion* (z.B. Angriff);
- eine *Informationssuche*, z.B. wenn die Person genauere Merkmale der streßrelevanten Situation sucht;
- eine *Aktionshemmung*, wenn eine Handlung eher Schaden als Nutzen bringen würde, dann wird der Handlungsimpuls unterdrückt;
- ein *intrapsychischer Prozeß* (z.B. Wiederbewertung, Aufmerksamkeitsveränderungen, wunscherfüllende Phantasien, Abwehrmechanismen); diese Konfliktbe-

seitigungsformen treten dann auf, wenn keine direkten Beseitigungsmöglichkeiten für eine Bedrohung gesehen werden.

4.5.2.4 Zwei-Komponentenkonzept der Leistungsangst

Von Liebert und Morris (1967) wurde vorgeschlagen, das Globalkonzept der Leistungsangst in zwei Dimensionen zu differenzieren, u.zw. in die Besorgtheits- und die Aufgeregtheitskomponente. Die *Besorgtheitskomponente* wird repräsentiert durch sog. aufgabenirrelevante Kognitionen, die sich auf Erwartungen und Einschätzungen im Zusammenhang mit der Leistung, den darauf folgenden Konsequenzen und sozialen Vergleichen beziehen. Die *Aufgeregtheitkomponente* umfaßt die Wahrnehmung eigener autonomer Erregungsprozesse sowie unspezifischer Anspannungszustände (Hodapp, Laux & Spielberger, 1982). Obwohl empirisch beide Komponenten miteinander zusammenhängen, plädiert Deffenbacher (1980), daß die Unterscheidung dennoch sinnvoll und gerechtfertigt sei:

(1) Aufgeregtheits- und Besorgniskognitionen kovariieren unterschiedlich mit Leistungsindikatoren. Während hohe Besorgtheit konsistent mit geringer Leistung einhergeht, ist die Relation zwischen Aufgeregtheit und Leistung weniger eng und nur fallweise gegen den Zufall abzusichern.

(2) Zeitlicher Verlauf und Auslösebedingungen für die Prüfungsangstkomponenten sind unterschiedlich; hinsichtlich der Aufgeregtheitskognitionen ist ein Anstieg mit dem Herannahen der Prüfung gegeben, für die Besorgtheitskognitionen wird von einem eher stabilen Niveau ausgegangen, das nur durch evaluative Rückmeldungen verändert wird.

(3) Für beide Komponenten sollten unterschiedliche Interventionen zur Reduktion effektiv sein; während Entspannungstechniken die Aufgeregtheitskomponente günstig beeinflussen sollten, müßten kognitive und aufgabenorientierte Instruktionen das Ausmaß der Besorgtheitskognitionen verringern.

Von Lukesch und Kandlbinder (1986) wurden im Rahmen einer Längsschnittstudie bei 69 Prüfungskandidaten (Staats- und Diplomprüfungen) die Verläufe der Angstkomponenten sowie weitere Bedingungen hierfür untersucht.

Die Datenerhebung fand zu fünf Zeitpunkten statt.
T1 = zwei Wochen vor der Prüfung
T2 = eine Woche vor der Prüfung
T3 = eine halbe Stunde vor der Prüfung
T4 = unmittelbar nach der Prüfung
T5 = ein Tag nach der Prüfung

Erfaßt wurden folgende Merkmale:

Aufgeregtheit (z.B. „In letzter Zeit klopft mir öfters das Herz bis zum Hals.")

Besorgtheit (z.B. „Wahrscheinlich werden in der Prüfung Aspekte behandelt, mit denen ich mich nicht beschäftigt habe.")

Kontrollierbarkeit / Positive Affekte (umgepolt) (z.B. „Ich werde durch meine Antworten den Prüfer gezielt auf das lenken, was ich weiß.")

Relevanz (z.B. „Die Prüfung nicht zu bestehen, wäre für mich eine persönliche Katastrophe.")

Vorbereitungsintensität (umgepolt) (z.B. „Ich bereite mich nur auf das Allerwichtigste vor.")

Außerdem wurde festgehalten, mit welcher Note die Prüflinge im Moment zufrieden wären (*N-Z*) und welche Note sie im Moment zu erreichen glauben (*N-M*).

Aus den zeitlichen Verläufen geht hervor:

(1) Die *Aufgeregtheit* nimmt mit dem Herannahen des Prüfungszeitpunktes deutlich zu, um nach der Prüfung auf ein Niveau, das unter dem Ausgangsniveau liegt, abzufallen. (Prüfungsteilnehmerinnen weisen mehr Aufgeregtheitssysmptome auf als männliche.

(2) Die *Besorgtheitskognitionen* verlaufen ebenfalls an- und absteigend. Der Höhepunkt des Selbstzweifels ist kurz vor der Prüfung erreicht.

(3) *Kontrollierbarkeit und positive Affekte* gehen mit dem Herannahen des Prüfungszeitpunktes zurück.

(4) Die *Relevanz der Prüfung* ändert sich mit dem Herannahen des Prüfungszeitpunktes im Sinne einer Bedeutsamkeitszunahme.

(5) Die *Vorbereitungsintensität* wird ebenfalls intensiviert.

(6) Die Noteneinschätzungen nähern sich einander an. Die Ansprüche, die man an sich stellt (*Note-zufrieden*), gehen zurück, die Erreichbarkeit (*Note-momentan*) wird erhöht. Allerdings ist der erste Trend wesentlich stärker als der zweite. Beide Aspekte werden aber bis vor der Prüfung nicht zur Deckung gebracht: Das Anspruchsniveau liegt vor der Prüfung immer noch um eine halbe Notenstufe über dem Kompetenzniveau.

Aus der Korrelation zwischen den einzelnen Variablen ist folgendes herauszulesen:

(1) Die *Besorgtheitskognitionen* nehmen zu allen Zeitpunkten zu mit einer mangelnden Einschätzung der Kontrollierbarkeit der Schätzung der Relevanz der Prüfung.

(2) Die *Aufgeregtheitskognitionen* hängen nur einmal mit der gleichzeitigen Einschätzung der Kontrollierbarkeit der Prüfung (T_3) zusammen, allerdings sind die Kontrollierbarkeitseinschätzungen jeweils zum vorhergehenden Zeitpunkt mit

den Aufgeregtheitssymptomen korreliert. Aufgeregtheit ist außerdem höher bei größerer Vorbereitungsunsicherheit und größerer Relevanzeinschätzung der Prüfung.

(3) über Anwendung der Methode der zeitverzögerten Kreuzkorrelationen wurden folgende Abhängigkeitsstukturen gefunden:

- Besorgtheitskognitionen gehen den Aufgeregtheitskognitionen kausal voran,
- das Anspruchsniveau (*Note-zufrieden*) ist den Aufgeregtheitssymptomen vorgeordnet, allerdings im Sinne geringerer Aufgeregtheit bei höherem Anspruchsniveau,
- die Vorbereitungsunsicherheit besitzt für die Besorgtheitskognitionen, die Aufgeregtheitskognitionen sowie der erwarteten Prüfungsnote eine kausale Bedeutung,
- die Relevanzeinschätzungen beeinflussen kausal die Note (d.h. das Anspruchsniveau), mit welcher der Prüfling zufrieden wäre,
- die Kontrollierbarkeitseinschätzungen gehen der Einschätzung der möglichen Prüfungsnote kausal voran,
- die Aufgeregtheitskognitionen sind den Relevanzeinschätzungen vorgeordnet.

In der vorliegenden Untersuchung ergab sich kein Zusammenhang zwischen den beiden Angstkomponenten zu den Zeitpunkten vor der Prüfung und der erhaltenen Bewertung. Allerdings ist für den Zeitpunkt *nach* der Prüfung (aber noch vor Notenbekanntgabe) ein sehr enger Zusammenhang zwischen den Besorgtheitskognitionen und der Note gegeben (-.63). Die Kontrollierbarkeitseinschätzungen hängen zweimal signifikant mit dem Leistungsergebnis zusammen (T_1: r = -.28, T_2: r = -.38). Die Intensität der Vorbereitungsmaßnahmen korrelierte konsistent in der erwarteten Weise mit den erhaltenen Noten (-.31, -.32, -.31). Die Relevanzangaben über die Prüfung verfehlen knapp die Signifikanzgrenze (.23, .15, .23). Die Anspruchsniveausetzungen korrelieren zu Zeitpunkt 2 und 3 mit der Note (.29, .34).

Aufgrund der kausalanalytischen Befunde läßt sich als Verhaltenskette „Vorbereitungsunsicherheit - Selbstzweifel - Aufgeregtheit" vermuten. Die entsprechende Strategie zur Vermeidung oder Verminderung wäre demnach in Maßnahmen zum Abbau der Vorbereitungsunsicherheit zu sehen, d.h. in sensitivierenden Strategien der Informationsbeschaffung über das bedrohliche Ereignis (z.B. Besorgen von Prüfungsunterlagen, Kennenlernen des Prüfers / der Prüferin durch Seminarbesuch, Nachfragen über Prüfungsanforderungen) und in Maßnahmen zur subjektiven Kompetenzerhöhung (z.B. Anwendung effektiver Lern- und Arbeitsstrategien, Kompetenzüberprüfungen durch Selbstrezitationstechniken oder Gruppenvorbereitung).

Ein weiterer umsetzbarer Aspekt betrifft die Entwicklung von Kontrollierbarkeitserwartungen und positiven Affekten gegenüber Prüfung und PrüferIn sowie in der Setzung eines hohen Anspruchsniveaus. Von entsprechenden Veränderungen ist nicht nur eine Verbesserung der Prüfungsnote zu erwarten, sondern auch eine Reduktion der Prüfungsangstkomponenten.

4.5.3 Folgen von Leistungsangst

4.5.3.1 Beeinträchtigung von Lernprozessen

Von Yerkes und Dodson (1908) wurde mit Mäusen eine Diskriminationsaufgabe durchgeführt. Die Tiere sollten lernen, zwischen zwei Reizen mit unterschiedlichen Helligkeitsgraden zu unterscheiden. Jedesmal, wenn sie einen Fehler machten, erhielten sie einen Elektroschock. Dieser war für eine Gruppe stark, für eine andere Gruppe weniger stark. Das Ergebnis dieser Untersuchung war, daß ein hoher Grad an emotionaler Aktiviertheit (operationalisiert durch einen starken Schock) das Lernen von einfachen Diskriminationsaufgaben (deutlicher Helligkeitsunterschied zwischen den Reizen) erleichtert. Beim Lernen schwieriger Diskriminationsaufgaben (sehr ähnliche Helligkeiten) war die sehr aversive Bedingung aber eine Behinderung.

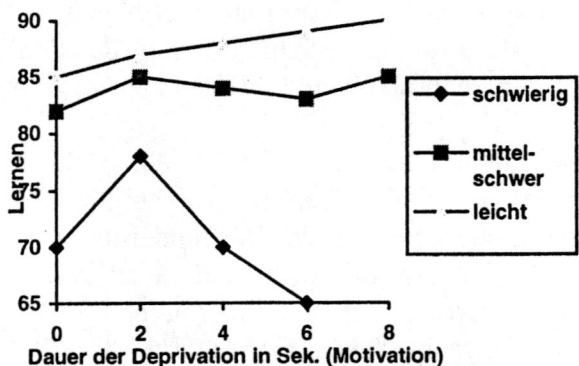

Abbildung 4.15: Beziehung zwischen Aktiviertheit, Aufgabenschwierigkeit und Leistung (Broadhurst, 1957, S. 88)

Ein ähnliches Untersuchungsergebnis stammt von Broadhurst (1957, vgl. Abb. 4.15). Er wollte Ratten beibringen, durch ein Y-förmiges Labyrinth zu schwimmen. An der Gabelung des Y mußten die Tiere zwischen zwei Türen wählen; die eine war erleuchtet und führte aus dem Wasser heraus, die andere war dunkler und verschlossen (dabei ist zu bedenken, daß Ratten spontan das Dunkle bevorzugen). Die Aufgabenschwierigkeit wurde wieder mit dem Helligkeitsunterschied variiert (starker, mittlerer und geringer Kontrast). Unterschiedliche Aktiviertheit wurde induziert, indem die Tiere unterschiedlich lang unter das Wasser getaucht wurden (0, 2, 4, 8 Sekunden), bevor sie losschwimmen konnten. Als Lernkriterium wurde die Anzahl der richtigen Entscheidungen gewählt. Ergebnis bei dieser Untersuchung war, daß mit zunehmendem Schwierigkeitsgrad das optimale Aktivierungsniveau sich ändert.

Zu fragen ist aber, ob auch bei Menschen ähnliche Zusammenhänge bestehen. Bei einfachen Konditionierungsaufgaben ist es so, daß ängstlichere Menschen leichter konditionierbar sind als weniger ängstliche (Spence, 1956; Taylor, 1951). Glucksberg (1962) variierte die Motivation durch die Höhe der in Aussicht gestellten Belohnung (0, 5, 25 $). Bei einfachen Problemlösungsaufgaben waren weniger Fehler vorhanden und die Lösungszeiten kürzer bei dem Versprechen einer hohen Belohnung; bei komplizierten Aufgaben führte das Versprechen hoher Belohnungen zu geringeren Leistungen.

Aus der Sozialpsychologie ist seit Allport (1920) ein Social-facilitation-Effekt bekannt (soziale Leistungsaktivierung). Die Leistungssteigerung bei Anwesenheit anderer Personen gilt nur für die Fälle, in denen die Aufgaben leicht sind oder schon routinisiert durchgeführt werden können, nicht aber bei Aufgaben, die erst erlernt werden müssen oder die schwer zu lösen sind. Zajonc (1965) erklärt dies durch die Dominanz bestimmter Reaktionen: Zu Beginn eines Lernprozesses ist die richtige Reaktion noch nicht die dominante. Durch die hohe Aktivierung durch die Anwesenheit anderer (Aktivierung sozialer Ängste) wird die dominante Reaktion noch wahrscheinlicher, d.h. es werden eher falsche Lösungen gesucht. Ist eine Aufgabe aber gut gelernt, dann wird die Ausführung durch die Anwesenheit anderer Personen gefördert.

Diese Ergebnisse sind als Yerkes-Dodson-Gesetz in die Literatur eingegangen. Danach besteht also ein differentieller Zusammenhang zwischen Aktivierung (z.B. durch Angst), Aufgabenschwierigkeit und Leistung:
- bei leichten Aufgaben wird durch eine hohe Aktivierung eine bessere Leistung erbracht;
- bei mittelschweren Aufgaben ist ein mittleres Ausmaß an Aktivierung für die Aufgabenlösung optimal;

- bei schwierigen Aufgaben ist ein geringes Ausmaß an Aktivierung mit maximalen Leistungen gekoppelt (besonders entspannte Situation bei der Bewältigung kreativer Problemlösungsanforderungen).

Aktivierung ist natürlich nicht nur durch die Angstemotion zu erreichen. Die Ergebnisse weisen aber darauf hin, daß starke emotionale Zustände (wie Angst) nur sehr einfache Lernprozesse begünstigen (z.B. klassische Konditionierungen), bei schwierigeren Aufgaben behindert Angst die Leistung.

Ähnlich formuliert Heckhausen (1980, S. 249) eine auf Wine (1971) zurückgehende Hypothese, nach der *selbstzentrierte Überlegungen* (Besorgtheitskomponente der Leistungsangst) die Leistungserbringung erschweren kann: „Situationen der Leistungsbeurteilung werden als selbstwertbedrohlich erlebt und rufen einen Motivationszustand hervor, der durch Aufgeregtheit und Selbstzweifelgedanken gekennzeichnet ist. Die selbstwertbezogenen Gedanken ziehen einen Teil der für die Aufgabenlösung notwendigen Aufmerksamkeit ab und beeinträchtigen den Lösungsablauf. Diese Wirkung tritt offenbar nur auf, wenn selbstwertbezogene Kognitionen während der Aufgabentätigkeit überhand nehmen. Sind sie in geringerem Maße vorhanden, so können sie durchaus leistungsfördernd sein. Das ist bei Niedrigängstlichen erst unter herausfordernden und selbstwertrelevanten Prüfungsbedingungen der Fall, bei Hochängstlichen dagegen unter entspannten oder beruhigenden Prüfungsbedingungen".

Nach dem *Unterbrechungsmodell von Mandler und Watson (1966)* ist Verhalten (sowohl im kognitiven wie auch im Verhaltensbereich) in Einheiten strukturiert, die jeweils ein Ziel und die zu dessen Realisierung notwendigen Schritte umfassen. Diese Sequenzen (kognitive Einheiten => Pläne, zusätzliche Handlungseinheiten) stellen Reaktionen dar, die eine Person durchführen will, um zu einem Ziel zu gelangen. Unterbrechung bedeutet, daß die Vollendung einer begonnenen Handlungssequenz oder die Ausführung eines Planes verhindert wird, wobei unvorhergesehene Störungen blockierend wirken (wenn sie vorhersehbar gewesen wären, wären sie Teil des Planes und in diesem Sinn nicht hinderlich).

Die Unterbrechung integrierter Reaktionssequenzen löst einen Erregungszustand aus, der zu unterschiedlichen Emotionen führen kann. Angst entsteht dann, wenn dem Individuum kein aufgaben- oder situationsrelevantes Verhalten zur Verfügung steht, d.h. wenn weder die gesamte Sequenz noch dasjenige Segment einer Sequenz, deren Ausführung gehindert wird, substituiert werden kann. Die Person befindet sich dann in einem Zustand der Hilflosigkeit und damit auch in einem Zustand der Desorganisation, der durch das Fehlen zielgerichteten Handelns gekennzeichnet ist. Ein Grund für den desorganisierenden Aspekt angstdominierten Verhaltens ist, daß mit der Unterbrechung die Suche nach substituierbaren Handlungen initiiert wird. Solange die oft ineffiziente Suche ergebnislos ist, bleibt die Person in einem Erregungszustand bzw. in einem Zustand zunehmender Desorganisation. Durch die Ausübung befriedigender Ersatzhandlungen versucht die Person, die Erregung zu kontrollieren (vgl. Entwicklung neurotischer Symptome).

4.5.3.2 Beeinträchtigung von gedächtnismäßiger Reproduktion

Ein Zusammenhang zwischen Angst und Gedächtnisleistung ist bereits in den Untersuchungen von Brosch (1950) zu erkennen. Hierbei wurde gefunden, daß geringere Reproduktionsleistungen vorhanden sind, wenn nach einem Lerndurchgang ein erschreckendes Ereignis angekündigt wird (Brand im Schulgebäude).

Aus der Gedächtnisforschung ist auch allgemein ein Zusammenhang zwischen der emotionalen Tönung eines Erlebnisses und der Erinnerung daran bekannt (Bock, 1980). Angenehme Erlebnisse werden besonders gut gespeichert, affektiv neutrale am schlechtesten, unangenehme nehmen einen mittleren Rangplatz ein.

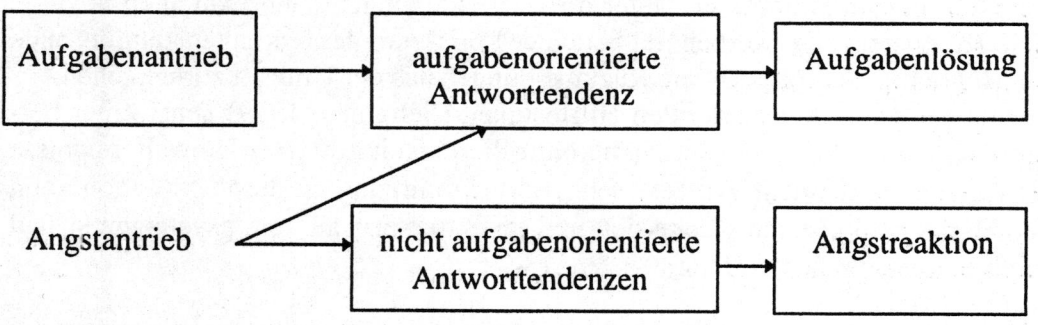

Abbildung 4.16: Habit-Interferenz-Modell von Mandler und Sarason (1952)

Die Frage, warum Angst die Reproduktion von bereits gelernten Inhalten beeinträchtigt, ist von Mandler und Sarason (1952) im sog. Habit-Interferenz-Modell zu beantworten versucht worden. Die Autoren meinen in Anlehnung an die Hullsche Lerntheorie, in einer Leistungssituation würden zwei verschiedene Antriebe aktiviert: „Aufgabenlösungsantriebe" und „Angstriebe". Diese haben folgende Wirkungen:

Die Aufgabenlösungsantriebe sind eine Funktion der Aufgabensituation (d.h. der Aufgabenstruktur, des Aufforderungsgehalts des Materials, der Anweisungen des Lehrers / der Lehrerin etc.). Diese sollten aufgabenorientierte Antworttendenzen aktivieren, die zu einer Aufgabenlösung und der dabei vorausgesetzten Trieb-spannung beitragen.

Der Angstantrieb kann je nach individuellem Habit-System mit aufgabenori-entierten Responsetendenzen (z.B. Reaktionen des Angesporntseins) oder mit nicht aufgabenorientierten Reaktionstendenzen assoziiert sein (z.B. Unzuläng-lichkeitsgefühle oder somatische Reaktionstendenzen). Diese können durch Inter-ferenz die Aufgabenlösungen beeinträchtigen (vgl. auch die Selbstzwei-felhypothese von Wine [1971]).

4.5.3.3 Beeinträchtigung der Motivation, etwas zu tun

Bereits in Untersuchungen im Rahmen des Marburger zweidimensionalen Erzie-hungsstilkonzepts (Stapf et al., 1972) wird davon ausgegangen, daß durch strenge Erziehung der Verhaltensoutput von Kindern eingeschränkt wird. Wenn Kinder sehr häufig aversive Konsequenzen auf ihr Verhalten erfahren, so ist es für sie besser, gar nicht mehr zu handeln. Zusätzlich wird durch diese Erziehungshaltung die Welt an sich bedrohlich. Unter diesen Bedingungen kann man auch nicht so viele Kompetenzen erwerben, da bei einer Reduktion des Verhaltensoutputs auch die Möglichkeiten für adäquate Rückmeldungen aus der Umwelt zurückgehen.

Aus der Theorie der erlernten Hilflosigkeit (Seligman, 1979) geht weiter her-vor, daß in einem Zustand der Nichtkontrollierbarkeit aversiver Umweltereignisse der Antrieb zu handeln verloren geht. Bei Chronifizierung dieser Situation kann es über Angst hinaus zu Depression und im extremen Fall zum psychogenen Tod durch Selbstaufgabe kommen.

4.5.3.4 Beeinträchtigung des Selbstkonzepts eigener Fähigkeiten

Eine Chronifizierung von Leistungsangst kann zu einer Selbstwertbeein-trächtigung führen. Bereits bei den Ausführungen zur Mißerfolgsorientierung wurde deutlich, daß solche SchülerInnen aufgrund asymmetrischer Attribuierun-gen von Leistungs(miß)erfolgen eine dauerhafte negative Affektbilanz erleben. Hier ist eine Parallele zum Prinzip der Ermutigung/Entmutigung aus Sicht der Individualpsychologie zu ziehen. In extremen Fällen kann es zur Ausprägung neurotischer Symptome kommen, zu einer Verhaltenseinschränkung aufgrund überstarker Abwehrmechanismen, zu einer verzerrten Wahrnehmung der Welt (vgl. hierzu den Begriff der „fully functioning personality" bei Rogers, 1973), zu

Kompensationsversuchen und Fehlkompensationen im Sinne Adlers (vgl. Dreikurs, 1976), hin bis zur Ausbildung somatischer Symptome.

4.5.3.5 Die umgekehrte Perspektive - Angst als Folge mangelnder Kompetenz?

In einer Langzeitstudie von Hill und Sarason (1966) wurde gefunden, daß von den Kindern, die sich zu Beginn der Schulzeit als ängstlich beschrieben hatten, die intelligenteren ihre Angst mit zunehmender Schulerfahrung stärker abbauen konnten als die weniger intelligenten. Vermutlich ist dies durch die vermehrten Erfolgserlebnisse während des Unterrichts erklärbar.

Die Frage, ob Dummheit durch Angst entsteht (wie der Buchtitel von Eva Jäggi „Angst macht dumm" suggeriert) oder Angst durch Dummheit oder mangelnde Intelligenz ist wohl am sinnvollsten durch die Annahme einer wechselseitigen Einflußnahme zu beantworten, bei der Konsequenzen zu sekundären Ursachen werden. Langzeitstudien weisen allerdings auf eine höhere Bedeutung der Angst für Leistungseinbußen als umgekehrt hin.

4.5.4 Prävention und Interventionsmöglichkeiten bei Leistungsängsten

4.5.4.1 Angstbewältigungsmöglichkeiten im Alltag

Ängste vor bestimmten Situationen zu entwickeln, gehört zu den Erfahrungen des Alltagslebens. Genauso wie es ein Grundtatbestand des menschlichen Lebens ist, Angst zu entwickeln, verfügt der Mensch über Strategien, um mit diesen Ängsten fertig zu werden, sie zu verarbeiten oder ihre negativen Auswirkungen zu minimieren.

Die erste Gruppe von Möglichkeiten, Angstzustände zu bewältigen, umfaßt Verhaltensweisen, mittels derer unangenehme Erregungszustände kurzzeitig unterdrückt werden können. Levitt (1971, S. 50) bezeichnet diese Möglichkeiten als „Ablenkungsmechanismen des täglichen Lebens". Ihre Wirkung ist zeitlich begrenzt, mit ihnen kann man sich aber bei vorhandenen negativen emotionalen Zuständen vorübergehend Erleichterung verschaffen. Welche dieser Reaktionsweisen gewählt wird, ist neben situativen Umständen von der Lerngeschichte eines Individuums abhängig. Die Vielfalt dieser Ablenkungsmechanismen ist praktisch unbegrenzt. Die folgende Zusammenstellung stammt von Menninger et al. (1964, S. 133 f.) und gibt einen exemplarischen Einblick in vorhandene Möglichkeiten:

- Beruhigung durch Berührung, rhythmische Bewegungen (Schaukeln, Tätscheln) und leise beruhigende Sprachlaute;
- Essen und andere orale Tätigkeiten (Rauchen, Kaugummikauen, Daumenlutschen);
- Alkoholkonsum und Einnahme anderer selbststimulierender Substanzen;
- Lachen, Weinen, Fluchen;
- Rückzug in den Schlaf;
- Sich aussprechen;
- Gedankliche Verarbeitung; Tagträume; Ausmalen von Phantasiebildern, in denen die eigenen Probleme nicht bestehen oder gelöst sind;
- Sich „ausarbeiten", in die Arbeit stürzen;
- Ziellose Überaktivitäten (Trommeln mit den Fingern, Auf- und Abgehen, Hände reiben); körperliche Aktivitäten (Spiel oder Arbeit);
- Träume;
- Fehlhandlungen (Versprechen, Verlieren usw.);
- religiöse Riten in exzessiver Weise ausführen (Beten, Fasten);
- symbolische Ersatzmöglichkeiten (Theater).

Durch das Ausführen dieser oder ähnlicher Handlungen werden die in einer Person bestehenden Spannungen zumindest zeitweise abgebaut. Wie Levitt (1971, S. 52) bemerkt, ist das psychische Gleichgewicht erst dann ernsthaft gefährdet, wenn diese kleinen Stabilisatoren versagen. Ergänzend könnte man noch hinzufügen, daß auch die Chronifizierung einiger dieser Möglichkeiten (z.B. Drogensucht) nicht unproblematisch ist.

4.5.4.2 Gestaltung der LehrerInnen-SchülerInnen-Interaktion

Generell sollte ein Erziehungsstil realisiert werden, der durch Ermutigung, Unterstützung und die Schaffung von Erfolgserlebnissen gekennzeichnet ist (vgl. hierzu die einschlägigen Erziehungsstilkonzepte von Lewin et al. [1939], Anderson [1954] oder Tausch & Tausch [1977]).

Dazu gehört auch, alle primären und sekundären Auslöser von Angst im Unterricht zu vermeiden (z.B. Anschreien, jemand lächerlich machen, oder etwa gar körperliche Attacken, wie einem Schüler / einer Schülerin das Heft um die Ohren schlagen). Aber auch die direkte Angstmache ist zu unterlassen. Allerdings muß man davon ausgehen, daß Angstmache ein beliebtes Erziehungsmittel im Alltag ist (auch von Eltern und Großeltern gern verwendet), weil sich dadurch Kinder leichter steuern lassen und das Einreden von Ängsten auf den ersten Blick nicht so schwierig erscheint als die Durchsetzung eines eigenen Standpunktes.

Von Joost (1978) wurde der Zusammenhang von Angst auf SchülerInnenseite und LehrerInnenverhalten untersucht. Ein durch Sicherheit und geringe Angst

charakterisierbares SchülerInnenverhalten hängt mit den Umgangsweisen zusammen, die nach Tausch und Tausch (1973) allgemein für eine förderliche Begegnung von Mensch zu Mensch charakteristisch ist, u.zw. mit
- Achtung, Wärme, Rücksichtnahme,
- Echtheit, Aufrichtigkeit,
- fördernde, nichtdirigierende Aktivitäten,
- einfühlendes Verstehen und
- minimale Dirigierung und Lenkung.

Ähnliche Befunde sind auch den Untersuchungen von Nickel und Schlüter (1970) sowie Nickel, Schlüter und Fenner (1973) zu entnehmen. In einer anderen Untersuchung lehnte sich Borchert (1976) an das Marburger Erziehungsstilkonzept an. Darin werden als wesentliche Dimensionen Strenge und Unterstützung unterschieden. Es zeigte sich ein signifikanter Effekt zwischen LehrerInnenverhalten und SchülerInnenangst, u.zw. dergestalt, daß ein hohes Ausmaß an Unterstützung mit einer geringen Angstausprägung auf SchülerInnenseite einhergeht.

Wieczerkowski et al. (1969) haben die positiven Effekte von ermutigenden LehrerInnenkommentaren bei hochängstlichen SchülerInnen nachgewiesen. Hierzu gehören:
- freundliche Kommentare anläßlich jeder spontanen Meldung,
- Aufrufen der ängstlichen SchülerInnen bei den für sie bewältigbaren Fragen und anschließende Ermutigung,
- Zuwendung in der Pause mit freundlich-persönlichen Bemerkungen.

Auch schriftliche ermutigende LehrerInnenkommentare haben sich bei Klassenarbeiten als günstig erwiesen (Fittkau & Langer, 1974). Dabei stehen folgende Maßnahmen zur Verfügung:
- Bei einer Verbesserung seit der letzten Arbeit kann man diese als Hinweis auf die tatsächlichen Fähigkeiten eines Schülers / einer Schülerin interpretieren, ihn ermutigen, so weiter zu machen.
- Bei gleichbleibender Zensur: Hinweis auf den positiven Aspekt der Beständigkeit, verbunden mit dem Ausdruck des Vertrauens des Lehrers / der Lehrerin in die Steigerungsfähigkeit der SchülerInnen.
- Bei Verschlechterung der Zensur: Bedauern über die Notwendigkeit, jetzt eine schlechtere Noten vergeben zu müssen bei gleichzeitigem Hervorheben guter Ansätze und Ermutigung für das nächste Mal.

Ein weiterer Hinweis ist, die Akzeptierung eines Schülers / einer Schülerin nicht von seiner Leistung abhängig zu machen. Allerdings besteht hier ein gewisser Konflikt zur LehrerInnenrolle und den berufsbedingten Gratifikationen, die man aus seiner Tätigkeit zieht.

Diagnostische Sensibilität ist bei LehrerInnen gefordert, d.h. etwa Geben von Hilfestellungen, wenn ein Versagen vorhergesehen wird (damit wird eine Unterbrechung der Handlungspläne i.S. von Mandler & Watson vermieden), Einhilfen geben etc.

Der Lehrer / die Lehrerin soll sich selbst auf mögliche Projektionsmechanismen überprüfen. LehrerInnenängste nicht auf SchülerInnen abwälzen (vgl. den Hinweis in der Diagnostik: Angst mit Macht gepaart, wird zu autoritärem Verhalten), eigene mangelnde Kompetenz nicht durch Überstrenge kompensieren.

Schließlich noch ein Ergebnis aus der sog. *Schulklimaforschung* (Fend, 1977; Rutter et al., 1980): Leistungsdruck (maximale Belastung der SchülerInnen, unerwartete Prüfungen, Ausschöpfung des LehrerInnen gegebenen Spielraums für Leistungsanforderungen) und Bevormundung der SchülerInnen (Unterdrückung von Selbständigkeit, Reglementierung, wenig Partnerschaftlichkeit, hohe Anomie) sind ausgeprägte Risikofaktoren für Schulangst. Dieser Zusammenhang gilt auch in abgeschwächtem Maß für mangelndes Engagement der LehrerInnen (bei schwächeren SchülerInnen). Auf der SchülerInnen-SchülerInnen-Ebene ist der höchste Angstpegel in Klassen zu finden, die durch starkes Konkurrenzdenken geprägt sind.

4.5.4.3 Spezifische didaktische Maßnahmen

Aus der Unterrichtsforschung sind ATI-Effekte bekannt (vgl. Kap. 5.3), die man berücksichtigen sollte. Danach profitieren hochängstliche SchülerInnen eher von einem kleinschrittigen Unterricht und von hoher Strukturierung des Stoffes.

Bei den Anweisungen für Klassenarbeiten, mündliche Prüfungen etc. sollte man die bedrohlichen Aspekte dieser Situation nicht noch weiter akzentuieren. Solche „Aktivierungsversuche" sind nur für die wenig leistungsängstlichen SchülerInnen als positiv einzuschätzen (vgl. Yerkes-Dodson-Gesetz).

Um den Kompetenzaspekt zu erhöhen, sollte der Lehrer / die Lehrerin Lern- und Gedächtnishilfen systematisch einsetzen. Die SchülerInnen müssen darüber aufgeklärt werden, wie sie die Effektivität ihres Gedächtnisses erhöhen können und wie Arbeitstechniken zu optimalisieren sind (Erhöhung von Kompetenz bei den SchülerInnen).

4.5.4.4 Aspekte der Gestaltung von Prüfungen

Sehr wesentlich ist die Gestaltung von Prüfungen. Hier ist vor allem auf eine Erhöhung des Aspektes der Berechenbarkeit und die Schaffung einer wohlwollenden Atmosphäre zu achten.

- Unterscheidung zwischen summativer und formativer Evaluation; im letzteren Fall hat eine Prüfung vor allem eine Rückmeldungsfunktion für den Lehrer / die Lehrerin und für die Gestaltung des weiteren Vorgehens (Abmilderung des Relevanzaspektes).
- Hinweis auf Kompensationsmöglichkeiten durch andere Prüfungen.
- Für formative Evaluation können spielerische Formen der Leistungsmessung gewählt werden (eventuell auch bei summativer?).
- Erhöhung der Berechenbarkeit durch genaue Information darüber, wann und worüber Prüfungen abgehalten werden (zumindest bei den Klassenarbeiten, bei Extemporalien nicht gleichermaßen sinnvoll).
- Maximale Transparenz bezüglich des Benotungsmaßstabes und der Beurteilungsmethode sowie des Stellenwerts mündlicher Leistungen.
- Vermeidung von Zeitdruck bei Prüfungen (nicht ungeduldig werden).
- Verstärkung von (wohlwollenden) Maßnahmen zur Erhöhung des Feedbacks über den Leistungsstand (die SchülerInnen sollen wissen, wo sie stehen).
- Durchführung von prüfungsanalogen Übungsphasen vor der eigentlichen Prüfung.
- Nur das prüfen, was unterrichtet worden ist; keine neuen Lehrziele in der Prüfung einführen (besondere Gefahr bei sog. Transferaufgaben, mit denen die leistungsbesten SchülerInnen herausgefordert werden sollen).
- Die Aufgaben und Anforderungen sollten nach ihrer Schwierigkeit eingeschätzt und angeordnet werden. Allerdings ist auch bekannt, daß LehrerInnen die Schwierigkeit von Aufgaben eher unterschätzen. Bei mündlichen Prüfungen ist dies besonders schwierig durchzuführen; man muß sich aber immer bewußt sein, daß der Social-facilitation-Effekt nur für leichte Aufgaben gilt, für deren Lösung die SchülerInnen entsprechende Routinen zur Verfügung haben.
- Die Reihenfolge der Bearbeitung der Prüfungsaufgaben den Prüflingen freistellen. Dadurch werden Unterbrechungen vermieden, die im Sinne von Mandler und Watson (1966) angstinduzierend sein können.
- Kommentierung von Prüfungsaufgaben erlauben: Dadurch sollen Handlungspläne, die unterbrochen werden mußten, durch eine andere Verhaltensweise substituiert werden. Außerdem wird durch Bemerkungen über die eigenen Schwierigkeiten beim Problemlösen der Problemlöseprozeß gefördert (vgl. hierzu den von Merz (1969) geführten Nachweis, daß lautes Denken die Lei-

stung bei Intelligenztests steigert). Zusätzlich erhält der Lehrer / die Lehrerin durch solche Verbalisierungen Rückmeldungen über seinen Unterricht.

- Für hochängstliche SchülerInnen ist die Öffentlichkeit einer Prüfung zu vermeiden oder zu reduzieren (z.B. andere SchülerInnen durch eine Stillarbeit beschäftigen, sich die Antworten in der Prüfung leise geben lassen).

Auch an eine Änderung der Bezugsnormorientierung der LehrerInnen (Rheinberg, 1980) ist zu denken. Eine Leistungsmessung im Sinne der Verwendung einer intraindividuellen Norm bewirkt, daß der soziale Leistungsvergleich ausgesetzt wird (Relevanzreduktion).

Generell sollte alles unternommen werden, was in Richtung Kompetenzerhöhung und Relevanzverminderung (z.B. auch unter Einbezug der Eltern) getan werden kann.

4.5.4.5 Pädagogisch-therapeutische Maßnahmen

(1) Angstabbau durch Imitationslernen

Die Möglichkeit, Ängste durch Modellernen abzubauen, ist in der Klinischen Psychologie seit langem bekannt (Mary Cover Jones, 1924). Diese Technik im Unterricht einzusetzen, wurde von Sarason, Pederson und Nyman (1968) aufgezeigt. Dabei wurde die Bewältigung einer seriellen Lernaufgabe in einer neuen Lernsituation (Gedächtnistrommel) in Abhängigkeit von der Leistungsangst der Pbn untersucht. Pbn, die kurz vor ihrem Einsatz ein kompetentes Modell beobachten konnten, erzielten bessere Leistungen als Pbn, die kein solches Modell zur Verfügung hatten. Dabei profitierten vor allem die hochängstlichen Versuchspersonen von der Beobachtung des Modells. Aus weiteren Untersuchungen ist bekannt, daß die vorgeführten Modellpersonen kein Idealverhalten (völlig fehlerfreies Lösungsverhalten) zeigen sollten, sondern bewältigende Modelle sein sollten, d.h. solche, bei denen Schwierigkeiten durchaus auftreten, von denen diese Schwierigkeiten aber gemeistert werden.

Daraus ist zu folgern, daß die angstbedingte Leistungshemmung bei hochängstlichen SchülerInnen speziell bei prüfungsähnlichen Situationen mit Neuheitscharakter (z.B. zum ersten Mal einen Aufsatz vor der Klasse lesen, ein Referat halten, zum ersten Mal eine neue Rechnungsart an der Tafel vorführen etc.) reduziert werden kann, wenn Gelegenheit zur Beobachtung eines angstfreien Modells besteht. Gemäß der Habit-Interferenz-Theorie wird durch die Imitation eines angstfreien Modells bei hochängstlichen SchülerInnen eine Vermehrung der aufgabenrelevanten und eine Reduktion der aufgabenirrelevanten Antworttendenzen erreicht. In kognitiver Sicht wird durch die Beobachtung eines angstfreien

Modells die Unsicherheit im Umgang mit der Aufgabe reduziert, der Bedrohungscharakter vermindert und das Gefühl des eigenen Bewältigenkönnens verbessert.

Ein praktisches Verfahren, das aus der Theorie des Modellernens abgeleitet ist, bezieht sich auf das Umsetzen hochängstlicher SchülerInnen neben weniger ängstliche. Die Überlegung dabei ist, daß durch Beobachtung wenig ängstlicher MitschülerInnen die eigene Angst bewältigt wird. Dies wäre somit eine wenig aufwendige Maßnahme (abgesehen von der Diagnosephase), die im Vergleich zu den Interventionen, bei denen LehrerInnen als Hilfstherapeut tätig werden sollen, nur wenig Arbeit verursacht und die keine negativen Nebenwirkungen befürchten läßt.

Immisch (1972) überprüfte die Wirksamkeit des gezielten Umsetzens, indem er in acht Klassen (6.- 8. Klassenstufe aus Haupt- und Sonderschulen) folgende Gruppen bildete: Nach den Ergebnissen eines Angsttests wurden von vier hochängstlichen Kindern aus einer Klasse jeweils zwei einem niedrigängstlichen Schüler /einer Schülerin zugeordnet, die restlichen zwei blieben als Kontrollbedingung an ihren angestammten Plätzen. Die nach zwölf Wochen erfolgte Kontrollmessung ergab, daß die Angstwerte hochängstlicher SchülerInnen in der Experimentalgruppe sich tatsächlich verringert hatten. Allerdings zeigten auch die hochängstlichen Kinder der Kontrollbedingung eine signifikant geringere (wenn auch nicht so stark ausgefallene) Reduktion der Leistungsangst wie die Kinder unter der Experimentalbedingung. Um dieses nicht erwartete Ergebnis zu erklären, verweist der Autor auf eine „allgemeine Entneurotisierung des sozialen Klimas". Eine Replikation der Untersuchung wurde von Rost (1977) vorgenommen. Dazu wurde aus zwölf Klassen (4. Klasse Grundschule) jeweils die sechs ängstlichsten Kinder mit Hilfe des AFS (Skala Prüfungsangst) verwendet.

Je zwei Kinder wurden folgenden Bedingungen unterzogen:
Experimentalgruppe 1 (Verstärkungsgruppe): Diese SchülerInnen erhielten über zwölf Wochen hinweg zusätzlich zu den Zensuren schriftliche Ermutigungen.
Experimentalgruppe 2 (Modellgruppe): Zwei hochängstliche (Hä) Kinder wurden neben zwei niedrigängstliche (Nä) gesetzt.
Kontrollgruppe: Diese Kinder erfuhren keine besondere Behandlung.
Als Ergebnis stellte sich heraus, daß sich die Angst unter allen drei Bedingungen signifikant reduziert hatte (Versuchskanincheneffekt). Bei den Schulleistungen in Mathematik verbesserten sich die Leistungen (gemeßen mit einem Schulleistungstest), nicht aber in der Kontrollgruppe.

Elbing und Ellgring (1977) prüften den Effekt des Umsetzens in zehn Klassen (5. - 8. Klassenstufe einer Hauptschule). Nach den Angstwerten im TASC wurden drei Experimental- und drei Kontrollgruppen gebildet. Die Experimentalgruppen bestanden in der Kombination von Hä - Nä, Mä - Nä, Mä - Hä, die Kontrollgruppen in den Bedingungen Hä - Hä, Mä - Mä und Nä - Nä. Die soziometrisch erfaßte Beliebtheit wurde erhoben und es wurde darauf geachtet, daß durch das Umsetzprogramm nicht SchülerInnen mit gegenseitigen Animositäten nebeneinander zu sitzen kamen.

Die nach 14 Wochen festgestellten Effekte fielen folgendermaßen aus:
Die größte Angstverminderung hatte sich bei den hochängstlichen in den beiden Experimentalbedingungen (Hä - Nä, Hä - Mä) ergeben. Allerdings war der zweitgrößte Angstreduktions-Effekt in der Kontrollgruppe der Bedingung Mä - Mä vorhanden.

Eine weitere Untersuchung zu diesem Thema stammt von Borchert, Horn und Schmidt (1979). Allerdings führten sie ihre Untersuchung bei Lernbehinderten durch (6. - 8. Klasse, 30 Klassen) Die Variation bestand darin, daß (1) Hä neben Nä umgesetzt wurden und gleichzeitig verbale Bekräftigungen für angstfreies Verhalten gegeben wurden, daß (2) nur verbale Bekräftigungen gegeben wurden und daß (3) nur eine Umsetzung Hä - Nä stattfand. Die soziometrisch ermittelte Erwünschtheit wurde bei dem Umsetzen beachtet. In dieser Untersuchung konnte keine Angstminderung durch den Modelleffekt nachgewiesen werden.

(2) Unspezifische Entspannungsverfahren
Von Heinerth (1972) wurden die Effekte, die eine Beruhigung vor der Prüfung auf Prüfungskandidaten haben, untersucht. Bei 76 Pädagogikstudenten wurde 20 Minuten vor einer wichtigen Prüfung ein zwölfminütiges Beruhigungstraining angewandt. Die Kontrollgruppe bestand in den Studenten, die nicht so rechtzeitig vor der Prüfung vorhanden waren, daß sie in die Behandlung hätten einbezogen werden können. Eine solche Beruhigung wurde durch (1) autogenes Training, (2) Entspannung mit Musik über Kopfhörer und (3) therapeutische Gespräche indiziert. Alle gaben an, daß ihnen die Entspannung sehr geholfen habe; die Unterschiede bei einem Angst-Selbstrating waren immer signifikant. Die letztere Methode war dabei am effektivsten, die Musik-Methode am wenigsten. Neben den hier angesprochenen Entspannungsvarianten können auch weitere, in diesem Bereich entwickelte Verfahren eingesetzt werden (z.B. Atemmeditation, progressive Muskelentspannung oder autogenes Training). Kontrollierte Studien über eine angstreduzierende Wirkung dieser Verfahren außerhalb eines Desensibilisierungsparadigmas liegen jedoch nicht vor.

(3) In vivo emotive imagery
Eine Variante eines Beruhigungsverfahrens könnte u.U. auch in der Methode des *In vivo emotive imagery* bestehen. Auch dieses Verfahren ist praktisch nur die erste Phase eines Desensibilisierungstrainings. Es besteht darin, in einer angstbe-

setzten Situation positive Vorstellungsbilder zu entwickeln. Diese Methode wurde im klinischen Bereich zur Schmerzbewältigung, auch bei der Bewältigung des Geburtsvorganges eingesetzt (Lukesch et al., 1981). Zur Auswahl der Ruheszenen kann das „Reinforcement Survey Schedule" von Cautela und Kastenbaum (1967) verwendet werden (z.B. schöner Sommertag, Spaziergang, sanfte grüne Wiese, lauer Wind). Durch dieses oder ein analoges Verfahren wäre es auch möglich, die Aufmerksamkeit auf die positiven Aspekte der Prüfungssituation zu lenken (z.B. Bestehen der Prüfung, neue Perspektiven, die sich dann eröffnen).

Beispiel einer Behandlung nach „Emotive Imagery" nach Lazarus & Abramovitz (1962)

Die Autoren verwendeten dieses Verfahren bei einem achtjährigen Mädchen. Das Kind mußte zuerst lernen, sich Bilder von Situationen der Freude oder des Stolzes vorzustellen. In ihrem Fall spielte seine Heldenfigur „Noddy" die Rolle eines Schulschwänzers. Das Mädchen mußte „Noddy" in seiner Vorstellung schützen und durch seine Argumente und sein Beispiel zur Schule bringen. Innerhalb von vier therapeutischen Sitzungen sollen alle phobischen Tendenzen verschwunden sein.

---

(4) Systematische Desensibilisierungsverfahren im Unterricht
Einzel- und Gruppendesensibilisierungsverfahren lassen sich mit Einschränkungen auch in der Schule zur Angstreduktion einsetzen (Barabasz, 1978). Die In-vivo-Desensibilisierung hat im Vergleich zur Behandlung in einem klinischem Setting den Vorteil, daß die Bewältigungsreaktion nicht erst generalisieren muß, sondern der Erfolg direkt durch die Behandlung nachgewiesen wird. Die Kinder werden außerdem direkt mit den angsterzeugenden Reizen konfrontiert und brauchen sich diese nicht in Form einer Angsthierarchie vorzustellen. Ein solcher Einsatz wird auch durch die zunehmende Verbreitung des *Mediatorensystem* (Perrez et al., 1985) unterstützt.

Die Ausbildung von LehrerInnen zu „Hilfstherapeuten" ist nicht zu schwierig, da die Desensibilisierungsmethodik über weite Bereiche standardisierbar ist. Tonbandaufnahmen mit Entspannungsübungen stehen allgemein zur Verfügung, ebenso Standardangsthierarchien bzw. letztere sind leicht erstellbar.

Bei der *In-vivo-Desensibilisierung* wird zuerst eine für den einzelnen Schüler / die einzelne Schülerin zutreffende Angsthierarchie ermittelt. Sodann muß ein Entspannungsverfahren erlernt werden (Progressive Muskelrelaxation, autogenes Training). Bei der eigentlichen Desensibilisierung erfolgt eine schrittweise intensivierte Konfrontation des ängstlichen mit den angstbesetzten Situationen, wobei darauf geachtet wird, daß der Entspannungszustand erhalten bleibt. Ist es nicht mehr möglich, die Entspannung durchzuhalten, muß mit der Visualisierung bzw. realen Konfrontation mit den Angststimuli ausgesetzt werden. Wird die Entspannung durchgehalten, kann die Angstreaktion als gelöscht gelten.

Der Vorteil dieses Verfahrens ist, daß die angstauslösende Situation real vorhanden ist (Prüfung während des Unterrichts) und somit keine Probleme hinsichtlich der Übertragbarkeit von einer Labor- in eine natürliche Situation bestehen. Problematisch ist, daß die gezielte dosierte Steigerung der Angstreize in der Realsituation schwerer zu erreichen ist. Das bedingt, daß manche Situationen häufiger durchgespielt werden müssen, ehe sie angstfrei bewältigt werden.

Dieses Verfahren ist bereits bei GrundschülerInnen einsetzbar. Als Angstantagonist kann neben Entspannung auch sozialer Kontakt und Bestätigung eingesetzt werden. Dies hat sich vor allem bei jüngeren Kindern als sinnvoll erwiesen, da diese ein Entspannungsverfahren nur schwer erlernen.

Beispiel der Behandlung einer Schulphobie nach der Methode der In-vivo-Desensibilisierung (Garvey & Hegrennes, 1966)

Es wird der Fall eines zehnjährigen Jungen berichtet, der an Schulphobie leidet. Für diesen wird folgende Hierarchie angstbesetzter Situationen aufgestellt:
1. Der Therapeut und Jimmy sitzen im Auto vor der Schule.
2. Sie steigen aus dem Auto und nähern sich dem Zaun.
3. Sie gehen auf dem Bürgersteig zur Schule.
4. Sie gehen bis zur Treppe vor der Schule.
5. Sie steigen die Treppe hinauf.
6. Sie gehen zur Tür.
7. Sie treten in die Schule ein.
8. Schrittweise nähern sie sich dem Klassenzimmer.
9. Sie treten in das Klassenzimmer ein.
10. Sie treten in Anwesenheit des Klassenlehrers (-lehrerin) in das Klassenzimmer.
11. Sie treten in das Klassenzimmer ein in Anwesenheit des Klassenlehrers (der -lehrerin) und von ein oder zwei Schulkameraden.
12. Sie treten in das voll besetzte Klassenzimmer.
Für jede bewältigte Situation vergab der Therapeut starkes Lob. War die Situation für das Kind nicht mehr zu bewältigen, so wurde das Item unterbrochen.
Das Verfahren wurde an 20 aufeinanderfolgenden Tagen jeweils 20 bis 40 Minuten durchgeführt. Nach dem 20. Tag wurde Jimmy von seinem Vater in die Schule gebracht. Der Fall wurde zwei Jahre lang weiterverfolgt, ein Rückfall wurde nicht festgestellt, soziale Anpassung und schulische Leistungen blieben normal.

Gruppendesensibilisierungsverfahren können frühestens am Ende der Grundschulzeit eingesetzt werden, da Kindern unter zehn Jahren die vorstellungsmäßige Repräsentation von genau umschriebenen Angstsituationen schwerfällt.

Von Kruglick (1978) wurde die systematische Desensibilisierung ebenfalls in der Klasse angewandt. Hier konnte mit Fragebogenmethodik eine Angstreduktion bei den behandelten Kindern nachgewiesen werden.

Von Barabasz (1977) wurde eine Klassendesensibilisierung in 5. - 7. College-Klassen untersucht. Die LehrerInnen mußten das Verfahren durchführen. Eine Kontrollgruppe wurden aus Parallelklassen gebildet. Die LehrerInnen wurden in einem vierstündigen Training in die Desensibilisierungsmethodik eingewiesen. Sie verwendeten eine Standardangsthierarchie, die Entspannungsinstruktion wurde mit Hilfe eines Tonbandes erteilt. Nach einer fünftägigen Desensibilisierungsphase wiesen die Hä der Experimentalgruppen signifikant niedrigere Angstwerte auf (gemessen mit PGR) verglichen mit den Hä der Kontrollgruppe. Ein Leistungsanstieg (Leseverständnistest) ließ sich in der Experimentalgruppe ebenfalls nachweisen, nicht jedoch in der Kontrollgruppe oder den Nä der Experimentalgruppe.

(5) Thematisierung von Schulangst im Unterricht
Eine direkte Methode, Leistungsängste in den Griff zu bekommen, besteht in Unterrichtsgesprächen über dieses Thema (unterstützt z.B. durch entsprechende Literatur). Damit könnten kognitive Kontrollstrategien im Umgang mit Ängsten entwickelt werden. Dieses Vorgehen sollte besonders geeignet sein, die Besorgniskomponente der Leistungsangst zu modifizieren.
Themen könnten dabei sein:
- Aufklärung darüber, daß es leistungsbezogene Ängste gibt, welche Ursachen und Wirkungen Angst haben kann, wie solche Ängste verbreitet sind;
- wie sich Angst im Alltag auswirkt (Einschränkung der Verhaltensmöglichkeiten, Kompensationen);
- wie man mit Angst fertig werden kann, wie man sie zumindest ansatzweise kontrollieren kann.
Eine solche themenzentrierte Behandlung von Ängsten könnte bei SchülerInnen folgende Wirkungen haben:
- Durch das Wissen, daß Angst ein weit verbreitetes Phänomen ist, unter dem auch andere SchülerInnen leiden, könnten leistungsthematische Situationen zumindest graduell den Charakter des Bedrohlichen verlieren (soziale Vergleichsprozesse, geteiltes Leid ist halbes Leid ...).
- Die Thematisierung von Angst könnte Verständnis zwischen hoch- und niedrigängstlichen SchülerInnen bewirken und dadurch zu einer Entkoppelung des ten-

denziellen Zusammenhanges zwischen Angst und (mangelnder) sozialer Beliebtheit beitragen, denn Hä zählen durchwegs zu den marginalen, machtlosen und weniger beliebten SchülerInnen.

- Durch die Kenntnis der Wirkungsweise der Leistungsangst ist eine Sensibilisierung ängstlicher SchülerInnen für aufgabenirrelevante Kognitionen zu erzielen. Damit wäre eine Voraussetzung für eine aktive Kontrolle möglich (situationsadäquate Selbstinstruktionen im Sinne der kognitiven VM von Meichenbaum: Entspannungsanweisung, langsames, tiefes Atmen, was muß ich tun, um die Aufgaben zu bewältigen?).

Eine Intensivierung der Auseinandersetzung mit Ängsten kann auch durch Rollenspiele erreicht werden. Z.B. kann diese Methode zur Prüfungsvorbereitung angesetzt werden. Der Lehrer / die Lehrerin kann dies mit seinen / ihren SchülerInnen selbst durchführen, er / sie kann ein solches Spiel aber auch nur veranlassen. Durch den Wechsel von PrüferInnen- und Prüflingsrolle kann man sich in das Vorgehen des Prüfers / der Prüferin einfühlen.

(6) Kausalattribuierungstherapie

Nach Heckhausen (1975) könnten ungünstige Erklärungsmuster geändert werden. Bei Underachievern könnten z.B. Bemerkungen wie, „Du könntest besser sein, wenn Du Dich mehr anstrengst", hilfreich sein. Die Wirkungen eines solchen Vorgehens verweisen auf einen tendenziellen Angstabbau und auf die Entstehung anderer Attribuierungsmuster bei Mißerfolgen.

4.5.4.6 Angstabbau durch klinisch-therapeutische Maßnahmen

Im Rahmen einer psychologischen Beratungsstelle kommen für den Angstabbau noch folgende Methoden in Frage:

(1) Systematische Desensibilisierung wie oben dargestellt (eventuell ergänzt durch andere professionelle Entspannungsverfahren, z.B. Biofeed-back-Training).

(2) Implosionstherapie

Diese Therapie besteht in der Darbietung der Situationen, die starke Angstreize enthalten. Der theoretische Hintergrund des Verfahrens ist darin zu sehen, daß durch diese Konfrontation eine Löschungsprozedur zustande kommt, wenn nicht zugleich ein primär angstauslösender Reiz gegeben ist (Habituierungsprozeß). Das Verfahren ist allerdings für den Schulbereich noch nicht systematisch erforscht.

Beispiel der Behandlung eines schulphobischen Kindes nach der Implosionsmethode durch Smith und Scharpe (1970)

Es wird der Fall eines 13jährigen Jungen beschrieben. Dieser hatte eine längere Geschichte körperlicher Krankheiten hinter sich, währenddessen seine Mutter eine übertrieben fürsorgende, schützende und pflegende Haltung entwickelt hatte. Zum Zeitpunkt des Auftretens der Schulphobie war Billy in eine neue Schule gekommen, wobei er Schwierigkeiten mit seinen Schulkameraden hatte.

In den therapeutischen Sitzungen wurden ängstigende Situationen erarbeitet, wobei sich Billy jede Szene so lange vorstellen mußte, bis sie keine Angst mehr in ihm hervorrief (Behandlungsdauer eine Woche).

Beispielsituation 3: Nachdem Billy und seine Mutter durch die leeren und seltsam ruhigen Zimmer der Schule gegangen sind, befinden sie sich vor der Tür der Aula. Die Tür öffnet sich und der Direktor erscheint. Er sagt zu Billy mit sadistischer Stimme: „Wir warten alle auf Dich." Das Kind hört viele Stimmen in der Aula, die singen: „Wir wollen Billy." Billy schaut seine Mutter hilfesuchend an, aber sie sagt mit kalter Stimme: „Ich werde mich nicht mehr um Dich kümmern, jetzt bist Du allein." Und sie geht.

Beispielsituation 4: Billy wird vom Direktor in die Schulbibliothek beordert. Das Zimmer ist dunkel und seltsam, die Stühle sind gegen die Wände gelehnt. Es ist zu dunkel, um sie zu erkennen. Die Spannung wächst als Billy bemerkt, was ihm geschehen wird. SchülerInnen kreisen ihn ein, sie kommen näher und näher und sie fangen an zu murmeln: „Verrückter Billy" und „Idiot, Idiot". Dann beginnen sie, ihn zu stoßen und zu schlagen.

Von der ersten Sitzung an, begann Billy zunehmend die Unterrichtsstunden zu besuchen. Am Ende der 6. Sitzung berichtete er, keine Angst mehr zu haben. In dem Katamnesezeitraum von 13 Wochen erfolgte kein Rückfall.

Das Verfahren könnte auch in-vivo durchgeführt werden. Allerdings besteht die Gefahr der Primärkonditionierung durch die Reaktionen der anderen SchülerInnen. Im therapeutischen Setting ist außerdem die Angst besser kontrollierbar.

---

(3) Selbstsicherheitstraining (vgl. Petermann & Petermann, 1986).

(4) Psychodrama.

(5) Analytisch orientierte Verfahren: Analyse von Kindheitssituationen, Maltherapie, nicht-direktive Spieltherapie, Familientherapie.

(6) Kognitive Interventionstechniken und Umstrukturierung, z.B. rational-emotive Therapie nach Ellis (1977), Erarbeitung von Problemlösekompetenzen nach Goldfried und D'Zurilla (1973), Selbstinstruktionstechniken nach Meichenbaum (1979).

(7) *Durchführung von spezifischen Elterntrainingskursen* (Lernen am Modell, Emotionsansteckung, Transmissionshypothese; Verminderung von Strenge, Überbehütung, Überforderung; Änderung ungünstigen Elternverhaltens wie z.B. inkonsistentes und unberechenbares Elternverhalten, sprunghaftes Verhalten).

4.6 Begabungsselbstbild

4.6.1 Selbstbildkonzepte

Mit Selbstbild (synonym Selbstkonzept) wird die kognitiv-affektive Repräsentation einer Person von sich selbst bezeichnet. Man könnte auch sagen, daß es sich hierbei um die naive (i.S. von laienhaft) Theorie, die eine Person über sich selbst entwickelt hat, handelt. Das Selbstbild kann als hierarchisch und mehrdimensional gegliedert angesehen werden (Shavelson et al., 1976). Neben dem Bild, wie man ist (Realselbst), kann das Bild, wie man sein möchte (Idealselbst), unterschieden werden. Die Diskrepanz zwischen beiden wird auch als Operationalisierung von Neurotizismus angesehen (Lukesch, 1975) bzw. als Entwicklungs- und Veränderungsdruck wahrgenommen (vgl. hierzu das Selbstverwirklichungsstreben i.S. von Maslow, 1978, Kap. 4.4.1.2).

Zum Realselbst werden auch sog. Selbstausdehnungen im Sinne des Propriums (Allport, 1958) hinzugerechnet; damit ist all das bezeichnet, was man sein Eigen nennt (Vater, Mutter, seine Sprache und Kultur ...).

Innerhalb des Selbstbildes sind sowohl bewertend-affektive wie auch eher kognitiv-beschreibende Aspekte zu unterscheiden (Neubauer, 1976). Es ist dabei von einem übergreifenden Selbstwertgefühl (self-esteem) auszugehen, das in seiner Negativvariante aber auch als Minderwertigkeitsgefühl erlebt werden kann. Innerhalb des Selbstkonzeptes können wieder unterschiedliche Bereiche herausgearbeitet werden, die individuell unterschiedlich zentral oder unterschiedlich deutlich repräsentiert und bewertet sind, z.B. das Körperselbst (subjektive Vorstellungen über Körpermerkmale, Leistungsfähigkeiten und körperliche Attraktivität; Erschütterung in der Pubertät), das Begabungsselbstbild (kognitive Leistungsfähigkeit, individuelle Begabungen; unterteilbar nach verschiedensten inhaltlichen Bereichen, etwa nach schulischen Fächern), das soziale Selbst (soziale Stellung, Positionen und Rollen, soziale Fähigkeiten), das materielle Selbst (Kleidung, Besitz ...).

Die einzelnen Bereiche können mehr oder minder gut miteinander integriert sein. Dabei ist zur Vermeidung kognitiver bzw. kognitiv-affektiver Inkonsistenzen davon auszugehen, daß in jeder Person allgemein eine Tendenz zur Selbstkonsistenz sowie zur Selbstwerterhöhung vorhanden ist. Dabei muß auch in Rechnung gestellt werden, daß das Selbst auch unerwünschte Aspekte mit umfassen kann, z.B. nicht akzeptierte Verhaltensweisen, unangenehm erlebte Situationen, negativ bewertete Persönlichkeitseigenschaften (Ogilvie, 1987). Auch mit diesen muß man sich auseinandersetzen oder - in welcher Form auch immer - bewältigen.

Wegen selbstbeschönigender Tendenzen werden Selbst- und Außensicht nicht immer übereinstimmen, aber auch innerhalb der eigenen Person kann es zu Unstimmigkeiten kommen. Inkonsistenzen bzw. negative, unangenehme, dunkle Seiten der eigenen Person werden dabei mittels Wahrnehmungabwehrprozesse relativiert (vgl. hierzu das sog. JOHARI-Fenster von Luft & Ingham, 19??) oder von dem Bewußtwerden ferngehalten. Je mehr solche Anteile in einer Person vorhanden sind, desto schwieriger wird es, sich selbst unbefangen gegenüberzustehen. Man kann dabei in Anlehnung an den Gegenbegriff der „full functioning personality" von Rogers (1973) davon ausgehen, daß Personen beträchtliche Energie aufzubringen in der Lage sind, um ihr Selbstkonzept aufrecht zu erhalten (z.B. durch Prozesse des Ignorierens, Leugnens, der verzerrten Symbolisierung von Erfahrungen, die mit dem Selbstkonzept inkonsistent sind).

Das Selbstbild ist im wesentlich von außen vermittelt. Dabei sind die Rückmeldungen der wesentlichen Bezugspersonen (Eltern, Verwandte, später auch LehreInnen), das Ergebnis der Erfahrung sozialer Vergleichsprozesse sowie deren kognitive Verarbeitung von hoher Bedeutung. Die u.a. bereits mehrmals geforderte Betonung von unkonditionaler Wertschätzung und anderer sog. Rogers-Variablen als förderliche Dimension im Umgang von Mensch zu Mensch betonen diese für eine positive Selbstachtung wesentliche Umweltbedingung.

4.6.2 Begabungsselbstbild und Schulleistung

Begabungs- oder Fähigkeitskonzepte sind prozeßhaft zu sehen, sie sind sowohl Folge wie auch Ursache schulischer Bewertungen (Krupitschka, 1990).

Für den Schulbereich sind neben dem allgemeinen Selbstkonzept vor allem Aspekte des Begabungsselbstbildes im Zusammenhang mit schulischen Rückmeldungsprozessen untersucht worden. Kifer (1975, S. 199) konnte nachweisen, daß schulisch erfolgreiche Kinder ihr Selbstwertkonzept aufrechterhalten konnte, während lernschwierige dieses über die Schulzeit kontinuierlich absenkten (vgl. Abb. 4.17).

Den Einfluß sozialer Vergleichsprozesse für das Begabungsselbstbild kann man im Vergleich von SonderschülerInnen bzw. Lernschwachen, die in der Normalschule verblieben, demonstrieren. Obwohl die Einweisung in eine Sonder-(jetzt Förder-)schule eine Stigmatisierung bedeutet, kann das Wegfallen des Vergleichs mit leistungsmäßig besseren SchülerInnen das Selbstkonzept schulischer Fähigkeiten erhöhen (Rheinberg & Enstrup, 1977). Von Krug und Peters (1977) wird sogar von einer Erhöhung des Selbstkonzeptes der eigenen Begabung (zudem Reduktion der Prüfungsängstlichkeit sowie der Mißerfolgsfurcht) nach Sonderschuleinweisung (interpretierbar als Wechsel der sozialen Bezugsgruppe) berichtet. Auf der anderen Seite kann die Plazierung in einer leistungsbesseren Gruppe Begabungskonzepte beeinträchtigen. Köckeis-Stangl (1974) hat dies für Kinder, die aus der Grundschule an Gymnasien überwechselten, belegt.

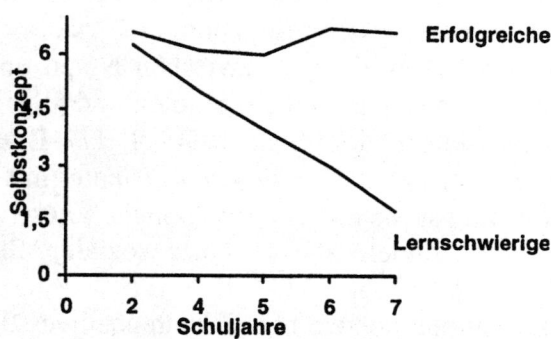

Abbildung 4.17: Veränderung des Selbstkonzepts eigener Fähigkeiten bei leistungsguten und leistungsschlechten Schülern (Kifer, 1975, S. 199)

Ein niedriges Selbstkonzept steht mit Schulangst in Verbindung. Leistungsschwächere SchülerInnen erleben durch den sozialen Vergleich eine selbstwertschädigende schulische Bewertung. Die Reaktion hierauf kann entweder Rückzug (Angst, Depressivität) oder Rebellion (Verhaltensstörungen aggressiver Art) sein. Der selbstwertschädigende Bezugsgruppeneffekt wurde von uns auch bei leistungsschwachen GesamtschülerInnen demonstriert, die in Deutsch wegen des postulierten integrativen Wertes dieses Faches in Hessen nicht leistungsdifferenziert unterrichtet wurden (Lukesch, 1982, vgl. Kap. 4.5.1.4): Bei ihnen waren Leistungsängste besonders ausgeprägt.

Zwischen Schulleistung und Begabungsselbstbild lassen sich die erwartbaren Korrelationen nachweisen, die als Ergebnis eines Rückwirkungsprozesses der Leistungsbewertung auf das Selbstkonzept interpretiert werden können (Bloom, 1976, S. 91). Besonders eng sind diese Beziehungen in den mittleren Jahrgangsstufen (1. bis 5. Klassen: r = .30; 6. bis 8. Klassen: r = .49; 9. bis 12. Klassen: r = .37; jeweils gemittelte Korrelationen), d.h. es dauert einige Jahre, bis diese Senkung des Begabungsselbstbildes eingetreten ist. In den höheren Klassen verringern sich die Korrelationen, da Homogenisierungseffekte nachweisbar sind (die leistungsschwächeren SchülerInnen werden ausselegiert).

Auf der Ebene des Schul- und Klassenklimas lassen sich ebenfalls Effekte hinsichtlich des Selbstkonzepts nachweisen: Fend (1977) fand Korrelationen zwischen Selbstbewußtsein und Leistungsdruck (r = -.34), Anpassungsdruck (r = -.32) und sozialen Beziehungen (r = .26). Pekrun (1985) erhob als Klimamerkmale Unterrichtsanstrengung des Lehrers (der Lehrerin), Unterstützung, Wettbewerb, Kooperation und Affiliation; das schulische Fähigkeitsselbstkonzept korrelierte mit den Klimamerkmalen zwischen .14 und .33, das allgemeine Fähigkeitsselbstkonzept zwischen .08 und .29. Die Klimamerkmale wirken sich indirekt über die Fähigkeitskonzepte auf das Selbstwertgefühl aus.

Im allgemeinen sind die Beziehungen zwischen Noten und fachspezifischen Fähigkeitskonzepten höher als zwischen Schulnoten und allgemeinen Fähigkeitskonzepten (zusammenfassend Krupitschka, 1990, S. 77). Erwähnenswert ist die Tatsache, daß das Selbstkonzept stärker bzw. konsistenter mit Schulnoten als mit den Resultaten von Leistungstests korreliert, d.h. nicht objektiv gemessene Fähigkeiten sind vordringlich, sondern die in einer sozialen Situation erfahrenen Rückmeldungen (Wylie, 1979; Jopt, 1978).

Die umgekehrte Kausalrelation, daß nämlich ein positives Begabungsselbstbild guten Leistungen dienlich ist, kann man aus der Theorie der erlernten Hilflosigkeit ableiten (Seligman, 1979). Längsschnittlich erhobene Daten belegen zudem, daß ein positives Begabungsselbstbild bei Kindergartenkindern mit einem besseren Erfolg beim Lesenlernen in der Grundschule in Zusammenhang steht (Wattenberg & Clifford, 1964). Auch das sich auf schulische Leistungen positiv auswirkende Training des Selbstbewußtseins belegt die bidirektionale Abhängigkeit von Selbstbild und Leistung.

4.6.3 Interventions- und Verbesserungsmöglichkeiten

Von der Zirkularität des Zusammenspiels zwischen Schulleistungsbewertung, der damit ausgedrückten Askription von Fähigkeitsurteilen und dem Begabungsselbstbild ausgehend, sind zwei Interventionsrichtungen denkbar:

(1) Sieht man die Ausprägung des Selbstkonzept als Ergebnis von Umweltinformation an, so kann nach dem „Skill-Development-Modell" (Calsyn & Kenny, 1977) über eine Verbesserung der Schulleistung ein selbstwertstabilisierender oder -erhöhender Effekt erwartet werden (z.B. durch LehrerInnenmaßnahmen erreichbar, wie z.B. Individualisierung, Lern- und Gedächtnishilfen erwerben und anwenden).

(2) Werden Schulleistungen hingegen als Konsequenz einer bestimmten Fähigkeitseinschätzung gesehen, so ist es sinnvoll, über eine Erhöhung des Bega-

bungsselbstbildes auf die schulische Leistungserbringung Einfluß zu nehmen („Self-Enhancement-Modell", vgl. Brookover et al., 1964; Leviton, 1975). Welche Folgerungen für die Entwicklung des Selbstbewußtsein allgemein zu ziehen sind, hat Krupitschka (1990, S. 104) dargelegt. Im einzelnen wird empfohlen:

- Realisierung der Rogers-Variablen im Umgang mit Kindern, da die Akzeptierung durch andere die Voraussetzung für Selbstakzeptanz ist. Wird hingegen die Wertschätzung von Vorbedingungen abhängig gemacht (z.B. von einer bestimmten Leistung), so kann sich ein Kind, wenn es diese Kriterien nicht erfüllt, in seinem Selbstwert bedroht fühlen und diese Bedrohung durch selektive Wahrnehmungsprozesse abwehren wollen. Dies wieder führt auf lange Sicht entweder zu einer negativen oder zu einer unrealistischen Selbstsicht.

- Unter dem Stichwort konsequentes Erzieherverhalten ist darauf zu verweisen, daß für Kinder ein angemessener Verhaltensspielraum zu schaffen ist, innerhalb dessen Rechte und Grenzen jedes Partners definiert sind und auf deren Einhaltung auch geachtet wird. Reaktionen des Kindes und Konsequenzen der Erzieher sollen in einem erkennbaren Zusammenhang stehen. Diese Regel darf aber nicht im Sinne eines rigiden Zuckerbrot-und Peitsche-Systems mißverstanden werden.

- Entwicklungsangemessene Anforderungen sind an das Kind zu stellen (vgl. die Schaffung optimaler Herausforderungslagen nach dem Prinzip der Passung, Kap. 4.4.3). Überforderungen sind ebenso zu vermeiden wie Unterforderung (= Verwöhnung und übermäßiges Behüten).

- Vermeidung von zu starker Lenkung und Kontrolle, da dies zu mangelnder Eigeninitiative, zu Motivationsmängeln und zu einer unrealistischen Selbsteinschätzung führen kann.

- Abbau negativer und fehlerhafter Fremdbewertungen (vgl. zusammenfassend über die Effekte von Labeling- und Stigmatisierungsprozessen im Rahmen der psychologischen Diagnostik Lukesch, 1994; zum Pygmalion-Effekt vgl. Kap. 5.2.3).

- Reduktion negativer Bezugsgruppeneffekte. Hier sind Möglichkeiten der Individualisierung beim Lehren bzw. der Verwendung individueller Bezugsnormen bei Beurteilungsprozessen zu nutzen.

- Veränderung unangemessener Attributionstendenzen in Richtung auf internal-variable Verursachungsbedingungen (Anstrengung), die als selbstbeeinflußbar gelten.

- Aufbau positiver Selbstverbalisationen. Wie im Rahmen der Angstabbaumethoden bereits geschildert, kann versucht werden, die Aufmerksamkeit von aufgabenirrelevanten, handlungsstörenden und selbstwertschädigenden Gedanken auf positive und kompetenzorientierte Kognitionen zu leiten.

Weiterführende Literatur

Fend, H. (1977). *Schulklima.* Weinheim: Beltz.

Krupitschka, M. (1990). *Selbstbild und Schulleistung.* Salzburg: Otto Müller.

Pekrun, R. (1985). Schulischer Unterricht, schulische Bewertungsprozesse und Selbstkonzeptentwicklung. *Unterrichtswissenschaft, 13,* 220-248.

5. Institutionelle Lernbedingungen - Schul- und LehrerInneneffektivität

5.1 Schuleffektivität

In der richtungsweisenden Studie von Rutter et al. (1979) wurde nachgewiesen, daß der jeweiligen Schule und den LehrerInnenkollegien eine zentrale Rolle für die Leistungsentwicklung von SchülerInnen zugeschrieben werden muß: So fanden sich Schulen, die aus einer leistungsmäßig schwach zusammengesetzten SchülerInnenschaft zu Beginn der Sekundarstufe bis zum Ende der Sekundarstufe mehr gemacht hatten als Schulen mit einer anfangs positiv ausgewählten SchülerInnenschaft. Die Ergebnisse auf die Frage, welche Bedingungen im einzelnen für diese Entwicklungen wesentlich sind, finden sich in Kap. 5.1.3. Schließlich sei hier noch auf einige Ergebnisse der nordrhein-westfälischen Gesamtschulstudie aufmerksam gemacht (Haenisch, Lukesch, Klaghofer & Krüger-Haenisch, 1979). Auch hier wurde die hohe Bedeutung für die Schulleistung, die eine Zugehörigkeit zu einer spezifischen Schule nach sich zieht, herausgestellt. Bei Berücksichtigung von Schulmittelwerten konnte festgestellt werden, daß an den Schulen, an denen die affektive Befindlichkeit der SchülerInnen positiv war, auch die Leistungen der SchülerInnen eher besser waren; ein gutes affektives Klima war hingegen nie mit schlechten durchschnittlichen Schulleistungen verbunden. In Schulen mit einer positiven Konstellation waren die dort untersuchten LehrerInnen im Durchschnitt

- strukturierter bei der Präsentation des Lehrstoffes (mehr Anleitungen für die Hausaufgaben, häufigere Zusammenfassung von wichtigen Inhalten, mehr Perspektiven für den kommenden Unterricht usw.);
- stärker bemüht, darauf zu achten, was in der Klasse vor sich geht;
- sensibler im Hinblick auf die Wahrnehmung von Lernschwierigkeiten bei SchülerInnen;
- verständnisvoller, geduldiger und gerechter sowie
- darauf ausgerichtet, möglichst wenig Unterrichtszeit zu verschwenden.

Für die Effizienz von Lernprozessen sind also zunächst Merkmale der Schulen zu betrachten, dann sollen auch Aspekte auf Klassenebene untersucht werden.

5.1.1 Merkmale der Schulen

5.1.1.1 Materielle Ausstattung der Schule

Es ist ein bekanntes Faktum, daß die bereitgestellten Gelder pro SchülerIn nach Schularten äußerst unterschiedlich sind. So wurden in Bayern 1990 für eine(n) Grund- oder Hauptschüler(in) DM 5600.- ausgegeben, für eine(n) Realschüler(in) DM 7600.- und einen Gymnasiasten DM 8500.- (Bayerisches Staatsministerium für Unterricht, Kultus, Wissenschaft und Kunst, 1992). Dies muß aber keineswegs bedeuten, daß Schulen mit geringerer materieller Ausstattung ihren SchülerInnen von vorne herein schlechtere Lernmöglichkeiten anbieten.

In amerikanischen Studien haben Coleman (1966) sowie Jencks et al. (1972) nämlich gezeigt, daß keine direkte Beziehungen zwischen materieller Ausstattung und schulischen Ergebnissen vorhanden sind, sondern daß die soziale Herkunft und der familiäre Hintergrund von SchülerInnen ganz wesentliche moderierende Faktoren sind. Diese Ergebnisse sind so zu interpretieren, daß materielle Ressourcen nicht unmittelbar Lern- und Sozialisationsprozesse bestimmen, sondern über die in der Schule wirkenden Personen („LehrerInnenfaktor") und die Qualität der schulischen Umwelt vermittelt werden.

5.1.1.2 Größe der Schule

Normalerweise wird Größe über die Anzahl der SchülerInnen oder LehrerInnen operationalisiert. Es kommt aber auch hier auf die Organisation des Schulbetriebes an, in welcher Weise sich Größe auswirkt (z.B. Bildung von überblickbaren Untereinheiten mit hoher Verantwortung für den eigenen Bereich).

Barker und Gump (1964) zeigten, daß kleine Schulen zwar weniger differenziert sind, dennoch aber einen relativ hohen (im Vergleich zur SchülerInnenzahl) Differenzierungsgrad aufwiesen. Kleine Schulen üben ferner einen hohen Druck auf die SchülerInnen aus, sich an den verschiedensten Angeboten zu beteiligen. In kleinen Schulen (mit 61 bis 150 SchülerInnen) war die Beteiligung 20 mal höher als in den großen Schulen. An diesen kann sich ein Schüler / eine Schülerin den angebotenen Aktivitäten entziehen, ohne in Bedrängnis zu geraten. An großen Schulen ist auch der (die) einzelne Schüler(in) „überflüssig", denn es kommen auch so genügend Kinder (z.B. für eine Theatergruppe, Sportgruppe) zusammen.

An kleinen Schulen ist allerdings das Angebot insgesamt geringer und der ausgeübte Druck auf SchülerInnen relativ groß (Knapp, 1985). Es sei auch an die

Kritik aus den 60er Jahren erinnert, wonach an den wenig differenzierten Volksschulen (z.B. gleichzeitige Unterrichtung mehrerer Schulstufen in einer Klasse) die Schulleistungen geringer waren als an Schulen ohne Abteilungsunterricht.

5.1.1.3 Bauliche Eigenschaften des Schulgebäudes

Nach Rittelmeyer (1987) ist die durch die Architektur vermittelte Schulatmosphäre sehr unterschiedlich: Betonbauten werden als kalt, erdrückend und langweilig eingestuft, gegliederte Gebäude als anregend, warm und befreiend.

Die Untersuchungen von Klockhaus und Habermann-Morbey (1986) zeigten, daß bestimmte architektonische Gestaltungsformen erhöhten Vandalismus hervorrufen (z.B. Beton als dominierendes Bauelement).

Auch der konkrete Erhaltungszustand ist von Bedeutung: Schmutz zieht Schmutz an, ein beschädigtes Teil führt dazu, daß weitere Sachzerstörungen auftreten.

5.1.2 Merkmale der Schulklasse

5.1.2.1 Klassengröße

Nach den Metaanalysen von Glass und Smith (1978; Glass et al. 1982) sowie nach Ingenkamp et al. (1985) werden in kleineren Schulklassen bessere Noten vergeben als in größeren; auch das Übertrittsverhalten von GrundschülerInnen aus kleinen Klassen scheint günstiger zu sein (Schorb & Schmidbauer, 1973). Anders lautende Befunde wurden für österreichische Gymnasien von Pichler (1982) vorgelegt: Danach sind mit Ausnahme der 3. und 6. Schulstufe in den kleineren Klassen vermehrt Schulversager zu finden.

Auf der Verhaltensebene besteht nach Kounin (1976, S. 167) eine signifikant negative Korrelation zwischen der Anzahl der SchülerInnen auf der einen und Aufmerksamkeit bzw. Störverhalten auf der anderen Seite.

Auch das LehrerInnenverhalten hängt von der Klassengröße ab. In großen Klassen konzentrieren sich LehrerInnen auf weniger (mitarbeitswillige) SchülerInnen, es werden weniger technische Medien eingesetzt, LehrerInnen stellen eher geschlossene Fragen und verhalten sich gegenüber den SchülerInnen distanzierter (Degel & Petillon, 1985).

Dabei stellt sich die Frage nach der optimalen Klassengröße. Während in den 50er Jahren die Wunschzahlen bei etwa 40 SchülerInnen lagen, so werden heute Zahlen von unter 25 SchülerInnen angestrebt. Dieses Bestreben kann insofern eine empirische Stützung erhalten, da in Klassen mit 21 bis 25 SchülerInnen aufgrund soziometrischer Verfahren das beste Klassenklima nachgewiesen wurde (Degel & Petillon, 1985). Allerdings gab es in kleinen Klassen auch mehr „Sündenböcke", während in großen Klassen vermehrt einseitige Wahlen bzw. Cliquen auftraten.

5.1.2.2 Crowding

Mittels eines Quotienten aus Raumgröße und SchülerInnen in der Klasse kann ein Indikator für die soziale oder räumliche „Dichte" berechnet werden. Wird diese als sehr hoch erlebt, spricht man von Überfüllung (crowding). Aus Human- und Tierstudien ist bekannt (Lukesch, 1978, S. 108; Keeley, 1962), daß Crowding zu negativen Folgen führen kann, im Humanbereich (untersucht an Müttern) z.B. zu ablehnenden Einstellungen gegenüber Kindern.

Untersuchungen zum Verhältnis von „Dichte" und Leistung zeigen, daß bei einfachen Aufgaben keine Beeinträchtigung stattfindet, bei komplexen Aufgaben jedoch eine Leistungsabnahme auftreten kann (Weinstein, 1979). Diese Ergebnisse entsprechen den Befunden zum sozialen Leistungsaktivierungseffekt (social facilitation).

Hohe Dichte führt im sozialen Bereich zu Rückzugsverhalten, begünstigt aggressives Verhalten und allgemein Klagen über schlechte schulische Situationsbedingungen, z.B. allgemeine Unzufriedenheit, schlechte Luft und unzureichender Raum (Sommer & Becker, 1971).

Eine zu hohe Dichte kann auch bedeuten, daß Kinder stark durch andere abgelenkt werden. Dies hat in der Sonderpädagogik dazu geführt, daß z.T. extrem reizarme Klassenzimmer und Arbeitsplätze empfohlen und eingerichtet wurden (Fenster mit Milchglas, einfache Farbgebung, keine Dekorationen im Klassenraum; Cruickshank, 1973). Allerdings hat die Forschung diese extreme Auffassung nicht bestätigt (Rutter et al., 1979, S. 127), denn reizarme, triste Klassenzimmer sind ihrerseits Auslöser für Erziehungsschwierigkeiten.

Als Handlungsempfehlung ist aus diesen Erfahrungen ferner abzuleiten, daß sich auf der Arbeitsfläche eines Schülers / einer Schülerin nur die für den Unterricht benötigten Materialien befinden sollten. Sowohl Gegenstände für andere Fächer wie auch private Mitbringsel sollten (abgesehen von Ausnahmefällen) nicht auf dem Arbeitstisch plaziert werden. Günstig ist es, für jeden Schüler / jede Schülerin ein abschließbares Fach (außerhalb des Klassenzimmers) zur Verfügung zu haben, wo die nicht benötigten Materialien aufbewahrt werden können. Kinder mit hoher Impulsivität und einem erhöhten Aggressionsniveau brauchen zudem mehr Bewegungsraum. Hewitt (1968) schlug deshalb ausreichend große Arbeitstische für jedes Kind vor.

5.1.2.3 Sitzordnung

Die üblichen Sitzordnungen (Frontal, Kreis, Hufeisen) scheinen keine allzu großen Effekte nach sich zu ziehen (Eder, 1994), denn für diese Formen ist trotz aller Variationen eine starke Steuerung durch den Lehrer / die Lehrerin charakteristisch.

Nach einer experimentellen Studie von Rosenfield, Lambert und Black (1985) waren nicht-aufgabenbezogene Verhaltensweisen in der Reihensitzordnung am häufigsten, insbesondere Rückzugsverhalten. Die Kreissituation ist in bezug auf aktive Beteiligung am günstigsten (Aufzeigen, interessiertes Zuhören, Anzahl der Diskussionsbeiträge).

Andere Unterrichtskonzepte („offener Unterricht") könnten hier ganz andere Folgen nach ziehen. Hierbei wird davon ausgegangen, daß der Schüler (die Schülerin) aktiv seine (ihre) Umwelt explorieren muß, daß Interaktionen mit LehrerInnen und MitschülerInnen zwanglos vor sich gehen und die Unterrichtsmaterialien frei für SchülerInnen zugänglich sein sollen. Die herkömmliche Sitzordnung wird bei so einem Unterrichtskonzept aufgelöst.

5.1.2.4 Sitzposition

Für LehrerInnen scheint es eine Aktionszone zu geben, innerhalb der SchülerInnen mehr Beachtung finden und SchülerInnen auch aktiver am Unterrichtsgeschehen teilnehmen (Brophy & Good, 1976). Diese umfaßt zumeist die erste Reihe und die anschließenden mittleren Sitzplätze (vermehrter Augenkontakt mit dem Lehrer / der Lehrerin).

Es ist zu überlegen, inwieweit durch die Wahl der Sitzposition nicht auch grundlegende Persönlichkeitseigenschaften zum Ausdruck kommen, z.B. der Wunsch nach Schutz und Sicherheit, vielleicht auch der nach Beachtung und Zuwendung. Unter Umständen kann durch das lehrerInnengesteuerte willkürliche Versetzen das Befinden von SchülerInnen beeinträchtigt werden. So weisen SchülerInnen nach Sitzplatzwahl unterschiedliche Eigenschaften auf, z.B. sind SchülerInnen in den ersten Reihen meist ehrgeiziger und besitzen die günstigsten Einstellungen zu Schule und LehrerInnen (Dykman & Reis, 1979); diejenigen, die ganz hinten und am Rande sitzen, haben ein ungünstigeres schulisches Selbstkonzept („Peripherie"-SchülerInnen) und die in den mittleren Positionen ein hohes soziales Anschlußmotiv. Aber auch wenn keine selbstbestimmte Platzwahl möglich ist, werden SchülerInnen in der Aktivitätszone im Laufe eines Schuljahres besser als andere (Weinstein, 1979). Es ist also nicht angesagt, leistungsschwächere Kinder außerhalb der Aktivitätszone zu plazieren („Eselsbank"), sondern - um sie zu fördern - müßten sie in die Aktivitätszone gesetzt werden.

5.1.2.5 Äußere Belastungen

Kurzfristige Lärmbelastungen führen zu keinen großen Leistungseinbußen (Slater, 1968), langanhaltende jedoch schon. Letztere Beziehung konnten Bronzaft und McCarthy (zit. nach Weinstein, 1979) bei einem Vergleich der SchülerInnenleistungen einer Schule feststellen, bei der ein Teil der Klassen einer Hochbahn direkt zugewandt war.

Auch ein Zusammenhang zwischen Wetter und Leistung bzw. Verhaltensproblemen ist nachgewiesen worden: Bei sehr hohen Temperaturen läßt die Leistung nach und es steigt die Bereitschaft zu aggressiven Handlungen (Drew, 1971). Besonders wenn viele Personen in einem Raum sind, wirkt sich hohe Temperatur negativ aus (Moos & Insel, 1974). Bisweilen wird auch auf eine gewisse „Wetterfühligkeit" (z.B. bei Föhnlagen) hingewiesen, die in der Folge das Befinden beeinträchtigen könnte. Es sei allerdings vor zu einfachen Erklärungsmustern gewarnt.

5.1.3 Zum Zusammenhang von LehrerInnen- und Schuleffektivität

Das Verhalten eines einzelnen Lehrers (einer Lehrerin) kann nicht isoliert betrachtet werden; es steht sowohl hinsichtlich der Wirkungen auf SchülerInnen als auch der Rückwirkungen von den SchülerInnen im Verbund und in Abhängigkeit mit dem Verhalten der übrigen LehrerInnen einer Schule. Wie Forschungsergebnisse belegen, ist die Effektivität einer Reihe von Verhaltensmerkmalen davon abhängig, ob überfachliche Gleichförmigkeiten und Konsistenzen - also gemeinsame Merkmale unterrichtlicher Kommunikationsprozesse - innerhalb einer Schule zum Tragen kommen. Letztlich sind diese dann auch mit dafür verantwortlich, ob eine Schule als Ganzes sich als effektiv erweist.

Im folgenden sollen einige Untersuchungen angesprochen werden, die den Zusammenhang zwischen LehrerInnenverhalten und Schulleistung auf der Grundlage von Unterschieden zwischen Einzelschulen analysierten.

Rutter et al. (1979), die zwölf englische Gesamtschulen in sozial benachteiligten Einzugsgebieten in London untersuchten, konnten feststellen, daß sich in manchen Schulen Erfolge und in anderen Mißerfolge häuften. Entscheidend dafür waren jedoch nicht „physische" Faktoren der Schule (wie etwa die personelle und materielle Ausstattung), sondern Faktoren, die in den Handlungsrahmen des LehrerInnenkollegiums fallen. So fanden sich in solchen Schulen bessere Leistungen, in denen

- es den LehrerInnen nicht gleichgültig war, wie die SchülerInnen abschnitten;
- die LehrerInnen den SchülerInnen etwas zutrauten und diese Überzeugung auch zum Ausdruck brachten;
- die LehrerInnen ihre Ordnungs- und Strafsysteme aufeinander abstimmten und konsequent auf deren Einhaltung achteten;
- die LehrerInnen häufig und zeitlich unmittelbar die SchülerInnenbeiträge mit anerkennenden und auf SchülerInnen eingehenden Worten bedachten;
- die LehrerInnen bereit waren, jederzeit und ohne festgelegten Termin über die persönlichen Probleme der SchülerInnen zu sprechen;
- die LehrerInnen es vermieden, Stunden vorzeitig zu beenden;
- die LehrerInnen den Unterricht durch Ermahnungen möglichst nicht unterbrachen.

Ein wesentlicher Befund der Schuleffektivität aus der Rutter-Untersuchung, nämlich die optimistische Einstellung (enthusiasm) von LehrerInnen hinsichtlich ihrer den SchülerInnen gegenüber vermittelten Leistungserwartungen, findet sich auch in der Untersuchung von Brookover et al. (1979) bestätigt. An den Schulen mit guten Schulleistungen fühlten sich darüber hinaus die LehrerInnen stärker verpflichtet, daß ihre SchülerInnen etwas lernen, und auch die SchülerInnen hatten an diesen Schulen das Gefühl, daß man ihre Arbeit ernst nimmt und versuchten, ihre Leistungen zu verbessern.

5.2 LehrerInneneffektivität

5.2.1 LehrerInnenmerkmale und ihre pädagogische Bedeutsamkeit

Die Frage, wie sich LehrerInnen verhalten sollten, damit die SchülerInnen am Unterricht interessiert sind und einen guten Lernerfolg zeigen, beschäftigt die empirische Unterrichtsforschung seit mehr als einem halben Jahrhundert. In diesem Zeitraum sind insbesondere im amerikanischen Raum einige hundert Einzelstudien angefertigt worden, die damit die Herausforderung angenommen haben, nach und nach ein „wissenschaftliches Fundament für die Kunst zu lehren" (Gage, 1979) aufzubauen.

Die Erwartungen an diese Forschungsarbeiten waren von vornherein sehr groß: Man hoffte, mit diesen Arbeiten detaillierte handlungsleitende Aussagen zu gewinnen, aus denen umfassende Empfehlungen für effektives LehrerInnenverhalten abgeleitet werden können. So ist es nicht verwunderlich, daß sich bei dem ersten größeren Versuch, ein Resümee der bisherigen Ergebnisse zu ziehen (Rosenshine, 1971), Enttäuschung breit machte, angesichts von Ergebnissen, die nur sehr allgemein, wenig konkret und zudem untereinander häufig nicht konsistent waren. Diese Enttäuschung hat sich in der Folgezeit geradezu zu einem Vorurteil gegenüber Forschungen dieser Art verdichtet. Besonders ausgeprägt scheint dieses Vorurteil im deutschsprachigen Raum gewesen zu sein, wo man in weiten Kreisen das Voranschreiten der LehrerInneneffektivitätsforschung zwischen 1970 und 1980 fast völlig ignorierte. Nach wie vor finden wir deshalb in Deutschland die Situation vor, daß in der LehrerInnenbildung zumeist an Verfahren zur Effektivierung von LehrerInnenverhalten gearbeitet wird (z.B. Propagierung bestimmter Unterrichtsmethoden, wie z.B. Gruppen- oder Projektunterricht), ohne dabei auf den Zusammenhang zwischen LehrerInnenverhalten und seinen tatsächlichen Wirkungen im Hinblick auf das SchülerInnenverhalten zu achten (Gage, 1979).

Außerdem wird Anspielungen auf solche Zusammenhänge nicht selten mit dem Hinweis begegnet, daß wegen der komplexen Wechselwirkungen im unterrichtlichen Feld Zusammenhänge dieser Art für LehrerInnen nur sehr schwer nachvollziehbar sein dürften. Argumente in dieser Richtung haben sicherlich ihre Berechtigung, insbesondere wenn sie darauf verweisen, daß die Beziehung von Verhaltensmerkmalen nicht nur einseitig von den LehrerInnen zu den SchülerInnen hin gesehen werden darf - also i.S. einer Instrumentaltechnik des LehrerInnenverhaltens - sondern, daß vom Schüler (der Schülerin) auch Rückwirkungen auf das LehrerInnenverhalten ausgehen. Andererseits ist jedoch mit Gage (1979) zu fragen, ob es nicht sinnvoll ist, eine Reihe allgemeiner Sätze in Händen zu haben, die auf regelmäßige, nicht zufällige Zusammenhänge zwischen LehrerInnen- und SchülerInnenverhalten verweisen. Mögen diese Sätze aus der Sicht des erfahrenen Schulpraktikers noch so trivial sein, so könnten sie doch den Vorteil haben, daß sie die LehrerInnen davor bewahren, in aufreibenden „Versuch-und-Irrtum-Situationen" zu verharren und ihm stattdessen Orientierungs- und Strukturierungshilfen geben.

Betrachtet man in Hinblick auf die eben genannten Perspektiven die Ergebnislage der LehrerInneneffektivitätsforschung, so wie sie sich etwa um 1970 dargeboten hat, dann stellt diese sich keinesfalls als so katastrophal heraus, wie sie meist gesehen wurde bzw. wie man sie sehen wollte: Die Ergebnisbilanz ist keinesfalls einem „Umherirren in einem Labyrinth" (Grell, 1975) vergleichbar, sondern es werden durchaus brauchbare, wenn auch bescheidene Ergebniskonturen sichtbar.

So lassen sich z.B. bezogen auf das Kriterium *Schulleistungen* solche Verhaltensweisen als effektiv herausstellen, die darauf ausgerichtet sind,

1. auf die Ideen der SchülerInnen einzugehen und sie beispielsweise durch Wiederholen, Aufgreifen oder Umformulieren für den Unterricht fruchtbar zu machen;
2. eher stimulierend, lebhaft, begeisternd, engagiert und interessiert zu sein;
3. bei der Präsentation von Stoffen stets Klarheit als oberstes Prinzip gelten zu lassen und dabei auf klare Erklärungen, leichte Verständlichkeit der Äußerungen sowie auf das richtige Anforderungsniveau zu achten;
4. eine Vielfalt von Materialien bereitzustellen und sie entsprechend den Möglichkeiten der SchülerInnen zu variieren;
5. stets aufgabenorientiert zu sein und die SchülerInnen dazu ermutigen, bei der Sache zu bleiben und sich möglichst wenig ablenken zu lassen;
6. durch strukturierende Hinweise (etwa zu Beginn oder am Ende einer Stunde) mehr Transparenz in den Ablauf des Unterrichts zu bringen, beispielsweise durch Hinweise auf wichtige Inhalte oder indem Einblick in die Planung des Lehrers / der Lehrerein gewährt wird (advance organizers);
7. möglichst viel Anregungen an EinzelschülerInnen (z.B. durch Wiederholung oder Umformulierung einer Frage bei Falschbeantwortung) und an die Gruppe zu geben (z.B. durch Adressatenwechsel und Weitergabe derselben Fragestellung an verschiedene SchülerInnen).

Neben Aspekten der Instruktionsqualität und affektiver Aspekte des LehrerInnenverhaltens wurden auch Variablen der *Klassenführung* darauf überprüft, wie sie sich auf SchülerInnenverhalten auswirken. Zentrale Bedeutung kommt hierbei den Ergebnissen von Kounin (1976) zu. Danach sind erfolgreiche LehrerInnen - gemessen an den Kriterien *Mitarbeit sowie Ausbleiben von Fehlverhalten* -

1. wachsamer in der Kontrolle des Klassenzimmers und bleiben in stärkerem Maße dessen gewahr, was vor sich geht - auch dann, wenn sie gerade zwei Dinge gleichzeitig tun;
2. weniger ablenkbar, vermeiden unnötige Unterbrechungen und gewährleisten damit eine stärkere Kontinuität in der Arbeit;
3. in der Lage, ohne Verzögerungen von einer Aktivität zu einer anderen überzuleiten;
4. bemüht, die SchülerInnen bei der Stange zu halten, indem sie für Abwechslung sorgen und dabei regelmäßig interessantes Material zur Verfügung stellen;
5. bestrebt, einen großen Beschäftigungsradius zu erzielen und möglichst alle SchülerInnen am Unterricht zu beteiligen.

Interessant ist in diesem Zusammenhang, daß die Befunde von Kounin auch für das Kriterium „Lernerfolg" relevant zu sein scheinen (Good, Biddle & Brophy, 1975), d.h. daß ein störungspräventiver Unterricht, bei dem aufkommende Probleme im Keime erstickt werden, nicht nur die SchülerInnen aktiviert, sondern auch dazu beiträgt, daß sich nach und nach bessere Schulleistungen einstellen.

Diese auf den ersten Blick doch recht ansprechende Bilanz darf jedoch nicht darüber hinwegtäuschen, daß die Ergebnisse - bedingt durch eine Reihe methodischer Probleme - in ihrer Gewichtigkeit etwas zu relativieren sind (Dunkin & Biddle, 1974; Berliner, 1976; Gage, 1979).

- Die Ergebnisse basieren zumeist auf Korrelationsstudien, die nicht den Schluß erlauben, daß von Kausalwirkungen von den LehrerInnen zu den SchülerInnen ausgegangen werden kann. Gleichwohl sind die Korrelationen für einige Verhaltensmerkmale, wie z.B. Strukturiertheit und Klarheit, recht konsistent und besitzen - wie die Replikationsstudie von Rheinberg und Hoss (1979) der Kouninschen Variablen belegt - auch in sehr unterschiedlich strukturierten schulischen Kontexten Gültigkeit.

- In den Forschungsarbeiten wird in starkem Maße von dem sog. Prozeß-Produkt-Paradigma ausgegangen. Dabei wird ein direkter und unmittelbarer Einfluß des LehrerInnenverhaltens auf das Leistungsverhalten der SchülerInnen angenommen (Doyle, 1977). Nicht beachtet wird dabei jedoch die Möglichkeit, daß Veränderungen in den Leistungen nicht direkt vom Lehrer / von der Lehrerin bewirkt werden, sondern über intervenierende Aktivitäten der SchülerInnen während des Lernprozesses vermittelt sein können (Umsetzungsprozeß-Paradigma). Als solche könnten beispielsweise die Beteiligung der SchülerInnen, ihr Interesse, ihre Aufmerksamkeit und ihre Ausdauer angesehen werden. Für die Bedeutsamkeit des SchülerInnenverhaltens in der Instruktionssituation sprechen sowohl die praktischen Erfahrungen des Schulalltags - nach denen beispielsweise ein Schüler (eine Schülerin) etwas um so besser behält, je mehr er (sie) während des Lernprozesses bei der Sache ist - als auch die Ergebnisse der Kounin-Untersuchung einerseits und die Ergebnisse der Wiederholungsuntersuchungen mit den Kounin-Variablen unter dem Aspekt der Schulleistungen andererseits (s.o.).

- Die Höhe der Korrelationen ist für ein und dasselbe Merkmal in verschiedenen Untersuchungen häufig sehr unterschiedlich. Meist sind die Zusammenhänge jedoch gering, so daß nicht selten daraus die Deutung resultierte, LehrerInnenverhalten sei für den Lernerfolg der SchülerInnen relativ bedeutungslos. Tatsächlich liegt die Varianzaufklärung durch Einzelmerkmale des LehrerInnenverhaltens meist nur zwischen ein und fünf Prozent. Wenn man jedoch in Rechnung stellt, daß in den Untersuchungen immer nur Momentaufnahmen einzelner LehrerInnenverhaltensweisen auf einen Lernprozeß abgebildet sind, auf den vorher schon andere LehrerInnen mit anderen Einzelmerkmalen Einfluß hatten, dann sind im Sinne progressiver Kumulation Einflußgewichte der genannten Größenordnung durchaus bedeutsam.

- Darüber hinaus ist noch auf methodische Gesichtspunkte hinzuweisen, die zur Folge haben können, daß Korrelationen niedriger ausfallen, als sie tatsächlich sind. So werden bei der Dokumentation des LehrerInnenverhaltens meist nur Häufigkeiten ausgezählt oder Einschätzungen vorgenommen, ohne auf die Angemessenheit der Verhaltensweise im jeweiligen Kontext zu achten. Man weiß z.B. nicht, ob eine bestimmte Verhaltensweise beim Schüler (bei der Schülerin) „ankommt" und ob sie von ihm (ihr) überhaupt wahrgenommen wird. Außerdem weiß man nicht, ob eine bestimmte Verhaltensweise zu allen Zeitpunkten eines Unterrichtsablaufes (z.B. bei der Neueinführung oder bei der Festigung eines Stoffes) in gleichem Maße wirksam ist. Häufig mangelt es auch an der inhaltlichen Gültigkeit und Sensitivität der eingesetzten Lernerfolgstests für die jeweilige Klasse.

Dabei ist leicht einsehbar, daß eine Korrelation dann nicht gefunden werden kann, wenn das, was LehrerInnen beim Einsatz ihrer Verhaltensstrategien an Inhalten lehrte, nicht in Zusammenhang mit dem steht, was bei der Überprüfung des Lernerfolges inhaltlich gefordert wird (vgl. den Begriff der curricularen Validität von Leistungstests: Lukesch, 1994, S. 249). Schließlich wurden bei fast allen Untersuchungen Korrelationen jeweils über die gesamte Stichprobe ermittelt, also keine Untergruppen von SchülerInnen gebildet bzw. keine Hintergrundvariablen von SchülerInnen (wie z.B. Intelligenz, Sozialschicht) kontrolliert. Aus den Forschungen zur Wechselwirkung zwischen LehrerInnenverhalten und SchülerInnenmerkmalen ist jedoch bekannt, daß verschiedene Verhaltensweisen für verschiedene SchülerInnengruppen in unterschiedlichem Maße wirksam sein können. Die Impulse, die aus den früheren Studien zur LehrerInneneffektivität resultierten, waren für die Forschungsansätze und -arbeiten zwischen 1970 und 1980 außerordentlich bedeutungsvoll. Sie waren sowohl richtungsweisend für eine Erstellung von eindeutigen und genauen Indikatoren der wesentlichen Verhaltensmerkmale als auch für die Betonung der Eigenständigkeit der LehrerInnenvariablen in zu entwickelnden Modellen des Schullernens. Darüber hinaus erfolgten Anregungen methodischer Art, insbesondere im Hinblick auf die Überprüfung des Sachverhaltes, bei welchen Verhaltensmerkmalen eher lineare und bei welchen eher kurvlineare Zusammenhänge mit SchülerInnenvariabeln zu erwarten sind.

5.2.2 Lehr-Lern-Studien der Direkten Instruktion

Der Vergleich zwischen direkten und indirekten Verhaltensweisen gehört zu den zentralen Arbeitsgebieten der LehrerInneneffektivitätsforschung. Unter historischem Gesichtspunkt sind hierbei die Untersuchungen von Flanders (1970) besonders zu erwähnen.

In ihnen wurde unter Einsatz der Flanderschen Interaktionsanalyse (ein Kodierungssystem mit 10 Kategorien; vgl. Lukesch, 1994, S. 88ff) u.a. der Frage nachgegangen, ob sich direkt und indirekt geführte Klassen in der Beeinflussung der SchülerInnenleistungen unterscheiden. Die Ergebnisse verweisen dabei zwar auf einen durchgängigen Vorteil der indirekt geführten Klassen - also von Maßnahmen, in denen die verbalen Verhaltensweisen der LehrerInnen darauf gerichtet sind, die Aktionsfreiheit der SchülerInnen zu erhöhen und durch Maßnahmen wie „Akzeptieren der Gefühle der SchülerInnen", „Loben und Ermutigen", „Fragen" sowie „Eingehen auf SchülerInnengedanken" die SchülerInnen zur Teilnahme und Initiative zu ermuntern - sie stützen jedoch nicht die Annahme der Möglichkeit eines durchgehend indirekten Führungsstils - wie z.B. durch Tausch und Tausch (1991) nahegelegt - und auch nicht die Annahme einer eindeutigen Trennung beider Unterrichtsweisen.

So wurden auch in den indirekt geführten Klassen Elemente direkten Verhaltens, wie z.B. LehrerInnenanweisungen oder kritische Äußerungen der LehrerInnen, eingesetzt und, was besonders überraschend ist, in diesen Klassen überwog mit einem Anteil von über 40% aller Interaktionen der LehrerInnenvortrag, also ein Verhaltenselement, das Ähnlichkeit mit den direkt orientierten Verhaltensweisen hat. Wenn man darüber hinaus bedenkt, daß die hier zur Einschätzung aufgestellten direkten und indirekten Verhaltensaspekte zusammen nur etwa 17% aller Interaktionen ausmachten, dann unterstreicht dies die nur eingeschränkte Bedeutung dieser Verhaltensaspekte (vgl. dazu zusammenfassend Barr & Dreeben, 1977).

Für die nachfolgende Forschungsgeneration kann jedoch den Flanders-Untersuchungen eine interessante Schlußfolgerung entnommen werden: Eher schülerInnenorientierte und indirekte Verhaltensweisen einerseits sowie eher lehrerInnenzentrierte Maßnahmen andererseits scheinen sich gegenseitig nicht auszuschließen, sondern sind bei effektiven LehrerInnen integriert und gelangen gleichzeitig zur Anwendung. Generell läßt sich dieser Befund auch für die etwa ein Dutzend grösseren Lehr-Lern-Studien zur Direkten Instruktion konstatieren, wie sie in den 70er Jahren vor allem in Amerika durchgeführt wurden. Bei diesen Studien wurde eine Vielzahl von Variablen des LehrerInnenverhaltens mit Leistungsmerkmalen von SchülerInnen - in der Mehrzahl PrimarschülerInnen - korreliert. Es fand sich in konsistenter Weise immer wieder derselbe Ergebnistrend, der in der Kurzformel „Direkte Instruktion" in die Diskussion einging. Effektives Unterrichten besteht danach nicht einfach darin, eine Anzahl von Lehraktivitäten zu „produzieren", sondern erfordert die Fähigkeit, eine Vielzahl diagnostischer, instruktionsbezogener, managementbetonter und therapeutischer Tätigkeiten miteinander zu verknüpfen und sie auf den spezifischen Kontext sowie auf die Erfordernisse der jeweiligen Situation zurechtzuschneiden. Die zu diesem Bündel gehörenden und empirisch einigermaßen abgesicherten Variablen lassen sich in vier Bereiche untergliedern (vgl. zusammenfassend Cruickshank, 1976; Gage, 1979; Gage & Berliner, 1986; Treiber, 1980a; Treiber & Weinert, 1982):

(1) Strukturierung des Unterrichts und Instruktionsqualität
a) Hohe Lehrstoffrelevanz und Verständlichkeit der LehrerInnenäußerungen bei der Präsentation von Sachstoffen, d.h. klare und gut gegliederte Lehrstoffdarbietung unter Verwendung von Beispielen und Anschauungsmaterialien und, bei Sicherung der erforderlichen Vorkenntnisse, Beschränkung auf das notwendigste.
b) Transparenz bei der Entfaltung der Themenstruktur
-- durch Vorausinformation über Stundenthema und Lehrstoff,
-- durch Anschreiben des Stundenpensums,
-- durch Kenntlichmachung von Übergängen,
-- durch Zusammenfassung der Hauptgedanken einer Stunde.
c) Sofortige Hilfen und Rückmeldung beim Auftreten von Lernschwierigkeiten
-- durch Verdeutlichung und Erläuterung der Defizite und
-- unter Vermeidung von Negativbewertung.
d) Vermeidung von Fehlerrisiken
-- durch knappe, engumschriebene Fragen und damit häufigere Erfolgserlebnisse,
-- durch Vereinfachen der Fragen,
-- durch regelmäßige Wiederholungen und Besprechung der Hausaufgaben.
e) Hohe Vorhersagbarkeit des Instruktions- und Interaktionsmusters der LehrerInnen, mit dem Ziel, die SchülerInnen nicht im unklaren zu lassen und ihnen mehr Sicherheit zu geben.
f) Maximierung des Gesamtklassenunterrichts, insbesondere des entwickelnden Unterrichtsgesprächs, und eher Minimierung der Stillarbeitsphasen.

(2) Klassenführung
a) LehrerInnenzentrierte, kontrollintensive, störungspräventive und unterbrechungsarme Klassenführung
-- durch Konsistenz in der Kontrolle der Klasse,

-- durch häufigere Kontrolle des Lernfortschritts,
-- durch Rückfragen an einzelne SchülerInnen zur vorausgehenden Antwort eines Mitschülers (einer Mitschülerin),
-- durch Vorankündigung von Diagnosemaßnahmen, z.B. nach einer Stillbeschäftigung der SchülerInnen.

b) Überwachung der Lernwege
-- durch Kontrolle des Lernfortschritts im EinzelschülerInnenkontakt,
-- durch Bewegung im Klassenzimmer und Überprüfung der Stillarbeit.

c) Geringere Freiheitsgrade und eingeschränkte Wahlmöglichkeiten für SchülerInnen durch einen straff organisierten Unterrichtsablauf.

(3) SchülerInnenorientierung
a) Schaffung eines „warmen" Unterrichtsklimas durch optimistische, tolerante und vertrauenserweckende Einstellung den SchülerInnen gegenüber.
b) Gerechtigkeit im Hinblick auf die Verteilung der LehrerInnenaktivitäten auf die SchülerInnen.
c) Ermunterung und Ermutigung der SchülerInnen, Verantwortung für ihre Arbeit zu übernehmen.
d) Geduldiges Abwarten bei sich verzögernden SchülerInnenantworten.
e) Regelmäßiger und gezielter Einsatz von glaubwürdigem Lob, das die Einzelheiten der Leistung spezifiziert und das Informationen über die Fähigkeiten des Schülers (der Schülerin) im Hinblick auf dessen individuelle Lerngeschichte enthält.

(4) Zeitnutzung
a) Sicherung einer hohen SchülerInnenbeteiligung.
b) Vermeidung von größerer Aufmerksamkeitsstreuung.

Wie schon angedeutet, beschäftigen sich die meisten Studien zur Direkten Instruktion mit SchülerInnen unterer Klassenstufen, also PrimarschülerInnen, und mit eher sozial benachteiligten SchülerInnen. Von daher ist die Frage gerechtfertigt, ob die Mehrzahl der Elemente der Direkten Instruktion dann nicht eigentlich in erster Linie dafür geeignet sind, die Erreichung bestimmter Sockelniveaus im Kenntnis-, Fähigkeits- und Fertigkeitsbereich herbeizuführen. Darüber hinaus stellt sich die Frage, ob dabei nicht zu sehr die mittleren Schulleistungen als Meßlatte des effektiven LehrerInnenverhaltens betont sind.

Hierzu muß angemerkt werden, daß nach dem jetzigen Stand der Forschung davon ausgegangen werden kann, daß das Konzept der Direkten Instruktion zumindest im Prinzip für die Unterrichtung aller SchülerInnen geeignet erscheint.

Es hat beispielsweise die Untersuchung von Evertson et al. (1980) Teile dieses Konzeptes auch für die SekundarstufenschülerInnen als relevant aufgezeigt. Effektive LehrerInnen waren nach dieser Untersuchung gut orientiert, stark akademisch ausgerichtet, tendierten zu LehrerInnenvortrag (ermöglichten aber auch Stillarbeit), stoppten Störungen im Keim, stellten viele Fragen (meist in Form von Produkt-Fragen, aber auch schwieriger Prozeß-Fragen), lobten oft während des Unterrichts, ermutigten die SchülerInnen und akzeptierten SchülerInnen-Beiträge (auch fehlerhafte). Überraschend war dabei, daß diese Verhaltensweisen nicht nur in positivem Zusammenhang mit Schulleistung standen, sondern teilweise auch mit den Einstellungen der SchülerInnen zu den LehrerInnen.

Kurz gesagt, scheint sich danach „der eher effektive Lehrer (die Lehrerin)" im wesentlichen dadurch auszuzeichnen, daß es ihm (ihr) gelingt, bei allem Verständnis für die SchülerInnen, ihre Probleme und Interessen, die er (sie) dann auch aufnimmt und in die Arbeit einbezieht, sich nicht ablenken zu lassen, stets konsequent an der Sache zu bleiben und eine Stofforientierung in der Weise zu betreiben, daß auch die SchülerInnen nach und nach Einsicht in die Notwendigkeit der Sache gewinnen, sich ernsthaft darum bemühen und sich auch darin schließlich wiederfinden. Wie die genannten Untersuchungen des weiteren zeigen, ist dieses Ausbalancieren zwischen eher direkten und indirekten Elementen der Direkten Instruktion abhängig vom Leistungsniveau der SchülerInnen.

Eher schwächere SchülerInnen oder solche, die noch an ein bestimmtes Sockelniveau herangeführt werden müssen, profitieren wahrscheinlich mehr von einem stärker vorstrukturierten, lehrerInnenzentrierten und kontrollintensiven Unterricht, den sie gut überblicken können und der ihnen mehr Sicherheit gibt. Ein solcher Unterricht sollte kleinschrittiger sein, viel Wiederholung und Veranschaulichung enthalten, häufiger Bestätigungen, Gedächtnishilfen und sog. „advance organizers" benutzen, in größerem Umfang Lernkontrollen und Rückfragen einbeziehen und Tadel - wenn überhaupt - nur unter Verdeutlichung und Begründung des erwünschten Alternativverhaltens einsetzen (Rosenshine, 1976). Anders scheint dies bei den eher leistungsstärkeren SchülerInnen. Insbesondere wenn ein bestimmtes Sockelniveau von Grundfertigkeiten überschritten ist und wenn die SchülerInnen schon vertrauter sind mit schulischen Aktivitäten, scheint eine Ausbalancierung des Konzepts der Direkten Instruktion in Richtung auf mehr indirekte Verhaltenselemente besser. Neben einem unterbrechungsarmen und störungspräventiven Unterricht, der natürlich auch für diese SchülerInnen wichtig ist, können bei ihnen das Suchen eigener Lernwege, mehr Spielraum für Selbststeuerung, eher anspruchsvollere Fragen und auch eine geringere Vorstrukturierung häufiger eingesetzt werden (Good, Biddle & Brophy, 1975; Fend, 1980).

Interessant ist in diesem Zusammenhang die bislang einzige in der Bundesrepublik durchgeführte Studie zur Direkten Instruktion. In dieser überprüfte Treiber (1980a) in fünften Hauptschulklassen anhand einer Reihe von Prozeßvariablen der Direkten Instruktion u.a. die Unterschiede zwischen eher auf Chancenausgleich hin ausgerichteten Klassen, qualifikationsintensiven Klassen und sog. Optimierungsklassen - das waren solche, bei denen von allen SchülerInnen ein gewisses Sockelniveau erreicht (Chancenausgleich), bei denen darüber hinaus aber auch hohe Leistungen festgestellt wurden (Qualifizierung). Jeweils im Vergleich zu den beiden anderen Typen von Klassen zeigten sich in Optimierungsklassen eher höhere Zeitanteile für die Besprechung von Hausaufgaben, für Frontalunterricht, für das entwickelnde Unterrichtsgespräch und für schülerInneninitiierte Interaktionen; eher niedrigere Zeitanteile als in den Qualifizierungs- und Chancenausgleichsklassen ergaben sich für LehrerInnenvortrag, lehrerInneninitiierte Interaktionen, die Einführung neuen Lehrstoffs, die Verfügbarkeit der LehrerInnen nur für eine SchülerInnengruppe, Stillarbeit sowie für Kleingruppenarbeit, die instruktional nicht genutzt wird. Die Untersuchung verdeutlichte aber auch, daß optimale Klassen häufig auch zwischen zwei Extremen liegen. So konnten in Optimalklassen eher mittlere Zeitanteile für LehrerInneninstruktion, Einzelarbeit sowie üben und Anwenden registriert werden, und es zeigten sich auch eher durchschnittliche Werte für Stimulanz (abwechslungsreichen Unterricht) und Einfachheit (einfache Darstellung, kurze einfache Sätze, konkret, anschaulich).

5.2.3 Zur Relevanz von LehrerInnenerwartungen und -einstellungen

Wie bereits erwähnt, gibt es eine Reihe von Faktoren, die bewirken können, daß der Zusammenhang zwischen LehrerInnenverhaltensstrategien einerseits und Effektkriterien des SchülerInnenverhaltens andererseits sich nicht in der erwarteten Größenordnung einstellt. Noch nicht genannt worden sind dabei Erwartungen und Einstellungen der LehrerInnen. Sie wirken unmittelbar auf das Verhalten des Lehrers (der Lehrerin), indem sie z.B. eine an sich effektive Verhaltensstrategie in ihrer Wirkung abschwächen bzw. in ihr Gegenteil umkehren oder indem sie mit dafür verantwortlich sind, daß eine für einen bestimmten Schüler (eine bestimmte Schülerin) eigentlich notwendige Verhaltensstrategie erst gar nicht erwogen oder eingesetzt wird.

Die Entstehung von Erwartungen bei LehrerInnen erfolgt meist unreflektiert. Sie ist im Zusammenhang damit zu sehen, daß LehrerInnen in Konfrontation mit einer Klasse ein Interesse daran haben, möglichst schnell eine Orientierung und einen Überblick zu erhalten. Auslöser für solche Erwartungen können sprachliche oder körperliche Merkmale der SchülerIn, bestimmte Verhaltensweisen, die Sitzordnung oder die bisherigen Leistungen sein. Hinzu kommt, daß LehrerInnen von vornherein bestimmte Annahmen über Eigenschaftszusammenhänge von SchülerInnen haben, die auch bei der Einschätzung und Leistungsbeurteilung der SchülerInnen zum Tragen kommen. Entsprechend dieser Erwartungen und Annahmen behandeln LehrerInnen die SchülerIn sehr unterschiedlich, was dann zur Folge hat, daß die Lernchancen nicht für alle SchülerInnen gleich sind. So ist z.B. durch Untersuchungen bekannt geworden, daß sich die LehrerInnen im Hinblick auf die Beurteilung der SchülerInnen sehr stark vom Arbeits- und Störverhalten beeinflussen laßen (Hofer, 1969; Rollett, 1981; van Buer, 1980). Ungünstiges Arbeitsverhalten (wie z.B. Unordentlich-, Unaufmerksam- und Unruhigsein) oder auch Störverhalten (wie z.B. den Platz verlassen, Reden, Tätlichkeiten) schränken die Bereitschaft der LehrerInnen, dem Schüler (der Schülerin) eine Chance zu geben, erheblich ein. Solche SchülerInnen sind doppelt benachteiligt: Sie erhalten keine adäquaten Hilfen von LehrerInnen, und sie reduzieren ihre effektive Lernzeit durch die Beschäftigung mit sachfremden Gegenständen. Damit beginnt der Teufelskreis aus LehrerInnenerwartungen, den Erwartungen entsprechendem SchülerInnenverhalten, Erwartungsbestätigung und -generalisierung auf seiten der LehrerInnen usw. SchülerInnen, deren Leistungsfähigkeit LehrerInnen niedrig einschätzen, lernen weniger, weil sie erstens durch selektive Wahrnehmungen der LehrerInnen unangemessen unterrichtet und weniger gefordert werden und weil sie sich zweitens den LehrerInnenerwartungen anpassen und damit diese bestätigen und verstärken.

Brophy und Good (1976) haben die folgenden Verhaltensweisen von LehrerInnen identifiziert, die direkt oder über weitere interne Prozesse vermittelt, zu einer Stabilisierung und Verstärkung von Leistungsschwächen führen:

- kürzere Wartezeiten auf die Antworten von Leistungsschwachen:
- Reaktion auf Antworten leistungsschwacher SchülerInnen durch Aufrufen anderer SchülerInnen;
- häufiger Tadel für Leistungsschwache;
- weniger Lob für Leistungsschwache;
- kein angemessenes Feedback auf Antworten Leistungsschwacher;
- geringe Beachtung von Leistungsschwachen;
- Zuweisung von Sitzplätzen an Leistungschwache, die weiter von den LehrerInnen entfernt sind;
- unterschiedliche Interaktionsmuster zu Leistungsschwachen und Leistungsstarken (Dominanz von Interaktionen gegenüber Leistungsstarken);
- geringe Anforderungen an Leistungsschwache, womit diese Gruppe tendenziell „abgeschrieben" wird.

Diese in vielfältigen Einzeluntersuchungen nachgewiesenen unterschiedlichen Interaktionsmuster belegen, daß ein(e) Schüler(in), der (die) einmal als

„Versager" oder als „leistungsschwach" klassifiziert ist, auch in Zukunft in dieser Rolle festgehalten wird.

Auf der anderen Seite neigen LehrerInnen dazu, sich denjenigen SchülerInnen stärker zuzuwenden, die es ihnen ermöglichen, den Unterricht möglichst störungsfrei zu gestalten; sie werden häufiger aufgerufen und dadurch in ihrem Verhalten verstärkt. Dabei ergibt sich in der Rückwirkung auch ein interessanter Nebeneffekt für LehrerInnen: Sie fühlen sich durch „gute" SchülerInnen belohnt, weil sie gute Leistungen sich selbst, schlechte jedoch den SchülerInnen zuschreiben.

Nun ist es sicherlich so, daß LehrerInnen individuell unterschiedlich gegenüber solchen Attribuierungsprozessen anfällig sind, und es ist auch nicht anzunehmen, daß der überwiegende Teil der LehrerInnen in größerem Umfang dazu neigt (Brophy, 1976). Wichtig ist, daß man den Ablauf solcher Prozesse kennt und sie sich immer wieder bewußt macht. Brophy und Good (1976) haben gezeigt, daß stark überreaktive LehrerInnen, also solche, die den SchülerInnen sehr deutlich ihre Erwartungshaltungen entgegenbringen, durchaus in der Lage sind, ihr Verhalten zu verändern, wenn man ihnen diese Probleme vor Augen hält und wenn sie bereit sind, ihr Verhalten zu beobachten. Zur Prävention unangemessener Erwartungen, sollten LehrerInnen darauf achten, daß
- sie sich möglichst nicht ihr Unterrichtsverhalten und ihre Reaktionen von den SchülerInnen aufzwingen lassen, sondern daß sie bemüht sind, ihr Verhalten selbst einzuleiten, damit gute SchülerInnen im Unterricht nicht zu stark dominieren;
- sie insbesondere schwächeren SchülerInnen gegenüber eine größere Verweildauer bei ihren Antworten einräumen, an sie gelegentlich gezielt und mit optimistischer Einstellung auch höhere Anforderungen stellen, sie regelmäßig am Unterricht beteiligen und ihre Beiträge - selbst wenn sie nicht immer ganz richtig sind - in den Unterricht einbeziehen, sie möglichst nicht negativ sanktionieren, sondern sie bei vorliegendem Störverhalten sachbezogen ansprechen und in den Unterricht einbeziehen.

5.2.4 Zusammenfassung

In Anlehnung an sozialpsychologische Ergebnisse aus der Kleingruppenforschung kann man zwei Evaluationsdimensionen unterscheiden:
(1) Leistung und
(2) emotionales Klima (Wohlfühlen).

Während es in Kleingruppen zumeist zu einer Rollendifferenzierung in der Weise kommt, daß ein Gruppenmitglied führend hinsichtlich des ersten und ein anderes hinsichtlich des zweiten Aspektes wird (Hofstätter, 1971, hat versucht, dies auch auf größere politische Systeme auszudehnen: Kaiser und Papst, Bundespräsident und Kanzler, Vater und Mutter), sollten LehrerInnen in der Lage sein, beide Aspekte zu optimieren.

In der empirischen Unterrichtsforschung hat es zahlreiche Bemühungen gegeben, Merkmale des „guten" Lehrers (der „guten" Lehrerin) zu identifizieren. „Gut" im Sinne, daß er in der Lage ist, erwünschte Effekte bei seinen SchülerInnen zu erzielen (Lernzuwachs, Wohlfühlen in der Schule etc.). Nach Rosenshine und Furst (1971) scheinen dabei folgende Dimensionen eine Rolle zu spielen:

(1) Kognitive Klarheit und Verständlichkeit bei der Darbietung des Unterrichtsstoffes; Strukturiertheit des Unterrichtsverlaufes;

(2) intraindividuelle Variabilität der LehrerInnen (Differenziertheit und Flexibilität des LehrerInnenverhaltens); Abwechslung in der Organisation der Aktivitäten in der Klasse;

(3) Enthusiasmus der LehrerInnen; Ausmaß des LehrerInnenengagements (in Bewegung, Gesten, Sprechen);

(4) Ausmaß an Aufgabenbezogenheit; sach- und themenbezogene Leistungsorientierung und Unterrichtsführung;

(5) Ausmaß der Gelegenheiten der SchülerInnen, das dargebotene Material zu lernen; Übereinstimmung von Instruktionsziel und Kriteriumsleistung;

Weniger bedeutsam, aber dennoch signifikant waren folgende Merkmale auf den Unterrichtserfolg bezogen:

(6) Ausmaß des Eingehens auf Ideen der SchülerInnen; indirektes LehrerInnenverhalten; Anerkennen und Verwenden von SchülerInnenideen im Lehr-Lern-Prozeß;

(7) Vermeiden negativer Kritik; wenig negative und ablehnende Reaktionen der LehrerInnen auf SchülerInnenverhalten;

(8) Häufigkeit strukturierender Hilfen durch LehrerInnen (advance organizer, Zusammenfassungen, Markierung von Unterabschnitten);

(9) Methodenvielfalt;

(10) Häufigkeit von Was-wie-wo-wann-warum-Fragen; Fragen, die auf divergentes und konvergentes Denken gerichtet sind; Überprüfung des Lernprozesses und der Erfolge der SchülerInnen;

(11) Ausmaß der Anforderungen; wahrgenommene Schwierigkeit des Unterrichts; Höhe leistungsthematischer Anforderungen und Erwartungen und deren Diskrepanz zur gegebenen SchülerInnenfähigkeit.

Diese Zusammenfassung aufgrund vorhandener Literatur erinnert zwar etwas an die idealisierenden Darstellungen über die „LehrerInnenpersönlichkeit", sie ist aber nicht völlig trivial. So erwiesen sich z.B. die folgenden Merkmale nicht durchgehend als posititv:

(12) nonverbale Belohnung (durch Zählen ermittelt);

(13) Lob (ebenfalls durch Zählen ermittelt);

(14) emotionale Wärme der LehrerInnen (durch Schätzverfahren von Beobachtern ermittelt);

(15) das Verhältnis von direktivem zu nondirektivem LehrerInnenverhalten;

(16) Ausmaß, in dem der Lehrer (die Lehrerin) redet, im Vergleich zu SchülerInnengesprächen;

(17) SchülerInnenbeteiligung;

(18) Fehlen des Lehrers / der Lehrerin;

(19) LehrerInnenerfahrung;

(20) Wissen des Lehrers / der Lehrerin.

Obwohl es also in bezug auf das LehrerInnenverhalten einige relativ gesicherte Kenntnisse gibt, muß dies noch nicht heißen, daß diese Merkmale des LehrerInnenverhaltens im Verbund mit der methodischen Strukturierung des Unterrichts bei allen SchülerInnen zu optimalen Ergebnissen führten.

5.3 ATI-Forschung - Zur Wechselwirkung zwischen Unterrichtsmethoden und SchülerInnenmerkmalen

5.3.1 Ausgangspunkt der ATI-Forschung

Die Frage, ob es eine einzige „beste" Methode gäbe, um Kindern etwas beizubringen, kann heute nur mehr als historisches Relikt angesehen werden. Das naive Selbstbewußtsein, mit dem etwa Johann Amos Comenius seine Unterrichtslehre als „eine allgemeingültige Kunst, allen alles zu lehren" (quasi als Nürnberger Trichter) anpries, erinnert uns eher an eine pädagogische Heilslehre als an eine ernstzunehmende wissenschaftliche Behauptung.

Dennoch steht bei vielfältigen Versuchen, in welchen eine Unterrichtsmethode A mit einer Unterrichtsmethode B verglichen wird, ein ähnliches Konzept dahinter: Man will herausbekommen, ob unter gegebenen Umständen die eine Methode der anderen überlegen sei.

Wenn sich etwa zeigt, daß ein lehrerInnenzentrierter Unterricht zur Erreichung eines bestimmten Lehrzieles weniger beiträgt als ein schülerInnen- (= lernerInnen-) zentrierter Unterricht, so wird man sich bei einer ähnlichen Konstellation von mutmaßlichen Bedingungsgrößen für die zweite Unterrichtsvariante entscheiden.

Münzt man diesen Gedankengang auf SchülerInnengruppen um, so läßt sich gleichermaßen fragen, welche SchülerInnenmerkmale mit besserer Schulleistung einhergehen. Findet man tatsächlich solche Merkmale (Begabungstypen: praktisch vs. theoretisch vs. Mitteltyp), so scheint sich ein differenziertes Schulsystem dadurch rechtfertigen zu lassen.

In varianzanalytischer Terminologie ausgedrückt, kann man sagen, daß durch diese Untersuchungen versucht wird, Haupteffekte nachzuweisen: z.B.
- ist Gruppenunterricht besser als Frontalunterricht,
- ist strukturierendes Vorgehen besser als unstrukturiertes oder
- ist ein Impulsunterricht besser als ein Frageunterricht usw.

Ein modifizierter Ausgangspunkt wird in der ATI-Forschung verwendet: Man sucht nicht danach, ob Methode A der Methode B im allgemeinen überlegen sei und auch nicht, ob die SchülerInnengruppe mit dem Merkmal 1 mehr leistet als die SchülerInnengruppe mit dem Merkmal 2, sondern ob es eine optimale Anpassung zwischen einzelnen Unterrichtsmethoden und spezifischen SchülerInnenmerkmalen gibt.

Wie der Name ATI (aptitude-treatment-interaction; dt. WSU = Wechselwirkungen zwischen SchülerInnenmerkmalen und Unterrichtsmethoden) besagt, wird im Rahmen dieser Überlegungen nicht nur gefragt, ob eine Methode der anderen überlegen sei, sondern ob differentielle Effekte bestehen. Es könnte ja sein, daß Methode A bei einer bestimmten SchülerInnengruppe bessere Wirkungen aufweist als Methode B; bei einer anderen SchülerInnengruppe kann es genau umgekehrt sein. Diese Suche nach Wechselwirkungen zwischen Unterrichtsmethoden und SchülerInnenmerkmalen ist dabei generell im Rahmen der Bemühungen um Individualisierung und Differenzierung des Schulunterrichts zu sehen (nach welchen Kriterien soll eine Binnendifferenzierung oder eine äußere Differenzierung - streaming oder setting - vorgenommen werden?).

Die Suche nach Wechselwirkungen zwischen Unterrichtsmethoden und SchülerInnenmerkmalen ist im Rahmen der Bemühungen um Individualisierung und Differenzierung des Schulunterrichts zu sehen. Dazu folgendes Beispiel von Jensen (1973, S. 19):

„Wenn es eine Aufgabe der Schule ist, die SchülerInnen von einem Zustand des Nichtwissens, z.B. in Arithmetik, zu dem der Meisterung arithmetischer Grundkenntnisse zu bringen, so kann es sein, daß unterschiedliche SchülerInnen diese intellektuelle Reise am effizientesten durchmachen können, wenn sie verschiedene Wege einschlagen. Wenn alle die gleiche Route einschlagen, so kann dies zu größeren Unterschieden im Fortschritt beim Wissenserwerb führen, für manche auch zu übermäßiger Frustration und für einige sogar zum völligen Aufgeben. Wenn ein Hund, eine Robbe und eine Schwalbe vorhaben, von Southampton nach St. Ives zu reisen, dann würden sie gut daran tun, diese Reise mit verschiedenen Mitteln auszuführen. Sie würden dann viel eher in gleicher Zeit und mit ähnlicher Anstrengung ihr Ziel erreichen als wenn von ihnen verlangt würde, sie müßten alle auf dieselbe Weise dorthin gelangen - laufend, schwimmend oder fliegend. Und genau dies ist die Bedeutung von Interaktion."

Völlig neu ist die Untersuchung und Berücksichtigung von Wechselwirkungen nicht. In der Schulpraxis hat man sie z.B. durch die Sonderschule oder von Legastheniker-Kursen berücksichtigt. Dabei ist man aber nur wenig über die Kriterien Allgemeine Intelligenz (Schularten) und Spezialbehinderungen (Sonderschulen) auf der Seite der SchülerInnenmerkmale hinausgekommen; bei der Unterrichtsdifferenzierung wurden dabei Unterrichtstempo und andere inhaltliche Schwerpunktsetzungen im Curriculum berücksichtigt (Flammer, 1973).

5.3.2 Der Nachweis von ATIs

Statistisch gesehen, sind Interaktionen zwischen Unterrichtsmethoden und SchülerInnenmerkmalen entweder auf varianz- oder regressionsanalytischem Wege zu identifizieren. Dabei können bekanntlich zwei Fälle auftreten (Bracht, 1975, S. 100):

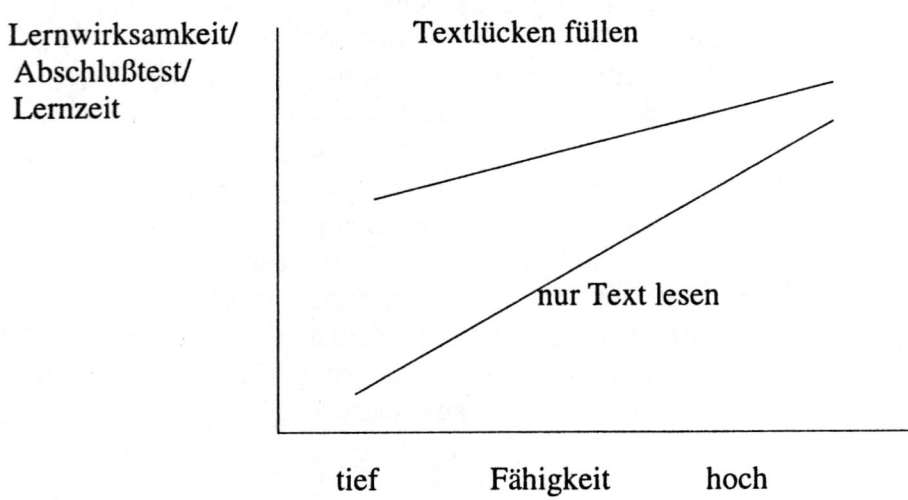

Abbildung 5.1: Lernwirksamkeit von Lehrprogrammen in Abhängigkeit vom allgemeinen Fähigkeitsniveau (Williams, 1963; zit. n. Flammer, 1973, S. 136)

(1) ordinale Interaktion: von einer ordinalen Interaktion spricht man dann, wenn die F-Werte für den Interaktionseffekt signifikant sind und die Treatmentgeraden sich nicht im Streubereich der Prädiktorvariablen schneiden oder wenn die Interaktion signifikant ist, die Treatmentgeraden sich schneiden, aber die Treatment-Unterschiede auf einer Stufe nicht signifikant negativ und nicht verschieden im algebraischen Vorzeichen sind.

Williams (1963) ließ Studenten ein Lehrprogramm in verschiedener Form durcharbeiten. Eine Gruppe mußte die Textlücken tatsächlich ausfüllen, die andere sie nur in Gedanken ergänzen, ohne daß der Text ausgefüllt wurde. Bei der Untersuchung war auf varianzanalytischem Wege ein Haupteffekt abzusichern (die Methode des Textlückenfüllens war effektiver als die der covert-response). Bei der Methode des covert- response schnitten aber deutlich die Studenten mit niedrigem allgemeinem Fähigkeitsniveau besonders schlecht ab (Interaktionseffekt).

(2) Disordinale Interaktion: Eine disordinale Interaktion liegt dann vor, wenn die Interaktionseffekte signifikant sind, die Treatment-Geraden sich schneiden und zwei Stufen des Treatments vorhanden sind, bei denen die Treatmentunterschiede sowohl signifikant als auch mit verschiedenen algebraischen Vorzeichen versehen sind.

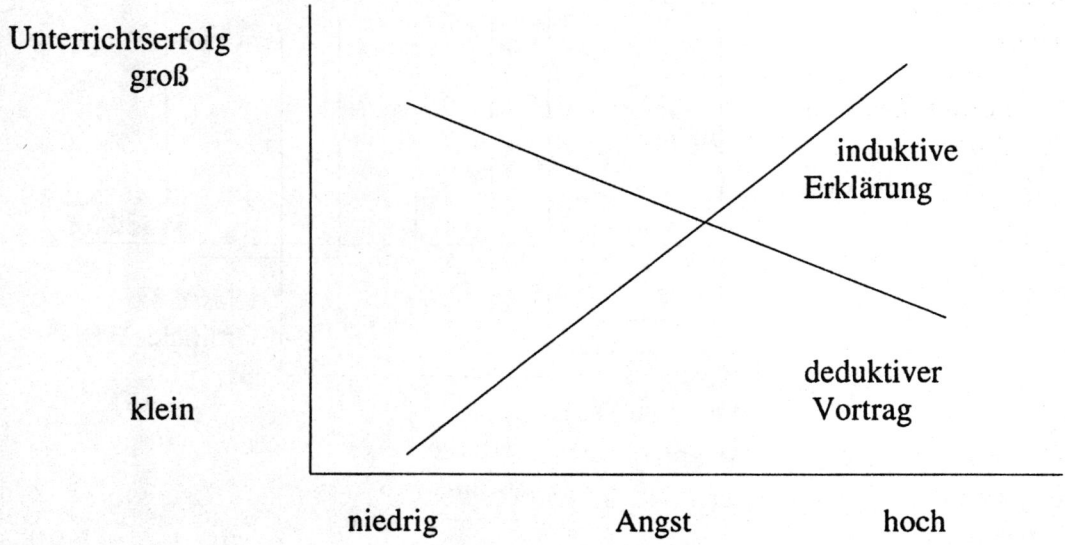

Abbildung 5.2: Wechselwirkung zwischen Angst und Unterrichtsmethode auf den Lernerfolg (nach Tallmadge & Shearer, 1971)

In der Untersuchung von Tallmadge und Shearer (1971) wurden 353 Marinerekruten einen Tag lang in Navigation und in Flugzeugerkennung unterrichtet. Der Unterricht wurde der einen Hälfte der Rekruten in Form eines sehr systematischen deduktiven Vortrages erteilt, der anderen in Form eines induktiven Unterrichts, wobei die Prinzipien selbst erarbeitet oder entdeckt werden sollten (learning by discovery). In vorausgehenden Untersuchungen war die Ängstlichkeit der Soldaten mittels verschiedener Verfahren gemessen worden. Als Ergebnis zeigte sich, daß im Durchschnitt keine der beiden Unterrichtsmethoden „besser" als die andere war. Allerdings war der Erfolg hochängstlicher bei einem (vorsichtiger vorgehenden) induktiven Verfahren besser als bei niedrigängstlichen; umgekehrt bei dem deduktiven Unterrichtsstil.

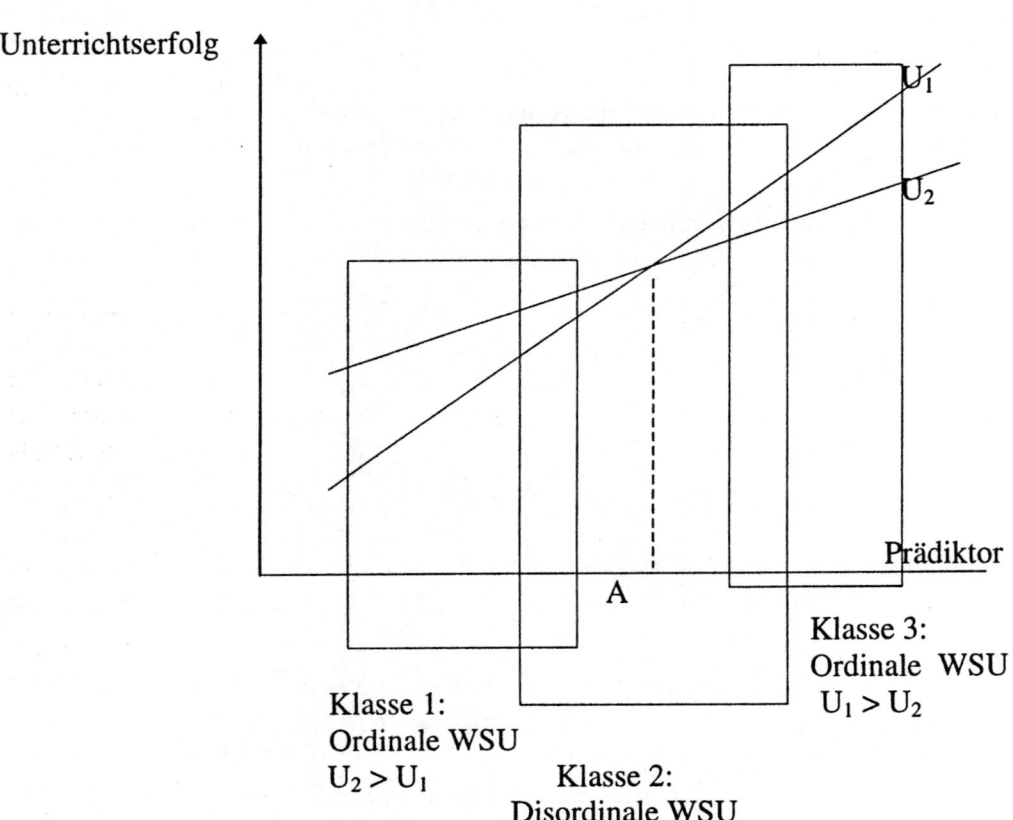

Abbildung 5.3: Ergebnisse von ATI-Untersuchungen in Abhängigkeit von zufälligen Stichprobengegebenheiten (Flammer, 1975, S. 34)

Um einen solchen Effekt nachzuweisen, wird für die beiden Gruppen getrennt der Zusammenhang zwischen Unterrichtserfolg und Persönlichkeitsmerkmal (Angst) berechnet. Unterscheiden sich die beiden Steigerungen signifikant, dann liegt eine Interaktion vor.

Es ist verständlich, daß disordinale Interaktionen deutlicher zu interpretieren sind als ordinale. Man sollte sie aber dennoch nicht zu gering achten, wie dies z.B. Bracht und Glaß (1968) getan haben: Diese forderten von ATI, daß nur disordinale Wechselwirkungen als wesentlich zu gelten haben, wobei nicht nur der Interaktionseffekt signifikant sein sollte, sondern darüber hinaus die Unterschiede auf dem gleichen Prädiktorniveau der jeweiligen Gruppen signifikant unterschiedlich zu sein hätten.

Andererseits gibt es aber durch Beschränkungen in den Untersuchungsmöglichkeiten, aufgrund von Zufälligkeiten bei der jeweiligen Stichprobe etc. durchaus den Fall, daß eine disordinale Interaktion zwischen der Methode und dem als wesentlich erachteten Persönlichkeitsmerkmal der SchülerInnen besteht, diese aber in der speziellen Untersuchung nicht entdeckt wurde (vgl. Abb. 5.3).

5.3.3 Welche Bedeutung kommt den ATIs zu?

„Die Beseitigung individueller Unterschiede, die im *Lernergebnis* liegen, setzt die angemessene Berücksichtigung solcher individueller Unterschiede voraus, die in den *Lernvoraussetzungen* liegen: die Minimierung der Output-Varianz setzt die Anpassung des Unterrichts an gewisse Input-Bedingungen voraus" (Schwarzer & Steinhagen, 1975, S. 13). D.h., man benachteiligt gewisse Gruppen von SchülerInnen bzw. führt sie nicht zu ihrer optimalen Leistung, wenn für alle in solchem Stil vorgegangen wird.

Die am häufigsten gefundene Begründung für die praktische Berücksichtigung von ATI wird aber darin gesehen, daß SchülerInnen z.B. verschiedene Fähigkeiten haben, die spezielle Stärken darstellen, während andere nicht so gut ausgeprägt sind und daß man sich gerade diese Fähigkeiten beim schulischen Unterricht zunutze machen sollte.

Genau diese Idee wird von Jensen (1973) an den Anfang seiner Ausführungen über Intelligenzunterschiede in verschiedenen sozialen und rassischen Gruppen gestellt. Jensen hat nämlich eine (von der psychologischen Forschung nicht weitergeführte) hierarchische Intelligenztheorie konzipiert, in der zwei Arten der Lernfähigkeit unterschieden werden, eine *basic learning ability* (assoziative Lernfähigkeit, vergleichbar mit einem Tonband, das nur aufnimmt und wiedergibt) und eine *conceptual learning ability* (begriffliche Lernfähigkeit, bestimmt durch

Transformation und Manipulation des sensorischen Inputs). Seiner Meinung nach werden verschiedene soziale Gruppen dadurch benachteiligt, daß in diesen Gruppen die beiden von ihm unterschiedenen Arten der Lernfähigkeit verschieden verteilt sind, schulisches Lernen und schulischer Unterricht aber hauptsächlich auf der sogenannten „begrifflichen Lernfähigkeit" aufbaut.

„A certainly important avenue of exploration is the extent to which school subjects can be taught by techniques which depend mostly upon level I ability and very little upon level II. After all, much of the work of the world depends largely on level I ability, and it seems reasonable to believe that many persons can acquire basic scholastic and occupational skills and become employable and productive members of society by making the most of their level I ability" (Jensen, 1973, S. 85).

Die Untersuchung von ATIs in diesem Sinn stellt nur eine Möglichkeit von mehreren dar. Und zwar hat Salomon (1975) drei Unterscheidungen eingeführt, die noch nicht erschöpfend sein müssen.

(1) Präferenzmodell: Das gerade besprochene Beispiel kann zur Illustration des von ihm besprochenen Präferenzmodells dienen. Dabei baut eine Unterrichtsmethode auf den bereits vorhandenen Fähigkeiten eines Schülers (einer Schülerin) auf, indem sie etwa auf den von dem Schüler (der Schülerin) bevorzugten Lernstil oder auf seine (ihre) Art der Informationsverarbeitung eingeht.

Salomon betont dabei, daß die in diesem Modell angesprochenen Fähigkeiten eines Schülers (einer Schülerin) relativ breit sein müssen: etwa könnten hier Unterschiede des kognitiven Stils genannt werden, verschiedene Motivationsarten (affiliation vs. achievement motive) und daran orientierte Rückmeldungen, interner vs. externer locus of control und die induzierte Überzeugung, die Aufgaben seien durch eigene Anstrengung oder vom Zufall gesteuert lösbar. Texte mit zusätzlichen Assoziationshilfen scheinen geeigneter für SchülerInnen mit starkem assoziativem Gedächtnis, deren eigene Lernstrategien dadurch negativ beeinflußt werden. Soziales Lernen für SchülerInnen mit hohem Extraversionsgrad, Einzelarbeit für solche mit hoher Introversionsneigung.

(2) Förderndes Modell: Wie sieht es aber mit dem folgenden Beispiel aus? VolksschülerInnen mit schlechter Lesefähigkeit entnehmen mehr Informationen aus gehörtem als aus gelesenem Text, für gute Leser trifft mit zunehmendem Lesealter das Gegenteil zu (Budoff & Quinlan, 1964, zit. n. Flammer, 1975, S. 39). Hier kann man nicht bei der Konstatierung einer ATI stehen bleiben, etwa in dem Sinn, daß man den SchülerInnen je nach ihrer Lesefähigkeit Informationen auf zwei verschiedene Arten darbietet. Es müssen vielmehr spezifische Maßnahmen ergriffen werden, um diesem Mangel abzuhelfen.

Ein völlig anderes Anliegen liegt also ATI-Untersuchungen zugrunde, die sich nicht auf die Stärken eines Schülers (einer Schülerin) konzentrieren, sondern seine (ihre) Schwächen zu beheben versuchen, z.B. Imitation von Problemlösungsstrategien anderer SchülerInnen: „Wenn eine allgemeinere Fähigkeit offenbar mit Lernerfolgen korreliert (z.B. Instruktionsverständnis), wird sie in ein untergeordnetes Lernziel als Teil der generellen Hierarchie verwandelt, und oftmals werden Förderungsmaßnahmen empfohlen, um die Fähigkeit zu verbessern" (Salomon, 1975, S. 132). Als Bedingungen, unter denen dieses Modell angewandt werden kann, nennt Salomon (a.a.O., S. 133): (a) die aufgabenspezifische Fähigkeit muß tatsächlich einen großen Teil der Varianz beim Lernerfolg ausmachen, (b) das Lernmaterial muß hierarchisch oder sequentiell geordnet sein und (c) die untergeordneten Lernziele der Hierarchie müssen als Funktion des Unterrichts erlernbar sein.

(3) Kompensatorisches Modell: Werden nicht aufgabenspezifische Fähigkeiten beim Unterrichten berücksichtigt, sondern stellt man die Unterrichtsgestaltung auf allgemeine Schwächen der SchülerInnen ab (z.B. Ängstlichkeit), so handelt es sich um ATIs, welche durch das sogenannte kompensatorische Modell erfaßt werden. Im Falle des Fördermodells versucht man die Lücken bei spezifischen Leistungen zu schließen, im kompensatorischen Modell „bleiben die Defizite eigentlich unberührt, und nur ihre nachteiligen Effekte werden verhindert. Die dem letzteren Modell zugrunde liegenden Annahmen unterscheiden sich von denen des ersten dadurch, daß nicht vorausgesetzt wird, alle relevanten Fähigkeiten müßten beherrscht werden oder seien leicht modifizierbar" (a.a.O., S. 134).

Berliner (1971) berichtet in einer Untersuchung von einem Vortrag, dessen Inhalt unter zwei Bedingungen von den Anwesenden gemerkt werden sollte: Unter Bedingung A waren Testungen alle paar Minuten eingestreut, unter Bedingung B hingegen war es erlaubt, sich während des Vortrages Notizen zu machen. Vpn mit niedrigem Erinnerungsvermögen profitierten von Testungen während des Vortrags mehr, solche mit hohem Erinnerungsvermögen hingegen mehr vom Mitschreiben. Hier liegt ein Beispiel für das kompensatorische Modell vor, da der Bedarf an Informationsspeicherung vermindert (kompensiert) wird. Oder: Bei geringem Leseverständnis Informationsentnahme aus einem akustischen statt aus einem schriftlichen Medium.

5.3.4 Ergebnisse der ATI-Forschung

„ATI-Forschung könnte die Entwicklung einer Unterrichtstheorie dadurch begünstigen, daß sie nach und nach eine Matrix von Lernsituationen und Charakteristika des Lernenden konstruiert. Um dies zu erreichen, muß man in der Lage sein, vergleichbare Lerner nach sinnvollen Gesichtspunkten zu gruppieren und ebenso Unterrichtssituationen nach denselben Grundsätzen" (Salomon, 1975, S. 128).

Will man also ATIs untersuchen, so muß man sowohl bestimmte SchülerInnenmerkmale als auch bestimmte Lehrmethoden auswählen. Hinsichtlich beider Komponenten kann es zu Schwierigkeiten kommen:

(1) *SchülerInnenmerkmale:* Es existiert eine Vielzahl von Merkmalen, die man an SchülerInnen feststellen kann und die prinzipiell auf ihre mögliche Affinität zu Lehrmethoden hin untersucht werden könnten. Völlig willkürlich wird und kann man bei der Untersuchung von ATIs nicht vorgehen, d.h., man wird die SchülerInnen z.B. nicht nach der Haarfarbe gruppieren, um diese SchülerInnengruppen dann auf ein unterschiedliches Ansprechen auf bestimmte Lehrmethoden zu prüfen. Aber auch gegen näherliegende Merkmale, die auf den ersten Blick gar nicht so unplausibel erscheinen, wie z.B. das allgemeine Intelligenzniveau, laßen sich Einwände erheben: Jensen (1973, S. 22) meint dazu, daß Intelligenztests gerade in der Weise entwickelt worden sind, daß sie möglichst unabhängig von Lehrvariablen oder erfahrungsbildenden Momenten im allgemeinen sind (oder sein sollten). Intelligenztests wurden gerade dazu entwickelt, um allgemeine Schulleistung hinweg über einen weiten Bereich von Erziehungsbedingungen vorherzusagen. Und Jensen sagt weiter, es sei geradezu ein Hauptanliegen der ATI-Forschung, diese Gesamtkorrelation zwischen Intelligenz und Schulleistung zu reduzieren. „Jeder Schüler profitiert von seiner Intelligenz beim Lernen - unabhängig von der Unterrichtsmethode. Darum ruft die Intelligenz in der Regel zwar einen Haupteffekt hervor, nicht aber eine disordinale Interaktion" (Schwarzer & Steinhagen, 1975, S. 18).

Es gibt zwar eine Vielzahl von Taxonomien der SchülerInnenmerkmale, allerdings sind diese nicht ausdrücklich für ATI-Forschung entwickelt worden. D.h. es existieren allgemeine Schwierigkeiten, vorhandene Instrumente zur Erfassung von Persönlichkeitsmerkmalen bei der Untersuchung von ATIs einzusetzen, da diese nicht von einer detaillierten Analyse der didaktisch veranlaßten psychologischen Prozesse ausgehen (Flammer, 1975, S. 36).

(2) *Unterrichtsmethoden:* Die pädagogische Diskussion in Deutschland hat sich oftmals hauptsächlich um didaktische Fragen gedreht, d.h. um Fragen der Lehrinhalte, der Lehrziele und ihrer Begründung usw. Methodische Anliegen,

also das „wie" des Unterrichtens, standen dabei relativ im Hintergrund. Diese Entwicklung ist nicht zuletzt auf das Schlagwort Wenigers vom „Primat der Didaktik gegenüber der Methodik", das in Klafki (1972, S. 71) einen Propagator gefunden hat, zurückzuführen. Eventuell sind ähnliche Entwicklungen auch im anglo-amerikanischen Sprachraum festzustellen, wenn Shulman (1970, zit. n. Salomon, 1975, S. 127) sagte: „ATIs werden mit großer Wahrscheinlichkeit so lange eine leere Phrase bleiben, wie Lernermerkmale mit Mikrometern und die Umwelt (d.h. die einwirkenden Lehrmethoden) mit der Wünschelrute gemessen werden." Das heißt, es gibt keineswegs eine eindeutige oder überzeugende Taxonomie von Lehrverfahren (Flammer, 1975, S. 35).

Die Stagnation auf dem Gebiet der Entwicklung von Unterrichtsmethoden hat eventuell zur Folge gehabt, daß tatsächlich voneinander unterscheidende Lehrverfahren nicht in der Weise vorliegen, wie sie vorhanden sein könnten. Lehrverfahren, die auf den ersten Blick wesentlich unterschiedlicher aussehen, müssen hinsichtlich ihrer Wirkung auf den Schüler (die Schülerin) nicht unbedingt verschieden sein: Schwarzer und Steinhagen (1975, S. 18) z.B. berichten von einem Projekt, in welchem fernsehunterstützter Unterricht dem herkömmlichen Frontalunterricht gegenübergestellt wird („Visualität" vs. „Verbalität") und auf Interaktion mit verschiedenen SchülerInnenmerkmalen überprüft wurde. Nachträglich habe sich aber ergeben, daß in beiden Gruppen wesentliche Teile des Lehrstoffes von den LehrerInnen in die Hausaufgaben delegiert worden sind und in diesem Bereich haben keine Methodenunterschiede existiert.

Auch Dubin und Taveggia (1972, S. 37) meinen, daß das Suchen nach unterschiedlichen Lehrmethoden vergessen gemacht hat, daß Lehrmethoden auch wesentliche Gemeinsamkeiten haben können. Die wichtigste Gemeinsamkeit kann z.B. darin bestehen, daß zwar auf verschiedene Weise gelehrt, aber dasselbe Lehrbuch verwendet wird. Lehrmethoden sind oft nicht eindeutig beschreibbar, noch weniger verläßlich realisierbar. Unterrichtliche Maßnahmen interagieren außerdem mit der LehrerInnenpersönlichkeit und auch mit der Art der Schulklasse!

Nach der Zusammenstellung von Flammer (1973, S. 138) scheinen folgende Angaben über die Bewährung des ATI-Ansatzes gerechtfertigt:

(1) Eine klare und relativ detaillierte Strukturierung des Unterrichts durch den Lehrer / die Lehrerin hilft vor allem dem unsicheren, ängstlichen und schwächeren SchülerInnen, aber auch dem weniger leistungsmotivierten; mehr erfolgsgewohnte, angstfreie und hochleistungsmotivierte profitieren hingegen auf kurze oder auf längere Frist mehr von einem Unterricht, der ihnen größere Freiheit läßt, einen eigenen Lernweg zu suchen und auch zu gehen.

(2) Ein deduktiver Unterrichtsstil eignet sich im allgemeinen für ältere und intelligentere SchülerInnen besser, während schwächere auf induktiven Unterricht besser ansprechen.

Man könnte annehmen, daß induktive Lehrformen für den Intelligenteren unnötige Umwege enthalten, die dem Schwächeren helfen, mit dem Gegenstand schrittweise vertraut zu werden und sich so vorzubereiten, Prinzipien und integrative übersichten zu verstehen. Parallel dazu geht einher, daß der deduktive Weg im allgemeinen desto wirksamer ist, je leichter die Lernaufgabe ist.

(3) Programmierte Instruktion eignet sich im allgemeinen weniger gut für überdurchschnittlich intelligente Jugendliche und Erwachsene als übliche Formen des sog. konventionellen Unterrichts. Für schwächere Lerner gilt das Gegenteil.

Es ist anzunehmen, daß dieser Befund an die genannte Altersgruppe gebunden ist und die relative Überlegenheit des Programmierten Unterrichts in der Volksschule etwas ausgeprägter ist.

(4) Das Erarbeiten eines Sachtextes wird mit eingefügten (ordnungsstiftenden) Fragen erleichtert für Personen mit schwachem assoziativem Gedächtnis (Stimulation von „tieferer" Verarbeitung), jedoch erschwert für Lerner mit gutem. Letztere scheinen verläßliche eigene Memorierungsstrategien entwickelt zu haben und „Einmischung von außen" schwerer zu ertragen.

(5) Flammer (1975, S. 2) berichtet von einer disordinalen Interaktion (bei Erwachsenen) zwischen dem Personmerkmal „Erfolgszuversicht" sowie Lernen ohne bzw. mit Wettbewerbsbedingungen (vgl. auch den sog. „Social facilitation-Effekt").

(6) Die Größe der Lernschritte und Vorkenntnisse interagieren miteinander (Flammer, 1975, S. 7). „Gleitende Diskrepanz" zwischen Kompetenz und Anforderung (vgl. auch die Leistungsmotivationsbefunde, Kap. 4.4.2).

(7) Der vorschulisch erfahrene Erziehungsstil und der Unterrichtsstil des Lehrers / der Lehrerin interagieren: Größere Erfolge bei der Einschulung sind bei einer Konkordanz der Erziehungsstile zu finden (Flammer, 1975, S. 11).

(8) Klauer (1969) berichtet von einem disordinalen Interaktionseffekt bei einem Experiment zum orthographischen Lernen:
- 100% unmittelbare Selbstkontrolle gibt für schwächere SchülerInnen bessere Ergebnisse als 50%;
- bei den leistungsstärkeren SchülerInnen ergeben sich keine Unterschiede bei diesen Unterrichtsvarianten.

„Denkbar wäre, daß der traditionelle Unterricht den geringeren didaktisch-methodischen Aufwand vorzieht, der für die leistungsbesseren Schüler ausreicht, wodurch die Schwächeren relativ weniger gefordert würden. Auf diese Weise könnte der Selektionseffekt der Schulen zumindest teilweise auf die Eigenart der verwendeten Lehrtechniken zurückgeführt werden" (a.a.O., S. 87). Weitere Resultate sind Tabelle 5.1 zu entnehmen.

Tabelle 5.1: Ergebnisse der ATI-Forschung

Lehrmethoden	SchülerInnenmerkmal
klare und detaillierte Strukturierung durch LehrerInnen	+ unsicher, ängstlich, schwächere Leistung, weniger leistungsmotiviert
vs. den eigenen Weg denken SchülerInnen überlassen	erfolgsgewohnt, wenig ängstlich, hoch leistungsmotiviert
deduktiv vs. induktiv	ältere und intelligenter SchülerInnen ängstliche und schwächere SchülerInnen
deduktiv	Lernaufgaben im Vergleich zu SchülerInnenfähigkeiten gering
vs.	
induktiv	Lernaufgaben im Vergleich zu SchülerInnenfähigkeiten hoch
Einflechten von nicht zwingend nötiger, aber interessanter Information	+ für gute und geförderte SchülerInnen - verwirrend für schwächere SchülerInnen
vs.	
Beschränkung auf das Nötigste und drillartige Übung	+ für schwächere SchülerInnen
programmierter Unterricht Selbstregelungsmechanismus hinsichtlich „Lerngeschwindigkeit"	+ für schwächere SchülerInnen
häufige Beschäftigungen „lehrerInnenzentriert"	+ ängstliche SchülerInnen
Vortests Segmentierung zufällig Segmentierung geplant	Tobias (1975) + Materialvertrautheit hoch + Materialvertrautheit gering

5.3.5 Anwendung im Unterricht

(1) Äußere Differenzierung: Probleme ergeben sich hinsichtlich der Diagnoseverfahren.

(2) Binnendifferenzierung: Lehrer und Lehrerinnen verwenden oft intuitiv ATI-Hypothesen; damit werden die ATI-Ergebnisse anwendbar, ohne daß die Schulstruktur (Klassenzuordnung) geändert werden muß.

(3) Berücksichtigung von ATIs durch selbständiges Erproben und Entscheiden der SchülerInnen, durch die schülerInnenbestimmte Wahl von Lernbedingungen (Garten, 1980, S. 31):

(a) wird einem möglichen Unbehagen auf seiten der SchülerInnen vorgebeugt, das sich aufgrund einer Interferenz zwischen externer Steuerung und individuellem Vorgehen ergeben könnte;

(b) eine externe Steuerung kann dem übergeordneten Ziel schulischen Lernens entgegenwirken, die Verantwortung für das Lernen selbst zu übernehmen, eigene Bedürfnisse und Schwierigkeiten zu erkennen und die Bedingungen des Informationserwerbs aktiv mitzugestalten.

Wie Glaser (1975) feststellte, sind SchülerInnen nach kurzer Zeit in der Lage, die für sie angenehmste Lernbedingung auszumachen, die auch objektiv den größten Lernerfolg gestattet. So gaben z.B. 81% der Kinder aus sozioökonomisch benachteiligten Schichten Leistungszuversicht nach Einzelarbeit an, nach Gruppenarbeit nur 52% (soziale Vergleichsprozesse). Kinder aus der Oberschicht hatten nach Einzelarbeit 58% Erfolgszuversicht angegeben, nach Gruppenarbeit aber zu 78%. Kinder mit geringen Leistungswerten bevorzugen das Lernen mit einer Lehrmaschine signifikant stärker als solche mit hohen Eingangswerten (Individualisierung im Hinblick auf die Lernzeitvariable, Aussetzen des sozialen Vergleichs).

Nach Flammer (1975, S. 12) ist die Freiheit des Lerners, die Sequenzierung des Lernstoffes zu bestimmen, dem präskiptiven Unterricht dort überlegen, wo der Lern- und Transfererfolg

(a) stark von der Integration neuen Wissens mit vorausgehendem Wissen abhängt,

(b) wo verschiedene Aneignungssequenzen zum Ziel führen können und

(c) bei relativ angstfreien SchülerInnen.

5.3.6 Diskussion

(1) ATI-Forschung bedeutet nicht, daß sich der Unterricht nur an den Stärken der SchülerInnen zu orientieren habe. Gerade die Unterscheidungen Salomons zeigten, daß ATI-Untersuchungen die pädagogischen Bedenken, „man könne es dem Schüler nicht ersparen, mit seinen Schwächen fertig zu werden" (Flammer, 1975, S. 36), durchaus einplanen können. Allerdings muß auf die Gefahr hingewiesen werden, „ob nicht gerade durch die didaktische Berücksichtigung der individuellen Unterschiede diese selbst in unerwünschter Weise verfestigt werden" (Schwarzer & Steinhagen, 1975, S. 19). Das heißt: in einem ersten Schritt Schwächen entdecken und auf Lehrmethoden abstellen, durch welche diese Schwächen umgangen werden, um dann darangehen zu können, die Schwächen selbst abzubauen.

(2) Arbeitsaufwand: „Zur ersten sage ich voraus, daß die Untersuchung von Unterrichtsmethoden und individuellen Unterschieden extrem schwierig und frustrierend sein wird, wenn sie auch psychologisch höchst interessant" ist. ... „Es ist deshalb möglich, daß die Forschung nie eine ausreichende Menge von Handlungsanweisungen bereitstellen wird, die es verdient, von der pädagogischen Praxis aufgenommen zu werden. ... Die Praxis als Prüfstein könnte hier schmerzhaft wirken" (Carroll, 1975, S. 59f).

(3) Praktische Möglichkeiten der Untersuchung: Da die meisten Hochschulkurse in mehreren Gruppen durchgeführt werden, ist eine Aufteilung nach Persönlichkeitsmerkmal und nachfolgend unterschiedlichen Methoden organisatorisch durchaus möglich.

(4) Mangelndes theoretisches Wissen: Kallòs (1975) „... die Grundidee ist die, daß die Unterrichtsmethoden als aus dem psychologischen Wissen ableitbar aufgefaßt werden können. Zur Zeit sind die Zellen der Matrix nahezu leer. Die erschreckend wenigen bisher festgestellten disordinalen Interaktionen sind in den meisten Fällen weit von der alltäglichen Unterrichtssituation entfernt." Außerdem: Um tatsächlich eine adaptive Unterrichtssituation herstellen zu können, wäre ein hoher Grad an Flexibilität von seiten des pädagogischen Systems erforderlich.

5.4 Rückmeldung von Leistungsergebnissen[1]

Rückmeldung bezeichnet den Vergleich der Information einer Steuerungsinstanz mit einem aktuellen Ist-Wert. Beim Vergleich mit dem Soll-Wert wird die Größe der Abweichung festgestellt und eine Reaktion in Gang gesetzt, um den Ist-Wert wieder an den Soll-Wert anzugleichen. Leistungsrückmeldungen sind für SchülerInnen, LehrerInnen und den Unterricht relevant. Sie erleichtern den SchülerInnen das Lernen, sie informieren LehrerInnen über die Wirksamkeit des Unterrichts und sie erleichtern die Unterichtsvorbereitung. Rückmeldungen können für den Schüler (die Schülerin) kurz- und langfristige Effekte haben. Kurzfristig dienen sie dem Schüler (der Schülerin) zur Orientierung des Lernens, langfristig bestimmen sie die Lernmotivation, Einstellungen, Interessen etc. Die Ergebnisse der empirischen Unterrichtsforschung könnten dabei über eine Meisterlehre der Unterrichtsvorbereitung hinausgehen.

5.4.1 Selbst- und Fremdrückmeldung

Wenn ein Schüler /eine Schülerin Gelegenheit hat, einen Test oder eine Klassenarbeit zu korrigieren, dann gibt er sich selbst eine Rückmeldung über seinen Lernerfolg. Von dieser Selbstrückmeldung ist die Fremdrückmeldung zu unterscheiden, bei der die LehrerInnen die Informationsquelle darstellen. Dazwischen ist die gegenseitige Korrektur bei Partnerarbeit im Unterricht angesiedelt. Im weiteren Sinne stellt auch die Eigenbenotung eine Form der Selbstrückmeldung dar, wenngleich ihr Wert umstritten ist.

Eine Untersuchung von Filene (1969) hat gezeigt, daß SchülerInnen sich zwar weitgehend die Noten geben, die ihnen auch der Lehrer / die Lehrerin gegeben hätte, daß aber in Einzelfällen doch beträchtliche Abweichungen auftraten. Diese „Selbsttäuschung" von SchülerInnen liegt vermutlich in der Berichtsfunktion von Zensuren begründet (d.h. Information an Eltern usw.).

Von der Selbstkorrektur wird nur wenig Gebrauch gemacht, obwohl sie pädagogisch wichtig ist. Langfristig ermöglicht sie dem Schüler / der Schülerin, seine Fähigkeiten und Leistungen realistisch einzuschätzen, was sich vor allem nach der Schulzeit als nützlich erweist. Selbstrückmeldungen führen kurzfristig auch zu besseren Lernergebnissen. Verschiedene Untersucher fanden erhöhte Leistun-

---

[1] Die folgende Darstellung orientiert sich weitgehend an Lissmann (1981, 1982).

gen, wenn Studenten Prüfungsarbeiten selbst auswerteten und dann mit ihren Professoren sprachen.

Zusätzlich ist darauf zu verweisen, mit solchen Erfolgsindikatoren zu arbeiten, die vom Schüler / von der Schülerin autonom zur Rückmeldung verwendet werden können, damit er im Laufe der Zeit von äußeren Feedback-Quellen unabhängig wird (Ausubel, 1974). Die Kriterien für eine Bewertung müssen dabei bekannt sein.

5.4.2 Häufigkeit von Rückmeldungen

Kirkpatrick (1934) nahm eine Untersuchung über Physikunterricht von 26 High Schools vor. Die Experimentalschulen unterschieden sich von den Kontrollschulen lediglich durch zusätzliche schriftliche Tests, die nach jeder Unterrichtseinheit gegeben wurden. Beide Gruppen nahmen an einer objektiven Zwischenprüfung teil und unterzogen sich einer Abschlußprüfung, die aus einem Wissens- und einem Verständnistest bestand. Unabhängig von der Intelligenz des Schülers (der Schülerin) fielen die Resultate positiv für die Experimentalgruppe aus, d.h. sie bestätigen die Überlegenheit häufiger Rückmeldungen. Auch noch nach vier Monaten ließen sich diese Unterschiede für den Wissenstest replizieren. Schließlich profitierten Kinder mit unterdurchschnittlichen Fähigkeiten signifikant mehr von der regelmäßigen Rückmeldung (ATI-Effekt).

Daß auch langfristige Konsequenzen bestehen, wurde von Keys (1934) für das Fach Pädagogische Psychologie bestätigt. Die Studenten der Experimentalgruppe erhielten während 12 Wochen wöchentlich Tests, die der Kontrollgruppe hingegen nur monatlich. Insgesamt hatte die Experimentalgruppe aber ebenso viele Testitems zu beantworten wie die Kontrollgruppe. Nach dieser Zeit wurde ein Nachtest ohne Ankündigung und einer mit Ankündigung gegeben. Es zeigte sich, daß wöchentliche Tests die Leistung sehr signifikant um 12% ansteigen lassen. In einem Nachtest, der unangekündigt geschrieben wurde, war die Leistung immerhin noch 7% besser. Bei einem angekündigten Nachtest traten keine Unterschiede auf, d.h. durch intensive Vorbereitung konnten die Effekte verwischt werden. Während der Untersuchungsperiode nahm die Beliebtheit wöchentlicher Tests gegenüber den monatlichen zu. Ähnliche Ergebnisse zeigten sich auch bei anderen Untersuchungen:
- Scott (1938, zit. n. Lissmann, 1981) fand bei Studenten heraus, daß die Leistung mit der Anzahl der Tests positiv korreliert war.

- In einer Längsschnittuntersuchung über 5 Jahre von Sumner und Brooker (1943) erreichten leitungsschwache Studenten bessere Noten, wenn täglich getestet wurde.
- Nach Kulp (1933, zit. n. Lissmann, 1981) war der Leistungsgewinn lernschwacher SchülerInnen bei wöchentlichen Testungen größer.
- Fitch, Drucker und Norton (1951) bestätigen, daß wöchentliches Testen dem monatlichen überlegen war.

Bei der Interpretation dieser Befunde ist die durch die Tests einsetzende Lenkungsfunktion zu erwähnen. Häufige Tests können die Richtung des Lernens angeben. Bei regelmäßiger Leistungsrückmeldung steigt auch das Interesse am Testen an. Die Studenten haben das Gefühl, mehr zu lernen. Tests sollten nach jeder Unterrichtseinheit gegeben werden, da dadurch die SchülerInnen nach sinnvollen Abschnitten ein angemessenes Feedback erhalten.

5.4.3 Zeitpunkt der Rückmeldung

Man unterscheidet zwischen *unmittelbarer* und *verzögerter* Rückmeldung. Bei der unmittelbaren Rückmeldung wird das Ergebnis sofort nach der Aufgabenlösung, bei der verzögerten erst nach einem bestimmten Zeitintervall mitgeteilt.

Von More (1969) wurde an SchülerInnen der 8. Schulstufe ein entsprechendes Experiment gemacht. Das Experiment bestand aus der Vorgabe eines Lesetextes, dem ein Verständnistest folgte. Die richtige Lösung wurde der ersten SchülerInnengruppe sofort, der zweiten nach 2 ½ Stunden, der dritten nach 24 Stunden und der vierten nach 4 Tagen mitgeteilt. Nach dem Feedback mußten die SchülerInnen einen Nachtest machen; dabei schnitt die Gruppe mit unmittelbarem Feedback am schlechtesten ab. Nach drei Tagen folgte noch ein Behaltenstest: hier waren die SchülerInnen mit unmittelbarer Rückmeldung und mit Rückmeldung nach vier Tagen am schlechtesten, nach kurzfristig verzögerter Rückmeldung am besten (Intelligenz wurde konstant gehalten). Nach Lissmann (1981) fallen von weiteren 19 Untersuchungen nur 5 für unmittelbare Rückmeldung aus, 14 für verzögerte.

Demnach erscheint eine leichte zeitliche Verzögerung der Rückmeldung von Leistungsresultaten um 24 Stunden empfehlenswert zu sein. Bei unmittelbarer Rückmeldung scheint es zu einer pro-aktiven Hemmung zu kommen. Bei verzögerter Rückmeldung werden die falschen Antworten in der Zwischenzeit vergessen und können nach erfolgter Rückmeldung nicht mehr mit der richtigen interferieren. Die verzögerte Rückmeldung hat also den Vorteil, daß die Aufmerksamkeit erhalten bleibt und mitgelernte Fehler vergessen werden. Außerdem wird dadurch eine anhaltende Beschäftigung mit dem Lernstoff erreicht.

5.4.4 Differenziertheit von Rückmeldungen

Eine Rückmeldung wird als differenziert angesehen, wenn sie mehr Informationen enthält als die Feststellung „richtig" oder „falsch". Beispiele für differenzierte Rückmeldungen sind: das Erklären von Prinzipien, das Bereitstellen von Definitionen, das Wiederholen der Aufgaben mit anderer Formulierung. Auch das Beurteilungssystem kann unterschiedlich differenziert sein: richtig/falsch bzw. bestanden/nicht bestanden, sechsstufige Notenskala, 100 Punkte-System usw.

5.4.4.1 Rückmeldungen nach Einzelaufgaben

Sturges (1972) untersuchte mehrere Rückmeldungsvarianten bei einer Begriffsbildungsaufgabe (Rückmeldung des ganzen Items, der Lösung, der Distraktoren, die Definition der Distraktoren oder Lösungshinweise). Die Ergebnisse sprechen für die Verwendung von Hilfen. Es bildet sich sozusagen ein kognitives System mit den richtigen bzw. falschen Antworten aus, in welchem die richtigen dominieren. Dieses System ist für das Behalten effektiver als ein kleineres System von lediglich richtigen Antworten.

5.4.4.2 Rückmeldung von Tests

Frohwein (1974) wollte die Frage untersuchen, ob mit steigender Differenziertheit der Rückmeldung auch der Lernerfolg steigt (4. Schj., Rechtschreibtest6 und Lern-Transfer-Test). Allgemein zeigte sich, daß die Nachtestergebnisse umso besser ausfielen, je differenzierter die Rückmeldungen waren.

Wexley und Thornton (1972) überprüften in einem Psychologiekurs den Lernerfolg mit vier kleineren Tests und einer Abschlußprüfung. Bei der Hälfte der Aufgaben wiederholten LehrerInnen die Aufgaben und begründeten die richtigen Lösungen. Der Test am Ende setzte sich zur Hälfte aus rückgemeldeten und zur anderen aus nicht-rückgemeldeten Aufgaben zusammen. Wie sich zeigte, wurden die rückgemeldeten Items signifikant besser behalten als die anderen.

5.4.4.3 Differenziertheit des Beurteilungssystems

Viebahn (1977) legte ein Sammelreferat über die Bewährung der Beurteilung „bestanden/nicht bestanden" vor. Demnach erfüllt dieses einfache System die Rückmeldefunktion schlechter als ein differenziertes Beurteilungssystem.

Außerdem wird dadurch die Auslesefunktion der Bewertung eingeschränkt. Das hat zur Folge, daß Institutionen den Schulabgänger nach eigenen, mehr oder minder differenzierten und validen Kriterien beurteilen. Der Mehrzahl der Untersuchungen kann auch entnommen werden, daß diese Bewertung zu geringeren Leistungen führt. Begründet wird dies mit dem höheren Anreizwert differenzierter Beurteilungskategorien. Allerdings ist Befragungen zu entnehmen, daß diese globale Beurteilung zu einer Reduktion von Angst bei StudentInnen/SchülerInnen beiträgt. Eine Hauptfunktion dieses Bewertungssystems bestand darin, daß durch Abschaffung der Noten in bestimmten Kursen ein Freiraum für zusätzliche Studien geschaffen wird. Die Studenten neigten aber eher dazu den Einsatz in diesen Kursen auf das Nötigste zu beschränken und mehr für Kurse mit einer differenzierten Bewertung zu arbeiten.

5.4.5 Motivationale Aspekte von LehrerInnenkommentaren

Nach einer Schulaufgabe stehen LehrerInnen mehrere Möglichkeiten zur Verfügung, u.a.
- Note allein,
- Note mit Notenspiegel,
- Note mit Kommentar, u.zw. mit
    a) Fehlern und spezifischen Hinweisen, wie diese zu beseitigen sind (Übungsaufgaben), oder
    b) mit einem ermutigenden Kommentar.

Fittkau und Langer (1974) untersuchten die Bedeutung dieses letzteren Vorgehens. Auch sie gehen davon aus, daß effektives Lernen ohne eine angemessene Rückmeldung des Lernerfolges und der Lerndefizite erschwert wird. Ein Schüler / eine Schülerin, der (die) nicht erfährt, wo seine Defizite liegen, hat möglicherweise ein allgemein ungutes Gefühl hinsichtlich seiner Leistungsfähigkeit, kann aber nicht gezielt und selbstkontrolliert diese Defizite durch ein spezifisches Training ändern.

Zensuren haben, wie jeder kommunikative Akt, für SchülerInnen zwei Aspekte: einen Inhalts- und einen Beziehungsaspekt.

Inhaltlich soll die Zensur über die Güte der Leistung informieren. Unter dem zweiten Gesichtspunkt ist zu überlegen, wie SchülerInnen ihre erhaltene Zensur verstehen, wie ihre sozial-emotionale Beziehung zu LehrerInnen oder der Schule beeinflußt wird. Erfahrungen zeigen, daß Zensuren von den SchülerInnen oft als willkürliches Macht- und Disziplinierungsmittel angesehen werden und damit das Gegenteil einer sachgerechten (intrinsischen) Motivierung bewirken.

Zensuren werden zum primären Wertmaßstab für viele SchülerInnen: ein guter Schüler (eine gute Schülerin) wird von den LehrerInnen, Eltern etc. als „gute(r)" SchülerIn empor gelobt, SchülerInnen mit schlechten Noten werden als „schlechte SchülerInnen" abqualifiziert. Eine solche Kategorisierung durch die soziale Umwelt kann in hohem Ausmaß das Selbstbild bestimmen: „gute SchülerInnen" fühlen sich eher als „etwas Besseres", „schlechte SchülerInnen" fühlen sich eher minderwertig, selbstunsicher, unterlegen und müssen ihre Selbst-Bestätigungen und Erfolgserlebnisse anderweitig suchen, z.B. durch „störendes" Verhalten im Unterricht oder außerhalb der Schule.

Ein Grund, warum Zensuren oft entmutigend wirken, dürfte darin liegen, daß sie sich am Leistungsstandard der jeweiligen Bezugsgruppe (Schulklasse) orientieren und nicht am Leistungsvermögen des individuellen Schülers (der Schülerin). Ein Schüler (eine Schülerin), der (die) sich um Verbesserung bemüht und sich objektiv auch etwas verbessert, schafft häufig nicht eine Verbesserung um eine ganze Zensur. Er erhält dann als Rückmeldung für seine Bemühungen dieselbe unpersönliche Zensur wie vorher, was leicht resignative Empfindungen auslöst („Alle Mühe war umsonst!"). Eine schlechte Zensur in einer solchen Situation kann also erheblich motivationsbeeinträchtigend wirken. Die Folge davon sind oft erhöhte Schulunlust und Prüfungsangst, wodurch wiederum Leistungsfähigkeit und Leistungsbereitschaft eingeschränkt werden.

Deshalb ergibt sich die wichtige pädagogisch-psychologische Frage: *Wie können die schulangst- und schulunlusterzeugenden Wirkungen von Zensuren reduziert werden?*
Hypothetisch wurde von Fittkau und Langer (a.a.O.) vermutet, daß schriftliche Ermutigungen zu den Zensuren Prüfungsangst und Schulunlust vermindern und die Leistungen erhöhen könnten.

Zuerst wurden 100 Studenten gebeten, sich ermunternde Kommentare zu Klassenarbeiten einfallen zu lassen, u. zw. für 5 Bedingungen
a) Verbesserung der SchülerIn um zwei Zensuren im Vergleich zur letzten Arbeit,
b) Verbesserung der SchülerIn um eine Zensur im Vergleich zur letzten Arbeit,
c) gleichbleibende Zensur,
d) Verschlechterung um 1 Zensur,
e) Verschlechterung um 2 Zensuren.

Diese Vorschläge wurden danach beurteilt, inwieweit sie dazu geeignet waren, das Selbstvertrauen des Schülers (der Schülerin) zu erhöhen, sein (ihr) Interesse am Unterricht zu stärken, einen Ansporn, Leistungen zu erhöhen, enthielten und Schulangst reduzieren können. Beibehalten für die Untersuchung wurden die Kommentare, welche pro Kategorie höchste positive Einschätzung bekamen.

Beispiele:
a) „Über Deine Arbeit habe ich mich sehr gefreut. Versuche beim nächsten Mal ebenso konzentriert zu arbeiten." „Sieh mal an, welche Fähigkeiten in Dir stecken."
b) „Ich würde dir gerne einmal eine bessere Note geben. Ich weiß, du könntest es schaffen!" „Deine Beständigkeit ist sehr erfreulich. Versuche bitte einmal, Deine Noten zu verbessern."
c) „Leider konnte ich Dir wegen der Fehleranzahl nur diese Zensur geben. Ich hoffe aber, daß du die nächste Arbeit besser schreiben wirst." „Wenn auch diese Arbeit danebengegangen ist, so sind doch gute Ansätze vorhanden."

Elf LehrerInnen beteiligten sich an der Untersuchung (5./6. Schj.). Während einer 8-wöchigen Ermutigungsphase sollten sie einen jeweils passenden Satz unter die Klassenarbeit der SchülerIn schreiben. Die leistungsbesten SchülerInnen wurden nicht in die Untersuchung einbezogen. Von den anderen wurde ca. die Hälfte als Experimentalgruppe (mit Ermutigung) die andere als Kontrollgruppe verwendet. Vorgegeben wurde ein Fragebogen zur Erfassung von Prüfungsangst und Schulunlust. Als Leistungskriterium wurde das Mittel aus den drei letzten Klassenarbeiten verwendet.

Zu Beginn der Untersuchung unterschieden sich die beiden SchülerInnengruppen in diesen drei Kriterien nicht voneinander. Nach der Ermutigungsphase war bei der Kontrollgruppe ebenfalls kein signifikanter Unterschied festzustellen.
In der Experimentalgruppe aber
- nahm die Prüfungsangst bedeutsam ab,
- ebenso die Schulunlust,
- keine Unterschiede traten in den durchschnittlichen Zensuren auf. Allerdings hatte Page (1958) auch eine Verbesserung der Resultate zeigen können.

D.h. durch schriftliche Ermutigungen können zumindest kurzfristig einige motivationsmindernde Effekte von Zensuren kompensiert werden. Ermutigung ist nur ein Faktor, der bei der Zensurengebung zu bedenken ist. Zusätzlich sollten bei Klassenarbeiten die Bewertungskriterien transparent gemacht werden und mit den SchülerInnen diskutiert werden (von Fremd- zur Selbstrückmeldung). Wenn in der Schule Leistungsstreuungen auftreten, so kann durch die Methode der Anwendung schriftlicher Kommentare die selbstwert- und motivationsmindernde Wirkung schlechter Zensuren gemildert werden.

Übungsaufgaben

Als Beispiel für das Zusammenwirken von LehrerInnenverhalten und SchülerInnenleistung seien wieder Ergebnisse aus der schulsystemvergleichenden Untersuchung in Nordrhein-Westfalen genannt (vgl. Tab. 5.2). Die Schulleistungen wurden dabei mittels Tests gemessen, die Angaben über die LehrerInnen wurden aus SchülerInnenperspektive gemacht.
(1) Verbalisieren Sie die gefundenen Zusammenhänge!
(2) Aufgrund welcher Gegebenheiten könnten die unterschiedlichen Zusammenhänge zwischen Aspekten des LehrerInnenverhaltens und den Leistungen im Fach Mathematik bzw. Englisch interpretiert werden?
(3) Welche Aspekte des LehrerInnenverhaltens sind besonders wichtig, welche weniger bedeutend?

Tabelle 5.2: LehrerInnenverhalten als Schulleistungskorrelate aus einer schulsystemvergleichenden Untersuchung in Nordrhein-Westfalen, HauptschülerInnen bzw. SchülerInnen mit einer HS-Abschlußprognose in der 9. Klasse (Lukesch, 1979a, S. 286)

| | Leistungsergebnisse[1] | | |
	M	E-IEA	E-ET9
LehrerInnenverhalten aus SchülerInnensicht[2]			
Motivierungsbemühungen	-.12	.27	.21
Vertrauensgrad	-.11	.22	.17
Disziplin/Ordnungssinn	.11	.19	.13
Monitoring	.00	.05	.05
Individualisierungsmaßnahmen	-.06	.23	.18
Gezielte Lernhilfen	-.04	.22	.20
Beschäftigungsradius	.02	.21	.17
Voraussetzungsbezogene Anforderungen	-.02	.27	.24
Strukturiertheit	-.01	.21	.17
Positive SchülerInnenorientierung	-.09	.26	.23
Strenge	-.01	-.21	-.24
Unterstützung	.01	.15	.10

[1] M = Mathematik, E-IEA = IEA-Englischtest, EET9+ = Englischeinstufungstest für 9. und höhere Klassen
[2] Wegen der großen Stichprobe sind Korrelationskoeffizienten von r > .09 bereits signifikant und von r > .13 sehr signifikant.

6. LehrerInnenpersönlichkeit

Nicht erst seit der Neuentdeckung der Wichtigkeit personaler Faktoren für die Effizienz von Schulen (Rutter et al., 1980) werden eine Reihe von Forschungsfragen zu bearbeiten versucht, die um Ideal und Realität des Lehrberufes angesiedelt sind. So kann man z.B. fragen, wie LehrerInnen wirklich sind (Müller-Fohrbrodt, 1973) und wie sie sein sollten. Daran schließt die Frage, wie erwünschte LehrerInnenmerkmale (Qualifikationen) hergestellt werden können bzw. ob man - wenn dies nur unzureichend als möglich erscheint - durch eine geeignete frühzeitige Auswahl eine Optimierung von LehrerInnen erreichen kann.

Der LehrerInnenberuf kann aber auch noch in anderer Hinsicht empirisch analysiert werden. Es ist z.B. zu fragen, wie es mit der Arbeitszeit von LehrerInnen bestellt ist, welche Belastungen für den Lehrberuf typisch sind, wie diese im Laufe des Berufslebens verarbeitet werden oder ob sich nicht bewältigbare Belastungen ergeben (Burn-out im LehrerInnenberuf). Alle diese Gegebenheiten wirken möglicherweise wieder auf die SchülerInnen zurück, sind also für die Effektivität des Schulsystems eine wichtige Rahmenbedingung.

Ein Teil dieser Fragen soll im folgenden näher ausgeführt werden.

6.1 Historische Vorbemerkung zum LehrerInnenberuf

Betrachtet man die Ausbildung zum Lehrberuf seit Einführung der Schulpflicht (in Preußen unter Friedrich I: 1763, in Österreich unter Maria Theresia: 1774), so wird ein geradezu unglaublicher Fortschritt in Richtung Qualifizierung und Professionalisierung dieses Berufes deutlich. Noch zu Beginn des 19. Jahrhunderts konnte es vorkommen, daß LehrerInnen Kinder unterrichteten, die selbst des Schreibens, Lesens und Rechnens nur ansatzweise kundig waren.

Zur Illustration der eher tristen Situation sei aus einer heimatkundlichen Dokumentation über Wolfsegg, einem kleinen Dorf in der Oberpfalz, berichtet. Die Kinder mußten in den etwa 5 km entfernte Nachbarort Duggendorf in die Schule gehen, dort war eine Art Schichtunterricht eingerichtet:

„Schlimm war es zur Winterzeit, wenn der Steg über die Naab oft ungangbar war und man die Kleinen öfters zu Hause ließ. Aus diesem Grunde amtierte für die Daheimgebliebenen in Wolfsegg ein sogenannter Winkelschulhalter. Es war damals (ca. 1800) der Sepp Stangl, der von Beruf Musikant war. Über ihn war in Berichten des geistlichen Schulinspektors zu lesen: 'Hat selber nit lesen und schreiben können.' ... Besserung brachte erst die Errichtung einer Schulstelle in der Burg

Wolfsegg. Im Jahre 1834 wurde 'allergnädigst genehmigt, daß die bisherige Winkelschule im genannten Wolfsegg gänzlich aufhören solle'" (Motyka, 1978, S. 86).

Der Zugang zum Lehrberuf ist heute durch die Ablegung einer Ersten und Zweiten Staatsprüfung geregelt. Voraussetzung hierzu sind die allgemeine Hochschulreife und - neben dem Bestehen des Hochschulstudiums - die Ableistung eines Vorbereitungsdienstes. In Bayern werden folgende Leistungen durch die LPO I vorgeschrieben:

1. erziehungswissenschaftliches Studium (mit den Fächern Allgemeine Pädagogik, Schulpädagogik und Psychologie),
2. fachwissenschaftliche und/oder künstlerische Studien,
3. fachdidaktische Studien,
4. Schulpraktika (studienbegleitendes Praktikum und Blockpraktikum).

Laut LPO I, Satz 2 dient die Erste Staatsprüfung „der Feststellung, ob der Bewerber ... für die Einstellung in den Vorbereitungsdienst für ein Lehramt an öffentlichen Schulen fachlich geeignet ist."

Diese Regelung geht davon aus, daß über die Ableistung der vorgeschriebenen Studien die notwendig erachtete Qualifikation für ein Lehramt erworben werden kann. Eine Eignungsprüfung in dem Sinn, daß bereits vor Aufnahme des Studiums diejenigen von der Ausbildung auszuschliessen, die voraussichtlich für den Lehrberuf nicht geeignet sind, wird im allgemeinen nicht verlangt. Ausnahmen sind künstlerische/musische Studienrichtungen sowie das Fach Sport.

Gegenstand der Prüfungen sind *Fachkenntnisse*, die aber mit einer wie auch immer gearteten Berufseignung nicht identisch sein müssen. Deshalb gab es immer wieder kritische Stimmen zu dieser Art von Ausbildung, wobei etwa eine spezifische Eignungsprüfung für Studienanfänger gefordert wurde, durch welche eine pädagogische Eignung festgestellt werden könnte.

So schreibt Brezinka (1986, S. 189): „Die moralischen Forderungen, die in der pädagogischen Berufsethik an einen Menschen gestellt werden, der den Lehrerberuf wählt, sind in der Praxis wenig beachtet worden; ja, sie erscheinen vielen heutigen Lehramtsstudenten und Lehrern vermutlich sogar weltfremd. Ich nenne nur die zwei wichtigsten: 'Den Lehrerberuf nur dann wählen, wenn man sich zur pädagogischen Arbeit berufen fühlt'; 'In der Lehrertätigkeit eine Form des persönlichen Dienstes an der Gesellschaft sehen'. Aus Untersuchungen über die Berufswahlmotive von Lehrern wissen wir, daß relativ häufig berufsfremde Motive den Ausschlag gegeben haben."

Weniger idealistisch heißt es bei Müller-Fohrbrodt (1973, S. 13): „Die Gesellschaft sollte dagegen alles Interesse daran haben, daß gerade die Fähigsten ihrer Mitglieder sich der Erziehung ihres Nachwuchses annehmen. Sie muß auf jeden

Fall verhindern, daß diesem Beruf eine negative Auslese zugeleitet wird oder daß sich in Ausübung des Berufs unkontrolliert negative Eigenschaften bei den Lehrern entwickeln."

Die Frage, ob man Studienbewerber von einem Studium ausschließen kann, wird immer dann ventiliert werden, wenn es ein Überangebot an Bewerbern im Vergleich zu den benötigten Absolventen einer Studienrichtung gibt. Genauso werden Eingangsqualifikationen dann heruntergefahren, wenn man einen Bedarf durch regulär ausgebildete LehrerInnen nicht mehr decken kann (zu denken ist beispielsweise an die durch den nordrhein-westfälischen Kultusminister Miekat veranlaßte Einstellung von Hausfrauen, die sog. „Miekätzchen", die ohne Ausbildung im Grundschulbereich eingesetzt wurden). Mitte bis Ende der 80er Jahre gab es aber einen LehrerInnenüberschuß, wobei selbst optimistische Prognosen (Klemm & Wegen, 1986) davon ausgingen, daß für lange Zeit keine befriedigende Einstellungssituation gegeben sein würde.

Die Idee einer Eignungsprüfung für Berufe, deren gesellschaftliche Bedeutung unumstritten ist, ist selbst nicht neu. Ohne den sachlichen Gehalt dieser Forderung verunglimpfen zu wollen, sei darauf verwiesen, daß solche Überlegungen in der NS-Zeit geäußert und auch in die Tat umgesetzt wurden. Damals wurde auch für Universitätsdozenten als Berufungskriterium die „charakterliche Eignung" festgelegt, die - wie man sich leicht denken kann, von parteinahen Gremien festgelegt und geprüft wurde, nämlich dem Amt Rosenberg, dem NS-Dozentenbund und schließlich dem Amt des Stellvertreters des Führers. Selbst damals war die Inpflichtnahme für parteipolitische Zwecke nicht auf den ersten Blick ersichtlich. So hieß es etwa in der Diplomprüfungsordnung für Psychologen relativ neutral (Geuter, 1984, S. 341), die Prüfung solle die Gewißheit geben, „daß der Bewerber die Anforderungen erfüllt, die sein späterer Beruf im Hinblick auf menschliche Werte, Verantwortungsbewußtsein und Einsatzbereitschaft gegenüber dem Staate und der völkischen Gemeinschaft stellt".

Nach dem 2. Weltkrieg wurden zumindest teilweise Eignungsprüfungen für den VolksschullehrerInnenberuf praktiziert, allerdings hier wieder nicht primär aus sachlichen Überlegungen motiviert, sondern durch eher äußere Gegebenheiten: Die Zahl der Studienbewerber übersteige nämlich die Zahl der freien Studienplätze. Hilbig (1963, S. 20) berichtet, daß 1946 in Niedersachsen von 3000 Studienbewerbern nur 330 von den Pädagogischen Hochschulen des Landes aufgenommen werden konnten. Bei den durchgeführten Eignungsprüfungen ging man von der Vorstellung aus, nicht nur Wissen, sondern die Gesamtpersönlichkeit des Bewerbers bewerten zu müssen. Mit einem weitreichenden Prüfsystem wollte man folgende Bereiche abdecken:

1. Kenntnisse,
2. geistige Leistungsfähigkeit (Lücken- und Analogietests; eigentlich erfaßte man dabei Intelligenzaspekte),
3. Befähigung zu Musik, Zeichnen und Sport,
4. Exploration in der Gruppe (Erfassung von Persönlichkeit und sozialen Fähigkeiten),
5. praktische Bewährung (Unterrichtsentwurf anfertigen, Nachhilfestunde planen, Motive für Kinderlügen einschätzen, Probeunterricht abhalten),
6. Durchführung projektiver Persönlichkeitstests.

Eine systematische wissenschaftliche Überprüfung dieser Art von Eignungsauslese erfolgte damals nicht und die eventuell vielversprechenden Anfänge einer empirisch überprüften Eignungsauslese für den Lehrberuf (und auch für viele andere Berufsgruppen) wurden nicht weitergeführt. Vielmehr wurden aufgrund des gegebenen Bedarfs die Ausbildungskapazitäten erhöht, bis das Angebot an Studienplätzen mit der Nachfrage übereinstimmte.

6.2 Begründungen für die Eignungsauslese von zukünftigen LehrerInnen

Sichtet man die Argumente für eine Eignungsauslese von LehrerInnen, so kann man zumindest drei Begründungsbündel unterscheiden:

(1) Gesellschaftliche Gründe
In den meisten industrialisierten Ländern ist das Schulwesen staatlich organisiert, wobei z.T. auch auf kommunaler Ebene Auswahl- und Entscheidungskompetenzen liegen (z.B. entscheidet in der Schweiz die Bürgerschaft über die Einstellung von LehrerInnen, z.T. auch über HochschullehrerInnen, ähnlich auch in den USA). Die Professionalisierung des LehrerInnenberufs als Beamtenberuf (nicht als freischaffender Beruf, wie z.B. der des Mediziners, des Juristen oder des Psychologen) verpflichtet den Staat, eine bestmögliche Vorsorge für die Berufsausbildung, die Weiterbildung und die Auswahl von LehrerInnen zu treffen. Zu den Aufgaben einer staatlichen Schulpolitik gehört es auch, für die Chancengleichheit nachfolgender LehrerInnengenerationen zu sorgen (Fragen des Altersaufbaus der Schulkollegien). Eine überproportionale Einstellung (nur bedingt geeigneter) LehrerInnen bedeutet geringere Chancen für spätere LehramtsstudentInnen.

(2) Bedeutung für SchülerInnen

Ein Lehrer (eine Lehrerin) unterrichtet während seiner (ihrer) Dienstzeit zwischen 400 (Grundschule) und etwa 3000 SchülerInnen (Gymnasium). Diese langen Einwirkungsmöglichkeiten können zu unerwünschten Effekten führen. „'Pädagogische Stümper' unter den Lehrern richten oft unermeßlichen Schaden an. So manches Kind wurde und wird in der Schule nicht zureichend gefördert, in seiner Entwicklung durch einen unfähigen, ungeeigneten Lehrer beeinträchtigt oder gar schwer gestört" (Hilbig, 1963, S. 17).

Solche Diskussionen im Sinne des Wohls des Kindes werden auch von Elternseite in die Schule getragen. Gerade die an dem schulischen Fortkommen ihrer Kinder interessierte Eltern fragen, „wer unterrichtet eigentlich mein Kind?, Was passiert, wenn mein Kind einen schlechten Lehrer (eine schlechte Lehrerin) bekommt?" In Österreich wurde in einer Studie über zukünftige GymnasiallehrerInnen festgestellt, daß 25% als „leicht irritierbar" eingestuft werden. Darauf forderten Vertreter des Bundesschülerbeirates eine Selektion der Lehramtsstudenten vor Beginn des Studiums mittels eines Gespräches mit Psychologen. „Nur durch Eignungsgespräch und Tests (!) sei zu verhindern, daß völlig ungeeignete Menschen Lehrer werden" (Urban, 1984, S. 92).

(3) Bedeutung für die LehrerInnen

Der Lehrberuf stelle beträchtliche Anforderungen an LehrerInnen. Nur wer diesen gewachsen ist, sollte sich auf dieses Berufsfeld einlassen. Wie Untersuchungen über Erziehungsschwierigkeiten von SchülerInnen zeigen (Lukesch, 1983) klaffen Idealvorstellungen über SchülerInnenverhalten und die Berufsrealität weit auseinander. Zwar verhalten sich „Schwere" und „Häufigkeit" von Normverstößen der SchülerInnen zueinander invers (d.h. schwere Verstöße, wie z.B. „Fälschung von Unterschriften", kommen im Vergleich zu leichten, wie z.B. „LehrerInnen nachäffen", wesentlich seltener vor), dennoch treten auf LehrerInnenseite Überbeanspruchungsreaktionen immer wieder auf. Nach einer Studie des Saarländischen Kultusministeriums (Minister für Kultus, Bildung und Sport, 1977, S. 61) wurde festgestellt:

- 50% der LehrerInnen meinen, durch den Beruf so belastet zu sein, daß das Privatleben leidet;
- bei 53% der LehrerInnen beeinträchtigen anstrengende Schultage die Gesundheit (Kreislauf- und Bluthochdruckprobleme);
- 40% der LehrerInnen sind nach dem Unterricht in gereizter Stimmung;
- 35% geben an, daß ihnen Lärm von SchülerInnen körperliches Unbehagen bereitet.

Bereits in der Ausbildungszeit muß über diese Seiten der erwartbaren Berufsrealität aufgeklärt werden (Müller-Fohrbrodt et al., 1978). Erfahrungsberichte, die im Zusammenhang mit dem sog. „Praxisschock bei jungen LehrerInnen" festgehalten wurden, belegen diese Notwendigkeit. U.a. fielen folgende Äußerungen: „Jeden Morgen graut einem davor, in die Schule zu kommen. Man weiß nicht, was man machen soll und was einen erwartet. Am zweiten Tag hatte ich den Wunsch aufzuhören, und das Gefühl: 'Ich bin nicht geeignet!'"

Auch für LehrerInnen gilt, „ein Mensch kann sich in seinem Beruf nur dann zufrieden fühlen, wenn er dessen Anforderungen auf die Dauer gewachsen ist .. Andernfalls werden womöglich schwere persönliche Konflikte entstehen, die vielleicht sogar zu Krankheit führen" (Hilbig, 1963, S. 18).

Reale Berufsbelastung und eigene Kompetenzmängel führen zu einem weiteren Problem: Es wird ein einfacher Ausweg gesucht, z.B. die Problemlokalisierung im Schüler / in der Schülerin. Aus psychohygienischer Sicht ist eine solche LehrerInnenreaktion nachvollziehbar; diese Schuldzuweisungen und andere Methoden der Selbstentlastung machen es auch dem (der) psychisch instabilen und fachlich unsicheren Lehrer (Lehrerin) möglich, seinen (ihren) Beruf durchzustehen, eventuell auch Freude daran zu haben, aber die SchülerInnen müssen umso mehr leiden.

6.3 Empirische Befunde zur LehrerInnenpersönlichkeit und Berufseignung

Die gut begründbare Forderung nach einer Eignungsauslese für LehrerInnen, sei es im Sinne des Ausschlusses Nicht-Geeigneter (Mängelauslese) oder einer Selektion der Fähigsten (Bestenauslese) ist leichter zu erheben als empirisch-wissenschaftlich begründet einzulösen. Neben den allgemeinen Problemen einer entscheidungstheoretisch orientierten Diagnostik wurden von Müller-Fohrbrodt (1973, S. 13 f) zwei Fragenkomplexe erwähnt, deren Lösung als Vorbedingung für ein rationales Verfahren notwendig sind:

(1) Gibt es Merkmale des „typischen" Lehrers (der „typischen" Lehrerin)?
Gibt es für LehrerInnen (zumindest in der Mehrzahl) typische Persönlichkeits-
merkmale, durch die sie sich von anderen Bevölkerungsgruppen unterscheiden?
Wenn ja, welche sind dies und wodurch entstehen sie?

- Ergreifen etwa Personen mit diesen typischen Merkmalen den Lehrerberuf,
d.h. bringen die Anwärter für den Beruf diese Eigenschaften bereits mit?

Gerade die Aufzählung von Mängeln bei angehenden LehrerInnen scheint von
dieser Überzeugung getragen. So erwähnt Brezinka (1986, S. 190) Untersu-
chungsbefunde, die einseitig auf Schwachstellen hinweisen (z.B. LehrerInnen
„fügen sich in das Lehramt, weil ihnen nichts besseres übrig bleibt", „LehrerInnen
sind neurotischer als die Gesamtbevölkerung")

Nach Hilbers (1963, S. 24f) schließt die „Absicht 'Eignungsdispositionen' für
den ... Lehrberuf zu bezeichnen, ... die Annahme ein, daß die Befähigung nicht
ohne weiteres geschaffen werden kann, daß sie sich vielmehr weitgehend auf
nicht einfach Lern- und Lehrbares gründet und bereits vor Beginn eines Lehrer-
Studiums mehr oder weniger deutlich und ausgeprägt vorhanden ist."

- Oder: Entstehen diese Eigenschaften im Verlauf und durch die LehrerInnenausbildung? Daß die Ausbildung Sozialisationseffekte nach sich zieht, läßt sich
an dem Beispiel der sog. „Konstanzer Wanne" (Dann et al., 1978) demonstrieren.
Damit ist eine Abnahme restriktiver Einstellungen gegenüber SchülerInnen aufgrund der Hochschulausbildung gemeint, die aber nur temporär ist und sich durch
die Erfahrung der Berufsrealität in Richtung stärkerer Restriktivität als vor dem
Beginn des Studiums wieder ändert (Ähnliche Befunde in Richtung eines Ideali-
sierungsprozesses durch die Universität und eines Entidealisierungsprozesses
durch den Berufsalltag liegen auch für Mediziner und Juristen vor).

- Oder: Wird die typische LehrerInnenpersönlichkeit erst durch die langjährige
Berufserfahrung geprägt? Sind also für den Lehrberuf unerwünschte Eigenschaften Ergebnis einer „deformation professionelle"?

(2) Gibt es Merkmale des „guten" Lehrers (der „guten" Lehrerin)?
Diese Frage ist z.T. unter dem Stichwort der LehrerInneneffektivitätsforschung
behandelt worden (vgl. Kap. 5.2). Sie setzt eine genaue Vorstellung von dem, was
als „gut" bzw. als Erziehungserfolg bewertet wird, voraus. Gesteht man zu, daß
diese Idealvorstellungen wandelbar sind, so verkompliziert sich die Selektions-
problematik erneut. Allerdings ist auch zu hoffen, daß es für den Schulalltag
Konstanten gibt, die trotz tagesaktueller Änderungen erhalten bleiben.

Selbst wenn man weiß, welche LehrerInneneigenschaften als günstig zu bewerten sind, so schließen sich auch daran wieder mehrere Fragen, z.B. :

Kann man Personen mit günstigen/ungünstigen Merkmalen schon zum Zeitpunkt der Berufswahl oder während der Ausbildungsphasen erkennen?

Soll man die Geeigneten auswählen oder kann man auch die weniger Geeigneten in die gewünschte Richtung beeinflussen (Selektions- vs. Modifikationsstrategie)?

Wie kann man auf weniger günstige Merkmale reagieren, die sich erst während der Berufstätigkeit einstellen? Wie sind hier die berufsrechtlichen Rahmenbedingungen zu berücksichtigen?

6.3.1 Empirische Befunde zur LehrerInnenpersönlichkeit

Zusammenfassende Darstellungen liegen von Müller-Fohrbrodt (1973) und Dietrich et al. (1983) vor.

(1) Intelligenz

„Man unterstellt Lehrern mitunter, eine begabungsmäßige Negativauslese zu sein, da ihr Studium auch für solche Personen attraktiv sein soll, die sich aus gegebenem Grund ein 'richtiges' Hochschulstudium nicht zutrauen, aber trotzdem eine berufliche Existenz im Randbereich des eigentlichen Akademikertums anstreben. Durch das vorliegende empirische Faktenmaterial wird diese Auffassung eher widerlegt" (Dietrich et al., 1983, S. 31).

Eine zusammenfassende Darstellung der für den deutschen Sprachraum vorliegenden Ergebnisse bringt für verschiedene LehrerInnenstichproben eher positive Ergebnisse, denn die Mittleren IQs liegen zwischen 106 und 118. Eher selten liegen sie unter den Durchschnittswerten anderer akademischer Gruppen, wobei Schwerpunkte (z.B. hinsichtlich sprachlich-begrifflicher Fähigkeiten) vereinzelt vorhanden sind (a.a.O., S. 30). Die berichteten Mittelwerte machen aber auch deutlich, daß ein Teil der LehrerInnenschaft hinsichtlich dieses Merkmals im Durchschnittsbereich der Bevölkerung anzusiedeln ist.

„Das Stereotyp des weniger begabten Lehrers hat also seine Wurzeln weniger in erwiesenen Sachverhalten als in jenem merkwürdigen, gesellschaftlich begründeten Interesse, den Status und das Sozialprestige des Lehrerstandes in Grenzen zu halten" (a.a.O.). Das heißt allerdings nicht, daß Intelligenz für den „guten Lehrer" (die „gute Lehrerin") nicht von Bedeutung sei, ganz im Gegenteil, im Einzelfall kommt es auf die individuelle Merkmalsausprägung und -konfiguration an.

(2) Neurotizismus und Ichschwäche

Die Zusammenstellung von Müller-Fohrbrodt (1973) belegt, daß in sechs von acht Untersuchungen LehrerInnen nicht als besonders auffällig gelten können, in zwei Studien liegen sie jedoch höher als entsprechende Vergleichsgruppen (PH-StudentInnen vs. andere StudentInnen, VolksschullehrerInnen vs. Populationswerte). Allerdings sind Neurotizismus und Ichschwäche bei PH-Studenten noch nicht auffällig, erst mit dem Eintritt in den Vorbereitungsdienst ergeben sich Abweichungen (a.a.O., S. 89f).

Wenn man auch nicht davon ausgehen kann, daß LehrerInnen zu den Berufsgruppen mit auffälligen neurotischen Störungen gehören, so läßt sich aus den Ergebnissen auch nicht auf eine besonders stabile Persönlichkeitsstruktur schließen.

(3) LehrerInnenängste

Ängste zu entwickeln ist kein Privileg von SchülerInnen. Auch für LehrerInnen kann der Schulalltag Momente der Bedrohung enthalten, die für den Betroffenen subjektiv unangenehm und auch mit Konsequenzen für die anderen Interaktionspartner (sprich SchülerIn) verbunden sind. Diese Thematik wird zwar seltener, aber doch immer wieder in der pädagogisch-psychologischen Forschung angesprochen (Brück, 1978).

Weidenmann (1978) hat folgende Bedrohungen aus den verschiedenen Tätigkeitsbereichen eines Lehrers (einer Lehrerin) herausgearbeitet:

Tätigkeitsbereich Qualifikation: Ängste aus der Dimension „LehrerIn als Experte(in)" für die Vermittlung lehrplanbezogener Qualifikationen;
Tätigkeitsbereich Selektion: Ängste aus der „Richterfunktion", d.h. der Aufgabe des Be- und Verurteilens;
Tätigkeitsbereich Integration: Ängste aus der Funktion des Leitens, Führens und der Überprüfung des Einhaltens von Regeln;
Tätigkeitsbereich Kontakt: Ängste aus der Dimension „LehrerIn als PartnerIn" und aus zwischenmenschlichen Beziehungen.

In diesen Ängsten wird jedoch keine Krankheit, sondern eher eine Schutzfunktion innerhalb eines gefahrenträchtigen Aufgabengebietes gesehen. „Angesichts der Anforderungsstruktur und Arbeitsbedingungen, denen ein Lehrer ausgesetzt ist, kann der angstfreie Lehrer nicht als idealer Vertreter seines Berufes gelten. Angstfrei kann ein Lehrer nur sein, wenn er die objektive Bedrohung, Ungewißheit und Hilflosigkeit in zentralen Bereichen seiner Tätigkeit subjektiv nicht adäquat wahrnimmt" (Weidenmann, 1978, S. 12).

Eine etwas andere Klassifikation von LehrerInnenängsten wurde von Winkel (1979) erarbeitet. Er unterscheidet folgende Aspekte:

(1) *Versagensangst:* Angst, den Stoff nicht genügend zu beherrschen, Fehler zu machen, mit Erziehungsschwierigkeiten nicht fertig zu werden.

(2) *Konfliktangst:* Angst, etwas tun zu müssen, von dem man nicht überzeugt ist, oder sich ducken zu müssen, obwohl man sich wehren will.

(3) *Herrschaftsangst:* Angst vor der Macht von Vorgesetzten oder von Eltern.

(4) *Personenangst:* Angst vor bestimmten Personen, z.B. dem Schulleiter, dem Schulrat, den Kollegen, bestimmten SchülerInnen.

(5) *Unbewußte Angst:* Angst vor der eigenen Emotionalität und Triebhaftigkeit, vor Minderwertigkeitsgefühlen, vor verdrängten aggressiven und sexuellen Impulsen.

(6) *Strafangst:* z.B. Repressalien, Sticheleien, Ungerechtigkeiten, Schikanen.

(7) *Neurotische Angst:* Angst vor der Angst, die man in bestimmten Situationen auf sich zukommen sieht.

(8) *Existenzangst:* Angst, aus welchen Gründen auch immer, den Beruf aufgegen zu müssen.

(9) *Trennungsangst:* Angst, z.B. von Kollegen oder von der Berufswissenschaft im Stich gelassen zu werden.

Mit diesem Raster hat Peez (1983) eine empirische Erhebung durchgeführt, an der sich 152 LehrerInnen aus Grund-, Haupt- und Sonderschulen, Lehramtsanwärter, Rektoren und Konrektoren beteiligten. Nach der Häufigkeit der angegebenen Ängste kam folgendes Ergebnis zustande (% häufig und sehr häufig):

52,6%	Versagensangst,
51,0%	Konfliktangst,
41,1%	Herrschaftsangst,
40,0%	Personenangst,
31,1%	Unbewußte Angst,
26,5%	Strafangst,
24,8%	Neurotische Angst,
21,8%	Existenzangst,
15,7%	Trennungsangst.

Weitere Details der Untersuchung beziehen sich darauf, daß
- Lehrerinnen mehr unter Versagensängsten leiden und Lehrer unter neurotischer Angst,
- Lehramtsanwärter in fast allen Bereichen höhere Werte aufweisen,
- das Dienstalter z.T. kurvilineare Effekte zeitigt.

Als Pendant zu der LehrerInnenuntersuchung führte Peez (1983) auch noch eine Befragung an 411 BerufsschülerInnen durch. Dabei sollten diese ein Erlebnis beschreiben, bei dem sie LehrerInnenangst beobachten konnten und ferner mußten sie mit einem Polaritätenprofil den betroffenen Lehrer (die Lehrerin) beschreiben, wobei unterschieden wurde zwischen LehrerInnen, die nur einmal und die öfters Angstprobleme im Schulalltag erleben mußten.

Ein Ergebnis aus dieser Untersuchung war, daß LehrerInnen mit häufigen Angstsituationen von den SchülerInnen deutlich anders wahrgenommen werden als solche mit wenigen Angstsituationen. Die Unterschiede bezogen sich auf eine negativere Eigenschaftsbewertung ängstlicher LehrerInnen hinsichtlich der Merkmale

- unsicher,
- unbeliebt,
- abweisend,
- verschlossen,
- ungerecht,
- unaufrichtig,
- unfreundlich,
- ungeduldig,
- mißtrauisch,
- entmutigend,
- gekünstelt,
- verständnislos.

Als Inhalt der Angstsituation waren folgende Konstellationen gegeben:
- Angst vor einem oder mehreren SchülerInnen (45,3%),
- Aspekte der LehrerInnenrolle, wie z.B. Überforderung, Blamage, Respektverlust (21,8%),
- Angst vor dritten Personen, Prüfungsgremien, Vorgesetzte, Eltern (15,6%),
- Angst vor Unterrichtsstörungen (8,4%) und vor
- Maßregelungen (Disziplinaranzeigen etc., 5%).

Folgen der Angstsituation war auf SchülerInnenseite Meiden oder neue Herausforderung, auf LehrerInnenseite war eher Beleidigung und strafendes Verhalten beobachtet worden. Positive Konsequenzen (wie gegenseitiges Aussprechen: 9%) waren selten.

Aus der Darstellung folgt, daß das LehrerInnendasein nicht angstfrei ist. Eine entsprechende Vorbereitung auf diese Seite des Berufs scheint sinnvoll (Konflikttraining und Erhöhung der Konfliktfähigkeit). Während der Zeit der Berufsausübung ist - wie auch in anderen Berufsgruppen (z.B. Ärzte, Psychologen, Juristen) - an die Möglichkeit von Balint-Gruppen zu denken, in denen diese Probleme angesprochen und bearbeitet werden. Solche Möglichkeiten bieten sich auch im Rahmen von LehrerInnenfortbildungsmaßnahmen.

(4) Autoritarismus und Dogmatismus
Gemeint sind mit diesen Begriffen ein bestimmter Denkstil und ein bestimmtes Einstellungsmuster, u.zw. das „unflexible gedankliche Rotieren in geschlossenen Systemen mit der Abwehrhaltung gegenüber diskrepanten Erkenntniselementen

oder ungelösten Problemen" (Dietrich, 1983, S. 40). Mit Autoritarismus ist zusätzlich eine Persönlichkeitsstruktur gemeint, die sich durch folgende Merkmale auszeichnet: „Konventionalismus, d.h. rigides Hängen an herkömmlichen Normen, Unterwürfigkeit gegenüber den idealisierten Führern der eigenen Gruppe, Aggression gegenüber Personen, die diese Werte nicht teilen, gegenüber individuelleren, subjektiveren, weichherzigeren Einstellungen, Aberglaube an Mystik und Schicksalhaftigkeit, Faszination durch Macht und Stärke, Rechtskonservatismus in Hinblick auf Einstellungen zu Geld, Eigentum und Besitz, Faschismus und Antidemokratismus im politischen und sozialen Einstellungsbereich" (a.a.O.).

Untersuchungen zum autoritären Syndrom zeigen, daß LehrerInnen in vier von sieben Fällen eher in diese Richtung neigen als andere Vergleichsgruppen. Die Befunde können aber auf keinen Fall dazu verwendet werden, in dem DurchschnittslehrerInnen den Typus der autoritären Persönlichkeit i.S. Adornos et al. (1968) zu sehen.

(5) Berufswahlmotive
Von Urban (1984) wurden bei 1637 Studienanfängern für die HauptschullehrerInnenausbildung in Österreich (= 94% aller StudienanfängerInnen) auch Berufswahlmotive erhoben (3 pro Person). Dabei ergaben sich folgende Aufteilungen:

1. Sichere Anstellung
2. Wunsch der Eltern
3. viel Freizeit
4. Fachinteresse
5. Liebe zu Kindern
6. Geschick mit Kindern
7. Führerrolle
8. ungewiß
9. andere Motive

Wenn man die Motive 1 bis 4 zu nicht-pädagogischen und die Motive 5 bis 7 zu pädagogischen Motiven zusammenfaßt, so ergibt sich, daß für etwa jeden 2. beginnenden Lehramtsstudenten nicht-pädagogische Motive für die Berufswahl wesentlich sind, wobei dies bei den Studenten stärker zum Ausdruck kommt als bei den Studentinnen.

6.3.2 Berufsbewährung von LehrerInnen

Eine der ersten empirischen Untersuchungen im deutschen Sprachraum über die Vorhersage der Eignung zum Lehrer (zur Lehrerin) stammt von Hilbig (1963). Er kommt zu folgenden Ergebnissen:

- Es bestehen deutliche Unterschiede in den Praktikumsnoten (während der Ausbildung) zwischen LehrerInnen, die in der 2. Lehramtsprüfung mit „sehr gut" (N=34) bzw. „knapp bestanden" haben (N=26). Von den mit „sehr gut" bestandenen hatten im Praktikum 94.1% entweder eine Eins oder eine Zwei und 5.9% eine Drei, von den knapp bestandenen hatten 3.8% eine Zwei, 46.2 eine Drei und 53.9% eine vier in den Praktikas.

- Die Beurteilung in der schulpraktischen Leistung ist (bei N=648 Studierenden der PH Braunschweig) relativ konstant: 84% wiesen bei drei Praktikas Notenunterschiede von einer Notenstufe auf, nur bei 16% traten größere Schwankungen auf.

- Besonders gut bewährte LehrerInnen (definiert über die Praktikumsleistungen und die 2. Lehramtsprüfungsnote) wiesen höhere IQs auf (vgl. Tab. 6.1).

Tabelle 6.1: Bewährung im Lehrberuf und IQ

Bewährung	N	aM	s	Range
		IQ		
besonders bewährt	27	124,7	5,1	115-135
bewährt	140	116,9	9,0	100-137
schlecht bewährt	17	115,6	10,4	102-141

Intelligenz scheint eine notwendige, aber keine hinreichende Bedingung für die Bewährung als LehrerIn zu sein, denn es gibt auch eine Reihe sehr intelligenter Pbn, die sich im Lehrberuf nicht besonders auszeichneten. Intelligenz und kognitive Differenziertheit scheinen allgemein Merkmale zu sein, die mit erfolgreichem Unterrichtsverhalten in Verbindung stehen, u.zw. ergeben sich nach Dietrich (1983, S. 32f) Beziehungen zu

- reflektiertem Unterrichtsverhalten,
- verständnisvollem, organiserten und anregendem LehrerInnenverhalten,
- zweckgerichtetem, produktiven SchülerInnenverhalten,
- positivem Klassenklima,
- Aneignung neuer Unterrichtsmethoden und Lernmodelle,
- Anregung zu komplexerem Denken bei SchülerInnen.
- Besonders gut bewährte LehrerInnen (N=30) unterschieden sich von den schlecht bewährten (N = 26) im MMQ hinsichtlich Neurotizismus ($aM_1 = 8,30$, $s_1 = 4,69$; $aM_2 = 12,54$, $s_2 = 6,67$) und dem Lügenwert.

Urban (1984) kommt im Rahmen seiner vielschichtigen Analyse über die Vorhersagbarkeit verschiedener Berufserfolgkriterien für LehrerInnen zu einer positiven Feststellung: Die spätere Bewährung ist kein Zufall, sondern aus Intelligenzdaten, Persönlichkeitsmerkmalen, Erziehungseinstellungen, Attribuierungsgewohnheiten, dem Arbeitsverhalten während des Studiums und soziodemographischen Faktoren vorhersagbar. Einen besonders hohen Wert nimmt das Arbeitsverhalten (Arbeits- und Studiergewohnheiten, Zufriedenheit mit dem Studium) und die Einbettung in das Lernumfeld der Ausbildungsinstitution (soziale Intergration, Mißerfolgsängstlichkeit) ein.

6.3.3 Konsequenzen und Handlungsmöglichkeiten

(1) Die Berufseignung von LehrerInnen ist bislang unzureichend untersucht worden. Eine entscheidungstheoretisch begründete Selektions- oder Modifikationsstrategie liegt noch in weiter Ferne. Kriterien, die zumindest korrelativ mit späterem Berufserfolg in Verbindung stehen, sind aber vorhanden (z.B. Praktikumsnoten, Selbstbeurteilung hinsichtlich Arbeitsverhalten und vermuteter Berufszufriedenheit). Gleichzeitig ist davor zu warnen, unter Verwendung eines inhaltlich vagen Begriffes der „charakterlichen Eignung" Selektionskriterien für den Schulbereich zu definieren, die für einen Mißbrauch offen sind.

(2) Unter den gegebenen Ausbildungsbedingungen für LehramtsstudentInnen (z.B. freie Studienfachwahl, Prüfungsschwerpunkte auf kognitiven Leistungen, geringe Bereitschaft der BetreuungslehrerInnen zu einer differenzierten Beurteilung) steht nur die Möglichkeit für eine freiwillige Beratung (und Vorschläge für eine selbstgewählte Modifikationsstrategie) offen. Dies könnte verbunden werden mit einer freiwilligen Eignungsprüfung, der aber wenig Konsequenz zugeschrieben werden kann. Für diese Beratung ist frühzeitig das Sammeln realer Erfahrungen im Umgang mit SchülerInnen notwendig (d.h. Praktikas möglichst am Studienanfang plazieren, damit auch noch ein Studienwechsel ohne zu große Verluste durchführbar ist).

(3) Während der Ausbildung ist auch auf die spätere Berufsrealität hinzuweisen (Wilcke, 1976). Dabei sind der rechtzeitige Abbau falscher Vorstellungen über den LehrerInnenberuf anzustreben und die persönlichen Folgekosten bei einer falschen Berufswahl aufzuzeigen. Insbesondere scheint es wichtig, über die eigene emotionale Belastbarkeit Aufschluß zu erhalten und diese auf die Belastung durch den zukünftigen Beruf zu beziehen; soziale Kontaktfähigkeit muß als günstige Berufsvorbedingung vorhanden sein; schließlich ist auch auf die Wichtigkeit von Sprech- und Sprachkompetenz im LehrerInnenberuf hinzuweisen.

(4) Die zweite Phase der LehrerInnenausbildung sollte sehr praxisnah gestaltet werden, damit der sog. „Praxisschock" (Müller-Fohrbrodt et al., 1978) bei JunglehrerInnen nicht auftritt. Empirisch festgestellt wurde, daß JunglehrerInnen in der Referendariatsausbildung nach ihrem eigenen Urteil nur unzureichend auf den Beruf vorbereitet werden. Nach French (1976) sind 40% aller Referendare durch das Seminar nicht auf Hospitationen vorbereitet. Nur 25% der Referendare bekamen vom Seminarleiter und nur 20% durch den / die unterrichtenden LehrerInnen in der Schule differenzierte Rückmeldungen. Nach Krause (1977) berichten nur 27% der Grund-, Haupt- und RealschullehrerInnen von gemeinsamen Stundenvorbereitungen mit ihrem Mentor, aber immerhin 76% der GymnasialreferendarInnen.

7. Spezialfragen der Pädagogischen Psychologie

7.1 Moral, Moralentwicklung und Moralförderung

7.1.1 Moral, Wert, Norm, Sitte, Sittlichkeit und Ethik

Etymologisch leitet sich Moral von „mos", d.h. Sitte, Brauch, Gewohnheit her (gleiche Wortwurzel wie Ethik, die von ethos, d.h. ebenfalls Sitte, abgeleitet wird). Die „Kernfrage der Moral ist die nach 'gut' und 'böse', nach 'richtig' und 'falsch'" (Heidbrink, 1992, S. 17). Mit „Moral" wird die Gesamtheit aller sittlichen Anschauungen, Werturteile und Normen bezeichnet, von denen sich die Menschen in ihrem praktisch-sittlichen Verhalten leiten lassen (Klaus & Buhr, 1970, S. 745). Diese Festsetzung wirft allerdings die Frage auf, ob Moral über das Verhalten definiert werden soll bzw. ob Moral nur eine psychologische Größe ist, wobei „im allgemeinen Sprachgebrauch ... die Übereinstimmung individuellen Verhaltens mit Regeln oder Normen, die das soziale Zusammenleben betreffen, ... als Moral bezeichnet (wird)" (zur Oeveste, 1982, S. 63).

Das moralische Verhalten betrifft die *individuelle Moral*, während das moralische Normensystem die *gesellschaftliche Seite* der Moral verkörpert (Heidbrink, 1992, S. 5). Zur individuellen Moral gehört auch das moralische Bewußtsein. In diesem Sinn definieren Müller und Halder (1984, S. 176) Moral als „Sittlichkeit im Sinne der vom allgemeinen Bewußtsein für das Zusammenleben einer konkreten Gemeinschaft als unabdingbar angesehenen Regeln und die subjektive Bereitschaft, sich diesen Regeln zu fügen".

Ethik ist die Philosophie der Moral, d.h. das Ergebnis systematischen Nachdenkens über Werte, Normen, Sitte und Moral. Es wird dabei auf methodisch-rationalem Weg versucht, ohne letzte Berufung auf religiöse oder politische Autoritäten allgemeingültige Aussagen über das Gute (d.h. die moralischen Werte) und allgemeine Normen über das richtige (d.h. das gerechte) Handeln zu formulieren und zu begründen.

Nach Klaus und Buhr (1970, S. 746) kann wie folgt zwischen Moral und Ethik unterschieden werden: Moral sei das mannigfache, widersprüchliche, sich ständig wandelnde, individuell und subjektiv bestimmte praktisch-sittliche Verhalten, unter Ethik hingegen verstehe man „die Sittlichkeit, das eine, unveränderliche, für alle Zeiten und Menschen gültige Sittengesetz. Ethik bedeute das Ziel, Moral den

Weg" (vgl. hierzu das Diktum von Nicolai Hartmann von der „Vielheit der Moralen" und der „Einheit der Ethik").

Mit *Sitte* werden die in einer sozialen Gemeinschaft vorhandenen Verhaltensmuster verstanden, deren Berücksichtigung nicht rechtlich zwingend vorgeschrieben ist, die aber über Brauch und Gewohnheit hinausgehen und deren Befolgung als Verpflichtung erlebt wird bzw. deren Nichtbeachtung als anstößig gilt.

Als *Wert* wird alles bezeichnet, was in objektiver oder subjekjtiver Sichtweise dem Menschen zur Befriedigung seiner Grund- und Überlebensbedürfnisse dient. Werte sind demnach Vorstellungen von dem, was als erwünscht gilt. Werte beziehen sich auf mannigfaltige Wertbereiche (z.B. Gesundheit, Nützlichkeit, Schönheit, Wahrheit), nur eine Untermenge davon ist moralrelevant (z.B. Wert von Ehrlichkeit, Humanität, Ehre etc.).

Mit *Wertung* wird ein psychischer Vorgang bezeichnet, mit dem einem Gegenstand, Ereignis oder Sachverhalt ein Wert zugeschrieben wird. Ein *Werturteil* ist der sprachliche Ausdruck einer Wertung, d.h. hierbei wird eine positive oder negative Wertung eines Sachverhaltes in bezug auf einen Wertbereich ausgedrückt.

Normen sind in einem moralrelevanten Kontext Verhaltensregeln oder Handlungsanweisungen, die eine Handlung als geboten, verboten, erlaubt etc. kennzeichnen. In sprachlicher Hinsicht besteht ein Normsatz aus einem sog. deontischen Operator (z.B. „Du sollst") und einem deskriptiven Inhalt. Wird von „Werten und Normen" gesprochen, so ist zu bedenken, daß Werturteile keine Sollensforderungen ausdrücken, Normen aber Werturteile über die Hochschätzung des inhaltlich Gesollten voraussetzen.

Über Fragen der Moral zerbrechen sich seit alters her Philosophen und Theologen den Kopf, seit dem vorigen Jhd. auch Sozialwissenschaftler, Psychologen und Pädagogen, aber jeweils mit anderer Perspektive. Nach Gil (1993, S. IX) ist der Unterschied wie folgt zu sehen: „Von der empirischen Beschreibung von faktischen Handlungsregulativen, Wertpräferenzen und Lebens- und Ethosformen muß man die ethische Reflexion trennen, die ... in dem Sinne normativ ist, daß sie für diese oder jene Norm ... argumentiert und vorhandene ... Normen und Lebensweisen mit der Absicht prüft, zwischen besseren und schlechteren zu unterscheiden."

(1) Die *Moralphilosophie oder Ethik* als Wissenschaft vom moralischen Handeln und Urteilen der Menschen beschäftigt sich überwiegend mit dem moralischen „Sollen". „Als wertende Disziplin spricht die Ethik im Imperativ, indem sie sich darüber äußert, wie gewisse Handlungen sich verhalten sollen, ohne Rücksicht darauf, wie sie sich tatsächlich verhalten" (Holm, 1960, S. 53).

(2) Die *Moralpsychologie* hat es mit dem moralischen „Sein" zu tun, wobei „die Psychologie versucht ... zu ergründen, wie und warum Menschen so handeln wie sie handeln. Die Philosophie versucht zu ergründen, wie die Menschen handeln sollen" (Heidbrink, 1992, S. 17). Man könnte auch sagen, die Moralpsychologie beschäftigte sich mit der subjektiven Seite der Moral, während sich die Moralphilosophie ihrer „objektiven" Seite zuwendet.

(3) In der *Moraltheologie* wird im Unterschied zur Ethik (welche normative Begründungen für moralisches Handeln ausschließlich auf den vernünftigen Willen des Menschen bezieht) der Bezug zu einer göttlichen Offenbarung als Erkenntnisquelle mit eingeschlossen. Die Moraltheologie ist demnach „jener Teil der Theologie, in dem die Normen des freien menschlichen Handelns im Lichte der Offenbarung erforscht werden" (Böckle, 1977, S. 5).

(4) Im Rahmen der *Moralpädagogik* wird versucht, moralisches Urteilen und Handeln durch erzieherische Handlungen zu vermitteln und zu fördern. Grundlage hierfür kann der Beitrag der Moralpsychologie sein (vgl. hierzu die Ausführungen über die technologische Sichtweise des Faches Pädagogische Psychologie, Kap. 1.1), da diese die Frage zu beantworten versucht, wie moralisches Urteilen und Handeln gelernt werden kann bzw. sich entwickelt und wie diese Entwicklung angeregt werden kann (Haubl et al., 1985, S. 53). So stellt z.B. das Konzept der „Just Community" den von Kohlberg initiierten Versuch dar, sein moralpsychologisches Stufenmodell in eine erzieherische Praxis umzusetzen.

Für pädagogisches Handeln ist aber nicht nur psychologisches Hintergrundwissen notwendig, sondern auch philosophisch begründete Zielvorstellungen sind für die Pädagogik unverzichtbar, „denn letztendlich entscheidet das Menschenbild, die normative Vorstellung, was und wie der Mensch sein soll, um ein guter Mensch zu sein, über die Lerninhalte und die Form ihrer Vermittlung" (Pieper, 1991, S. 124). Die Begründung dafür, daß z.B. die höheren Stufen der Moralentwicklung auch die ethisch „höherwertigeren" sind und deshalb durch erzieherische Maßnahmen anzustreben seien, kann nicht mehr innerhalb der Psychologie geleistet werden, sondern muß in einem moralphilosophischen Kontext begründet werden (Heidbrink, 1992, S. 145 f).

Eine solche Begründung findet Kohlberg (1987, S. 31) für sein Stufenmodell unter Berufung auf die kantianische Ethik, die durch folgende Merkmale gekennzeichnet ist:

(1) *Formalismus* (prinzipienorientierte Moral, deren Regeln universell, d.h. auf die ganze Menschheit anwendbar sind; z.B. der kategorische Imperativ);

(2) *Deontologie* (die moralischen Maximen soll nicht teleologisch, d.h. nach einer eventuell außermoralischen Folgenbewertung abgeleitet werden, sondern sich ausschließlich auf das ethische Sollen und das moralisch Gute beziehen);

(3) *Autonomie und Freiheit* (der Mensch unterliegt zwar einer kausalmechanischen Determiniertheit seiner Natur, er kann diese aber erkennen und aufgrund dieses Erkennens sich selbst bestimmen);

(4) *Rationalismus* (die Prinzipien moralischen Urteilens sind nicht durch ein „Wertfühlen" bestimmt, sondern Ergebnis einer rationalen ethischen Entscheidungsfindung).

7.1.2 Psychologische Konzepte von Moral

Zu Beginn dieses Jahrhunderts wurden Fragen der Moralität in der Sozialpsychologie behandelt. McDougall (1908) betonte, daß das grundlegende Problem der Sozialpsychologie die Festigung der Moral des Individuums durch die Gesellschaft sei. Als weitere wichtige Arbeiten können die Untersuchungen von Hartshorne und May (1928; Hartshorne, May & Maller, 1930) über den moralischen Charakter des Kindes und die von Piaget (1932) über die Entwicklung des moralischen Urteilens bei Kindern genannt werden. Nach fast 30 Jahren relativer Inaktivität auf diesem Bereich ist in den 50er Jahren durch Sears, Maccoby und Levon (1957) mit den Untersuchungen über Zusammenhänge zwischen elterlichen Erziehungsmustern und moralischen Lernvorgängen sowie zu Beginn der 60er Jahre durch die Arbeit von Kohlberg (1958) über die Entwicklung der moralischen Urteilsfähigkeit das Interesse an diesem Thema wieder wesentlich stimuliert worden. Die psychologischen Forschungstraditionen lassen sich nach Eckensberger (1982) nach mehreren Richtungen hin differenzieren, d.h. bei der Moralentwicklung unterscheidet man gewöhnlich drei Aspekte von Moral (Eckensberger, 1982; vgl. hierzu auch das Konzept der Einstellung von Rosenberg & Hovland, 1960, S. 3):

- Verhalten (Handlungs- oder konativer Aspekt),
- Gefühl (affektiver Aspekt) und
- Kognition (Urteilsaspekt).

Allen Anschauungen ist gemeinsam, daß die moralische Entwicklung als ein Prozeß zunehmender Internalisierung von kulturellen Regeln angesehen wird. Im Zuge dieses Prozesses handelt eine Person auch dann gemäß dieser Regeln, wenn keine Überwachung vorhanden ist und demgemäß keine Bestrafungen zu befürchten sind.

Die Gemeinsamkeiten und Unterschiede der verschiedenen Herangehensweisen zur psychologischen Untersuchung von Moral sind in Tabelle 7.1 dargestellt.

Tabelle 7.1: Psychologische Herangehensweisen an die Untersuchung von Moral nach Eckensberger (1982, S. 19)

Aspekt	Operationalisierung	Theorie	Gültigkeitsbereich	Entwicklungsmechanismus
Verhalten/ Handlung	Widerstand gegen Versuchung pro- und anti-soziales Verhalten	Lerntheorien	kulturell relativ	Verstärkungen Assoziationen
Gefühl/ Affekt	Schuld- und Schamgefühle	Tiefenpsychologie	kulturell relativ	Identifikation
Kognition	Begründung von moralisch relevanten Entscheidungen	kognitive Entwicklungstheorie	universell	Äquilibration

7.1.2.1. Psychoanalyse

Hier wird gefragt, wie der Prozeß beschaffen ist, „in dessen Verlauf aus einem biologisch bestimmten Organismus ein sozial handlungsfähiges Individuum entsteht, dem es gelingt, seine sexuellen, aggressiven und narzißtischen Wünsche in gesellschaftlich akzeptierter und persönlich befriedigender Weise zu erfüllen" (Haubl et al., 1985, S. 78). Moralische Regeln zielen auf einen Konfliktausgleich, indem sie gesellschaftliche Verzichtsleistungen mit individuellen Belohnungsversprechen koppeln. Dieser Lernprozeß wird als Internalisierung beschrieben: Die Regeln werden dem Kind von außen als notwendige Ansprüche angetragen, die es zu freiwilligen Ansprüchen an sich selber umgestalten soll. Als Grund für die Übernahme fungiert die Abhängigkeit des Kindes von den Eltern (anaklytische

Identifikation), die gerade in den ersten Lebensjahren von Trennungsangst durchsetzt ist. Das Mittel der Internalisierung stellen Identifizierungen dar. Diese führen zum Aufbau einer psychischen Struktur (vor allem Über-Ich). Das Über-Ich baut sich aus den Identifizierungen mittels der Bewertung der moralischen Autoritäten auf. Moral ist letztlich „ein Resultat der Über-Ich-Bildung und geht auf die heftigen Leidenschaften und überwältigenden Ängste zurück, die Teil des infantilen Trieblebens sind" (Brenner, 1989, S. 193).

In dieser *tiefenpsychologischen Sichtweise* werden moralische Regeln im Zuge der Überwindung der ödipalen Situation durch die Identifikation mit einem Elternteil übernommen. Das Über-Ich bildet sich als Gewissensinstanz aus, indem die bisher externen Strafinstanzen verinnerlicht werden. Die Betonung der Gefühlskomponente ergibt sich aus den Schuld-, Scham- und Angstgefühlen, die als Folge der Überschreitung introjizierter Gebote auftreten.

Die lern- und die tiefenpsychologische Sichtweise schließen sich vermutlich nicht aus. Wenn aus tiefenpsychologischer Sicht behauptet wird, das Kind verhalte sich aufgrund einer anaklytischen Identifikation mit der Mutter regelkonform, so kann man dies auch in der Sprache des instrumentellen Konditionierens so ausdrücken, daß der Liebesgewinn als Belohnung, der Liebesverlust als potentielle Bestrafung erlebt werden und allein deshalb Forderungen der Erzieher übernommen werden, auch wenn noch keinerlei Einsicht in Begründungszusammenhänge für Verhaltensweisen vorhanden sind. Während der Verbots- und Gebotsgehorsam vorerst an die Anwesenheit der Erwachsenen gebunden ist, wird - bei entsprechenden Gegebenheiten (Konsistenz des Verhaltens der Erzieher) - das Kind aufgrund von Generalisierungsprozessen auch einen Begriff von Gut und Böse erwerben. Tiefenpsychologisch wird dies als Interiorisation bezeichnet, d.h. das Kind hat sich (über den Mechanismus der anaklitischen Identifikation mit den Eltern) mit den Werten und Normen seiner Erzieher identifiziert, hat sie in sich „hineingenommen". Es weiß, ob es sich brav oder böse verhält, auch wenn es nicht nach diesem Wissen sich verhält. Es hat in reifizierender Sprechweise ein „Gewissen" (anders ausgedrückt: ein bestimmtes und autonom gewordenes Selbstbekräftigungssystem) entwickelt, das ihm quasi sagt, wann es etwas Falsches tut oder das ihm Stolz erleben läßt, wenn es sich regelkonform trotz anderer Möglichkeiten verhält.

7.1.2.2 Lerntheoretische Konzeptionen

Da in dem behavioristischen Konzept in seiner radikalen Form mentalistische Begriffe zugunsten von Verhaltenserklärungen abgelehnt werden, muß auch der

Begriff Moral umtransformiert werden. Dieser wird in Form von Selbstkontrolle operational gemacht (Haubl et al., 1985. S. 54).

Der Aufbau moralischer Verhaltensweisen wird durch allgemein gültige lerntheoretische Mechanismen erklärt (z.B. Verstärkungsformen, Nachahmungseffekte), wobei auch kognitive Zwischenprozesse (interne Bewertungen) miteinbezogen werden. Eine frühe Studie zu diesem Thema von Macauley und Watkins (1925/26) zeigte in dieser Tradition, daß Kinder ein Wertsystem aufbauen, indem sie soziale Konventionen (unterschiedlich nach sozialen Milieus und den darin vorkommenden Verstärkungsbedingungen) übernehmen.

Eine Erweiterung der Perspektive liegt in Form der sozial-kognitiven Lerntheorie von Bandura vor. Z.B. konnten Bandura und Mc Donald (1963) nachweisen, daß Kinder, die moralische Verhaltensweisen zuerst konsequenzenorientiert beurteilt hatten, durch Modellernen dazu übergingen, intentionenzentriert zu urteilen. Auch eine Umkehrung war möglich.

In dem *lerntheoretischen Kontext* wird moralisches Verhalten z.B. in Form der Resistenz gegenüber Versuchungen oder als prosoziales Verhalten (Helfen, Teilen, Ehrlichkeit) untersucht. Hartshorne und May (1928; Hartshorne, May & Maller, 1930) erfaßten Ehrlichkeit innerhalb einer Konstellation, in der Regelgehorsam in einer Situation zwar verlangt wurde, bei der aber ein geringes Entdeckungsrisiko Betrügen, Lügen und Stehlen dennoch ermöglichten (z.B. „Einbehalten" eines Geldscheines in verschiedenen Situationen). Diese situationsspezifischen Konstellationen erwiesen sich dabei als einflußreichere Bedingungen als angenommene Persönlichkeitszüge (i.S. von Ehrlichkeit). Diese Befunde standen in deutlichem Widerspruch zu den Alltagstheorien über Moralität, die von einer hohen Stabilität dieses Charakterzuges ausgingen.

7.1.2.3 Kognitivismus

Nach der *kognitiven Entwicklungstheorie* stehen moralische *Begründunge*n im Vordergrund. Diese Sichtweise der Moralentwicklung ist in der heutigen Diskussion dominant. Danach wird Moral nicht einfach als regelkonformes Handeln definiert (= soziale Anpassung), sondern als das Handeln, das aus unterschiedlichen moralischen Begründungen heraus erfolgt.

Aber auch für Piaget oder Kohlberg war es ein wichtiges Anliegen, den Zusammenhang zwischen moralischem Urteilen und moralischem Handeln zu untersuchen. Kohlberg und Candee (1984) nahmen dabei zwei Phasen des Urteilsprozesses an: ein deontisches Urteil und ein Verantwortlichkeitsurteil. Das erstere entspricht dem Bewußtsein der Prinzipien von Recht und Unrecht, das letztere der erlebten Verpflichtung, das als richtig Erkannte auch zu tun. Das jeweilige Verhalten hängt von der zugrundegelegten Urteilsform ab. Ein reifes moralisches Urteil ist nur „eine notwendige, jedoch keine hinreichende Bedingung reifen moralischen Handelns" (Kohlberg, 1987, S. 30). Die vorgefundene Tendenz, daß mit steigendem moralischen Urteilsniveau Urteil und Verhalten immer stärker zusammenfallen, ist Ausdruck der mit dem Erreichen höherer Moralstufen wachsenden Übereinstimmung zwischen deontischen Urteilen bezüglich Recht und Unrecht und der erlebten Selbstverantwortlichkeit (Blasi, 1980; Heidbrink, 1991). Da aber auch von den Personen des höchsten Niveaus des moralischen Urteilens in einer Studie (Kohlberg, 1987, S. 31) 15% betrogen, wenn sich die Gelegenheit dazu ergab (auf der konventionellen Stufe waren es 55% und auf dem präkonventionellen 70%), so sind zusätzliche persönliche und situative Faktoren einzubeziehen, die für die Übersetzung moralischen Denkens in moralisches Handeln wesentlich sind. Zudem scheinen bei der Ausbildung des moralischen Handelns soziale Faktoren von Bedeutung zu sein (Althof & Oser, 1985).

7.1.3 Konzepte kognitiver Moralentwicklung

Als ein moralpsychologischer Vorläufer kann John Dewey (1859 - 1952) angeführt werden (zit. n. Kohlberg, 1987, S. 25). Er postuliert (ohne entsprechende empirische entwicklungspsychologische Studien) drei Stufen der Moralentwicklung:

(1) das *prämoralische Niveau*, auf dem das Verhalten durch biologische und soziale Impulse gesteuert wird,

(2) das *konventionelle Niveau*, auf dem das Individuum die Maßstäbe seiner Gruppe in unkritischer Weise übernimmt und

(3) das *autonome Niveau*, auf dem kritische Bewertung und individuelle Reflexion, ob eine Zwecksetzung gut ist, hinzukommen.

7.1.3.1 Die Anschauung Piagets

Die klassischen entwicklungspsychologischen Beobachtungen führte der Schweizer Psychologe Jean Piaget (1896 - 1980) in den dreißiger Jahren durch (Piaget, 1932). Er beobachtete Kinder beim Regelspiel (z.B. Murmelspiel) und befragte sie, ob die Regeln gerecht sind oder ob sie etwa verändert werden dürfen. Aus seinen Interviews mit den fünf bis 13 Jahre alten Kindern entwickelt er ein aus drei Stadien bestehendes Modell.

(1) In der *prämoralischen Stufe* (Alter 0 - 3 Jahre) besitzen die Kinder noch kein Regelverständnis, auch noch keine Verpflichtung bezüglich der Einhaltung von Regeln.

(2) Im Stadium der *heteronomen Moral* (4 - 8 Jahre) formulieren äußere Instanzen (Eltern, Kirche, Staat) gültige Normen und sanktionieren Abweichungen von diesen Sollsetzungen (die Regeln haben schon immer bestanden, sie sind durch eine Autorität gesetzt, sei es der Vater oder der liebe Gott oder eine andere Autorität). „Moralisch gut" ist durch den buchstäblichen Gehorsam gegenüber den Regeln und der völligen Unterwerfung unter Macht und Strafe definiert, d.h. Pflicht wird heteronom verstanden und Regeln müssen wörtlich und nicht nach ihrem Sinn befolgt werden, Absichten spielen noch keine Rolle (Stufe des *einfachen moralischen Realismus*).

(3) Im Stadium der *autonomen Moral* (8 - 12 Jahre) verfügt die Person über die Fähigkeit, selbstgesetzte moralische Entscheidungen zu treffen. Ihr Moralverständnis basiert nicht mehr auf einem Respekt vor Autoritäten, sondern ist auf der gegenseitigen Achtung zwischen Personen gegründet (Reziprozität). In bezug auf das Regelspiel heißt dies, Regeln können gemeinsam verändert werden; sie sind nicht mehr ewig gültig und unveränderbar und sie sind nicht mehr von beliebigen Autoritäten gesetzt, sondern haben sich im Laufe von Kindergenerationen entwickelt.

Voraussetzung für diesen Übergang sind kognitive Entwicklungsschritte (Fähigkeit zur Perspektivenübernahme), aufgrund derer das Kind ein komplexeres Verständnis für die Funktion von Regeln, das Wesen der Gerechtigkeit und die Bedeutung von Handlungsabsichten erwirbt.

Die Unterschiede kann man an dem Beispiel der Bewertung des Stehlens illustrieren (Schenk-Danzinger, 1980, S. 243): Auf der Stufe des *einfachen moralischen Realismus* darf man nicht stehlen, weil man bestraft wird, würde man nicht bestraft, dürfte man stehlen, d.h. in dieser Phase der *heteronomen Moral* darf man nicht stehlen, weil dies eine Sünde ist, weil es die Eltern verboten haben etc. Auf der Stufe der *autonomen Moral* begründen die Kinder das Verbot des Stehlens damit, weil dann niemand mehr seines Eigentums sicher wäre, weil niemand mehr zu einem anderen Vertrauen haben könnte.

Die divergierende Berücksichtigung von Schadensausmaß und Handlungsintention bildet eine Grundlage für die Unterscheidung in heteronome und autonome Moral. Schwerpunkt der Betrachtung liegt weniger auf den moralischen Handlungen als auf den moralischen Absichten und dem ethischen Verstehen. Bekannt sind die folgenden Bewertungen bei Kindern im Stadium der heteronomen Moral (Schenk-Danzinger, 1985):

Ein Kind, das 15 Tassen zerbrochen hat, weil sie hinter einer Türe standen, die es rasch öffnete, ist schlimmer als ein Kind, das eine einzige Tasse zerbrochen hat, als es dabei war, aus dem Schrank Marmelade zu naschen.

Es ist schlimmer, einen Erwachsenen als ein Kind zu belügen, weil der Erwachsene die Lüge leichter durchschaut.

Der 8- bis 9jährige kann mit dem Begriff der Absicht umgehen. Wenn jetzt jemand absichtlich etwas anstellt, dann ist dies schlimmer, als wenn ein anderer dasselbe ohne Absicht macht. Ab diesem Verständnis ist es auch schlimmer, ein Kind als einen Erwachsenen zu belügen, weil Kinder leichter zu täuschen sind. Die 12jährigen wissen allerdings, daß man manchmal gezwungen ist, einen Erwachsenen anzuschwindeln, einen Kameraden zu belügen sei hingegen unanständig.

Durch die methodische Umorientierung (zuerst Beobachtungsstudien mit anschließender Befragung, dann Vorgabe von Geschichten mit moralrelevantem Inhalt und nachfolgende Befragung) ist auch ein Übergang zu den Untersuchungen zum moralischen Urteilen verbunden, der dann von Kohlberg (1958) systematisch weiterentwickelt wurde.

7.1.3.2 Das Stufenmodell Kohlbergs

Kohlberg (1958) griff diese Überlegungen auf und erweiterte sie. Aus Interviewdaten mit zehn- bis sechzehnjährigen Jungen zu sog. Dilemmageschichten entwickelte er sein sechsstufiges Modell der Entwicklung des moralischen Urteilens. Sein Hauptinteresse richtete sich auf die abgegebenen Urteile und die Argumentationsweisen seiner Probanden. Als Beispiel für eine Dilemmageschichte, die inzwischen in vielfältiger Form vorliegen, sei das sog. Heinz-Dilemma erwähnt:

Eine todkranke Frau litt an einer besonderen Krebsart. Es gab ein Medikament, das nach Ansicht der Ärzte ihr Leben hätte retten können, und zwar ein Radiumderivat, das ein Apotheker der Stadt kurz vorher entdeckt hatte. Das Medikament war teuer in der Herstellung; der Apotheker verlangte jedoch das Zehnfache seiner eigenen Kosten. Er kaufte das Radium für $ 200.-, verlangte aber für eine kleine Dosis $ 2000.-. Heinz, der Ehemann der kranken Frau, borgte von all seinen Bekannten, um die Summe zusammenzubringen, brachte es jedoch nur auf insgesamt $ 1000.-, die Hälfte also der tatsächlichen Kosten. Er sagte dem Apotheker, daß seine Frau sterben würde und bat ihn, den Preis zu reduzieren oder ihn die Differenz später zahlen zu lassen. Der Apotheker lehnte jedoch ab mit dem Nachsatz: „Ich habe das Medikament entdeckt und ich will Geld damit verdienen." Verzweifelt brach Heinz in die Apotheke ein und stahl das Medikament für seine Frau (Kohlberg, 1981).

Nach der Geschichte werden die Personen bezüglich ihrer moralischen Kognitionen befragt. Die Fragen beziehen sich auf Bereiche wie Rechte und Pflichten, Gehorsam gegenüber dem Gesetz oder Bestrafung bei Nicht-Beachtung eines Gesetzes, z.B.: „Hat Heinz stehlen dürfen?", „Was ist schlimmer: ein Diebstahl oder der Tod?", „Ist auch der Diebstahl zugunsten Fremder erlaubt?"

Anhand erhaltenen der Argumentationen meint Kohlberg, drei Niveaus und sechs verschiedene Stufen der Moralentwicklung unterscheiden zu können (vgl. Tab. 7.2).

Tabelle 7.2: Stufen der Moralentwicklung nach Kohlberg (zit. n. Lind, 1983, S. 32)

Vormoralische Stufe
Stufe 0:
Das Kind versteht keine Regeln und unterscheidet nicht nach gut oder böse gemäß Regeln oder Autoritäten. Was Spaß macht und spannend ist, ist gut; was mit Schmerz oder Angst verbunden ist, ist böse. Es hat keine Vorstellung von Verpflichtung, Sollen, Müssen, auch nicht vermittelt durch externe Autoritäten, sondern läßt sich ganz von Können und Wollen leiten.

Präkonventionelle Ebene
Stufe 1:
Orientierung an Bestrafung und Gehorsam. Ob eine Handlung gut oder böse ist, hängt ab von ihren physischen Konsequenzen und nicht von der sozialen Bedeutung bzw. Bewertung dieser Konsequenzen. Vermeidung von Strafe und nichthinterfragter Unterordnung unter Macht gelten als Werte an sich, nicht vermittelt durch eine tieferliegende, durch Strafe und Autorität gestützte Moralordnung.

Stufe 2:
Instrumentell-relativistische Orientierung. Eine richtige Handlung zeichnet sich dadurch aus, daß sie die eigenen Bedürfnisse - bisweilen auch die Bedürfnisse anderer - instrumentell befriedigt. Zwischenmenschliche Beziehungen erscheinen als Markt-Beziehungen. Grundzüge von Fairness, Gegenseitigkeit, Sinn für gerechte Verteilung sind zwar vorhanden, werden aber stets physisch oder pragmatisch interpretiert. Gegenseitigkeit ist eine Frage von „eine Hand wäscht die andere", nicht von Loyalität oder Gerechtigkeit.

Konventionelle Ebene
Stufe 3:
Orientierung an personengebundener Zustimmung oder „guter Junge/nettes Mädchen"-Modell. Richtiges Verhalten ist, was anderen gefällt oder hilft oder ihre Zustimmung findet. Diese Stufe ist gekennzeichnet durch ein hohes Maß an Konformität gegenüber stereotypen Vorstellungen von mehrheitlich für richtig befundenem oder „natürlichem" Verhalten. Häufig wird Verhalten nach der Absicht beurteilt: „Er meint es gut", wird zum ersten Mal wichtig. Man findet Zustimmung, wenn man „nett" ist.

Stufe 4:
Orientierung an Recht und Ordnung. Autorität, festgelegte Regeln und die Aufrechterhaltung des sozialen Ordnung bilden den Orientierungsrahmen. Richtiges Verhalten heißt, seine Pflicht tun, Autorität respektieren und für die gegeben soziale Ordnung um ihrer selbst willen eintreten.

Postkonventionelle, autonome oder prinzipiengeleitete Ebene
Stufe 5:
Legalistische oder Sozialvertrags-Orientierung. Im allgemeinen mit utilitaristischen Zügen verbunden. Die Richtigkeit einer Handlung bemißt sich tendenziell nach allgemeinen individuellen Rechten und Standards, die nach kritischer Prüfung von der gesamten Gesellschaft getragen werden. Man ist sich der Relativität persönlicher Werthaltungen und Meinungen deutlich bewußt und legt dementsprechend Wert auf Verfahrensregeln zur Konsensfindung. Abgesehen von konstitutionellen und demokratischen Übereinkünften ist Recht eine Frage persönlicher Wertsetzungen und Meinungen. Das Ergebnis ist eine Betonung des legalistischen Standpunktes, wobei jedoch die Möglichkeit von Gesetzesänderungen aufgrund rationaler Reflektion sozialen Nutzens nicht ausgeschlossen wird. Außerhalb des gesetzlich festgelegten Bereiches basieren Verpflichtungen auf freier Übereinkunft und Verträgen.

Stufe 6:
Orientierung an allgemeingültigen ethischen Prinzipien. Das Recht wird definiert durch eine bewußte Entscheidung in Übereinstimmung mit selbständig gewählten ethischen Prinzipien unter Berufung auf umfassende logische Extension, Universalität und Konsistenz. Diese Prinzipien sind abstrakt und ethischer Natur (die Goldene Regel, der Kategorische Imperativ), nicht konkrete Moralregeln wie die Zehn Gebote. Im Kern handelt es sich um universelle Pronzipien der Gerechtigkeit, der Gegenseitigkeit und Gleichheit der Menschenrechte und des Respekts vor der Würde des Menschen als individueller Person.

Nicht jedes Thema bzw. jeder Konflikt zwischen Werten und Normen ist moralisch bedeutsam. Kohlberg (1976, S. 43) schlägt vielmehr die Unterscheidung von elf Inhaltsbereichen vor, auf die sich moralische Urteile beziehen können. Es sind dies:

  1. Gesetze und Regeln,
  2. Gewissen,
  3. affektive Beziehungen,

4. Regierung,
5. Bürgerrechte,
6. Vertrag, Vertrauen und Austauschgerechtigkeit,
7. Bestrafung und Gerechtigkeit,
8. Wert des Lebens,
9. Eigentumsrechte und Werte,
10. Wahrheit und
11. Erotik und Liebe.

7.1.4 Moralförderung

7.1.4.1 Ist Moral überhaupt lehrbar?

(a) Nach Sokrates (im Dialog mit seinem Schüler Menon) wäre die Frage mit „Ja"
zu beantworten: Das Gute ist rational einsehbar, daher auch lehrbar. Allerdings
wird dies nicht in Form eines monologischen Vortrages erreicht, sondern durch
einen mäeutisch angelegten Dialog, durch den der andere selbst die moralrelevanten Argumente entwickelt.
(b) Auch die Taxonomien über Lehrziele im affektiven Bereich (Krathwohl et al.,
1975) suggerieren die Lehrbarkeit des Wertens und die Aufschließbarkeit für
Wertbereiche. Diese Taxonomie verweist besonders auf die Voraussetzungen für
die Orientierung an Werten, wobei dieser Prozeß als zunehmende Internalisierung
beschrieben wird. Es wurde aber auch (im Sinne eines „heimlichen Lehrplanes")
darauf aufmerksam gemacht, daß bereits das Anstreben kognitiver Ziele Moral-
(eventuell eher Wert-)aspekte beinhaltet. „In der Art und Weise, wie Rechnen,
Schreiben und Lesen unterrichtet werden, liegt etwas sehr Subtiles, das eine intellektuelle Moralität absoluter Richtigkeit auf die Art, wie zum Beispiel Wörter
geschrieben werden, oder die Art, wie die Grammatik konstruiert ist, oder die
Aussage, daß 2 plus 2 gleich 4 ist, impliziert. Das Unterrichten dieser Fächer auf
'Richtig'- oder 'Falsch'-Aussagen hin erhält (sic!) einen starken moralischen Be-
griffsinhalt" (Roe, 1963, S. 134, zit. n. Kay, 1975, S. 220).
(c) Nach Kohlbergs Modell kann die Entwicklung der moralischen Urteilsfähigkeit direkt (+1 - Konvention) oder indirekt (Gestaltung einer sozialen Umgebung
nach den Prinzipien der Gerechten Gemeinschaft) angestoßen werden. Ein wichtiger Aspekt dabei ist, daß man Kinder nicht überfordern sollte (Kay, 1975, S.
221). Für andere Aufgabenbereiche ist diese Idee selbstverständlich, die „Zumu-
tungen" im moralischen Bereich können aber die Bereitschaft des Kindes zu lernen übersteigen.

Wenn Moral positiv beeinflußbar ist, dann ist sie allerdings auch korrumpierbar (Bandura & McDonalds, 1963), zumindest aber zu hemmen. Hierzu ein Hinweis: Einen bedeutenden Teil der Umwelt von Kindern und Jugendlichen stellen heute medial, d.h. durch Filme oder Bücher vermittelte Modelle dar. Diese können u.a. nach sozial akzeptablen oder sozial defizienten Verhaltensweisen beurteilt werden (Inhaltsaspekt von Moral), aber auch nach den Kategorien des moralischen Urteilens, mit denen Handlungen begründet werden (Strukturaspekt von Moral; Fromm et al., 1992; Wurdak, 1986). Wächst ein Kind in einer medialen Umgebung auf, in der es vorwiegend mit Urteilsstrukturen der Stufen 1 (Gehorsam und Strafe) oder 2 konfrontiert (Auge-um-Auge-, Zahn-um-Zahn-Moral) wird, so wird es auf diese Entwicklungsstufen fixiert. Belege für solche Prozesse konnten von Lukesch et al. (1989a, S. 350 ff; ähnlich auch Briechle, 1981) gefunden werden.

7.1.4.2 Dilemma-Methode

Nach Kohlberg fördert die Auseinandersetzung mit kognitiven Konflikten die moralische Entwicklung. Erreicht kann dies durch die Konfrontation mit moralischen Dilemmata werden. Diese sind in der Tradition Kohlbergs (s.o.) so konstruiert, daß sich zwei Werte einander gegenüberstehen und die Entscheidung für einen Wert einen Verstoß gegen den anderen bedeutet (z.B. im Heinz-Dilemma: Gegenüberstellung von Wert des Lebens vs. Wert des Eigentums). Eine „schmerzlose" Entscheidung ist nicht möglich. Solche Zwangs- oder Grenzsituationen sollen das moralische Denken und Argumentieren in besonderer Weise in Gang setzen. Dabei wird die Konfrontation mit Argumenten auf höheren Stufen zuerst Abwehr und Verunsicherung mit sich bringen. Letztendlich wird aber die bestehende moralische Urteilsstruktur aufgelöst zugunsten einer Äqulibration auf einem höheren Niveau.

Für den schulischen Bereich (Dobbelstein-Osthoff & Schirp, 1987) ist es möglich, Dilemmata in vielfacher Weise zu konstruieren. Es liegen geschlossene Dilemmata vor, bei denen Argumentationsstrukturen bereits vorgegeben sind; es können offene Dilemmata vorgegeben werden, bei denen die SchülerInnen die Handlungsausgänge und -begründungen selbst erarbeiten müssen (Beispiele finden sich bei Oser, 1987, S. 48); die Inhalte können dem Alltagsleben (z.B. Abtreibung, Wehrdienstverweigerung) oder dem Schulleben (Abschreiben) entnommen werden. Es ist auch denkbar, die SchülerInnen mit Kohlbergs Theorie vertraut zu machen und dann selbst Dilemmata erfinden lassen.

Bei diesem Verfahren wird von den LehrerInnen Vertrautheit mit der Theorie gefordert; sie sollten sich auch nicht moralisierend verhalten; hingegen sollten sie Moralbegründungen unterstützen, die eine Stufe über dem Niveau der SchülerInnenstufe liegen (+1 Konvention). Dadurch sollte eine optimale kognitive Inkongruenz erzeugt werden, die als besonders entwicklungsstimulierend angesehen wird.

Kritisiert wird an dem alleinigen Einsatz der Dilemma-Methode, daß hier keine realen Entscheidungen von den Kindern getroffen werden und daß keine Verantwortung übernommen wird. Edelstein (1986, S. 327) spricht dabei von der Gefahr der *Segmentation*, eines Bruches zwischen moralischem Urteilen und praktischem Handeln. Dieser Mangel wird aber durch das Modell der „Gerechten Gemeinschaft" (s.u.) behoben.

Von Oser (1987) wurden als weitere eigenständige Methoden die Einbeziehung von Formen des moralischen Argumentierens in die einzelnen Schulfächer (Analyse von Themen aus Geschichte, Literatur, Gesellschaftskunde, Religion nach den genannten Strukturen) bzw. die Abhaltung von Kursen genannt, in denen sozial-moralische Fertigkeiten trainiert werden. Der Lehrer / die Lehrerin kann dabei z.B. eine historische Situation so aufbereiten, daß die moralrelevanten Inhalte deutlich werden. Da das Kernstück des Vorgehens aber immer darin besteht, Diskurse im Sinne der Stimulierung moralischer Konflikte einzuleiten, seien diese Aspekte hier subsumiert. Als Problem wird das Fehlen fertiger Programme bzw. die aufwendige Vorbereitungsarbeit genannt.

Nach Oser (1987, S. 50) liegen eine Reihe von Effizienznachweisen zu diesen Interventionsmaßnahmen vor. Diese Formen scheinen wirksamer zu sein als allgemein gehaltene psychologische Programme oder Sozialkundekurse. Als differentielle Effekte ist auf einen Alterseinfluß zu verweisen: Am erfolgreichsten sind Programme bei Erwachsenen, gefolgt von Kursen mit Jugendlichen, am geringsten (bzw. am heterogensten) ist der Erfolg bei Kindern. Die Effekte sind deutlicher, wenn die Stufentheorie mitgelehrt wird. Mittelfristig angelegte Programme (12 Wochen) scheinen genauso wirksam wie langfristige und sie sind den kurzfristigen überlegen.

7.1.4.3 Die Gerechte Gemeinschaft

In der Schule (und auch in anderen Institutionen, für Betriebe vgl. Lempert, 1988) wird, auch wenn dies nicht explizit angestrebt wird, immer auch moralische Erziehung geleistet. Dieser „heimliche Lehrplan" kommt in den oft unausgesprochenen Verhaltensregeln zum Ausdruck, „die von den Schülern neben dem offiziellen Stoff gelernt und beachtet werden müssen" (Link & Lind, 1988, S. 8). Folge davon ist eine beiläufige und wenig reflektierte Moralerziehung. Eine Moralerziehung, welche nur auf die kognitive Vermittlung von ethischen Prinzipien ausgerichtet wäre, ist aber auch nicht verhaltensrelevant, denn „Moral ist nicht lehrbar, aber sie ist lernbar" (Lind, 1987, S. 93). Dennoch ist der Versuch, Moral direkt zu lehren, an Schulen ebenfalls vorfindbar. Unter dem Stichwort „Mut zur Erziehung" wurde so versucht, traditionelle Tugendlehren einzuführen, um moralische oder soziale Defizite auszugleichen (Lempert, 1988, S. 71). Gegen die Einführung einer inhaltlich bestimmten Vorgehensweise (z.B. Förderung der antiken Kardinaltugenden wie Besonnenheit, Tapferkeit, Weisheit und Gewichtigkeit; Sekundärtugenden) wird allerdings der gegebene Wertpluralismus angeführt.

Eine andere Vorgehensweise ist in der Idee der Gerechten Schule vorzufinden. Ausgangspunkt von Kohlberg ist die Suche nach den Bedingungen der Stimulation des moralischen Urteilens im Lebenskontext der Schule (Oser, 1988, S. 3). Diese Bedingungen meint Kohlberg durch die Verwirklichung verschiedener Prinzipien im Schulleben erreichen zu können. Es geht dabei um folgende Prinzipien:

(1) Prinzip des Lernens am Gegenstand und der Eigenerfahrung: Die Gegenstände, an denen etwas zu lernen ist, sind die täglichen sozialen und moralischen Regulierungen und die damit zusammenhängenden Probleme im Kontext von Schule, Familie oder Arbeitsplatz (vgl. hierzu die Diskussion über die Effektivität *situierten Lernens*). So kann eine Beziehung zu demokratischen Prozessen und auch von Entscheidungen unter Handlungszwang hergestellt werden. Es werden zudem negative Erscheinungen verhindert, wie z.B.

- *Norm-Erfahrungs-Erwartungs-Diskrepanz* (durch die Beteiligung am Prozeß der Normentstehung soll verhindert werden, daß SchülerInnen an sich andere Erwartungen gerichtet sehen als an LehrerInnen etc. bzw. daß Eigenschaften und Verhaltensweisen bei LehrerInnen und SchülerInnen unterschiedlich bewertet werden);

- *Grenzgängersyndrom* (Moral ist nur zu erlernen, wenn Grenzen ausprobiert werden können, wenn man immer nur „brav" ist, kann man nichts lernen; es werden deshalb Grenzen abgesteckt für angemessenes Handeln);

- *Kompetenz-Performanz-Gefälle* (moralisches Denken soll an moralischem Handeln erprobt werden).

(2) Prinzip der größeren Identifikation durch Partizipation: Durch die Beteiligung am Prozeß der Normentstehung soll es wegen der größeren subjektiven Bedeutsamkeit zu einer größeren Identifikation mit den jeweils erarbeiteten Regelungen kommen.

(3) Prinzip des verantwortlichen Handelns durch Verantwortungsübernahme: Bekanntlich herrscht ein Gefälle zwischen Urteil und Handeln. In der Gerechten Gemeinschaft müssen moralische Entscheidungen begründet sein und auch zur Ausführung gelangen (Oser, 1988, S. 10). Die soziale Gemeinschaft übt zugleich die Kontrolle darüber aus, ob die Bestimmungen eingehalten werden.

(4) Prinzip der Demokratisierung der Lebenswelt: Nach Kohlberg (1977, S. 38) ist Demokratie ein Mittel zur Entwicklungsförderung. Demokratisierung bedeutet Beteiligung an allen Entscheidungsprozessen und Bemühen um größtmögliche Transparenz aller Entscheide.

(5) Prinzip der pädagogischen Zumutung: Nach Oser (1988, S. 13) sind LehrerInnen zumeist der Überzeugung, daß sie sich für ihre SchülerInnen engagieren und für sie Verantwortung übernehmen müssen (Diskurs I). Diese Grundhaltung muß aber ergänzt werden, indem die Erzieher auch den Kindern jedes Alters unterstellen müssen, daß sie ebenfalls wahrhaftig und gerecht sein wollen und Verantwortung zu übernehmen bereit sind (Diskurs II). Durch diesen Vertrauensvorschuß können die SchülerInnen „echt" an Prozessen der Demokratisierung teilnehmen.

(6) Prinzip der Bindung: Hiermit ist eine Haltung der Akzeptanz und der „tiefen Liebe" gemeint. Ein solches Klima soll zur Entwicklung moralisch-kognitiver Fähigkeiten motivieren.

Diese Prinzipien werden bei der Gestaltung des Schullebens systematisch umgesetzt. Realisiert kann diese Idee werden, indem das Schulleben insgesamt nach diesen Ideen umgestaltet wird (Beispiele vgl. Dobbelstein-Osthoff & Schirp, 1987).

Welche institutionellen Besonderheiten an einer solchen Schule, der Scarsdale Alternative School, eingerichtet wurden, erläutert Higgins (1987; vgl. Tab. 7.3).

Tabelle 7.3: Institutionelle Komponenten einer Gerechten Gemeinschafts-Schule (Higgins, 1987, S. 60)

Institution	Mitglieder	Aufgaben
Tagesordnungs-komitee	10 - 12 LehrerInnen und SchülerInnen	Zusammenstellung der Tagesordnung
Beratungsgruppen	1 LehrerIn/BeraterIn 10 - 15 SchülerInnen	Schaffung einer informellen Atmosphäre (a) zur Besprechung *persönlicher* Probleme (b) für Diskussion von jeweils 1 - 2 moralischen Themen
Eine dieser Gruppen	(wöchentlich wechselnd)	(c) organisiert die Gemeinschaftsversammlung und wählt die beiden Versammlungsleiter
Gemeinschaftsver-sammlung	Alle Schüler-/LehrerInnen bzw. gewählte Repräsensentanten	(a) „Moralische" Diskussion und (b) „pragmatische" Diskussion der aufgeworfenen Themen
Disziplin- und Fairneßkomittee	2 LehrerInnen und 6 - 8 SchülerInnen (einer (e) aus jeder Beratungsgruppe)	(a) Moralische Diskussionsgruppe (b) „pragmatische Diskussion" von Disziplinproblemen

Zusätzlich ist eine besondere LehrerInnenschulung notwendig sowie die Entwicklung entsprechender Lehrmaterialien. Die Schule selbst ist sehr klein (ca. 100 SchülerInnen) und kann daher nicht als verbindliches Modell angesehen werden. Als Variante beschreibt Higgins (a.a.O.) eine sog. *School-Within-A-School*, d.h. die Abtrennung von wenigen Klassen einer Großschule, in denen dann nach den Prinzipien der Moralförderung verfahren wird.

Da solche radikalen Änderungen aber kaum möglich sind (z.B. ist aufgrund schulgesetzlicher Bestimmungen nur ein eingegrenzter Handlungsrahmen gegeben, SchülerInnen und LehrerInnen können nicht auf Mehrheitsbeschluß entlassen werden), ist zumindest ein phasenweises Arbeiten nach dieser Idee zu überlegen. Beispiele sind im Projektunterricht zu finden und der vermehrten demokratischen Teilhabe am Schulleben selbst. Auch kurzfristige Unterrichtsangebote im Sinne eines Trainings in moralischer Kompetenz sind möglich (s.o., Oser, 1987).

Die Effekte einer solchen Art der Ausgestaltung von Schulen werden als positiv beurteilt: Nach Higgins (1987, S. 69) entwickeln sich SchülerInnen unter einem solchen Programm innerhalb von sechs Monaten um ca. eine halbe Stufe weiter, wobei der Unterschied zu anderen Programmen statistisch abgesichert ist. Effekte in bezug auf die moralische Atmosphäre einer Schule scheinen ebenfalls nachweisbar.

7.2 Aspekte der Erforschung von Hochbegabung

7.2.1 Vorbemerkung

Nachdem sich Ende der 60er und über die 70er Jahre die pädagogisch-psychologische Forschung häufig mit Fragen der spezifischen Förderung leistungsschwacher Kinder, des Chancenausgleichs durch Gewährung besonderer Chancen etc. beschäftigt hat, rückte in den 80er Jahren die Förderung besonders begabter Kinder in den Blickpunkt verschiedenster Überlegungen. Schon bald stellte sich aber heraus, daß es in einem alltagspsychologischen Sinn leicht ist, von „Hochbegabung" zu sprechen, daß es aber sehr schwierig ist, dafür ein verbindliches Begriffsverständnis zu entwickeln. Die Frage, wie das Phänomen der Hochbegabung beschrieben werden kann, hat in der Psychologie unterschiedliche Beantwortungen gefunden.

So hat man z.B. 1917 unter den sog. Hochbegabtenschulen die Realschulen und Gymnasien verstanden (Feger, 1988, S. 33), eine Kategorisierung, die man heute angesichts der zunehmend größeren Anteile, welche diese Schulen an der SchülerInnenschaft einnehmen, kaum mehr akzeptieren kann.

Ein anderer Differenzierungsversuch bestand darin, die Begrifflichkeit noch weiter zu differenzieren, indem man den Begriff der „Hochbegabung" zur „Spitzen-", „Höchst-" und „Extrembegabung" steigerte. Heinbokel schreibt etwa (1988, S. 25): „In der Bundesrepublik Deutschland wird unterschieden zwischen Hochbegabten (Deutsche Gesellschaft für das hochbegabte Kind), Spitzenbegabten (Christophorusschule Braunschweig), Hochbefähigten (Hilgendorf, 1985) und besonders Begabten (Bundesministerium für Bildung und Wissenschaft)."

Für die Psychologie und speziell die Pädagogische Psychologie ist es beinahe beschämend, daß bei der Untersuchung des Problems besonders begabter Kinder keine Forschungskontinuität zu finden ist. Im Abstand von einem oder mehr Jahrzehnten werden dieselben Fragen unter anderen Stichwörtern diskutiert, ohne daß sich ein faßbarer Fortschritt in den Grundlagenbereichen abzeichnet. Der Satz, wer die Geschichte nicht kennt, müsse sie wiederholen, gilt ganz besonders für die Problembearbeitungen der Psychologie.

7.2.2 Konzeptionen von Hochbegabung

7.2.2.1 Der Geniebegriff

In Arbeiten um die Jahrhundertwende wurde häufig der Begriff „Genie" gebraucht, um vom Durchschnitt abweichende Personen zu kennzeichnen. Mit diesem Begriff waren wiederum die unterschiedlichsten Konnotationen verbunden. Anastasi (1976) unterscheidet dabei die folgenden Theorien über Genies:

(1) Pathologische Theorien (Divergenzhypothese)

Seit der Antike wird immer wieder postuliert, daß intellektuelle und künstlerische Höchstleistungen mit anderweitigen Abnormitäten bzw. sogar mit Wahnsinn verbunden sei. Beispielsweise unterschied Plato zwei Arten von Delirium, nämlich den ganz gewöhnlichen Wahnsinn, den jeder zeigen könne, und die „geistige Ausdünstung" von Dichtern, Erfindern und Propheten („furor poeticus" oder „amabilis insania"). Die These, daß Genie und Wahnsinn nahe beisammen liegen, findet sich besonders im 19. Jhd. häufig vertreten. Lombroso (1887) beschrieb in seinem Buch „The men of genius" physische Stigmata des Genies: kurze Gestalt, starke Blässe, Abmagerung, die für atavistische und degenerierte Tendenzen sprechen sollten. Nach Kretschmer (1929, zit. n. Anastasi, 1976, S. 441) soll gelten:

„Wenn wir von der Konstitution des Genies den psycho-pathischen Faktor, das Ferment der dämonischen Unruhe und der psychischen Spannung abziehen, bleibt nichts als ein gewöhnlich begabter Mensch übrig". Diese Ansichten wurden auch von Lange-Eichbaums Arbeit über „Genie, Irrsinn und Ruhm" (1928) bestärkt. Aus einer Untersuchung der Biographien von 200 genialen Frauen und Männern glaubt Lange-Eichbaum immer wiederkehrende Anomalien entdecken zu können, z.B. einen hoher Anteil an psychotischen Episoden im Leben dieser Personen (ca. 12%, in der Normalbevölkerung nur 0,5%), viele mit psychopathischen Zügen und nur wenige (6,5%) ganz gesund. Ursächlich für den hohen Anteil an auffallenden psychischen Reaktionen, welche den Zusammenhang von Genie und Wahnsinn erklären könnten, seien erhöhte Gefühlsstärke, Ansprechbarkeit für winzige Reize, verminderte Selbstkontrolle, vermehrtes Gefühl für Unterlegenheit und reicheres Phantasie- und Traumleben.

(2) Psychoanalytische Theorien

Nach dieser Sichtweise seien Leistungen von sog. Genies aufgrund von erhöhter Sublimation und der Kompensation von eigentlich negativen Eigenschaften oder Trieben zu erklären. (zum Sublimationsbegriff vgl. Kap. 4.5.2.2).

Es wird dabei nicht so sehr auf Unterschiede hinsichtlich der intellektuellen Ausstattung verwiesen, sondern vor allem auf motivationale Gegebenheiten: „... der Genius unterscheide sich vom gewöhnlichen Menschen nicht in seiner Fähigkeit, sondern nur in dem, was er mit seiner Fähigkeit unter starken motivationalen Impulsen tue" (Anastasi, 1976, S. 449).

(3) Theorien der qualitativen Überlegenheit

Danach „ist ein genialer Mensch ein eigener Typ, der sich vom Rest seiner Spezies durch die Fähigkeiten, die er besitzt, unterscheidet" (Anastasi, 1976, S. 445). Die Leistungen der Genies liegen in allen Gebieten über der Norm, in keinem Gebiet gäbe es besondere Ausfälle. Als Erklärung für außergewöhnliche Leistungen werde auf „göttliche Inspiration" oder auf eine Art „Daimon", der diesen Menschen beistehe, verwiesen.

(4) Theorien der quantitativen Überlegenheit

Das Genie wird hier nicht prinzipiell anders gesehen als die anderen Menschen auch, es sei nur am oberen Extrem einer als kontinuierlich gedachten Fähigkeitsdimension angesiedelt. Diese Konzeption ist mit der Intelligenzdiagnostik verbunden, d.h. mit operational erfaßbaren Kennwerten für geistige Leistungen.

Die unterschiedlichen Ansichten über „Genie" hängen eventuell auch mit über die Zeit unterschiedlichen gesellschaftlichen Wertsetzungen und den damit verbundenen Bereichen, in denen Genies lokalisiert wurden, zusammen. Für dichterische und eventuell auch andere künstlerische Produktionen kann ein delirartiges Arbeiten u.U. zu einem akzeptablen Produkt führen, für intellektuelle Leistungen, wie sie heute in einer hochtechnisierten Gesellschaft wesentlich sind und hochbewertet werden, sind solche Arbeitsweisen eher hinderlich.

7.2.2.2 Intelligenzkonzeptionen

Wegweisend für die empirische Hochbegabtenforschung war die von Lewis M. Terman 1921 an der Stanford University of California begonnene Langzeitstudie, in der der Lebensweg von 1500 hochbegabten Kindern, z.T. über 35 Jahre hinweg, verfolgt wurde (Terman, 1925). Ausgangspunkt für die Untersuchung war das Motiv, die Divergenzhypothese über das Genie als Wahnsinniger zu widerlegen.

Die Studie sollte „Licht auf die Faktoren werfen, die für Höchstleistungen, vor allem im Bereich des Intellekts, verantwortlich sind und Aufschlüsse über Persönlichkeitsmerkmale von Kindern mit einer außergewöhnlichen Intellektualität liefern" (Urban, 1981, S. 17).

Als Kriterium wurden Kinder mit einem IQ größer 140 im „Terman Group-" oder im „Stanford-Binet"-Intelligenztest ausgewählt. Die so definierte Gruppe hochbegabter Kinder zeigte keinerlei Defizite in bezug auf körperliche, soziale, psychische oder motivationale Eigenschaften, zumeist waren sie sogar besser ausgestattet als intelligenzniedrigere Kontrollgruppen. Zwar wurde auch dieses Ergebnis kritisiert (Urban, 1981, S.17: Vorauswahl durch LehrerInnen, hoher Bildungs- und Lebensstandard in Kalifornien, Einflüsse durch positive Etikettierungen), als empirisch gesichertes Datum ist die Untersuchung aber geeignet, die Lange-Eichbaumsche Ansicht (1928) stark in Frage zu ziehen.

Die Termansche Hochbegabtendefinition mag etwas eng erscheinen, ist aber relativ klar: Als hochbegabt wird das oberste 1% der mit einem Test für allgemeine Intelligenz untersuchten Kinder bezeichnet. Terman konzedierte zwar, daß Intelligenzleistungen keine hinreichende Bedingung für höchste Leistungen sind (hinzukommen müßten nichtkognitive Persönlichkeitsmerkmale, z.B. Selbstvertrauen, Perseverationstendenz und auch soziale Bedingungen), die Intelligenzfähigkeiten seien aber der notwendige Ausgangspunkt.

7.2.2.3 Mehrdimensionale Konzeptionen

Hierbei werden neben intellektueller Begabung noch andere Persönlichkeitsaspekte in die Defintion der Hochbegabten hineinzunehmen versucht. Ein Beispiel hierfür ist Renzulli (1986): „Gifted behavior consists of behaviors that reflect an interaction about three basic clusters of human traits - these clusters being above average general and/or specific abilities, high levels of task commitment, and high levels of creativity. Gifted and talented children are those processing or capable of developing this composite set of traits and applying them to any potentially valuable area of human performance." Als Aspekte, in deren Überschneidungsbereich Renzulli den Hochbegabten ansiedelt, sind zu nennen:

1. hohe Fähigkeiten (allgemein intellektuelle oder aufgabenspezifische, z.B. hinsichtlich Mathemathik oder Musik; above average ability: Informationsverarbeitung, numerisches und verbales Denken, Gedächtnis),

2. Aufgabenengagement (task commitment: Ausdauer, Durchsetzungswille, Selbstvertrauen etc.) und

3. Kreativität.

Das Selektionskriterium hinsichtlich des ersten Bereiches ist nicht so eng definiert (oberste 15%, statt 1% wie bei Terman), durch die Berücksichtigung mehrerer Bereiche (und eventuell mehrerer Eigenschaftsbündel in jedem Bereich) findet aber dann doch wieder eine Reduktion der als hochbegabt etikettierten Probanden statt. Im sog. Münchner Hochbegabtenmodell (Heller & Hany, 1986) wird Hochbegabung ebenfalls als Produkt des Zusammenwirkens von drei Faktoren gesehen:

- Begabungsfaktoren,
- nichtkognitive Persönlichkeitsfaktoren (z.B. Leistungsmotivation, Kontrollüberzeugungen, Erkenntnisstreben, Streßbewältigungskompetenz, Selbstkonzept) und
- Umweltmerkmale (Anregungsgehalt der häuslichen Umgebung, Bildungsniveau der Eltern etc.).

Hochbegabung wird letztendlich als Ergebnis des Zusammenwirkens von fünf Faktoren verstanden:

- Intelligenz,
- Kreativität,
- soziale Kompetenz,
- Musikalität und
- Psychomotorik.

Rost (1991, S. 202) führt gegenüber diesen auf den ersten Blick plausiblen Konzeptionen einige kritische Argumente an:

1. Diese Modelle sind keine Begabungs-, sondern Leistungsmodelle, d.h. auch, daß hochintelligente, -kreative etc. Kinder, die nicht entsprechende Leistungen zeigen, nach diesen Konzepten nicht hochbegabt wären.

2. Durch die Hereinnahme von „Kreativität" als conditio sine qua non wurde ein Konstrukt angesprochen, das sich bislang kaum als faßbar erwiesen hat und mit dem die beliebigsten Konnotationen verbunden sind.

3. Die vielen zu berücksichtigenden Bereiche bedingen, daß relativ niedrige Cut-off-Werte hinsichtlich der einzelnen Merkmale gesetzt werden müssen, damit im Überschneidungsbereich die z.B. 5% als „hochbegabt" bezeichneten verbleiben.

7.2.3 Identifikation Hochbegabter

Es liegt nahe, daß nicht nur das Phänomen der Hochbegabung zu erklären versucht wurde, sondern daß man solche Menschen im gesellschaftlichen Interesse gezielt zu entdecken und zu fördern versucht. Diese Ideen können bereits in alten Kulturen gefunden werden (Heinbokel, 1988, S. 19 ff): Konfuzius (551 - 479 v. Chr.) schlug vor, „göttliche" (d.h. hochbegabte) Kinder systematisch zu suchen und für das Wohl des Staates auszubilden. Plato (427 - 347 v.Chr.) behauptete in seiner „Politeia", es gäbe Menschen mit Beimengungen von Gold, Silber oder Eisen, nur die „goldenen" Kinder seien für die Herrschaft des Staates geeignet (damit meinte er vor allem sich selbst). Im 16. Jhd. gründete Moritz von Sachsen drei Klosterschulen, in denen besonders begabte Kinder als Nachwuchs für geistliche und staatliche Ämter ausgebildet werden sollten.

In den USA war bereits in den 50er Jahren ein besonderes Interesse an von der Norm abweichenden Kindern vorhanden. Es gab dabei sowohl Arbeiten über Gruppen mit spezifischen Behinderungen wie auch solche über „exceptional children". Das Interesse an letzteren wurde 1957 durch den sog. Sputnikschock, der ein Nachhinken der USA hinter den technischen Höchstleistungen in der UdSSR als Ausgangspunkt hatte, stark angeheizt (Feger, 1988, S. 36 f).

In Deutschland hatte sich zu Beginn des 20. Jhds. am „Institut für experimentelle Pädagogik und Psychologie" des Leipziger Lehrervereins ein Ausschuß für Begabungsforschung gebildet. 1917 sollten Möde, Piorkowski und Wolff die besten der in Berlin zu den Volksschulen angemeldeten Kindern aussuchen. 1925 wurde die Studienstiftung des deutschen Volkes zur Förderung besonders Begabter gegründet (a.a.O.). Während der NS-Zeit kamen diese Bemühungen zum Erliegen, da andere Kriterien als wichtig erachtet wurden (körperliche, charakterliche und völkische Eignung). Nach dem 2. Wk. waren vor allem in der DDR Spezialschulen für besonders begabte Kinder vorhanden (Mathematik-Klassen). Seitdem 1975 die erste weltweite Tagung über hochbegabte Kinder in London stattgefunden hatte, intensivierte sich die wissenschaftliche Beschäftigung mit diesem Thema.

Es soll hier überlegt werden, welche Datenquellen zur Verfügung stehen und welche Entscheidungsstrategien angewendet werden können.

7.2.3.1 Datenquellen

(1) Standardisierte Tests

Im Prinzip steht hier die ganze Palette von Intelligenz-, Kreativitäts-, aber auch Schulleistungstests zur Verfügung.

- Das Problem des faking, also des Verfälschens besteht in nur geringer Weise: Es kann zwar jemand die Leistung verweigern (und damit aus einem solchen Programm von vorne herein ausscheiden), niemand kann sich aber als begabter ausgeben als er ist.
- Schwierigkeiten können sich bei Deckeneffekten ergeben, d.h. die eingesetzten Verfahren müssen besonders im oberen Leistungsbereich zu differenzieren vermögen.

- Die Verfahren erfassen Leistungen, die als Produkt von externer Anregung und interner Bedingungen angesehen werden können; dabei besteht die Gefahr, Potentiale, die aufgrund äußerer Gegebenheiten nicht entwickelt wurden, zu übersehen (vgl. die Kritik hinsichtlich der Sprachabhängigkeit der Tests, der Benachteiligung von Kindern aus ethnischen Minoritäten etc.).

(2) Selbstauskünfte

Über Fragebögen, Interviews und nichtreaktive Messungen (z.B. Selbstnominationen für bestimmte Wettbewerbe) kann man Informationen über Interessen und Motive erhalten. Im Gegensatz zu dem ersten Bereich sind Objektivitäts- und Reliabilitätsmängel zu gewärtigen.

(3) Leistungskennwerte

Bisweilen ist es möglich, auf bereits vorliegende Leistungen zurückzugreifen (z.B. Wettbewerbe wie „Jugend forscht" oder „Bundeswettbewerb Mathematik"). Es können aber auch aufgrund von Daten aus einem Vor-Förderprogramm Aufschlüsse über Personen erhalten werden, u.zw. von Personen, die vielleicht aufgrund ihrer Biographie noch keine ausreichende Möglichkeit zur Entwicklung ihres Leistungspotentials hatten. Ein solches Vorgehen ist aber zeit- und kostenintensiv.

(4) LehrerInnenbeurteilungen

LehrerInnen haben eine lange Möglichkeit, die Leistungsentwicklung von Kindern zu beobachten, sie können auch Aussagen über Motive und Interessen von Kindern machen. Dabei ist aber auch davon auszugehen, daß z.T. aufgrund von Beobachtungs- und Beurteilungsfehlern nicht alle Geeigneten entdeckt werden (vgl. Kap. 4.3 und 6.3 der Einführung in die pädagogisch-psychologische Diagnostik). Dies gilt z.B. besonders für die sog. Underachiever. Ergänzt oder systematisiert können die Alltagsbeobachtungen von LehrerInnen durch Checklisten, Ratingskalen und Verfahren der Verhaltensbeobachtung. Natürlich spielen auch die Zensuren eine große Rolle, da sie ja auch das Ergebnis einer längerfristigen Leistungsbeobachtung sind.

In einer Untersuchung von Dahme und Eggers (1988) wurde überprüft, welche Kriterien LehrerInnen für die Zuordnung von SchülerInnen zur Kategorie der Hochbegabten verwenden. Zuerst sollten LehrerInnen die hochbegabten SchülerInnen des letzten Jahres benennen und ihre Nennung begründen. In einem zweiten Durchgang mußten SchülerInnen mit einer Ratingskala (mit 83 Items) von ihren LehrerInnen beschrieben werden, wobei man berechnen konnte, hinsichtlich welcher Merkmale sich die als hochbegabt bezeichneten SchülerInnen von den als nicht-hochbegabt bezeichneten unterschieden. Als wesentliche Zuordnungskriterien erwiesen sich dabei die Merkmale:

- Bearbeitungsgeschwindigkeit,
- Verarbeitungskapazität,
- Motivation,
- Schulleistung,
- Einfallsreichtum.

Nicht als wesentlich erwiesen sich Ansichten der LehrerInnen über soziale Kompetenzen der SchülerInnen, über allgemeine Intelligenz, über enge fachbezogene Begabungen oder über andere Persönlichkeitsmerkmale (z.B. psychische Labilität, Unausgewogenheit zwischen kognitiver und sonstiger Entwicklung).

(5) Beurteilung durch Laien

Hier sind als Datenquellen noch die Eltern und die MitschülerInnen zu nennen. Z.T. liegen solche Angaben bereits vor (Anmeldungen von Eltern zu bestimmten Kursen oder Programmen). Daß diese Daten nicht immer den diagnostischen Gütekriterien entsprechen, liegt auf der Hand (Rost, 1991); im Sinne einer ergänzenden Information können solche Angaben aber interessant sein.

7.2.3.2 Entscheidungsstrategien

Die Daten sagen noch nichts über ihre Verwertung aus. Allgemein sind folgende Punkte zu klären:
- Welche Grenzwerte soll man setzen; welchen Wert muß eine Person erhalten, um als hochbegabt zu gelten?
- Wie kombiniert man die Ergebnisse aus den verschiedenen Datenquellen?

Für die Beantwortung dieser Fragen gibt es keine klaren Vorgehensweisen. Nur im Rahmen einer sehr tiefgehenden Entscheidungsstrategie, in welcher die Güte der Zuordnungen, Kosten- und Nutzenabwägungen, Kenntnis von Eignungs- und Selektionsquoten etc. gegeben wären, könnten Vorgehensweisen fundiert werden. Entscheidungsmodelle, die diesen Kriterien entsprechen, liegen aber in diesem Bereich nicht vor. Deshalb können nur mehr oder minder unverbundene Einzelaspekte genannt werden.
- Grenzwerte werden aufgrund von Setzungen festgelegt, dabei kann man sich entweder an willkürlichen Werten (IQ größer 140) oder zu selegierenden Prozentzahlen (oberste 1, 5 oder 10%) orientieren. Bei der Kombination von Daten kann man sich entweder an kombinatorischen oder an kompensatorischen Modellen orientieren.
- Kombinatorische Modelle

In diesem Fall müssen in bezug auf mehrere Dimensionen bestimmte Grenzwerte überschritten werden. Dies führt dazu, daß Spezialbegabungen nicht so

stark berücksichtigt werden, sondern daß ein auf einer bestimmten Höhe ausge-
glichenes Merkmalsprofil für die Zuordnung wesentlich ist (Vergleich mit einem
Zehnkämpfer).

Bei *kompensatorischen Modellen* reicht es aus, wenn in bezug auf eine Dimension ein Spitzenwert erreicht wird. Durch dieses Vorgehen werden Spezial-
fähigkeiten sehr viel stärker berücksichtigt (Hochleistungssportler in einer Disziplin). Eine Auswahl kann zudem ein- oder mehrstufig erfolgen. Z.B. ist es
möglich, in einem ersten groben Screening möglichst allen Kindern eine
Chance zu geben, indem man einen oder mehrere mit wenig Aufwand verbundene Gruppentests durchführt, mit denen die offenbar nicht Geeigneten identifiziert werden, und dann auf einer zweiten Stufe mit aufwendigeren Einzeltests
die Personen, die endgültig in das Programm einbezogen werden sollen, ausgewählt werden (Verifikationsphase). Jede Entscheidung ist aber mit Fehlern behaf-
tet. Dies kann man mit der Klassifikation in Tab. 7.4 illustrieren.

Die möglichen Fehler bestehen darin, daß - ein tatsächlich Hochbegabter als
nicht-hochbegabt diagnostiziert wird (Fehler erster Art) oder daß - ein Nicht-
Hochbegabter als hochbegabt eingestuft wird (Fehler zweiter Art). Diese Feh-
lermöglichkeiten hängen ab von den tatsächlichen Unterschieden zwischen den
Hochbegabten und Nicht-Hochbegabten auf der Kriteriumsdimension (Validität
des verwendeten Maßes oder der Tests), dem festgelegten Cut-Off-Wert (bei
Minimierung des ersten Entscheidungsfehlers steigt der andere an). Welche
Fehler man eher in Kauf zu nehmen bereit ist, hängt wiederum von den Kosten
einer Fehlentscheidung bzw. dem Nutzen einer Richtig-Entscheidung ab.

Tabelle 7.4: Fehler bei Entscheidungen

Reale Verhältnisse	Entscheidung Hochbegabt	Nicht-Hochbegabt	
Hochbegabt	A	B	A + B
Nicht-Hoch-begabt	C	D	C + D
	A + C	B + D	

Die Güte von Zuordnungsstrategien wird im allgemeinen mit Maßzahlen für deren *Effektivität* und deren *Effizienz* bewertet (gleiche Probleme bestehen auch in der Medizin, z.B. hinsichtlich der Klassifikation von Personen, ob sie an einer HIV-Infektion erkrankt sind oder nicht).

Effektivität (Wirksamkeit)

Anzahl der richtig klassifizierten Hochbegabten (A) / Anzahl aller Hochbegabten in der Stichprobe (A+B)

Effizienz (Ökonomie)

Anzahl der richtig klassifizierten Hochbegabten (A) / Anzahl aller als hochbegabt Klassifizierten (A+C)

Beide Kriterien sind miteinander verbunden, d.h. erhöht man die Selektionsquote (will man also möglichst keinen Hochbegabten übersehen), so steigt zwar die Effektivität des Verfahrens, hingegen sinkt dessen Effizienz und vice versa. Beide Kriterien sind außerdem stichprobenabhängig (man müßte wissen, wie die Verteilung von hochbegabt zu nicht-hochbegabt in der Population ist), z.B. wenn in einer Stichprobe sehr viele Hochbegabte sind, so ist eine höhere Effizienz des Entscheidungsverfahrens zu erwarten als bei einer weniger begabten Stichprobe.

Alle diese Überprüfungen setzen aber voraus, daß man weiß, wer tatsächlich „hochbegabt" ist (im Unterschied hierzu weiß man in der Medizin bei dem genannten HIV-Test nach einiger Zeit, ob die Zuordnung „erkrankt/nicht erkrankt" korrekt war oder nicht).

7.2.4 Hochbegabtenförderung in der Praxis

7.2.4.1 Fördermodelle

Jede systematisch getroffene Maßnahme sollte zielorientiert sein. Daher ist auch in diesem Bereich die Frage zu stellen, was man mit solchen Programmen eigentlich erreichen will. Die Frage nach den Zielen kann unterschiedlich beantwortet werden:

(1) Förderung der Stärken des (der) hochbegabten Schülers (Schülerin)
Soll man beispielsweise besondere Aspekte bei diesen fördern, wie rasche Auffassungsgabe, Merkfähigkeit, Fähigkeit zur intensiven und schnellen Vertie-

fung von Lernbereichen? Eine solche Zielrichtung ist auch vorhanden, wenn auf spezielle Begabungen der Kinder eingegangen wird, z.B. das Mathematikprojekt in Hamburg.

(2) Ausgleich der Schwächen begabter SchülerInnen

Diese Schwächen können als Defizite eingeschätzt werden, welche die Entwicklung der ansonst hochbegabten Kinder behindern würden (z.B. unausgewogenes Begabungsprofil). Als Schwächen können Ausfälle in einzelnen Fächern, Probleme bei den Lern- und Arbeitstechniken und mangelnde häusliche Anregungen angegangen werden.

(3) Prävention, Klimaverbesserung, Beschäftigungstherapie

Mit präventiven Maßnahmen soll verhindert werden, daß hochbegabte SchülerInnen aufgrund von Unterforderung asoziale oder sonstwie störende Verhaltensweisen in der Schule entwickeln.

Klimaverbesserung bezieht sich auf LehrerInnen und MitschülerInnen. Andere SchülerInnen sollen durch die Hochbegabten nicht entmutigt werden und der/die LehrerIn nicht verärgert, weil sie etwa mit ihrem didaktischen Konzept zu schnell am Ende sind. Beschäftigungstherapie kann als Mittel für beide o.g. Aspekte wichtig sein, verdient aber den Namen der Förderung eigentlich nicht. Typische Beschäftigungen sind z.B. Geld einsammeln, Planungsarbeiten, Listen führen etc..

(4) Förderungen von Bereichen außerhalb der Spezialbegabung

Besonders zu erwähnen sind hier musische Betätigungen (Basteln, Malen, Tanz), mit denen ein Ausgleich zu intellektuellen Aufgaben geschaffen werden soll.

(5) Erprobung didaktischer Neuerungen

Neue Methoden, Medieneinsatz, Konzepte werden oft an Hochbegabten erprobt, da deren Eltern i.a. Neuerungen aufgeschlossen sind und eventuell auftretende Schwierigkeiten von diesen Kindern gemeistert werden können. Man kann auch davon ausgehen, daß diese Neuerungen wenig taugen, wenn sie bei diesen ausgelesenen SchülerInnengruppen nicht zum Erfolg führen.

Nach Feger (1987) oder Geuß und Urban (1982) sind drei organisatorische Möglichkeiten zur Förderung hochbegabter Kinder denkbar:

- *Gruppenbildung:* Hochbegabte Kinder werden zusammengefaßt und nehmen in speziellen Schulen oder Klassen an Fördermaßnahmen, die auf sie zugeschnitten sind, teil (z.B. Sonderklassen, Sonderschulen für Hochbegabte, oft mit Internatsbetrieb gekoppelt).

- *Akzeleration:* Dem Kind wird durch Früheinschulung, Überspringen von Schulklassen oder partieller Teilnahme am Unterricht in höheren Klassen ein auf seine beschleunigte kognitive Entwicklung hin angepaßtes Unterrichtsangebot gemacht.

- *Anreicherung:* Hierbei werden Unterrichtsinhalte vertieft, inner- und außerschulische Wissensgebiete neben dem üblichen Unterricht für die hochbegabten SchülerInnen erschlossen (z.B. Sommerkurse).

7.2.4.2 Programme in den USA

Ausgehend von den Terman-Studien wurden in Californien spezielle Förderprogramme eingerichtet, um auch diesen Kindern Chancengleichheit im Sinne optimal auf sie zugeschnittener Lernanregungen zukommen zu lassen. Konkret wurden folgende Maßnahmen eingerichtet:

- *Sondertagsklassen* (ein Schultag pro Woche für Hochbegabte),
- *cluster grouping:* Zusammenfassung kleiner Gruppen hochbegabter Kinder zu eigenen Klassen,
- fähigkeitsbezogene Angebote für Aktivitäten neben der Schule oder in der Ferien (*adjunct programs*),
- *pull-out-programs:* Hochbegabte werden für bestimmte Aktivitäten aus dem Unterricht genommen,
- *ungraded classes:* Kinder aus unterschiedlichen Jahrgangsstufen werden zusammengefaßt, wobei jedes Kind nach seinem Lernfortschritt diese Klassen schneller oder langsamer durchlaufen kann,
- *tracking, honor classes:* Leistungskurse mit umfangreicherem oder beschleunigtem Lehrprogramm (acceleration),
- *cooperative learning environment:* gemeinsam von LehrerInnen und Eltern organisierte Lernfelder, die auf die Interessen und Bedürfnisse der Kinder abgestimmt sind.

Diese Sondermaßnahmen haben auf der anderen Seite die Segregations-Integrations-Diskussion wieder angefacht. Außerschulische Enrichment-Programme scheinen sich besser bewährt zu haben als innerschulische Maßnahmen.

7.2.4.3 Programme in Deutschland

In *Baden-Württemberg* ist eine systematische Förderung hochbegabter Kinder zu erkennen. Die Förderung findet in sog. Arbeitsgemeinschaften statt, dabei werden folgende Prinzipien beachtet:

- die Teilnahme ist freiwillig,
- die Kinder verbleiben in ihrer (häuslichen, schulischen) Umgebung,
- SchülerInnen aller Schularten sind einbezogen,
- FachlehrerInnen und Eltern treffen gemeinsame Entscheidungen,

- die Auswahl zu den Programmen erfolgt über LehrerInnen, nicht über Tests,
- die Arbeitsgruppen werden jahrgangsübergreifend gebildet, aber relativ klein gehalten.

In Braunschweig an der *Christophorus-Schule* wird ebenfalls eine spezifische Hochbegabtenförderung betrieben. Die Organisation besteht dabei in folgendem:

- Es werden Sonderklassen für Hochbegabte gebildet, deren Lehrangebot speziell auf diese Kinder abgestellt ist,
- in der Oberstufe des Gymnasiums sind für hochbegabte Kinder mehr Leistungskurse wählbar (vier Grund- und zwei Vertiefungsfächer),
- es wird zusätzliche Unterrichtszeit für diese Kinder vorgesehen,
- in bestimmten Fächern (u.a. Sport) werden die Kinder gemeinsam unterrichtet.

Eine mehr auf Gruppenprozesse bezogene Hochbegabtenförderung findet im sog. *Bonner Lehr-Lern-System* statt, wobei zu den o.g. Möglichkeiten auch noch der Aspekt der Akzeleration hinzukommt. In das Modellprogramm einbezogen sind bislang Grund-, Haupt- und Gesamtschulen. Nach Rost (1991) ist 1978 eine „Deutsche Gesellschaft zur Förderung hochbegabter Kinder e.V." gegründet worden (1981 Umbenennung in „Deutsche Gesellschaft für das hochbegabte Kind e.V."). Diese Gesellschaft will durch Beratung von Eltern und LehrerInnen, Kontakten mit Ministerien und Schulbehörden sowohl öffentliche Aufklärungsarbeit betreiben wie auch wissenschaftliche Arbeiten anregen.

Nach einer Befragung von Rost (1991, S. 64) sind Eltern hochbegabter Grundschulkinder vor allem an Programmen interessiert, welche die „Eigenverantwortlichkeit der Eltern für die Förderung ihrer besonders begabten Kinder betonen". Positiv werden auch Maßnahmen zur inneren Differenzierung des Unterrichts bewertet, hingegen ist hinsichtlich von Maßnahmen zur äußeren Differenzierung eine starke Polarisierung zu beobachten.

7.2.4.4 Programme in Großbritannien

Hier wurde 1966 die NAGC (National Association for Gifted Children) gegründet. Diese Organisation fühlt sich besonders den hochbegabten Kindern aus der Mittel- und Unterschicht verpflichtet, da in Großbritannien für die Oberschicht seit langem ein elitäres Bildungssystem (Public Schools und Elite-Colleges für diese soziale Oberschicht) besteht. Aufgrund von Nominationen und Aufnahmegesprächen mit den Eltern und den LehrerInnen werden die Kinder zusätzlichen Anregungen neben der Schule zugeführt (z.B. „Explorer Clubs", „Saturday Clubs").

Die Anregungen beziehen sich auf den intellektuellen, feinmotorischen und physischen Bereich. In diesen Clubs haben die Kinder die Möglichkeit, Experten kennenzulernen. Ziel ist auch, Freude am Wissenserwerb zu vermitteln, oder zu zeigen, daß der Weg oft wichtiger als das Ziel ist.

7.2.5 Zusammenfassung

Das Interesse an hochbegabten Kindern wird zunehmend artikuliert. Über eine alle zwei Jahre stattfindende weltweite Konferenz (World Council on Gifted and Talented Children) ist ein internationaler Erfahrungsaustausch organisiert. Spezielle Hochbegabtenschulen sind weiterhin selten. Am ehesten werden sog. Enrichment-Programme akzeptiert. Diese beruhen u.a. auf der Erkenntnis, daß Hochbegabte keine homogene Gruppe sind. Es bestehen offensichtlich auch noch bedeutsame Forschungslücken in diesem Bereich: „Wenn wir nicht Forschungsmethoden entwickeln, die auf diese Fragen eine befriedigende Antwort geben können, sind alle Programme und Maßnahmen zur Förderung jener SchülerInnen, die wir für potentiell begabt halten, von zweifelhaftem Wert" (Passow, 1989).

Nach Rost (1991, S. 65) scheint die schulpolitische Auswirkung der Hochbegabungsüberlegungen vor allem darin zu liegen, daß die Begabungsförderungsdiskussion der 60 und 70er Jahre wieder aufgenommen wird: „Eine pädagogische Konzeption von Begabungsförderung, in deren Mitte eine experimentelle Atmosphäre im Klassenzimmer steht, die sich durch vielfältige Lernangebote und differenzierte Arbeitsmaterialien auszeichnet, die durch reichhaltige Lernansätze über die ganze Breite und Tiefe des Lehrstoffs hinweg gekennzeichnet ist, die sich durch Einfallsreichtum, Engagement und Flexibilität gut ausgebildeter Lehrer auszeichnet und in der Lehrer und Eltern zum Nutzen aller miteinander kooperieren, hat noch keinem geschadet, auch nicht den Hochbegabten."

8. Literatur

Abe, K. (1972). Phobias and nervous symptoms in childhood and maturity. Persistance and association. *British Journal of Psychiatry, 120,* 275 - 283.

Abels, D. (1961). *Konzentrations-Verlaufs-Test (K-V-T).* Göttingen: Hogrefe.

Adameit, H., Heidrich, W., Möller, C. & Sommer H. (1978). *Grundkurs Verhaltensmodifikation.* Weinheim: Beltz.

Adorno, T.W., Frenkel-Brunswik, E., Levinson, D.J. & Sanford, R.N. (1950). *The authoritarian personality.* New York: Wiley & Sons (deutsch 1968: *Der autoritäre Charakter. Studien über Autorität und Vorurteil.* Frankfurt/M.: Suhrkamp).

Allen, G.J. (1980). The behavioral treatment of test anxiety: Therapeutic innovations and emerging conceptual challenges. *Progress in Behavior Modification, 9,* 81 - 123.

Allen, G.J., Elias, M.J. & Zlotlow, S.F. (1980). Behavioral interventions for alleviating test anxiety: A methodological review of current therapeutic techniques. In I.G. Sarason (Hrsg.), *Test anxiety. Theory, research and applications* (pp. 155-186). Hillsdale: Erlbaum.

Allport, F.H. (1920). The influence of the group upon association and thought. *Journal of Experimental Psychology, 3,* 159 - 182.

Allport, G.W. (1953). Bemerkungen zu dem gegenwärtigen Stand der Theorie der Motivation in den USA. *Psychologische Beiträge, 1,* 10 - 28.

Allport, G.W. (1958). *Werden der Persönlichkeit.* Stuttgart: Huber.

Althof, W. & Oser, F. (1985). Der moralische Kontext als „Sumpfbeet" möglicher Entwicklung. Erziehung angesichts der Individiuum-Umwelt-Verschränkung. *Berichte zur Erziehungswissenschaft aus dem Pädagogischen Institut der Universität Freiburg/Schweiz, Nr. 49.*

Anastasi, A. (1976). *Differentielle Psychologie. Unterschiede im Verhalten von Individuen und Gruppen.* Weinheim: Beltz.

Anderson, R.C. (1954). Learning in discussions: A resumé of the authoritarian-democratic studies. *Harvard Educational Review, 29,* 201-215.

Anderson, L.W. (1984). Attention, tasks and time. In L.W. Anderson (Ed.), *Time and school learning. Theory, research and practice* (S. 46-48). London: Croom Helm.

Anderson, R.C., Shirey, L.L., Wilson, P.T. & Fielding, L.G. (1987). Interestingness of children's reading material. In R.E. Snow & M.J. Farr (Eds.), *Aptitude, learning, and instruction. Vol. 3: Conative and affective process analyses* (pp. 287-299). Hilsdale, N.J.: Erlbaum.

Andreas, R., Bartl, M., Bartl-Dönhoff, G. & Hopf, W. (1976). *Angst in der Schule.* München: Urban & Schwarzenberg.

Anthes, H.J. (1974). *Lebenslageanalyse lediger und geschiedener Mütter. Eine empirische Studie zur gesellschaftlichen Situation von unvollständigen Familien in der Bundesrepublik Deutschland.* Unveröff. Diss., Universität Köln.

Arbinger, R., Seitz, H. & Todt, E. (1977). Motivationsforschung im Bereich der Schule. In E. Todt (Hrsg.), *Motivation* (S. 199-224). Heidelberg: Quelle & Meyer.

Arnold, W. (1963). *Der Pauli-Test.* München: Barth.

Astone, N.M. & Mc Lanahan, S.S. (1991). Family structure, parental practices, and high school completion. *American Sociological Review, 56,* 309-320.

Atkinson, J.W. (Ed.). (1958). *Motives in fantasy, action and society.* Princeton, N.J.: Van Nostrand.

Ausubel, D.R. (1974). *Psychologie des Unterrichts (2 Bd).* Weinheim: Beltz.

Bäumler, G. (1979). Psychovegetative Beschwerden und Persönlichkeitsstörungen bei Gymnasiasten: Eine vergleichende Untersuchung bei Schülern der Klassen 5 bis 13. *Psychologische Beiträge, 21,* 152-158.

Bandura, A. (1976). *Lernen am Modell. Ansätze zu einer sozial-kognitiven Lerntheorie.* Stuttgart: Klett.

Bandura, A. (1979). *Sozial-kognitive Lerntheorie.* Stuttgart: Klett-Cotta.

Bandura, A. & McDonald, F.J. (1963). The influence of social reinforcement and the behavior of models in shaping children's moral judgements. *Journal of Abnormal and Social Psychology, 67,* 274-281.

Bandura, A., Blanchard, W.B. & Ritter, B. (1969). The relative efficacy of desensitization and modeling approaches for inducing behavior. *Journal of Personality and Social Psychology, 13,* 137-199.

Barabasz, A.F. (1975). Classroom teachers as paraprofessional therapists in group systematic desensitization of test anxiety. *Psychiatry, 38,* 388-392.

Barchmann, H. et al. (Hrsg.). (1991). *Aufmerksamkeit und Konzentration im Kindesalter.* Berlin: Verlag Gesundheit.

Barker, R. G. & Gump, P.V. (1964). *Big school, small school. High school size and student behavior.* Stanford, Calif.: Stanford Univ. Press.

Barnard, J.W., Zimbardo, P.D. & Sarason, S.B. (1968). Teachers' ratings of student personality traits as they relate to IQ and social desirability. *Journal of Educational Psychology, 59,* 128-132.

Barr, R. & Dreeben, R. (1977). Instruction in classrooms. In L.S. Shulman (Ed.), *Review of research in education* (Vol. 5, pp. 89-162). Tasca, Ill.: Peacock.

Baur, R. (1972*). Elternhaus und Bildungschancen.* Weinheim: Beltz.

Bayerisches Staatsministerium für Unterricht, Kultus, Wissenschaft und Kunst (Hrsg.). (1992). *Reihe A: Bildungsstatistik. Bildung und Kulturpflege in Bayern 1992.* München: Manz.

Beck, A.T. (1979). Kognitive Therapie: Beschreibung und Beziehung zur Verhaltenstherapie. In R. van Quekelberghe (Ed.), *Modelle kognitiver Therapien.* München: Urban & Schwarzenberg.

Becker, P. (1980). *Studien zur Psychologie der Angst. Ein interaktionistischer Ansatz zur Messung und Erklärung normaler und pathologischer Angst.* Weinheim: Beltz.

Becker, P. (1982). Fear reactions and achievement. Behavior of students approaching an examination. In H.W. Krohne & L. Laux (Eds.), *Achievement, stress and anxiety* (pp. 275-290). Washington: Hemisphere Publisher.

Becker, R.P. & Schneider, W. (1976). Persönlichkeitsspezifische Reaktionen auf eine Streßsituation: Studenten vor der Prüfung. *Zeitschrift für experimentelle und angewandte Psychologie, 23,* 1-29.

Bendkover, J. & Oggenfuss, F. (1980). Scheidungskinder und Schule. *Familiendynamik, 3,* 242-271.

Bentley, A. (1968). *Musikalische Begabung bei Kindern und ihre Meßbarkeit.* Frankfurt/M.: Schriftenreihe zur Musikpädagogik (Bd. I, Hrsg. R. Jakoby).

Berg, D. (1991). Zur Bedeutung von Reizkomplexität und -modalität bei Konzentrationsschwierigkeiten. *Zeitschrift für Pädagogische Psychologie, 5,* 9-20.

Berliner, D.C. (1971). *Aptitude-treatment interaction in two studies of learning from lecture instruction.* Paper presented at the American Educ. Res. Ass. Convention, 1971 (zit. n. Flammer, 1975).

Berliner, D.C. (1976). Impediments to the study of teacher effectiveness. *Journal of Teacher Education, 27,* 5-13.

Berlyne, D.E. (1969). *Conflict, arousal, and curiosity.* New York: Mc Graw Hill (dt. Ausgabe 1974: Konflikt, Erregung, Neugier. Stuttgart: Klett).

Bernard, C. (1859). *Lecons sur les propriétiés physiologiques et les altérations pathologiques des liquides de l'organisme.* Paris: Bailliere.

Bernstein, B. (1962). Social class, linguistic codes and grammatical elements. *Language and Speech, 5*, 221-240.

Bernstein, B. (1970). *Soziale Struktur, Sozialisation und Sprachverhalten.* Amsterdam: de Munter.

Bettelheim, B. (1943). Individual and man behavior in extreme situations. *Journal of Abnormal and Social Psychology, 38*, 417-452.

Bexton, W.H., Heron, W. & Scott, T.T. (1954). Effects of decreased variation in the sensory environment. *Canadian Journal of Psychology, 8*, 70-76.

Biermann, G. (Hrsg.). (1977). *Kinder im Schulstreß.* München: Reinhardt.

Binas, D. (1975). *Konzentrations-Trainingsprogramm für Kinder des 3. und 4. Schuljahres.* Weinheim: Beltz.

Birbaumer, N. (Hrsg.). (1973). *Neuropsychologie der Angst.* München: Urban & Schwarzenberg.

Blasi, A. (1980). Bridging moral cognition and moral action. A critical review of the literature. *Psychological Bulletin, 88*, 1-45.

Bloom, B.S. (1964). Report on creativity research by examiner's office of the University of Chicago. In C.W. Taylor & F. Barron (Eds.), *Scientific creativity: Its recognition and development.* New York: Wiley.

Bloom, B.S. (1976). *Human characteristics and school learning.* New York: Mc Graw Hill.

Blüml, H., Erler, G., Frauenknecht, B., Gudat, U., Permien, H., Rommelspacher, B., Schumann, M. & Stich, J. (1980). *Das Modell „ Tagesmütter" - Abschlußbericht der wissenschaftlichen Begleitung.* Stuttgart: Kohlhammer.

Bock, M. (1980). Angenehme und unangenehme Erfahrungen aus gedächtnispsychologischer Sicht - Bilanz einer 80jährigen Forschung, *Psychologische Beiträge, 22*, 280-292.

Böckle, F. (1977). *Grundbegriffe der Moral* (8. Auflage). Aschaffenburg: Pattloch.

Bofinger, J. (1985). *Tendenzen des Bildungsverhaltens. Schulwahl und Schullaufbahnen im gegliederten Schulwesen Bayerns von 1974/75 bis 1982/83.* München: Ehrenwirth.

Bofinger, J. (1994). *Familiensituation und Schulbesuch. Dokumentation des Forschungsstandes.* München: Ehrenwirth.

Borchert, J. (1976). Das perzipierte Erziehungsverhalten von Lehrern und Müttern - seine Beziehungen zur Schulangst und zur Anstrengungsvermeidung. *Heilpädagogische Forschung, 6*, 348-355.

Bowlby, I. (1951). *Maternal care and mental health.* Genf: WHO.

Borchert, J., Horn, F. & Schmidt, M. (1979). Angstreduktion durch Modellernen bei lernbehinderten Sonderschülern. *Psychologie in Erziehung und Unterricht, 26,* 193-198.

Bracht, G.H. (1975). Experimentelle Faktoren in Beziehung zur Wechselwirkung zwischen Schülermerkmalen und Unterrichtsmethoden. In R. Schwarzer & K. Steinhagen (Hrsg.), *Adaptiver Unterricht - Zur Wechselwirkung von Schülermerkmalen und Unterrichtsmethoden* (S. 94-108). München: Kösel.

Bracht, G.H. & Glass, G.V. (1968). The external validity of experiments. *American Educational Research Journal, 5,* 437-474.

Brandtstädter, J. & von Eye, A. (1979). Pädagogisch-psychologische Praxis zwischen Prävention und Korrektur. In J. Brandtstädter, G. Reinert & K. A. Schneewind (Hrsg.), *Pädagogische Psychologie: Probleme und Perspektiven* (S. 355-379). Stuttgart: Klett-Cotta.

Brandtstädter, J. & von Eye, A. (1982). *Psychologische Prävention. Grundlagen, Programme, Methoden.* Bern: Huber.

Brandtstädter, J., Reinert, G. & Schneewind, K.A. (Hrsg.). (1979). *Pädagogische Psychologie: Probleme und Perspektiven.* Stuttgart: Klett-Cotta.

Brandtstädter, J., Fischer, M., Kluwe, R., Lohmann, J., Schneewind, K.A. & Wiedl, K.H. (1976). Entwurf eines heuristisch-taxonomischen Schemas zur Strukturierung von Zielbereichen pädagogisch-psychologischer Forschung und Lehre. *Zeitschrift für Entwicklungspsychologie und Pädagogische Psychologie, 6,* 1-18.

Bregman, E.O. (1934). An attempt to modify the emotional attitudes of infants by the conditional response technique. *Journal of Genetic Psychology, 45,* 169-198.

Brenner, C. (1989). *Grundzüge der Psychoanalyse.* Frankfurt/M.: Fischer.

Brezinka, W. (1974). *Grundbegriffe der Erziehungswissenschaft.* München: Reinhardt.

Brezinka, W. (1976). *Erziehungsziele, Erziehungsmittel, Erziehungserfolg.* München: Reinhardt.

Brezinka, W. (1978). *Metatheorie der Erziehung. Eine Einführung in die Grundlagen der Erziehungswissenschaft, der Philosophie der Erziehung und der Praktischen Pädagogik.* München: Reinhardt.

Brezinka, W. (1986). *Erziehung in einer wertunsichern Gesellschaft. Beiträge zur Praktischen Pädagigik.* München: Reinhardt.

Brezinka, W. (1989). Empirische Erziehungswissenschaft und andere Erziehungstheorien: Differenzen und Verständigungsschwierigkeiten. In H. Röhrs & H. Scheuerl (Hrsg.), *Richtungsstreit in der Erziehungswissenschaft und pädagogische Verständigung* (S. 71-82). Frankfurt/M.: Lang.

Brickenkamp, R. (1962). *Aufmerksamkeits-Belastungstest d$_2$.* Göttingen: Hogrefe.

Briechle, R. (1981). Interessen und moralisches Urteilsniveau. *Unterrichtswissenschaft, 3,* 265-274.

Broadhurst, P.I. (1957). Emotionality and the Yerkes-Dodson Law. *Journal of Experimental Psychology, 54,* 345-352.

Bronfenbrenner, U. (1976). *Ökologische Sozialisationsforschung.* Stuttgart: Klett.

Bronfenbrenner, U. (1981). *Die Ökologie der menschlichen Entwicklung.* Stuttgart: Klett-Cotta.

Bronzaft, A.L. & McCarthy, D.P. (1975). The effect of elevated train noise on reading ability. *Environment and Behavior, 7,* 517-527.

Brookover, W.B. Thomas, S. & Paterson, A. (1964). Self-concept of ability and school achievement. *Journal of Sociology and Education, 37,* 271-278.

Brookover, W., Beady, C., Flood, P., Schweitzer, J. & Wisenbaker, J. (1979). *School, social systems and student achievement.* New York: Praeger.

Brophy, J.E. (1976). Reflections on research in elementary schools. *Journal of Teacher Education, 27,* 31-34.

Brophy, J.E. & Good, T.L. (1976). *Die Lehrer-Schüler-Interaktion.* München: Urban & Schwarzenberg.

Brosch, A. (1950). *Die Wirkung abrupter Unterbrechungen auf das Gedächtnis bei Kindern.* Phil. Diss., Universität Wien.

Brown, C. (1938 a). Emotional reactions before examinations. II. Results of a questionaire. *Journal of Psychology, 5,* 11-26.

Brown, C. (1938 b). Emotional reactions before examinations: III. Interrelations. *Journal of Psychology, 5,* 27-31.

Brown, C. & van Gelder, D. (1938). Emotional reactions before examinations: I. Physiological changes. *Journal of Psychology, 5,* 1-9.

Brück, H. (1978). *Die Angst des Lehrers vor seinem Schüler.* Reinbek: Rowohlt.

Budoff, M. & Quinlan, D. (1964). Reading progress as related to efficiency of visual and aural learning in the primary grades. *Journal of Educational Psychology, 55,* 247-252.

Buer, J.v. (1980). *Implizite Individualisierungsstrategien in den unterrichtlichen Lehrer-Schüler-Interaktionen - am Beispiel des Englischanfängerunterrichts.* Unveröff. Diss., Göttingen.

Buhr, M. (Hrsg.). (1962). *Francis Bacon - Novum Organon*. Berlin: Akademie Verlag.

Bundesministerium für Bildung und Wissenschaft. (1978). *Beanspruchung von Schülern: Abschlußbericht über die Tagung in Osnabrück*. BMBW-Werkstattberichte Nr. 12. Bonn: BMBW.

Bunge, M. (1967a). *Scientific research* (Vol. 1). New York: Springer.

Bunge, M. (1967b). *Scientific research* (Vol. 2). New York: Springer.

Bunge, M. (1967). *Scientific research* (2 Vol.). New York: Springer.

Burkhardt, W. & Unterseher. L. (1978). *Der Elternführerschein. Bericht über die sozialwissenschaftliche Begleitung eines Medienverbund-Projektes*. Stuttgart: Kohlhammer.

Butollo, W. (1979). *Chronische Angst*. München: Urban & Schwarzenberg.

Calsyn, R. J. & Kenny, D.A. (1977). Self-concept of ability and perceived evaluation of others: Cause or effect of academic achievement? *Journal of Educational Psychoilogy, 69*, 136-145.

Campbell, J.R. & Mandel, F. (1990). Connecting math achievement to parental influences. *Contemporary Educational Psychology, 15*, 64-74.

Cannon, W.B. (1932). *The wisdom of the body*. New York.

Carroll, J.B. (1973). Ein Modell schulischen Lernens. In W. Edelstein & D. Hopf (Hrsg.), *Bedingungen des Bildungsprozesses* (S. 234-250). Stuttgart: Klett.

Carroll, J.B. (1975). Unterrichtsmethoden und individuelle Unterschiede. In R. Schwarzer & K. Steinhagen (Hrsg.), *Adaptiver Unterricht - Zur Wechselwirkung von Schülermerkmalen und Unterrichtsmethoden* (S. 59-63). München: Kösel.

Carter, R.S. (1952). How invalid are marks assigned by teachers? *Journal of Educational Psychology, 43*, 218-228.

Cartledge, C.J. & Krauser, E.L. (1963). Training first-grade children in creative thinking under quantitative and qualitative motivation. *Journal of Educational Psychololy, 54*, 295-299.

Cattell, R.B. (1963). Theory of fluid and crystallized intelligence: A critical experiment. *Journal of Educational Psychology, 54*, 1-22.

Cattell, R.B. & Weiss, R.H. (1971). *Grundintelligenztest - Skala 3 (CFT 3)*. Braunschweig: Westermann.

Cattell, R.B. & Weiss, R.H. (1978). *Grundintelligenztest - Skala 2 (CFT 20)*. Braunschweig: Westermann.

Cautela, J.R. & Kastenbaum, R.A. (1967). A reinforcement schedule for use in therapy, training and research. *Psychological Reports, 20,* 1115-1130.

Ceci, S. J. (1991). How much does schooling influence general intelligence and its cognitive components? A reassessment of the evidence. *Developmental Psychology, 27,* 703-722.

Chemnitz, G. (1979). Emotionale Reaktionen von Schülern während einer Schulstunde mit und ohne Klassenarbeit. *Psychologie in Erziehung und Unterricht, 26,* 170-173.

Christmann, H. (1978). Prüfungsangst bei Jungen und Mädchen und familiäre Erziehungsstile. Ein multipler Erklärungsansatz. *Psychologie in Erziehung und Unterricht, 25,* 345-351.

Cohen, R. (1971). *Zum Begriff der Angst in der differentiellen Psychologie.* Konstanz: Universitätsverlag.

Coleman, J.S. (1966). *Equality of educational opportunity.* Washington, D.C.: U.S. Government Printing Office.

Cruickshank, W.M. (1973). *Schwierige Kinder in Schule und Elternhaus.* Berlin: Marhold.

Cruickshank, D.R. (1976). Synthesis of selected recent research on teacher effects. *Journal of Teacher Education, 27,* 57-60.

Cruickshank, W.M., Bentzen, F.A., Tatzeburg, F.H. & Tannhauser, M.T. (1961). *A teaching method for brain-injured and hyperactive children.* New York: Syracuse University Press.

Csikszentmihalyi, M. (1975). *Beyond boredom and anxiety.* San Francisco: Jossey-Bass.

Csikszentmihalyi, M. (1985). *Das Flow-Erlebnis. Jenseits von Angst und Langeweile - im Tun aufgehen.* Stuttgart: Klett-Cotta.

Czerwenka, K., Nölle, K., Pause, G., Schlotthaus, W., Schmidt, H.-J. & Tessloff, J. (1988). *Schülerurteile über die Schule. Bericht über eine internationale Untersuchung.* Frankfurt/M.: Lang.

Dahme, G. & Eggers, R. (1988). Lehrerkriterien zur Beurteilung Hochbegabter. *Psychologie in Erziehung und Unterricht, 35,* 188-201.

Dann, H.-D., Cloetta, B., Müller-Fohrbrodt, G. & Helmreich, R. (1978). *Umweltbedingungen innovativer Kompetenz. Eine Längsschnittuntersuchung zur Sozialisierung von Lehrern in Ausbildung und Beruf.* Stuttgart: Klett-Cotta.

Datta, L.E. & Parloff, M. (1967). On the relevance of autonomy: Parent-child relationships and early scientific creativity. *Proceedings 75th annual convention, APA, 1967,* 149-150.

Deci, E.L. (1975). *Intrinsic motivation.* New York: Plenum Press.

Deci, E.L. (1992). Interest and the intrinsic motivation of behavior. In K.A. Renninger, S. Hidi & A. Krapp (Eds.), *The role of interest in learning and development* (pp. 43-70). Hillsdale: Erlbaum.

Deci, E.L. & Ryan, R.M. (1985). *Intrinsic motivation and self-determination in human behavior.* New York: Plenum.

Deffenbacher, J.L. (1980). Worry and emotionality in test anxiety. In I.G. Sarason (Ed.), *Test anxiety* (pp. 111-128). Hillsdale: Erlbaum.

Degel & Petillon (1985). Sekundäranalysen zum sozial-emotionalen Bereich. In K. Ingenkamp, H. Petillon & M. Weiss (Hrsg.), *Klassengröße: je kleiner, desto besser? Forschungs- und Diskussionsstand zu Wirkungen der Klassenfrequenz* (S. 110-130). Weinheim: Beltz.

Dennis, W. (1960). Causes of retardation among institutional children: Iran. *Journal of Genetic Psychology, 96,* 47-59.

Dejung, B. (1967). *Regressionen im Verhalten des Menschen.* Unveröff. Phil. Diss., Zürich.

Deutsches Institut für Bildung und Wissen. (1975). Warnung vor schädlichen Nebenwirkungen von Bildungsreformen. *IBW-Journal, Informationsdienst des Deutschen Instituts für Bildung und Wissen, 13 (15.6.1975).*

Dhorty, L. (1989). *Moderne Suggestopädie.* Bremen: Psychologische Lernsysteme Vertriebsgesellschaft.

Dietrich, R., Elbing, E., Paegitsch, J. & Ritscher, H. (1983). *Psychologie der Lehrerpersönlichkeit.* München: Reinhardt.

Dietrich, R. (1987). Lernen im biofeedback-indizierten Entspannungszustand. *Zeitschrift für Pädagogische Psychologie, 1,* 99-111.

von Ditfurth, H. (Hrsg.). (1966). *Aspekte der Angst.* München: Kindler.

Dobbelstein-Osthoff, P. & Schirp, H. (1987). *Werteerziehung in der Schule - aber wie?* Soest: Landesinstitut für Schule und Weiterbildung (Arbeitsberichte zur Curriculumentwicklung, Schul- und Unterrichtsforschung, Bd. 10).

Dobreff, M. & Tomoff, W. (1932). Durch Angst hervorgerufene somatische Veränderungen. *Zeitschrift für die gesamte experimentelle Medizin, 84,* 695-701.

Dockrell, E.W. (Ed.). (1970). *On Intelligence. The Toronto Symposium on Intelligence, 1969.* London: Methuen.

Dörner (1976). *Problemlösen als Informationsverarbeitung.* Stuttgart: Kohlhammer.

Doren, A. (1914). *Die Chronik des Salimbene von Parma.* New York: Johnson (Neudruck 1965).

Dorsch, F., Häcker, H. & Stapf, K.H. (1994). *Dorsch Psychologisches Wörterbuch* (12. Auflage). Bern: Huber.

Doyle, W. (1977). Paradigms for research on teacher effectiveness. In L.S. Shulman (Ed.), *Review of research in education* (Vol. 5, pp. 163-198). Itasca, Ill.: Peacock.

Dreher, E., Haenisch, H., Klaghofer, R. & Lukesch, H. (1979). Chancengleichheit und Schullauf-bahnveränderung in unterschiedlichen Schulsystemen. In H. Lukesch, H. Schuppe, E. Dreher, H. Haenisch & R. Klaghofer, *Gesamtschule und dreigliedriges Schulsystem in Nordrhein-Westfalen - Chancengleichheit und Offenheit der Bildungswege* (S. 1-84). Paderborn: Schoeningh

Dreikurs, R. (1976). *Psychologie im Klassenzimmer*. Stuttgart: Klett.

Drew, C.J. (1971). Research on the psychological behavioral effects of the physical environment. *Review of Educational Research, 41,* 447-465.

Dröber, E. (1986). „Superlearning" an der Hochschule - eine Pilotstudie. In Hinkelmann, K.G. (Hrsg.), *Superlearning und Suggestopädie. Ausgewählte Aufsätze* (S. 79-104). Bremen: Psychologische Lernsysteme Vertriebsgesellschaft.

Dubin, R. & Taveggia, T.C. (1968). *The teaching-learning paradox.* Eugene: University of Oregon Press (deutsch in P. Menck & G. Thomas (Hrsg.). (1972), *Unterrichtsmethode.* München: Kösel).

Dührssen, A. (1958). *Heim- und Pflegekinder in ihrer Entwicklung.* Göttingen: Verlag für medizinische Psychologie.

Düker, K. & Lienert, G.A. (1953). *Konzentrations-Leistungs-Test (K-L-T).* Göttingen: Hogrefe.

Dunkin, M.J. & Biddle, B.J. (1974). *The study of teaching.* New York: Holt, Rinehart and Winston.

Dykman, B.M. & Reis, H.T. (1979). Personality correlates of classroom seating position. *Journal of Educational Psychology, 71,* 346-354.

Eckensberger, L.H. (1982). Zur Ontogenese von Moralität. In F. Hiller (Hrsg.), *Normen und Werte. Annales Universitatis Sraviensis* (Bd. 18, S. 17-38). Heidelberg: Winter.

Edelmann, W. (1988). *Suggestopädie, Superlearning.* Heidelberg: Asanger.

Edelstein, W. (1986). Moralische Intervention in der Schule. Transformation und Entwicklung. In F. Oser, R. Fatke & O. Höffe (Hrsg.), *Transformation und Entwicklung* (S. 327-349). Frankfurt/M.: Suhrkamp.

Eder, F. (1994). *Schul- und Klassenklima.* Unveröff. Habilitationsschrift, Universität Salzburg.

Ehrhardt, K.J., Findeisen, P., Marinello, G. & Reinartz-Wenzel, H. (1981). Systematische Verhaltensbeobachtung von Aufmerksamkeit bei Grundschülern während des Unterrichts. *Psychologie in Erziehung und Unterricht, 28,* 204-213.

Elbing, E. & Ellgring, J.H. (1977). Verminderung der Prüfungsangst durch Modellernen im Klassenzimmer. *Psychologie in Erziehung und Unterricht, 24,* 1-10.

Elhardt, S. (1971). *Tiefenpsychologie. Eine Einführung.* Stuttgart: Kohlhammer.

Ellis, A. (1977). *Die rational-emotive Therapie.* München: Pfeiffer.

Engfer, A. (1983*). Bedingungen und Auswirkungen harten elterlichen Strafens.* Unveröff. Diss., Univ. Trier.

English, H.B. (1929). Three cases of the „conditioned fear response". *Journal of Abnormal and Social Psychology, 34,* 221-225.

Epstein, S. (1973). Versuch einer Theorie der Angst. In N. Birbaumer (Hrsg.), *Neuropsychologie der Angst* (S. 208-266). München: Urban & Schwarzenberg.

Epstein, S. & Fenz, W.D. (1965). Steepness of approach and avoidance gradients in humans as a function of experience: Theory and experiment. *Journal of Experimental Psychology, 70,* 1-12.

Erlenmeyer-Kimling, L. & Jarvik, L.F. (1963). Genetics and intelligence: A review. *Science, 142,* 1477-1479.

Erlinghagen, K. (1965). *Katholisches Bildungsdefizit in Deutschland.* Freiburg: Herder.

Esser, J. (1978). *Angst in Schule und Hochschule.* Braunschweig: Westermann.

Evertson, C.M., Anderson, C.W., Anderson, L.M. & Brophy, J.E. (1980). Relationship between classroom behaviors and student outcomes in junior high mathematics and english classes. *American Educational Research Journal, 17,* 43-60.

Ewert, O. (1979). Zum Selbstverständnis der Pädagogischen Psychologie im Wandel ihrer Geschichte. In J. Brandtstädter, G. Reinert & K.A. Schneewind (Hrsg.), *Pädagogische Psychologie: Probleme und Perspektiven* (S. 15-28). Stuttgart: Klett-Cotta.

Eysenck, H.J. & Rachmann, S. (1972). *Neurosen - Ursachen und Heilmethoden.* Berlin: VEB Deutscher Verlag der Wissenschaften.

Falbo, T. (1975). Achievement attributions of kindergateners. *Developmental Psychology, 11,* 529-530.

Farnsworth, P. (1958). *The social psychology of music.* New York: Dryden (deutsch 1976: *Sozialpsychologie der Musik.* Stuttgart: Enke).

Feger, B. (1987). Förderprogramme für Hochbegabte. *Psychologie in Erziehung und Unterricht, 34,* 161-170.

Feger, B. (1988). *Hochbegabung. Chancen und Probleme.* Bern: Huber.

Feig, R. (1972). Psychologische Forschung und Pädagogik des Erwachsenenalters. *Zeitschrift für erziehungswissenschaftliche Forschung, 3,* 137-149.

Feingold, B.F. (1975). *Why your child is hyperactive.* New York: Random House.

Fend, H. (1977). *Schulklima: Soziale Einflußprozesse in der Schule. Soziologie der Schule III, 1.* Weinheim: Beltz.

Fend, H. (1980). *Theorie der Schule.* München: Urban & Schwarzenberg.

Fend, H. (1982). *Gesamtschule im Vergleich.* Weinheim: Beltz.

Fend, H. & Knörzer, W. (1977). Beanspruchung von Schülern. Aspekte der schulischen Sozialisation. Gutachten für das Bundesministerium für Bildung und Wissenschaft. *BMBW-Werkstattberichte, Nr. 2.* Bonn: Bundesministerium für Bildung und Wissenschaft.

Fend, H. & Klaghofer, R. (1980). Durchlässigkeit und Chancengleichheit in unterschiedlichen Schulsystemen. *Zeitschrift für Pädagogik, 26,* 653-672.

Fend, H., Knörzer, W., Nagl, W., Specht, W. & Väth-Szudziara, R. (1976). *Sozialisationseffekte der Schule. Soziologie der Schule II.* Weinheim: Beltz.

Ferdinand, W. (1969). Über Schulreife und Schulleistung IQ-äquivalenter Kinder aus verschiedenen sozialen Milieus. *Zeitschrift für Entwicklungspsychologie und Pädagogische Psychologie, 1,* 190-199.

Festinger, L. (1957). *A theory of cognitive dissonance.* Evanstone, Ill.: Row & Peterson.

Filene, P.G. (1969). Self-grading: An experiment in learning. *Journal of Higher Education, 40,* 451-458.

Filipp, S.-H. (1979). *Selbstkonzept-Forschung: Probleme, Befunde, Perspektiven.* Stuttgart: Klett-Cotta.

Fisch, R. (1970). *Konfliktmotivation und Examen.* Meisenheim: Hain.

Fischer, G., Rollnik, H., Sammet, R., Klein, A. & Winkler, U. (1982). Rettet die mathematisch-naturwissenschaftliche Bildung. *Spektrum der Wissenschaft, Heft 3,* 100.

Fischer, H. & Butsch, C. (1961). Musikalische Begabung und Intelligenz. *Zeitschrift für experimentelle und angewandte Psychologie, 8,* 508-518.

Fitch, M.L., Drucker, A.J. & Norton, A.J. (1951). Frequent testing as a motivating factor in large lecture classes. *Journal of Educational Psychology, 42,* 1-20.

Fittkau, B. & Langer, H. (1974). Auswirkungen schriftlicher Ermutigungen unter Klassenarbeiten auf Angst und Leistungen der Schüler. *Psychologie in Erziehung und Unterricht, 21,* 15-21.

Flammer, A. (1973). Individuelle Differenzen im Lernen nach der „Mastery-Learning"-Strategie. *Zeitschrift für experimentelle und angewandte Psychologie, 20,* 529-546.

Flammer, A. (1975). Wechselwirkungen zwischen Schülermerkmalen und Unterrichtsmethoden. In R. Schwarzer & K. Steinhagen (Hrsg.), *Adaptiver Unterricht - Zur Wechselwirkung von Schülermerkmalen und Unterrichtsmethoden* (S. 27-41). München: Kösel.

Flanders, N.A. (1970). *Analyzing teaching behavior.* Reading, Mass.: Addison.

Flemming, B. (1977). *Angst und Angstabwehr bei starker psychischer Belastung vor Herzoperationen.* Unveröff. Diss., Universität Hamburg.

Fliegel, S. (1978). *Zur Wirksamkeit von Selbstverbalisationen bei der Verhaltenstherapie phobischer Ängste.* Unveröff. Diss., Universität Bochum.

Florin, I. (1975). Praxis der systematischen Desensibilisierung. In I. Florin & W. Tunner (Hrsg.), *Therapie der Angst.* München: Urban & Schwarzenberg.

Florin, I. & Rosenstiel, L. v. (1976). *Leistungsstörung und Prüfungsangst. Ursachen und Behandlung.* München: Goldmann.

Florin, I. & Tunner, W. (1975). Die Wirksamkeit der Systematischen Desensibilisierung. In I. Florin & W. Tunner (Hrsg.), *Therapie der Angst.* München: Urban & Schwarzenberg.

Fölling-Albers, M. (1995). *Schulkinder heute. Auswirkungen veränderter Kindheit auf Unterricht und Schulleben* (2. Auflage). Weinheim: Beltz.

French, J.R. & Raven, B.H. (1959). The basis of social power. In D. Cartwright (Ed.), *Studies in social power* (pp. 118-144). Ann Arbor: University of Michigan.

Freud, A. (1964). *Das Ich und die Abwehrmechanismen.* München: Kindler.

Freud, S. (1905). *Drei Abhandlungen zur Sexualtheorie. Gesammelte Werke V.* Frankfurt/M.: Fischer.

Frey, D., Kumpf, M., Raffée, H., Sauter, B. & Silberer, G. (1976). Informationskosten und Reversibilität des Entschlusses als Determionanten der Informationsnachfrage vor Entscheidungen. *Zeitschrift für experimentelle und angewandte Psychologie, 23,* 569-585.

Friedrich, C. (1978). Zusammenhang zwischen Variablen der sozialen Umwelt und der Schulleistungen bei 12- bis 13jährigen Gymnasiasten. *Psychologie in Erziehung und Unterricht, 25,* 247-251.

Frohwein, M.S. (1974). *Effects of differential teacher feedback upon elementary pupil performance on rote tasks.* Unpublished doctoral diss., Columbia University.

Fromm, U., Froschhammer, H., Haslbeck, E. & Hofmann, I. (1992). *Moralischer Gehalt von Fernsehserien. Eine vergleichende Untersuchung der TV-Familienserien „ Dallas" und „ Das Erbe der Guldenburgs".* Regensburg: Unveröffentlichte Praktikumsarbeit.

Frostig, M. (1972). *Wahrnehmungstraining.* Dortmund: Crüwell.

Frostig, M. (1974). *Entwicklungstest der visuellen Wahrnehmung.* Weinheim: Beltz.

Fürntratt, E. (1974). *Angst und instrumentelle Aggression.* Weinheim: Beltz.

Gaedicke, A.-K. (1974). Determinanten der Schulleistung. In K.A. Heller (Hrsg.), *Leistungsbeurteilung in der Schule* (S. 46-93). Heidelberg: Quelle & Mayer.

Gärtner-Harnach, V. (1972). *Angst und Leistung.* Weinheim: Beltz.

Gage, N.L. (1979). *Unterrichten - Kunst oder Wissenschaft?* München: Urban & Schwarzenberg.

Gage, N.L. & Berliner, D.C. (1986). *Pädagogische Psychologie.* München: PVU (4. Auflage, 1. Auflage: 1979).

Garbe, U., Lukesch, H. & Strasser, E.-M. (1981). Die Beziehung zwischen Schulnoten, leistungsbezogenen Merkmalen der Schülerpersönlichkeit und mütterlichen Erziehungsmaßnahmen am Ende der Grundschulzeit. *Psychologie in Erziehung und Unterricht, 28,* 65-71.

Garber, J. & Seligman, M.E.P. (Eds.). (1980). *Human helplessness. Theory and applications.* New York: Academic Press.

Garten, H.-K. (1980). Zur inhaltlichen Problematik von Aptitude-Treatment-Interaktionen. *Zeitschrift für erziehungswissenschaftliche Forschung, 14,* 13-35.

Garvey, W.P. & Hegrennes, J.R. (1966). Desensitization techniques of school phobia. *American Journal of Orthopsychiatry, 36,* 147-152.

Gehlen, A. (1950). *Der Mensch. Seine Natur und Stellung in der Welt* (4. Auflage). Bonn: Athenäum.

Geipel, R. (1965). *Sozialräumliche Strukturen des Bildungswesens.* Frankfurt/M.: Diesterweg.

Genser, B. (1978). Erziehungswissen von Eltern. In K.A. Schneewind & H. Lukesch (Hrsg.), *Familiäre Sozialisation* (S. 27-43). Stuttgart: Klett.

Genser, B., Brößkamp, C. & Groth, A.-P. (1980). Instrumentelle Überzeugungen von Eltern in hypothetischen Erziehungssituationen. In H. Lukesch, M. Perez & K.A. Schneewind (Hrsg.), *Sozialisation und Intervention in der Familie* (S. 145-160). Bern: Huber.

Getzels, J.W. & Jackson, P.W. (1959). The highly intelligent and the highly creative adolescent: a summary of some research findings. Identification of creative scientific talent. In C.W. Taylor & F. Barron (Eds.), *Scientific creativity: Its explorations with gifted students, recognition and development* (pp. 161-172). New York: Wiley.

Getzels, J.W. & Jackson, P.W. (1963). *Creativity and intelligence.* London: Wiley.

Geuter, U. (1984). *Die Professionalisierung der deutschen Psychologie im Nationalsozialismus.* Frankfurt/M.: Suhrkamp.

Geuter, U. (1986). *Daten zur Geschichte der deutschen Psychologie.* Band 1. Göttingen: Hogrefe.

Geuter, U. (1987). *Daten zur Geschichte der deutschen Psychologie.* Band 2. Göttingen: Hogrefe.

Geuß, H. & Urban, K.K. (1982). Hochbegabte Kinder. In W. Wieczerkowski & H. zur Oeveste (Hrsg.), *Lehrbuch der Entwicklungspsychologie* (Band 3, S. 85-100). Düsseldorf: Schwann.

Gifford, E.M. & Marston, A.R. (1966). Test anxiety, reading rate and task experience. *Journal of Educational Research, 59,* 303-306.

Gil, T. (1993). *Ethik.* Stuttgart: Metzler.

Gilg, W. (1986). *Möglichkeiten der Konzentrationssteigerung.* Unveröff. Diss., Universität Wien.

Gissau, B. (1976). Leistungsangst und Leistung bei Jugendlichen. *Praxis der Kinderpsychologie und Kinderpsychiatrie, 25,* 216-221.

Glaser, R. (1975). Individuen und Lernen: Die neuen Schülermerkmale. In R. Schwarzer & K. Steinhagen (Hrsg.), *Adaptiver Unterricht - Zur Wechselwirkung von Schülermerkmalen und Unterrichtsmethoden* (S. 109-126). München: Kösel.

Glass, G.V. & Smith, M.L. (1978). *Meta-Analysis of research on the relationship of class-size and achievement.* San Francisco: Far West Laboratory for Educational Research and Development.

Glass, G.V., Cahen, C.S., Smith, M.L. & Filby, N.N. (1982). *School class size. Research and policy.* Beverly Hill: Sage Publications.

Glucksberg, S. (1962). The influence of strengh of drive on functional fixedness and perceptual recognition. *Journal of Experimental Psychology, 63,* 36-41.

Gösselbauer, J.P. & Nikolaus, E. (1982). Zur medikamentösen Beeinflussung der Konzentrations- und Intelligenzleistungen sowie des Verhaltens von Schulkindern. *Psychologie in Erziehung und Unterricht, 29,* 268-278.

Goldfried, M.A., Decenteceo, E. T. & Weinberg, L. (1979). Die Systematische Restrukturierung - Eine Selbstkontrolltechnik. In R. van Quekelberghe (Hrsg.), *Modelle kognitiver Theorien.* München: Urban & Schwarzenberg.

Goldfried, M.A. & D'Zurilla, T.J. (1973). Prediction of academic competence by means of the survey of study habits and attitudes. *Journal of Educational Psychology, 64,* 116-122.

Good, T.L., Biddle, B.J. & Brophy, J. (1975). *Teacher make a difference.* New York: Holt, Rinehart and Winston.

Gordon, E. (1965). *Musical Aptitude Profile.* Boston: Riverside Publ. Comp..

Gordon, E. (1967). *A three-year longitudinal predictive validity study of the Musical Aptitude Profile.* Iowa City: University of Iowa Press.

Gordon, E. (1986). *Musikalische Begabung.* Mainz: Schott.

Gould, S.J. (1988). *Der falsch vermessene Mensch.* Frankfurt/M.: Suhrkamp.

Graumann, C.F. (1969). *Motivation (Einführung in die Psychologie, Band 1).* Frankfurt/M.: Akademische Verlagsgesellschaft.

Graves, M. (1948). *Design judgement test.* New York: Psychological Corporation.

Grell, J. (1975). *Techniken des Lehrerverhaltens.* Weinheim: Beltz.

Gritton, C.E. & Schuster, D.H. (1986). *Suggestopädie in Theorie und Praxis: Handbuch für den Unterricht mit holistischen Lehr-Lern-Systemen.* Bremen: Psychologische Lernsysteme.

Grossmann, K.E. & Winkel, R. (1977). *Angst und Lernen.* München: Kindler.

Guilford, J.P. (1950). Creativity. *American Psychologist, 5,* 444-454.

Guilford, J.P. (1959). *Personality.* New York: McGraw Hill.

Guilford, J.P. (1964). The nature of creativity. In R.W. Russell (Ed.), *Frontiers of Psychology.* Chicago: Scott, Foresman and Company.

Häcker, H. (1994). Intelligenz. In F. Dorsch, H. Häcker & K.H. Stapf (Hrsg.), *Dorsch Psychologisches Wörterbuch* (S. 355-356). Bern: Huber.

Haecker, V. & Ziehen, T. (1992). Über die Erblichkeit der musikalischen Begabung. *Zeitschrift für Psychologie, 90,* 204-306.

Haenisch, H. (1979). Schulleistungsvergleich zwischen Gesamtschulen und Schularten des gegliederten Schulsystems in Nordrhein-Westfalen am Ende des 6. Schuljahres. In H. Haenisch, H. Lukesch, R. Klaghofer & E. Krüger-Haenisch, *Gesamtschule und dreigliedriges Schulsystem in Nordrhein-Westfalen - Schulleistungsvergleiche in Deutsch, Mathematik, Englisch und Physik* (S. 1-226). Paderborn: Schoeningh.

Haferkamp, W. & Rost, D.H. (1980). Angst geht zur Grundschule. *Die Deutsche Schule, 72,* 119-134.

von Harnack, G.A. (1958). *Nervöse Verhaltensstörungen beim Schulkind.* Stuttgart: Thieme.

Harnischfeger, A. & Wiley, D.E. (1976). The teaching-learning process in elementary schools. *Curriculum Inquiry, 6,* 5-43.

Harter, S. (1974). Pleasure derived by children from cognitive challenge and mastery. *Child Development, 46,* 661-669.

Hartshorne, H. & May, M.A. (1928). *Studies in the nature of character. Vol. I.* New York: Macmillan.

Hartshorne, H., May, M.A. & Maller, J.B. (1930). *Studies in the nature of character. Vol. II.* New York: Macmillan.

Haubl, R., Peltzer, V., Wakenhut, R. & Weidenfeller, G. (1985). Veränderung und Sozialisation. In G. Lind, H.A. Hartmann & R. Wakenhut (Hrsg.), *Moralisches Urteilen und soziale Umwelt. Theoretische, methodologische und empirische Untersuchungen* (S. 237-248). Weinheim: Beltz.

Havers, N. (1981). *Erziehungsschwierigkeiten in der Schule. Klassifikation, Häufigkeit, Ursachen und pädagogisch-therapeutische Maßnahmen* (2. Auflage). Beltz: Weinheim.

Heckhausen, H. (1968). Förderung der Lernmotivierung und der intellektuellen Tüchtigkeit. In H. Roth (Hrsg.), *Begabung und Lernen* (S. 193-228). Stuttgart: Klett (6.Auflage, 1971).

Heckhausen, H. (1974a). Motive und ihre Entstehung. In F.E. Weinert, C.F. Graumann, H. Heckhausen & M. Hofer (Hrsg.), *Funk-Kolleg Pädagogische Psychologie* (S. 133-172). Frankfurt/M.: Fischer

Heckhausen, H. (1974b). *Leistung und Chancengleichheit.* Göttingen: Hogrefe.

Heckhausen, H. (1975). Fear of failure as a self-reinforcing motive system. In I. G. Sarason & C. D. Spielberger (Eds.), *Stress and Anxiety* (Vol. 2, pp. 117-128). New York: Wiley.

Heckhausen, H. (1980). *Motivation und Handeln. Lehrbuch der Motivationspsychologie.* Berlin: Springer.

Heckhausen, H. & Kemmler, L. (1957). Entstehungsbedingungen der kindlichen Selbständigkeit. *Zeitschrift für experimentelle und angewandte Psychologie, 4,* 603-622.

Heckhausen, H. & Oswald, A. (1969). Erziehungspraktiken der Mutter und Leistungsverhalten des normalen und gliedmaßengeschädigten Kindes. *Archiv für die gesamte Psychologie, 121,* 1-30.

Heckhausen, H. & Rheinberg, F. (1980). Lernmotivation im Unterricht, erneut betrachtet. *Unterrichtswissenschaft, 8,* 7-47.

Heck-Möhling, R., Reinhard, J. & Bohle, J. (1986). *Konzentrationstest für 3. und 4. Klassen.* Weinheim: Beltz.

Heidbrink, H. (1991). *Stufen der Moral. Zur Gültigkeit der kognitiven Entwicklungstheorie Lawrence Kohlbergs.* München: Quintessenz.

Heidbrink, H. (1992). *Gerechtigkeit. Einführung in die Moralpsychologie.* München: Quintessenz.

Heider, F. (1958). *The psychology of interpersonal relations.* New York: Wiley (deutsch 1977: *Psychologie der interpersonalen Beziehungen.* Stuttgart: Klett).

Heiliger, A. (1972). *Angst. Ursachen und Folgen kindlicher Ängste.* Stuttgart: Klett.

Heiliger, A., Jaeckel, M., Lachenmair, H., Leube, K., Marbach, J., Mayr-Kleffel, V., von Troschke, G., Gravenhorst, L., Honig, M.S., Tüllmann, G. & Wahl, K. (1981). *Orientierungsmaterialien für die Elternarbeit.* Stuttgart: Kohlhammer.

Heinbockel, A. (1988). *Hochbegabte. Erkennen, Probleme, Lösungswege.* Baden-Baden: Nomos.

Heinerth, K. (1972). Möglichkeiten der Verminderung von Prüfungsangst. *Zeitschrift für Entwicklungspsychologie und Pädagogische Psychologie, 4,* 249-260.

Helbig, O. (1963). *Eignungsmerkmale für den Volksschullehrerberuf.* Braunschweig: Waisenhaus-Buchdruckerei.

Hellbrügge, T., Rutenfranz, J & Graf, O. (1960). *Gesundheit und Leistungsfähigkeit im Kindes- und Jugendalter.* Stuttgart: Thieme.

Heller, K.A. (1987). Perspektiven einer Hochbegabungsdiagnostik. *Zeitschrift für Differentielle und Diagnostische Psychologie, 8,* 159-172.

Heller, K.A. & Hany, E.A. (1986). Identification, development and analysis of talented and gifted children in West Germany. In K.A. Heller & J.F. Feldhusen (Eds.), *Identifying and nurturing the gifted* (pp. 67-82). Toronto: Huber.

Hellwig, H.-J. (1975). *Zur Differenzierung von Intelligenztest- und Konzentrationstest-Leistungen.* Unveröff. Diss., TU Berlin.

Helmke, A. (1979). Schulsystem und Schülerpersönlichkeit. In A. Helmke & E. Dreher, *Gesamtschule und dreigliedriges Schulsystem in Nordrhein-Westfalen - Erzieherische Wirkungen und soziale Umwelt.* Paderborn: Schoeningh.

Helmke, A. (1983a). *Schulische Leistungsangst: Erscheinungsformen und Entstehungsbedingungen. Integration theoretischer Ansätze und empirische Analysen zu Risikofaktoren schulischer Leistungsangst in Schule und Familie.* Unveröff. Diss., Konstanz.

Helmke, A. (1983b). Prüfungsangst. *Psychologische Rundschau, 34,* 193-211.

Helmke, A. (1992). *Selbstvertrauen und schulische Leistung.* Göttingen: Hogrefe.

Helmke, A. (1993). Die Entwicklung der Lernfreude vom Kindergarten bis zur 5. Klassenstufe. *Zeitschrift für Pädagogische Psychologie, 7,* 77-86.

Helmke, A. & Dreher, E. (1979). *Gesamtschule und dreigliedriges Schulsystem in Nordrhein-Westfalen. Erzieherische Wirkungen und soziale Umwelt.* Paderborn: Schöningh.

Helmke, A., Schrader, F.-W. & Lehneis-Klepper, G. (1991). Zur Rolle des Elternverhaltens für die Schulleistungsentwicklung ihrer Kinder. *Zeitschrift für Entwicklungspsychologie und Pädagogische Psychologie, 23,* 1-22.

Helmke, A. & Renkl, A. (1992). Das Münchner Aufmerksamkeitsinventar (MAI): Ein Instrument zur systematischen Verhaltensbeobachtung der Schüleraufmerksamkeit im Unterricht. *Diagnostica, 38,* 130-141.

Herbart, J. F. (1965/1806). Allgemeine Pädagogik, aus dem Zweck der Erziehung abgeleitet. In J.F. Herbart, *Pädagogische Schriften* (Bd. 2, S. 9-155). Düsseldorf: Küpper.

Herbart, J.F. (1964/1835). Umriß pädagogischer Vorlesungen. In K. Kehrbach & O. Flügel (Hrsg.), *Johann Friedrich Herbart. Sämtliche Werke in chronologischer Reihenfolge* (Bd. 10, S. 67-135). Aalen: Scientia Verlag.

Herber, H.-J. (1976). *Motivationspsychologie. Eine Einführung.* Stuttgart: Kohlhammer.

Herber, H.-J. (1979). *Motivationstheorie und pädagogische Praxis.* Stuttgart: Kohlhammer.

Herrick, C.J. (1924). *Neurological foundations of animal behavior.* New York.

Hetherington, E.M. (1989). Coping with family transitions: Winners, losers, and survivors. *Child Development, 60,* 1-14.

Hetzer, H. (1931). *Kind und Schaffen.* Jena: Gustav Fischer.

Hewitt, F. M. (1968). *The emotionally disturbed child in the classroom.* Boston: Allyn & Bacon.

Higgins, A. (1987). Moralische Erziehung in der Gerechte Gemeinschaft-Schule - Über schulpraktische Erfahrungen in den USA. In G. Lind & J. Raschert (Hrsg.), *Moralische Urteilsfähigkeit: Eine Auseinandersetzung mit L. Kohlberg über Moral, Erziehung und Demokratie* (S. 54-72). Weinheim: Beltz.

Hilgard, E.R. (1959). Creativity and problem-solving. In H.H. Anderson (Ed.), *Creativity and its cultivation* (pp. 162-180). New York: Harper & Row.

Hilgendorf, E. (1985). *Informationen zur schulischen Hochbefähigtenförderung. Teil 3: Die Förderung besonders befähigter Schüler in der Sowjetunion.* Berlin: Pädagogisches Zentrum.

Hill, K.T. & Sarason, S.B. (1966). The relation of test anxiety and defensiveness to test and school performance over the elementary school years. *Child Development, 31,* 1-76.

Hinkelmann, G., Hinkelmann, K. & Ferreboeuf, M. (1988). *Leichter lehren.* Bremen: Psychologische Lernsysteme Vertriebsgesellschaft.

Hippenstiel, C.-M. & Krautz, H. (1991). *Konzentrationstrainingsprogramm für Kinder des 1. und 2. (3. und 4.) Grundschuljahres* (2 Bände). Broadstairs: borgmann publishing (modernes lernen).

Hodapp, V., Laux, L. & Schaffner, P. (1979). *Test Anxiety Inventory. Preliminary German Version 4 A.* Mainz: Psychologisches Institut der Universität.

Hodapp, V., Laux, L. & Spielberger, C.D. (1982). Theorie und Messung der emotionalen und kognitiven Komponente der Prüfungsangst. *Zeitschrift für Differentielle und Diagnostische Psychologie, 3,* 169-184.

Hofer, M. (1969). *Die Schülerpersönlichkeit im Urteil des Lehrers.* Weinheim: Beltz.

Hofer, M. (1987). Pädagogische Psychologie: fünf Überlegungen zum Selbstverständnis eines Faches. *Psychologische Rundschau, 38,* 82-95.

Hofer, M. et al. (1979). *Kognitive Bedingungen individualisierenden Verhaltens von Lehrern.* Heidelberg: Unveröff. DFG-Abschlußbericht (zit. nach Heckhausen & Rheinberg, 1980).

Hoffmann, N. (1976). *Depressives Verhalten. Psychologische Modelle der Ätiologie und der Therapie.* Salzburg: Otto Müller.

Hofstätter, P.R. (1958). *Psychologie.* Frankfurt/M.: Fischer.

Hofstätter, P.R. (1971). *Gruppendynamik. Kritik der Massenpsychologie.* Hamburg: Rowohlt.

Holland, J.L. (1959). Some limitations of teacher ratings as predictors of creativity. *Journal of Educational Psychology, 50,* 219-223.

Hollandsworth, J. G., Glazeski, R. C., Kirkland, K., Jones, G. E. & van Norman, L. R. (1979). An analysis of the nature and effects of test anxiety: Cognitive, behavioral and physiological components. *Cognitive Therapy and Research, 3,* 165-180.

Holm, S. (1969). *Religionsphilosophie.* Stuttgart: Kohlhammer.

Holroyd, K.A. & Appel, M.A. (1980). Test anxiety and physiological responding. In. I.G. Sarason (Ed.), *Test anxiety. Theory, research and applications* (pp. 129-151). Hillsdale: Erlbaum.

Horner, M. (1972). Toward an understanding of achievement-related conflicts in women. *Journal of Social Issues, 28*, 157-175.

Huber, O. (1982). *Entscheiden als Problemlösen.* Bern: Huber.

Hurrelmann, K. (1977). *Beanspruchung von Schülern. Analyse der außerschulischen Dimensionen des Problemfeldes „ Überbeanspruchung von Schülern".* Gutachten für das Bundesministerium für Bildung und Wissenschaft. Werkstattberichte des BMBW, Nr. 5. Bonn: Bundesministerium für Bildung und Wissenschaft.

Immisch, P. (1972). Ein Versuch zur Verminderung von Angst bei Kindern während des Schulunterrichts. *Schule und Psychologie, 5*, 300-309.

Ingenkamp, F.D. (1979). *Zielerreichendes Lernen - Mastery Learning.* Ravensburg: Maier.

Ingenkamp, K., Petillon, H. & Weiß, M. (Hrsg.). (1985). *Klassengröße: Je kleiner, desto besser?* Weinheim: Beltz.

Innerhofer, P. & Warnke, A. (1980). Elterntrainingsprogramm nach dem Münchner Trainingsmodell. Ein Erfahrungsbericht. In Lukesch, H., Perrez, M. & Schneewind, K.A. (Hrsg.), *Familiäre Sozialisation und Intervention* (S. 417-439). Bern: Huber.

Jacobs, B. (1981). *Angst in der Prüfung. Beiträge zu einer kognitiven Theorie der Angstentstehung in Prüfungssituationen.* Frankfurt/M.: Fischer.

Jacobs, B. & Bedersdorfer, H.-W. (1982). *Reduktion von Ambiguität der Prüfungsanforderungen, - Bedingungen und Vorbereitung als eine pädagogische Maßnahme zum Abbau von Angst in der Prüfung.* Saarbrücken: Arbeitsberichte aus der Fachrichtung Allgemeine Erziehungswissenschaft der Universität des Saarlandes.

Jacobs, B. & Strittmatter, P. (1979). *Der schulängstliche Schüler. Eine empirische Untersuchung über mögliche Ursachen und Konsequenzen der Schulangst.* München: Urban & Schwarzenberg.

Jacobson, E. (1938). *Progressive relaxation.* Chicago: University of Chicago Press.

Jäger, A.O. (1967). *Dimensionen der Intelligenz.* Göttingen: Hogrefe.

Jencks, C.S., Smith, M., Ackland, H., Bane, M.J., Cohen, D., Gintis, H., Heyns, B. & Michelson, S. (1972). *Inequality: A reassessment of the effect of family and schooling in America.* New York: Bais Book.

Jensen, R.J. (1973). *Educational differences.* London: Methuen.

Jensen, A.R. (1973). Wie sehr können wir IQ-Quotient und schulische Leistungen steigern? In H. Skowronek (Hrsg.), *Umwelt und Begabung* (S. 63-155). Stuttgart: Klett.

Jones, A., Wilkinson, H.J. & Braden, I. (1961). Information deprivation as a motivational variable. *Journal of Experimental Psychology, 62,* 126-137.

Jones, M. C. (1924). The elimination of children fears. *Journal of Experimental Psychology, 7,* 382-390.

Joost, H. (1978). Förderliche Dimensionen des Lehrerverhaltens im Zusammenhang mit emotionalen und kognitiven Prozessen bei Schülern. *Erziehung und Unterricht, 25,* 69-74.

Jopt, U.-J. (1978). *Selbstkonzept und Ursachenerklärung in der Schule.* Bochum: Kamp.

Kagan, J. & Kogan, N. (1970). Individuality and cognitive performance. In P.H. Mussen (Ed.), *Carmichel's manual of child psychology* (pp. 1273 - 1365). New York: Wiley.

Kagan, J. & Moss, H.A. (1962). *Birth to maturity.* New York: Wiley.

Kanfer, F.H. & Philips, J.S. (1975). *Lerntheoretische Grundlagen der Verhaltensmodifikation.* München: Urban & Schwarzenberg.

Kallòs, D. (1975). Zur Bedeutung der ATI-Forschung für die Pädagogik und für die Theorie und Praxis des Unterrichts. In R. Schwarzer & K. Steinhagen (Hrsg.), *Adaptiver Unterricht - Zur Wechselwirkung von Schülermerkmalen und Unterrichtsmethoden* (S. 174-186). München: Kösel.

Kamin, L. (1977). *Der Intelligenzquotient in Politik und Wissenschaft.* Darmstadt: Steinkopf.

Kay, W. (1975). *Die moralische Entwicklung des Kindes. Entwicklungspsychologische Untersuchungen zur Bildung der Moralvorstellungen in Kindheit und Jugend.* Düsseldorf: Schwann.

Keeley, K. (1962). Prenatal influence on behavior of offspring of crowded mice. *Science, 135,* 44-45.

Keeves, J.P. (1972). *Educational environment and student achievement.* Stockholm: Almquist & Wiksell.

Keller, G. & Thewalt, B. (1980). Effekte eines Konzentrations-Trainings. *Psychologie in Erziehung und Unterricht, 27,* 170-173.

Kemmler, L. (1967). *Erfolg und Versagen in der Grundschule.* Göttingen: Hogrefe.

Kemmler, L. (1975). *Autogenes Training für Kinder, Jugendliche und Eltern.* München: Bardenschlager.

Kemmler, L. (1976). *Schulerfolg und Schulversagen. Eine Längsschnittuntersuchung vom 1. bis zum 15. Schulbesuchsjahr.* Göttingen: Hogrefe.

Keys, N. (1934). The influence on learning and retention on weekly tests as opposed to monthly tests. *Journal of Educational Psychology, 25,* 427-436.

Kiener, F. (1978). Empirische Kontrolle psychoanalytischer Thesen. In L.J. Pongratz (Hrsg.), *Klinische Psychologie* (= Handbuch der Psychologie, Bd.8, 2. Halbband, S. 1200-1241). Göttingen: Hogrefe.

Kifer, W. (1975). Relationships between academic achievment and personality characteristics: A quasi-longitudinal study. *American Educational Research Journal, 12,* 191-210.

Kinze, W., Barchmann, H. & Ettrich, K.-U. (1985). Möglichkeiten der Therapie von Konzentrationsstörungen im Kindesalter. *Psychologie in Erziehung und Unterricht, 32,* 14-20.

Kirkpatrik, J.E. (1934). The motivating effect of a specific type of testing program. *University of Iowa Studies in Education, 9,* 41-68.

Klafki, W. (1972). *Erziehungswissenschaft 2. Eine Einführung.* Frankfurt/M.: Fischer.

Klauer, K.J. (1969). Schülerselektion durch Lehrmethoden. *Zeitschrift für Erziehungswissenschaftliche Forschung, 3,* 86-97.

Klauer, K.J. (1989). *Denktraining für Kinder I.* Göttingen: Hogrefe.

Klauer, K.J. (1991). *Denktraining für Kinder II.* Göttingen: Hogrefe.

Klauer, K.J. (1993). Training des induktiven Denkens. In K.J. Klauer (Hrsg.), *Kognitives Training* (S. 141-163). Göttingen: Hogrefe.

Klaus, G. & Buhr, M. (1970). *Philosophisches Wörterbuch* (Bd. 2). Berlin: das europäische buch.

Kleber, W.W. & Kleber, G. (1974). *Differentieller Leistungstest KE.* Göttingen: Hogrefe.

Kleber, E. W., Kleber, G. & Hans, O. (1975). *Differentieller Leistungstest - KG.* Götingen: Hogrefe.

Kleining, G. & Moore, H. (1968). Soziale Selbsteinstufung. *Kölner Zeitschrift für Sozialpsychologie und Soziologie, 20,* 502-552.

Klemm, K. & Rolff, H.-G. (1988). Der heimliche Umbau der Sekundarstufe. In H.-G. Rolff, K. Klemm, H. Pfeiffer & E. Rösner (Hrsg.), *Jahrbuch der Schulentwicklung. Daten, Beispiele und Perspektiven* (Band 5, S. 75-101). Weinheim: Beltz.

Klemm, K., Rolff, H.G. & Tillmann, K.J. (1985). *Bildung für das Jahr 2000. Bildung der Reform, Zukunft der Schule.* Reinbek: Rowohlt.

Klemm, K. & Wegen, M. (1986). *Der Teilarbeitsmarkt Schule in den neunziger Jahren in Bayern.* Frankfurt/M.: Max Traeger Stiftung.

Klemm, K. et al. (1990). *Bildungsgesamtplan '90*. Weinheim: Juventa.

Klipcera, C. (1982). Die medikamentöse Behandlung von Hyperaktivität, Aufmerksamkeits- und Lernstörungen bei Kindern. In H.-C. Steinhausen (Hrsg.), *Das konzentrationsgestörte und hyperaktive Kind* (S. 74-95). Stuttgart: Kohlhammer.

Klockhaus, R. & Haberman-Morbey, B. (1986). *Psychologie des Schulvandalismus*. Göttingen: Hogrefe.

Knapp, A. (1985). Leiden Schüler unter großen Schulen? *Zeitschrift für Pädagogik, 31*, 239-254.

Köckeis-Stangl, E. (1974). Der Stellenwert von Selbstwertgefühlen im schulischen Sozialisationsprozeß. In W.H. Tack (Hrsg.), *Bericht über den 29. Kongreß der Deutschen Gesellschaft für Psychologie* (S. 107-108). Göttingen: Hogrefe.

Köhler, H. (1992). *Bildungsbeteiligung und Sozialstruktur in der Bundesrepublik. Zu Stabilität und Wandel der Ungleichheit von Bildungschancen*. Berlin: Max-Planck-Institut für Bildungsforschung (Studien und Berichte 53).

Köllmann, J. (1977). *Wahrnehmung von Schulangst durch den Lehrer. Untersuchungen in der Primarstufe*. Unveröffentliche Diplomarbeit, Technische Universität Braunschweig.

Kohlberg, L. (1958). *The development of modes of moral thinking and choice in the years ten to sixteen*. Unpublished doctoral dissertation, University of Chicago.

Kohlberg, L. (1974). *Zur kognitiven Entwicklung des Kindes*. Frankfurt/M.: Suhrkamp.

Kohlberg, L. (1976). Moral stages and moralization: The cognitive-developmental approach. In T. Lickona (Ed.), *Moral development and behavior: Theory, research, and social issues* (pp. 31-53). New York: Holt.

Kohlberg, L. (1987). Moralische Entwicklung und demokratische Erziehung. In G. Lind & J. Raschert (Hrsg.), *Moralische Urteilsfähigkeit: Eine Auseinandersetzung mit L. Kohlberg über Moral, Erziehung und Demokratie* (S. 25-43). Weinheim: Beltz.

Kohlberg, L. (1981). *The meaning and measurement of moral development*. Worcester, Mass.: Clark University Press.

Kohlberg, L. & Candee, D. (1984). The relationship of moral judgement to moral action. In W.M. Kurtines & J.L. Gewirtz (Eds.), *Morality, moral behavior and moral development* (pp. 52-73). New York: Wiley.

Kohlberg, L. & Turiel, E. (1978). Moralische Entwicklung und Moralerziehung. In G. Portele (Hrsg.), *Sozialisation und Moral* (S. 13-80). Weinheim: Beltz.

Kohnstamm, R. (1988). *Praktische Psychologie des Schulkindes*. Bern: Huber.

Kormann, A. (1971). *Der Zusammenhang zwischen Intelligenz und Musikalität unter entwicklungs- und kreativitätspsychologischem Ansatz.* Unveröff. Diss., Universität Salzburg.

Kos-Robes, M. & Reinelt, T. (1977). Zum Schülerselbstmord. In G. Biermann (Hrsg.), *Kinder im Schulstreß* (S. 110-119). München: Reinhardt.

Kounin, J. (1976) *Techniken der Klassenführung.* Stuttgart: Klett.

Krag, W. (1989). *Zur Wirkung der suggestopädagogischen Lehrmethode. Allgemeine und theoretische Begründung und empirische Überprüfung.* Frankfurt/M.: Lang.

Krapp, A. (1976). Bedingungsfaktoren der Schulleistung. *Psychologie in Erziehung und Unterricht, 23,* 91-109.

Krapp, A. (1988). Der Stellenwert des Interessenkonzepts in der pädagogisch orientierten Forschung. *Gelbe Reihe: Arbeiten zur Empirischen Pädagogik und Pädagogischen Psychologie, Nr. 15.* München: Institut für Emp. Päd. u. Päd. Psych. der LMU und Institut für Erz.wiss. u. Päd.Psych. der Universität der Bundeswehr München.

Krathwohl, D.R., Bloom, B.S. & Masia, B.B. (1975). *Taxonomie von Lehrzielen im affektiven Bereich.* Weinheim: Beltz.

Krause, R. (1977). *Produktives Denken bei Kindern. Untersuchungen über Kreativität.* Weinheim: Beltz.

Kretschmer, E. (1929). *Geniale Menschen. Mit einer Portraitsammlung.* Berlin: Springer.

Krohne, H.W. (1975). *Angst und Angstverarbeitung.* Stuttgart: Kohlhammer.

Krohne, H.W. (1976). *Theorien zur Angst.* Stuttgart: Kohlhammer.

Krug, S. & Peters, J. (1977). Persönlichkeitsänderung nach Sonderschuleinweisung. *Zeitschrift für Entwicklungspsychologie und Pädagogische Psychologie, 9,* 181-184.

Kruglick, K. F. (1978). Systematic desensitization of test anxiety in children by elementary school teachers. *Dissertation Abstracts International, 38 (12-A),* 7286.

Krupitschka, M. (1990). *Selbstbild und Schulleistung.* Salzburg: Otto Müller.

Kubli, F. (1986). Faszinierende Natur - auch im Unterricht? *Zeitschrift für Pädagogik, 32,* 375-384.

Kühn, R. (1983). *Bedingungen für Schulerfolg. Zusammenhänge zwischen Schülermerkmalen, häuslicher Umwelt und Schulnoten.* Göttingen: Hogrefe (Studien zur Pädagogischen Psychologie, Hrsg. B. Kraak, Band 18).

Kühn, R. (1985a). Effektivität mütterlicher Hilfen bei den Hausaufgaben. *Zeitschrift für empirische Pädagogik und Pädagogische Psychologie, 9,* 43-54.

Kühn, R. (1985b). *Welche Vorhersage des Schulerfolgs ermöglichen Intelligenztests? Eine Analyse gebräuchlicher Verfahren.* Frankfurt/M.: DIPF (Forschungsbericht aus der Abteilung Psychologie).

Kuhlen, V. (1974). *Verhaltenstherapie im Kindesalter.* München: Juventa.

Lader, M. H. & Matthews, A. M. (1968). A physiological model of phobic anxiety and desensitization. *Behaviour Research and Therapy, 6,* 411-421.

Landau, E. (1969). *Psychologie der Kreativität.* München: Reinhardt.

Lang, P.J. & Lasovik, A.D. (1963). Experimental desensitization of a phobia. *Journal of Abnormal and Social Psychology, 66,* 519-525.

Lange, F.A. (1866). *Geschichte des Materialismus.* Iserlohn: Bädecker.

Lange, M. & Schulz-Zander, R. (1994). Informationstechnische Bildung in allgemeinbildenden Schulen - Stand und Perspektiven. In H.-G. Rolff, K.-O. Bauer, K. Klemm, H. Pfeiffer & R. Schulz-Zander (Hrsg.), *Jahrbuch der Schulentwicklung. Daten, Beispiele und Perspektiven* (Bd. 8, S. 309-353). Weinheim: Juventa.

Lange-Eichbaum, W. (1928). *Genie - Irrsinn und Ruhm.* München: Rheinhard.

Langhorst, E. (1990). Ein Prozeßmodell zur Diagnose und Behandlung von Konzentrationsstörungen. *Psychologie in Erziehung und Unterricht, 37,* 290-300.

Larose, S., Gagnon, S., Ferland, C. & Pepin, M. (1989). Psychology of computers: XIV. Cognitive rehabilitation through computer games. *Perceptual and Motor Skills, 69,* 851-858.

Lauster, U. (1976). *Konzentrationsspiele 3. Für das 5. und 6. Schuljahr.* Reutlingen: Ensslin & Laiblin.

Lazarus, R. S. (1966). *Psychological stress and the coping process.* New York: Mc Graw Hill.

Lazarus, A. & Ambramovitz, A. (1962). The use of „Emotive Imagery" in the treatment of children's phobias. *Journal of Mental Science, 108,* 191-195.

Lazarus, R. S. & Averill, J. R. (1972). Emotion and cognition: With special reference to anxiety. In C. D. Spielberger (Ed.), *Anxiety: Current trends in theory and research* (Vol. 2, pp. 242-283). New York: Academic Press.

Lazarus, R.S. & Launier, R.L. (1978). Stress-related transactions between person and environment. In L.A. Pervin & M. Lewis (Eds.), *Perspectives in interactional psychology* (pp. 287-322). New York: Plenum.

Lazarus-Mainka, G. (1976). *Psychologische Aspekte der Angst.* Stuttgart: Kohlhammer.

Lazarus, R. S. & Launier, R. (1981). Streßbezogene Transaktionen zwischen Personen und Umwelt. In J. R. Nitsch (Hrsg.), *Streß, Theorien, Untersuchungen, Maßnahmen* (S. 231-260). Bern: Huber.

Lazowick, L.M. (1955). On the nature of identification. *Journal of Abnormal and Social Psychology, 51,* 175-183.

Lehr, U. (1973). *Die Bedeutung der Familie im Sozialisationsprozeß.* Stuttgart: Kohlhammer.

Lempert, W. (1988). *Moralisches Denken: Seine Entwicklung jenseits der Kindheit und seine Beeinflußbarkeit in der Sekundarstufe II.* Essen: Neue Deutsche Schule Verlagsgesellschaft (Reihe Neue Pädagogische Bemühungen, Bd. 99).

Lersch, P. (1962). *Der Aufbau der Person* (8. Auflage). München: Barth.

Leviton, H. (1975). The implications of the relationship between self-concept and academic achievement. *Child Study Journal, 5,* 25-35.

Levitt, E.E. (1973). *Psychologie der Angst* (1. Auflage 1971). Stuttgart: Kohlhammer.

Lewin, K. (1963). *Feldtheorie in den Sozialwissenschaften.* Stuttgart: Huber.

Lewin, K., Lippitt, R. & White, R.K. (1939). Pattern of aggressive behavior in experimentally created „social climates". *Journal of Social Psychology, 10,* 271- 299.

Liebert, R.M. & Morris, L.W. (1967). Cognitive and emotional components of test anxiety: A distinction and some initial data. *Psychological Reports, 20,* 975-978.

Lienert, G.A. (1964). *Belastung und Regression.* Meisenheim a.G.: Hain.

Lind, G. (1983). Entwicklung des moralischen Urteilens - Leistungen und Problemzonen der kognitiven Entwicklungstheorie von Piaget und Kohlberg. In G. Lind, H.A. Hartmann & R. Wakenhut (Hrsg.), *Moralisches Urteilen und soziale Umwelt. Theoretische, methodologische und empirische Untersuchungen* (S. 25- 41). Weinheim: Beltz.

Lind, G. (1985). *Inhalt und Struktur des moralischen Urteilens. Theoretische, methodologische und empirische Untersuchungen zur Urteils- und Demokratiekompetenz bei Studierenden.* Konstanz: Forschungsprojekt Hochschulsozialisation/Bildungsbiographien und Daseinsvorstellungen von Akademikern.

Lind, G. (1987). Kohlberg auf dem Prüfstand - ein fiktives Gespräch über Schule, Demokratie und kognitiv-moralische Entwicklung. In G. Lind & J. Raschert (Hrsg.), *Moralische Urteilsfähigkeit. Eine Auseinandersetzung mit Lawrence Kohlberg* (S. 93-111). Weinheim: Beltz.

Lind, G. & Raschert, J. (Hrsg.). (1987). *Moralische Urteilsfähigkeit: Eine Auseinandersetzung mit L. Kohlberg über Moral, Erziehung und Demokratie.* Weinheim: Beltz.

Link, L. & Lind, G. (1988). *Entwicklung der sozialen Verantwortung in der Schule.* Konstanz: Eigenverlag (Studien zur moralisch-demokratischen Urteilsfähigkeit Nr. 1).

Lissmann, U. (1976). *Schulleistung und Schulangst.* Weinheim: Beltz.

Lissmann, U. (1981). Zur Wirkung verschiedener Rückmeldungstechniken auf Lernende - ein Literaturbericht. In K. Ingenkamp (Hrsg.), *Wert und Wirkung von Beurteilungsverfahren* (S. 233-291). Weinheim: Beltz.

Lissmann, U. (1982). Bezugsrahmen und Differenziertheit schulischer Leistungsbewertung - Eine quasi-experimentelle Längsschnittuntersuchung über Möglichkeiten der Veränderung kognitiver und nicht-kognitiver Schülermerkmale durch Leistungsrückmeldungen. In U. Lissmann & B. Paetzold (Hrsg.), *Leistungsrückmeldung, Lernerfolg und Lernmotivation* (S. 1-196). Weinheim: Beltz.

Lissmann, U. & Paetzold, B. (1982). *Leistungsrückmeldung, Lernerfolg und Lernmotivation.* Weinheim: Beltz.

Loddenkemper, H. & Schier, N. (1979). *Leistung und Angst in der Schule. Menschliches Phänomen und pädagogisches Problem.* Paderborn: Schöningh.

Loerincz-Markl, M. (1986). *Trainingsprogramm zur schulrelevanten Aufmerksamkeit im Unterrichtsfach Mathematik.* Unveröff. Diss., Universität Wien.

Löwe, H. (1971). *Einführung in die Lernpsychologie für Erwachsene.* Berlin: Deutscher Verlag für Wissenschaft.

Lohaus, A. (1985). Objektive Selbstaufmerksamkeit und unterrichtsstörendes Schülerverhalten. *Psychologie in Erziehung und Unterricht, 32,* 28-37.

Lombroso, C. (1887). *Genie und Irrsinn in ihren Beziehungen zum Gesetz, zur Kritik und zur Geschichte.* Leipzig: Reclam.

Lozanov, G. (1982). *Suggestology and outlines of suggestopedy* (1. Auflage 1978). New York: Gordon & Breach.

Luchins, A.S. (1942). Mechanization in problem solving: The effect of Einstellung. *Psychological Monographs, 54,* Whole No 248.

Ludin, R. W. (1967). *An objective psychology of music.* New York: Ronald Press.

Luft, J. (1973). *Einführung in die Gruppendynamik.* Stuttgart: Klett.

Luft, J. & Ingham, H. (1955). *The Johari window, a graphic model for interpersonal relations.* Western Training Laboratory in Group Development; University of California at Los Angeles, Extension Office.

Lukesch, H. (1976). *Elterliche Erziehungsstile. Psychologische und soziologische Bedingungen.* Stuttgart: Kohlhammer.

Lukesch, H. (1978). Sozioökologische Bedingungen im Schwangerschaftserleben und in Erziehungseinstellungen. In K.A. Schneewind & H. Lukesch (Hrsg.), *Familiäre Sozialisation. Probleme, Ergebnisse, Perspektiven* (S. 91-113). Stuttgart: Klett-Cotta.

Lukesch, H. (1979a). Leistungsvergleich zwischen Gesamtschulen und herkömmlichen Schulen am Ende der Pflichtschulzeit in Nordrhein-Westfalen. In H. Haenisch, H. Lukesch, R. Klaghofer & E.-M. Haenisch-Krüger, *Gesamtschule und dreigliedriges Schulsystem in Nordrhein-Westfalen. Schulleistungsvergleiche in Deutsch, Mathematik, Englisch und Physik* (S. 227-364). Paderborn: Schöningh.

Lukesch, H. (1979b). Forschungsstrategien zur Begründung einer Technologie erzieherischen Handelns. In J. Brandtstädter, G. Reinert & K.A. Schneewind (Hrsg.), *Pädagogische Psychologie. Probleme und Perspektiven* (S. 329-352). Stuttgart: Klett.

Lukesch, H. (1982). Fachspezifische Prüfungsängste. Eine deskriptive Analyse der schulsystem- und schulartbezogenen Verbreitung der Ängste von Schülern vor mündlichen und schriftlichen Prüfungen. *Psychologie in Erziehung und Unterricht, 29,* 257-267.

Lukesch, H. (1983). *„Problemschüler" in der Schulklasse.* Universität Regensburg, Arbeitsberichte zur Pädagogischen Psychologie, Nr. 14.

Lukesch, H. (1991a). *Einführung in die pädagogisch-psychologische Diagnostik* (2. Auflage, 1994). Regensburg: CH-Verlag.

Lukesch, H. (1991b). Inzidentelles oder systematisches Lernen durch das Fernsehen? Fernsehnutzung und politisches Wissen bei Kindern und Jugendlichen aus Ost und West. *Report Psychologie, 16 (10),* 14-21.

Lukesch, H. & Helmke, A. (1984). Eine Pilot-Studie zum zeitlichen Verlauf der Angstemotion in einer Prüfungssituation. *Psychologie in Erziehung und Unterricht, 31,* 274-279.

Lukesch, H. & Kandlbinder, R. (1986). Zeitlicher Verlauf und Bedingungsfaktoren der Prüfungsangstkomponenten Besorgtheit und Aufgeregtheit. *Zeitschrift für Entwicklungspsychologie und Pädagogische Psychologie, 18,* 56-69.

Lukesch, H. & Schauf, M. (1990). Können Filme stellvertretende Aggressionskatharsis bewirken? *Psychologie in Erziehung und Unterricht, 37,* 38-46.

Lukesch, H., unter Mitarbeit von Holz, C. & Kochenstein, P. (1981). *Schwangerschafts- und Geburtsängste. Verbreitung - Genese - Therapie.* Stuttgart: Enke.

Lukesch, H., Kischkel, K.-H., Amann, A., Birner, S., Hirte, M., Kern, R., Moosburger, R., Müller, L., Schubert, B., & Schuller, H. (1989a). *Jugendmedienstudie. Verbreitung, Nutzung und ausgewählte Wirkungen von Massenmedien bei Kindern und Jugendlichen* (3.Auflage, 1994). Regensburg: S. Roderer.

Lukesch, H., Karger, G., Kägi, H. & Taschler-Pollacek, H. (1989b). *Video im Alltag der Jugend.* Regensburg: S. Roderer.

Macauley, E. Watkins, S.H. (1925/1926). *An investigation into the development of the moral conceptions of children* (Vol. 1 and 2). The Forum of Children.

Mack, B. (1981). Angst bei Schulkindern unter besonderer Berücksichtigung des elterlichen Erziehungsstils. *Psychologische Beiträge, 23,* 557-565.

Mandler, G. (1972). Helplessness: Theory and research in anxiety. In C. D. Spielberger (Ed.), *Anxiety, current trends in theory and research* (Vol. 2, pp. 363-378). New York: Academic Press.

Mandler, G. & Sarason, S. B. (1952). A study of anxiety and learning. *Journal of Abnormal and Social Psychology, 47,* 166-173.

Mandler, G. & Watson, D. L. (1966). Anxiety and the interruption of behavior. In C. D. Spielberger (Ed.), *Anxiety and behavior* (pp. 263-288). New York: Academic Press.

Margalit, M., Weisel, A. & Shulman, S. (1987). The facilitation of information processing in learning disabled using computer games. *Educational Psychology, 7,* 47-54.

Marjoribanks, K. (1972). Environment, social class and mental abilities. *Journal of Educational Psychology, 64,* 103-109.

Marks, I. (1969). *Fears and phobias.* London: W. Heinemann.

Marschner, G. (1983). Schulprüfungsängste bei männlichen Jugendlichen. *Psychologie in Erziehung und Unterricht, 30,* 150-156.

Martin, R.P. (1970). *The development of anxiety in persons anticipating a highly stressful event.* Diss., Austin: Univ. of Texas.

Martinius, J. (1982). Pharmakologisch-experimentelle Studien beim hyperkinetischen Syndrom. In H.-C. Steinhausen (Hrsg.), *Das konzentrationsgestörte und hyperaktive Kind* (S. 43-51). Stuttgart: Kohlhammer.

Masendorf, F. (1988). Die Trainierbarkeit des abstrakten Denkens bei lernbehinderten Kindern. Eine Metaanalyse. *Heilpädagogische Forschung, 14,* 10-20.

Maslow, A.H. (1955). Deficiency motivation and growth motivation. In M.R. Jones (Ed.), *Nebraska Symposion on motivation, 1955* (pp. 1-30). Lincoln: University of Nebraska Press.

Maslow, A.H. (1978). *Motivation und Persönlichkeit* (2. Auflage). Olten: Walter-Verlag.

McClelland, D.C. (1966). *Die Leistungsgesellschaft.* Stuttgart: Kohlhammer.

McClelland, D.C., Atkinson, J.W., Clark, R.A. & Lowell, E.L. (1953). *The achievement motive.* New York: Irvington Publishers.

McClelland, D.C. & Winter, D.G. (1969). *Motivating economic achievement.* New York: Free Press.

McCorquodale, K. & Meehl, P.E. (1948). Hypothetical constructs and intervening variables. *Psychological Review, 55,* 95 - 107.

McDougall, W. (1908). *An introduction to social psychology.* London: Methuen.

Mc Keachie, W.J. (1961). Motivation, teaching methods, and college learning. In M.R. Jones (Hrsg.), *Nebraska symposion on motivation 1961* (pp. 111-142). Lincoln: University of Nebraska Press.

McKeachie, W. J., Pollie, D. & Speisman, J. (1977). Zur Milderung der Angst bei schriftlichen Prüfungen. In H. W. Krohne (Hrsg.), *Angst bei Schülern und Studenten.* Hamburg: Hoffmann & Campe.

McMahan, I.D. (1973). Relationships between causal attributions and expectancy of success. *Journal of Personality and Social Psychology, 28,* 108-114.

Mead, M. (1954). Research on primitive children. In L. Carmichael (Ed.), *Manual of child psychology* (2nd edition). New York: Wiley.

Mead, M. (1970). *Jugend und Sexualität in primitiven Gesellschaften* (3 Bd.). München: DTV.

Mednick, S.A. (1962). The associative basis of the creative process. *Psychological Review, 39,* 117-126.

Mednick, S.A. & Mednick, M.T. (1962). A theory and test of creative thought. *Industrial and Business Psychology, 5,* 40-48.

Meichenbaum, D. H. (1972). Cognitive modification of test anxious college students. *Journal of Consulting and Clinical Psychology, 39,* 370-380.

Meichenbaum R. (1979). *Kognitive Verhaltensmodifikation.* München: Urban & Schwarzenberg.

Meichenbaum, R. & Goodman, J. (1971). Training impulsive children to talk to themselves. *Journal of Abnormal Psychology, 77,* 115-126.

Meier, N.C. (1942). *The Meier Art Tests: I. Art judgement.* Iowa City: State University of Iowa.

Meili, R. (1964). Die faktorenanalytische Interpretation der Intelligenz. *Schweizerische Zeitschrift für Psychologie und ihre Anwendungen, 23,* 135-155.

Meili, R. (1971). *Analytischer Intelligenztest (AIT).* Bern: Huber.

Menninger, K., Mayman, M. & Pruyser, P. (1964). *The vital balance: The life process in mental health and illness.* New York: Viking Press.

Mertens, C. (1991). *Lernprogramm zur Wahrnehmungsförderung.* Broadstairs: borgmann publishing (modernes lernen).

Merz, F. (1964). Tests zur Prüfung spezieller Fähigkeiten. In R. Heiss, K.J. Groffmann & L. Michel (Hrsg.), *Psychologische Diagnostik* (= Handbuch der Psychologie in zwölf Bänden, 6. Band) (S. 411-460). Göttingen: Hogrefe.

Merz, F. (1969). Der Einfluß des Verbalisierens auf die Leistung bei Intelligenzaufgaben. *Zeitschrift für experimentelle und angewandte Psychologie, 16,* 114-137.

Meves, C. (1982). Typische Binnenprobleme der heutigen Familie. In B. Schnyder (Hrsg.), *Familie - Herausforderung für die Zukunft* (S. 47-60). Fribourg: Universitätsverlag.

Mietzel, G. (1993). *Psychologie in Unterricht und Erziehung. Einführung in die Pädagogische Psychologie für Pädagogen und Psychologen* (4. Auflage). Göttingen: Hogrefe.

Miller, N. E. (1951). Learnable drives and rewards. In S. S. Stevens (Ed.), *Handbook of experimental psychology.* New York: Wiley.

Miller, L.C., Barrett, C.L. & Hocumpe, E. (1974). Phobias of childhood in a prescientific area. In A. Davids (Ed.), *Child personality and psychopathology: Current topics* (Vol. 1, pp. 89-134). New York: Wiley.

Minister für Kultus, Bildung und Sport (Hrsg.). (1977). *Schülerenquete „ Streß in der Schule" - Bericht einer Voruntersuchung.* Saarbrücken: Minister für Kultus, Bildung und Sport, Referat für Öffentlichkeitsarbeit.

Möhling, R. & Raatz, U. (1974). *Konzentrationstest für das erste Schuljahr.* Weinheim: Beltz.

Möller, C. (1971). *Technik der Lernplanung.* Weinheim: Beltz.

von Mohl, R. (1841). Über Staatsprüfungen. *Deutsche Vierteljahreszeitschrift, 4,* 79-103.

Moos, R.H. & Insel, P.M. (Hrsg.). (1974). *Issues in social ecology. Human milieus.* Palo Alto: National Press Books.

More, A.J. (1969). Delay of feedback and the acquisition and retention of verbal materials in the classroom. *Journal of Educational Psychology, 60,* 339-342.

Morris, L. W. & Fulmer, R. S. (1976). Test anxiety (worry and emotionality) changes during academic testing as a function of feedback and test importance. *Journal of Educational Psychology, 68,* 817-824.

Morris, L. W. & Liebert, R. M. (1970). Relationsship of cognitive and emotional components of test anxiety to physiological arousal and academic performance. *Journal of Consulting and Clinical Psychology, 35*, 332-337.

Motyka, G. (1978). *Burg und Dorf Wolfsegg.* Kallmünz: Laßleben.

Mowrer, O.H. (1940). Anxiety reduction and learning. *Journal of Experimental Psychology, 27*, 497-516.

Mühle, G. (1971). Definitions- und Methodenprobleme der Begabungsforschung. In H. Roth (Hrsg.), *Begabung und Lernen* (6. Auflage, S. 69-97). Stuttgart: Klett.

Müller, M. & Halder, A. (1984). *Kleines philosophisches Wörterbuch* (11. Auflage). Freiburg i.Br.: Herder.

Müller-Fohrbrodt, G. (1973). *Wie sind Lehrer wirklich? Ideale, Vorurteile, Fakten. Eine empirische Untersuchung über angehende Lehrer.* Stuttgart: Klett.

Müller-Fohrbrodt, G., Cloetta, B. & Dann, H.-D. (1978). *Der Praxisschock bei jugen Lehrern. Formen - Ursachen - Folgerungen.* Stuttgart: Klett.

Münsterberg, H. (1913). *Grundzüge der Psychologie.* Leipzig: Barth.

Mundt, J.W. (1980). *Vorschulkinder und ihre Umwelt.* Weinheim: Beltz.

Murray, H.A. (1938). *Explorations in personality.* New York: Oxford University Press.

Nagl, W., Walter, H.-G. & Staudt, J. (Hrsg.). (1981). *Konstanzer Statistisches Analyse-System. Kostas.* Konstanz: Zentrum I für Bildungsforschung.

Neubauer, W.F. (1976). *Selbstkonzept und Identität im Kindes- und Jugendalter.* München: Reinhardt.

Nichols, R.C. (1964). Parental attitudes of mothers in intelligent adolescents and creativity of their children. *Child Development, 35*, 1041-1049.

Nickel, H. (1972). *Entwicklungspsychologie des Kindes- und Jugendalters* (2 Bde.). Bern: Huber.

Nickel, H. & Schlüter, P. (1970). Angstwerte bei Hauptschülern und ihr Zusammenhang mit Leistungs- sowie Verhaltensmerkmalen, Lehrerurteil und Unterrichtsstil. *Zeitschrift für Entwicklungspsychologie und Pädagogische Psychologie, 2*, 125-136.

Nickel, H., Schlüter, P. & Fenner, H.H. (1973). Angstwerte, Intelligenztest- und Schulleistungen sowie der Einfluß der Lehrerpersönlichkeit bei Schülern verschiedener Schularten. *Psychologie in Erziehung und Unterricht, 20*, 1-13.

Nolting, H.-P. & Paulus, P. (1985). *Psychologie lernen. Eine Einführung.* Weinheim: Beltz.

OECD (1967). *Begabung und Bildungschancen.* Frankfurt/M.: DIPF.

Ogilvie, D.M. (1987). The undesired self. A neglected variable in personality research. *Journal of Personality and Social Psychology, 52,* 379-385.

Öhmann, A., Erixon, G. & Löfberg, I. (1975). Phobias and preparedness: Phobic versus neutral pictures as conditioned stimuli for human autonomous responses. *Journal of Abnormal Psychology, 84,* 41-45.

Oerter, R. & Montada, L. (Hrsg.). (1987). *Entwicklungspsychologie. Ein Lehrbuch* (2. Auflage). München: PVU.

Oestreich, D. (1975). *Kinder zwischen Angst und Leistung.* Freiburg: Herder.

Oevermann, U. (1969). Schichtspezifische Formen des Sprachverhaltens und ihr Einfluß auf kognitive Prozesse. In H. Roth (Hrsg.), *Begabung und* Lernen (S. 297-356). Stuttgart: Klett.

zur Oeveste, H. (1982). Moralische Entwicklung. In W. Wieczerkowski & H. zur Oeveste (Hrsg.), *Lehrbuch der Entwicklungspsychologie* (Band 2) (S. 63-97). Düsseldorf: Schwann.

Osborn, A.F. (1957). *Applied imagination.* New York: Scribner`s.

Oser, F. (1987). Möglichkeiten und Grenzen der Anwendung des Kohlberg'schen Konzepts der moralischen Erziehung in unseren Schulen. In G. Lind & J. Raschert (Hrsg.), *Moralische Urteilsfähigkeit: Eine Auseinandersetzung mit L. Kohlberg über Moral, Erziehung und Demokratie* (S. 44-54). Weinheim: Beltz.

Oser, F. (1988). *Die gerechte Gemeinschaft und die Demokratisierung der Schulwelt: Der Kohlbergansatz, eine Herausforderung für die Erziehung.* Bericht aus dem Pädagogischen Institut der Universität Fribourg, Nr. 68.

Ostrander, S., Ostrander, N. & Schroeder, L. (1979). *Leichter lernen ohne Streß: die revolutionäre Lernmethode.* München: Goldmann.

Page, E.B. (1958). Teacher comments and student performance: A seventy-four classroom experiment in school motivation. *Journal of Educational Psychology, 49,* 173-181.

Passow, H.A. (1989). Zur Situation der Hochbegabtenförderung und -forschung. *Psychologie in Erziehung und Unterricht, 36,* 1-7.

Patrick, C. (1937). Creative thoughts in artists. *Journal of Psychology, 4,* 35-73.

Patry, J.-L. (Hrsg.). (1982). *Feldforschung.* Bern: Huber.

Patry, J.-L. & Perrez, M. (1982). Entstehungs-, Erklärungs- und Anwendungszusammenhang technologischer Regeln. In J.-L. Patry (Hrsg.), *Feldforschung* (S. 389-412). Bern: Huber.

Peez, H. (1983). Angst als Begleiter im Lehrerleben. Berufsbezogene Ängste in der Selbstwahrnehmung und im Urteil der Schüler. *Bayerische Schule, 2,* 15-18.

Pekrun, R. (1985). Schulischer Unterricht, schulische Bewertungsprozesse und Selbstkonzeptentwicklung. *Unterrichtswissenschaft, 13,* 220-248.

Pekrun, R. (1993). Entwicklung von schulischer Aufgabenmotivation in der Sekundarstufe: Ein erwartungs-wert-theoretischer Ansatz. *Zeitschrift für Pädagogische Psychologie, 7,* 87-97.

Pekrun, R. (1994). Schule als Sozialisationsinstanz. In K.A. Schneewind (Hrsg.), *Pädagogische Psychologie* (= Enzyklopädie der Psychologie, Reihe Psychologie der Erziehung und Sozialisation, Band I , S. 465-493). Göttingen: Hogrefe.

Perrez, M. (1980). Implementierung neuen Erziehungsverhaltens. Interventionsforschung im Erziehungsstil-Bereich. In K.A. Schneewind & Th. Herrmann (Hrsg.), *Erziehungsstilforschung: Theorien, Methoden und Anwendung der Psychologie elterlichen Erziehungsverhaltens* (S. 245-280). Bern: Huber.

Perrez, M. (1982a). Was nützt die Psychotherapie? *Psychologische Rundschau, 33,* 121-126.

Perrez, M. (1982b). Die Wissenschaft soll für die psychotherapeutische Praxis nicht länger tabu bleiben! *Psychologische Rundschau, 33,* 136-141.

Perrez, M. (1983). Wissenschaftstheoretische Probleme der Klinischen Psychologie: Psychotherapeutische Methoden - zum Stand ihrer metatheoretischen Diskussion. In W.-R. Minsel & R. Scheller (Hrsg.), *Forschungskonzepte der Klinischen Psychologie* (S. 148-163). München: Kösel.

Perrez, M. & Patry, J.-J. (1982). Nomologisches Wissen, technologisches Wissen, Tatsachenwissen - drei Ziele sozialwissenschaftlicher Forschung. In J.- L. Patry (Hrsg.), *Feldforschung* (S. 45-66). Bern: Huber.

Perrez, M., Patry, J.-L. & Ischi, N. (1981). Verhaltensstörungen bei Kindern im Zusammenhang mit Erziehungsstil-, ökologischen und sozialstrukturellen Variablen. In H. Walter (Hrsg.), *Region und Sozialisation. Beiträge zur sozialökologischen Präzisierung menschlicher Entwicklungsvoraussetzungen* (S. 91-115). Stuttgart: frommann-holzboog.

Perrez, M., Büchel, F., Ischi, N., Patry, J.-L. & Thommen, B. (1985). *Erziehungspsychologische Beratung und Intervention als Hilfe zur Selbsthilfe in Familie und Schule.* Bern: Huber.

Petermann, F. & Petermann, U. (1986). *Training mit sozial unsicheren Kindern. Einzeltraining, Kindergruppen, Elternberatung.* München: PVU.

von Pfaundler, M. (1924). Über Anstaltsschäden an Kindern. *Monatsschrift für Kinderheilkunde, 29,* 661 ff.

Piaget, J. (1976). Das moralische Urteil beim Kinde (2. Auflage). Frankfurt/M.: Suhrkamp (orginal, 1932: Le Judgement Moral Chez L'Efant. Paris: Presses Universitaires de France).

Pichler, H. (1982). *Klassengröße und Schulerfolg.* Frankfurt/M.: DIPF.

Picht, G. (1964). *Die deutsche Bildungskatastrophe.* Olten: Walter.

Pieper, A. (1991). *Einführung in die Ethik* (2. Auflage). Tübingen: UTB.

Poincare, H. (1913). *The foundations of science.* New York: Science Press.

Pollok, E. (1973). *Psychologische Probleme der musikalischen Begabung.* Unveröff. Diss., Universität Salzburg.

Pongratz, L.J. (1967). *Problemgeschichte der Psychologie.* Bern: Francke.

Popper, K.R. (1965). *Das Elend des Historizismus.* Tübingen: Mohr.

Popper, K. R. (1974). *Objektive Erkenntnis. Ein evolutionärer Entwurf.* Hamburg: Hoffmann & Campe.

Prahl, H. W. (1979). *Prüfungsangst. Symptome - Formen - Ursachen.* Frankfurt/M.: Fischer.

Prell, S. (1973). Die Auswirkung von Prüfungsangst auf verschiedene Formen der Lernzielkontrolle. *Psychologie in Erziehung und Unterricht, 20,* 14-30.

Prenzel, M., Eitel, F., Holzbach, R., Schoenheinz, R,.J. & Schweiberer, L. (1993). Lernmotivation im studentischen Unterricht in der Chirurgie. *Zeitschrift für Pädagogische Psychologie, 7,* 125-137.

Preuss-Lausitz, U. (1993). Pluralisierung und Benachteiligung im deutschen Bildungssystem. In W. Drave (Hrsg.), *In der Bildung benachteiligt* (S. 13-30). Würzburg: edition bentheim.

Probst, P. (1994). Das Fach Psychologie an der Universität Hamburg (1911 - 1994). Vom Psychologischen Laboratorium zum Fachbereich Psychologie: Ein geschichtlicher Überblick. In Deutsche Gesellschaft für Psychologie (Hrsg.), *39. Kongreß der Deutschen Gesellschaft für Psychologie. 25. - 29. September 1994 in Hamburg. Programm* (S. 14-15). Hamburg: Eigenverlag.

Pomerantz, M. & Schultz, C.B. (1975). The reliability and validity of two objective measures of achievement motivation for adolescent females. *Educational and Psychological Measurement, 35,* 379-386.

Pross, H. (1969). *Über die Bildungschancen von Mädchen in der Bundesrepublik.* Frankfurt/M.: Suhrkamp.

Raatz, U. & Möhling, R. (1971). *Frankfurter Tests für Fünfjährige - Konzentration.* Weinheim: Beltz.

Rachmann, S. (1975). *Angst. Formen, Ursachen und Therapie.* München: Urban & Schwarzenberg.

Rachmann, S. & Bergold, J.B. (1976). *Verhaltenstherapie bei Phobien* (3. Auflage). München: Urban & Schwarzenberg.

Rapp, G. (1982). *Aufmerksamkeit und Konzentration. Erklärungsmodelle - Störungen - Handlungsmöglichkeiten.* Bad Heilbrunn: Klinkhardt.

Reinecker, H. (1994). *Phobien. Agoraphobien, soziale und spezifische Phobien.* Göttingen: Hogrefe.

Remschmidt, H. & Walter, R. (1990). *Psychische Auffälligkeiten bei Schulkindern.* Göttingen: Hogrefe.

Renzulli, J.S. (1986). The three-ring concept of giftedness: A developmental model for creative productivity. In R.J. Sternberg & J.E. Davidson (Eds.), *Conceptions of giftedness* (pp. 53-92). Cambridge: University Press.

Révész, G. (1920). Prüfung der Musikalität. *Zeitschrift für Psychologie, 85,* 163-209.

Rheinberg, F. (1976). Situative Determinanten der Beziehung zwischen Leistungsmotiv und Schul- und Studienleistung. In H.D. Schmaldt & W.U. Meyer (Hrsg.), *Leistungsmotivation und Verhalten* (S. 249-264). Stuttgart: Klett.

Rheinberg, F. (1980). *Leistungsbewertung und Lernmotivation.* Göttingen: Hogrefe.

Rheinberg, F. & Donkoff, D. (1993). Lernmotivation und Lernaktivität. *Zeitschrift für Pädagogische Psychologie, 7,* 117-123.

Rheinberg, F. & Enstrup, B. (1977). Selbstkonzept der Begabung bei normalen und Sonderschülern gleicher Intelligenz: Ein Bezugsgruppeneffekt. *Zeitschrift für Entwicklungspsychologie und Pädagogische Psychologie, 9,* 171-180.

Rheinberg, F. & Hoss, J. (1979). Störungen und Mitarbeit im Unterricht. Eine Erkundungsstudie zu Kenntnis der Kategorisierung des Lehrerverhaltens. *Zeitschrift für Entwicklungspsychologie und Pädagogische Psychologie, 11,* 244-249.

Rheinberg, F. & Krug, S. (1993). *Motivationsförderung im Alltag.* Göttingen: Hogrefe.

Ribke, J. (1979). *Musikalität als Variable von Intelligenz, Denken und Erleben.* Hamburg: Dieter Wagner.

Ringness, T.A. (1965). Affective differences between successful and nonsuccessful bright ninth grade boys. *Personnel and Guidance Journal, 43,* 600-606.

Rittelmeyer, C. (1987). Bedeutungsfelder der Schulbau-Architektur. *Psychologie in Erziehung und Unterricht, 34,* 171-177.

Roe, A. (1963). Personal problems in science. In C.W. Taylor & F. Baron (Ed.), *Scientists creativity: Ist recognition and developement* (pp. 132-138). New York: Wiley.

Rösler, H.D. (1970). *Leistungshemmende Faktoren in der Umwelt des Kindes.* Leipzig: Barth.

Rogers, C.R. (1973). *Entwicklung der Persönlichkeit.* Stuttgart: Klett.

Rohracher, H. (1971). *Einführung in die Psychologie* (10. Auflage). München: Urban & Schwarzenberg (1988, 13. Auflage, PVU).

Rolff, H.G., Hansen, G., Klemm, K. & Tillmann, K.J. (1984). (Hrsg.). *Jahrbuch der Schulentwicklung. Daten, Beispiele und Perspektiven* (Band 3). Weinheim: Beltz.

Rollett, B. (1981). *Zuweisungs- und Umstufungspraxis bei äußerer Differenzierung.* Unveröff. Manuskript, Bochum.

Root, A.A. (1970). What instructors say to the students makes a difference. *Engeneering Education, 62,* 722-725.

Rosemann, H. (1978). *Kinder im Schulstreß. Die Krankheit, die Schule heißt.* Frankfurt/M.: Fischer.

Rosen, B.C. & D'Andrade, R. (1959). The psychological origins of achievement motivation. *Sociometry, 22,* 185-218.

Rosenberg, M.J. & Hovland, C.I. (1960). Cognitive, affective and behavioral components of attitudes. In M.J. Rosenberg (Ed.), *Attitude organization and change* (pp. 1-14). New Haven: Yale University Press.

Rosenfield, P., Lambert, N.M. & Black, A. (1985). Desk arrangement effects on pupils classroom behavior. *Journal of Educational Psychology, 77,* 101-108.

Rosenshine, B. (1971). *Teaching behaviours and student achievement.* London: National Foundation of Educational Research.

Rosenshine, B. (1976). Classroom instruction. In N.L. Gage (Ed.), *The psychology of the teaching methods* (pp. 335-371). Chicago: University of Chicago Press.

Rosenshine, B. & Furst, N. (1971). Research in teacher performance criteria. In B.O. Smith (Ed.), *Research in teacher education* (pp. 37-72). Englewood Cliffs: Prentice Hall.

Rost, D. (1977). Läßt sich Schulangst im Klassenzimmer durch Modell- bzw. Bekräftigungslernen reduzieren? *Zeitschrift für Empirische Pädagogik, 1,* 14-39.

Rost, D. (Hrsg.). (1982). *Entwicklungspsychologie für die Grundschule.* Bad Heilbronn: Klinkhardt.

Rost, D.H. (1991). Sonderklassen für besonders Begabte? Fördermaßnahmen für Grundschulkinder im Urteil von Eltern und Lehrenden. *Die Deutsche Schule, 83,* 51-67.

Rost, D.H. (1991). Identifizierung von „Hochbegabung". *Zeitschrift für Entwicklungspsychologie und Pädagogische Psychologie, 23,* 197-231.

Rost, D.H. & Hanses, P. (1992). Spielzeugbesitz und Spielzeugnutzung hochbegabter Kinder. *Zeitschrift für Entwicklungspsychologie und Pädagogische Psychologie, 24,* 91-114.

Roth, E., Oswald, W.D. & Daumenlang, K. (1980). *Intelligenz. Aspekte - Probleme - Perspektiven* (4. Auflage). Stuttgart: Kohlhammer.

Rüdiger, D., Kormann, A. & Peez, H. (1976). *Schuleintritt und Schulfähigkeit.* München: Reinhardt.

Rüdiger, D., Grimm, M., Marcinkowski, N. & Marenbach, D.(1984). *Regensburger Modell - Lesenlernen mit Habakuk.* Frankfurt/M.: Diesterweg.

Rutter, M., Maughan, B., Mortimore, P. & Ouston, P. (1980). *Fünfzehntausend Stunden.* Weinheim: Beltz (original 1979: *Fifteen thousand hours.* London: Open Books).

Ryan, F.J. (1958). Trait ratings of high school students by teachers. *Journal of Educational Psychology, 49,* 124-128.

Ryan, R.M., Connell, J.P. & Deci, E.L. (1985). A motivational analysis of self-determination and self-regulation in education. In C. Ames & R. Ames (Eds.), *Research on motivation in education* (Vol. 2, pp. 13-51). Orlando: Academic Press.

Ryans, D.G. (1961). Some relationship between pupil behavior and certain teacher characteristics. *Journal of Educational Psychology, 52,* 82-90.

Salomon, G. (1975). Heuristische Modelle für die Gewinnung von Interaktionshypothesen. In R. Schwarzer & K. Steinhagen (Hrsg.), *Adaptiver Unterricht - Zur Wechselwirkung von Schülermerkmalen und Unterrichtsmethoden* (S. 127-145). München: Kösel.

Sander, E. (1988). Überlegungen zur Analyse fördernder und belastender Bedingungen in der Entwicklung von Scheidungskindern. *Zeitschrift für Entwicklungspsychologie und Pädagogische Psychologie, 20,* 77-95.

Sarason, I. G. (1975). Anxiety and self-preoccupation. In I. G. Sarason & C. D. Spielberger (Eds.), *Stress and anxiety* (Vol. 2, pp. 27-44). New York: Wiley.

Sarason, I. G., Pederson, A. M. & Nyman, B. A. (1968). Test anxiety and the observation of models. *Journal of Personality, 36,* 493-511.

Sarason, S. B., Davidson, K. S., Lighthall, F. F., Waite R. R. & Ruebush, B. K. (1971). *Angst bei Schulkindern. Ein Forschungsbericht.* Stuttgart: Klett.

Sauer, J. (1973). *Sozialstatus und Intelligenz. Eine empirische Untersuchung an Kindern und Jugendlichen als Beitrag zur schichtspezifischen Intelligenzdifferenzierung.* Unveröff. Diss., Universität Salzburg.

Scheer, J.W. & Zenz, H. (1973). *Studenten in der Prüfung. Eine Untersuchung zur akademischen Initiationskultur.* Frankfurt/M.: Aspekte-Verlag.

Schell, H. (1972). *Angst und Schulleistung.* Göttingen: Hogrefe.

Schenk-Danzinger, L. (1985). *Entwicklungspsychologie* (20. Auflage, 14. Auflage: 1984). Wien: Österreichischer Bundesverlag.

Schiefele, U. (1989). Thematisches Interesse, Variablen des Leseprozesses und Textverstehen. *Gelbe Reihe: Arbeiten zur Empirischen Pädagogik und Pädagogischen Psychologie, Nr. 16.* München: Institut für Emp. Päd. u. Päd. Psych. der LMU und Institut für Erz.wiss. u. Päd.Psych. der Universität der Bundeswehr München.

Schiefele, U. & Winteler, A. (1988). Interesse - Lernen - Leistung. Eine Übersicht über theoretische Konzepte, Erfassungsmethoden und Ergebnisse der Forschung. *Gelbe Reihe: Arbeiten zur Empirischen Pädagogik und Pädagogischen Psychologie, Nr. 14.* München: Institut für Emp. Päd. u. Päd. Psych. der LMU und Institut für Erz.wiss. u. Päd. Psych. der Universität der Bundeswehr München.

Schiffler, L. (1989). *Suggestopädie und Superlearning - empirisch überprüft. Einführung und Weiterentwicklung für Schule und Erwachsenenbildung.* Frankfurt/M.: Diesterweg.

Schmalohr, E. (1968). *Frühe Mutterentbehrung bei Mensch und Tier.* München: Reinhardt.

Schneewind, K.A. (1975). *Psychologie - Was ist das?* Trier: Universitätsschrift.

Schneewind, K.A., Beckmann, M. & Engfer, A. (1983). *Eltern und Kinder. Umwelteinflüsse auf das familiäre Verhalten.* Stuttgart: Kohlhammer.

Schorb, A.O. & Schmidbauer, M. (1973). *Aufstiegsschulen im sozialen Wettbewerb.* Stuttgart: Klett.

Schreiner, G. (1973). *Schule als sozialer Erfahrungsraum. Überlegungen und Untersuchungen zum Phänomen des Schulklimas.* Frankfurt/M.: Fischer-Athenäum.

Schröder, H. (1979). *Lehrerpersönlichkeit und Erziehungswirksamkeit.* Berlin: Volk & Wissen VEB.

Schuck, K.D. & Schuck, E. (1979). Familiäre Umwelt und kognitive Leistungen im Vorschul- und Schulalter. *Zeitschrift für Empirische Pädagogik, 3,* 135-151.

Schuster, D. (1983). *Psychologische Lernsysteme in der Praxis.* Bremen: Psychologische Lernsysteme Vertriebsgesellschaft.

Schuster, D. & Bordon, R.B. (1976). *Suggestive-accelerating learning and teaching: A manual of classroom procedures based on the Lozanov method.* Ames, Iowa: Box 1216 Welch Station, ED - 136566.

Schuster, D.H. et al. (1980). The effects of biofeedback-induced tension or relaxation, chronic anxiety, vocabulary easiness, suggestion and sex of subject on learning rare vocabulary words. *Journal of Suggestive-Accelerating Learning and Teaching, 5,* 275-288.

Schwarzer, R. (1975). *Schulangst und Lernerfolg.* Düsseldorf: Schwann.

Schwarzer, R. (1981a). Besorgtheit und Aufgeregtheit als unterscheidbare Komponenten der Leistungsängstlichkeit. *Psychologische Beiträge, 23,* 579-594.

Schwarzer, R. (1981b). Schulangst in Beziehung zur Klassenstufe und Schulart. *Psychologie in Erziehung und Unterricht, 28,* 1-6.

Schwarzer, R. & Steinhagen, K. (1975). Adaptiver Unterricht als Beitrag zur pädagogischen Ökologie. In R. Schwarzer & K. Steinhagen (Hrsg.), *Adaptiver Unterricht - Zur Wechselwirkung von Schülermerkmalen und Unterrichtsmethoden* (S. 11-26). München: Kösel.

Sears, R.R., Maccoby, E.E. & Levin, H. (1957). *Patterns of child rearing.* New York: Harper.

Seashore, C.E. (1919). *Manual of instructions and interpretations of measures of musical talent.* Chicago: C.H. Stoeling.

Seginer, R. (1983). Parents' educational expectations and children's academic achievements: A literature review. *Merrill-Palmer Quarterly, 29,* 1-23.

Seiffke-Krenke, I. (1974). *Probleme und Ergebnisse der Kreativitätsforschung.* Bern: Huber.

Selg, H., Mees, U. & Berg, D. (1988). *Psychologie der Aggressivität.* Göttingen: Hogrefe.

Seligman, M.E.P. (1979). *Erlernte Hilflosigkeit.* München: Urban & Schwarzenberg (original erschienen 1975: *Helplessness. On depression, development and death.* San Francisco: Freeman)

Shavelson, R.J., Hubner, J.J. & Stanton, G.C. (1976). Self-concept: Validation of construct interpretations. *Review of Educational Research, 46,* 407-441.

Shulman, L.S. (1970). Reconstruction of educational research. *Review of Educational Research, 40,* 171-197.

Shuter, R. (1968). *The psychology of musical ability.* London: Methuen.

Siegmund, U. (1983). *Der Zusammenhang zwischen Erziehungseinstellungen und dem Erziehungsverhalten von Kindergartenerzieherinnen unter Berücksichtigung von Personen- und Situationsvariablen.* Unveröff. Diss., Universität Konstanz.

Skinner, B.F. (1964). *Discussion of behaviorism at fifty.* In T.W. Wann (Ed.), *Behaviorism and phenomenology* (pp. 79-97). Chicago: University of Chicago Press.

Skinner, B.F. (1970). *Futurum zwei.* Hamburg: Wegner.

Skodak, M. & Skeels, H.M. (1949). A final follow-up study of one hundred adopted children. *Journal of Genetic Psychology, 75,* 85-125.

Slater, B. (1968). Effects of noise on pupil performance. *Journal of Educational Psychology, 59,* 239-243.

Smith, R.E. & Scharpe, T.M. (1970). Treatment of school phobia with implosive therapy. *Journal of Consulting and Clinical Psychology, 35,* 239-243.

Sommer, R. & Becker, F.D. (1971). Room density and user satisfaction. *Environment and Behavior, 3,* 412-417.

Sommerkorn, I.N. (1988). Die erwerbstätige Mutter in der Bundesrepublik: Einstellungs- und Problemveränderungen. In R. Nave-Herz (Hrsg.), *Wandel und Kontinuität der Familie in der Bundesrepublik Deutschland* (S. 115-144). Stuttgart: Enke.

Spandl, O.P. (1979). *Die Angst des Schulkindes und ihre Überwindung. Ein praktischer Leitfaden zu Erkenntnis und zum Abbau von Schul-, Leistungs- und Prüfungsangst.* Freiburg: Herder.

Spandl, O. P. (1980). *Konzentrationstraining mit Kindern.* Freiburg: Herder.

von Spaun, K. (1992). *Schulerfolg und Schulversagen an der Grund- und Hauptschule.* München: Staatsinstitut für Schulpädagogik und Bildungsforschung München (Arbeitsbericht Nr. 246).

Spearman, C. (1904). General intelligence, objectively determined and measured. *American Journal of Psychology, 15,* 201-293.

Speichert, H. (1977). *Schulangst. Das Eltern-Schüler-Trauma. Ursachen und Auswege.* Reinbek: Rowohlt.

Spence, K.H. (1956). *Behavior theory and conditioning.* New Haven: Yale University Press.

Spielberger, C. D., Gonzalez, P., Taylor, C. J., Algaze, B. & Anton, W. D. (1979). Examination stress and test anxiety. In C. D. Spielberger & I. G. Sarason (Eds.), *Stress and anxiety* (Vol. 5, pp. 167-189). New York: Wiley.

Spitz, R. (1945). Hospitalism. *Psychoanalytic Study of the Child, 1,* 53-74.

Stallings, J. (1980). Allocated academic learning time revisited - or beyond time on task. *Educational Researcher, 9,* 11-16.

Stapf, K. H., Herrmann, T., Stapf, A. & Staecker, K. H. (1972). *Psychologie des elterlichen Erziehungsstils.* Stuttgart: Klett.

Statistisches Bundesamt (Hrsg.). (1993). *Bildung im Zahlenspiegel 1993.* Wiesbaden: Metzler-Pöschel.

Statistisches Bundesamt (Hrsg.). (1994). *Bildung und Kultur. Fachserie 11. Reihe 1. Allgemeinbildende Schulen 1992.* Wiesbaden: Eigenverlag.

Statistisches Bundesamt (Hrsg.). (1952 - 1994). *Statistisches Jahrbuch für die Bundesrepublik Deutschland.* Wiesbaden: Metzler & Poeschel (bzw. Stuttgart: Kohlhammer).

Stegmüller, W. (1969). *Probleme und Resultate der Wissenschaftstheorie und Analytischen Philosophie I. Wissenschaftliche Erklärung und Begründung.* Berlin: Springer.

Steinhausen, H.-C. (Hrsg.). (1982). *Das konzentrationsgestörte und hyperaktive Kind.* Stuttgart: Kohlhammer.

Steinhausen, H.-C., Kreuzer, E.-M, Göbel, D. & Romahn, G. (1982). Lernen und Aufmerksamkeit unter Methylphenidat. In H.-C. Steinhausen (Hrsg.), *Das konzentrationsgestörte und hyperaktive Kind* (S. 52-62). Stuttgart: Kohlhammer.

Stern, W. (1912). *Die psychologischen Methoden der Intelligenzprüfung und deren Anwendung an Schulkindern.* Leipzig: Barth.

Stern, W. (1950). *Allgemeine Psychologie auf personalistischer Grundlage.* Haag: Nijhoff.

Stoeger, I. (1986). *Die Auswirkungen der Progressiven Muskelentspannung auf die Konzentrationsleistung.* Unveröff. Diss., Universität Wien.

Stotland, E. & Blumenthal, A. (1964). The reduction of anxiety as result of the expectation of making a choice. *Canadian Journal of Psychology, 18,* 139-145.

Sturges, P.T. (1972). Information delay and retention: Effect of information in feedback and tests. *Journal of Educational Psychology, 63,* 32-43.

Sumner, F.C. & Brooker, N.M. (1943). Variability of students' marks earned in daily tests. *Journal of Psychology, 15,* 233-241.

Tallmadge, G.K. & Shearer, J.W. (1971). Interactive relationships among learner characteristics, types of learning, instructional methods and subject matter variables. *Journal of Educational Psychology, 62,* 31-38.

Tausch, R. & Tausch, A. M. (1973). *Erziehungspsychologie* (7. Auflage; 9. Auflage, 1990). Göttingen: Hogrefe.

Taylor, J.A. (1951). The relationship of anxiety to the conditioned eyelid response. *Journal of Experimental Psychology, 41,* 81-92.

Terman, L.M. (Ed.). (1925). *Genetic studies of genius. Vol 1. Mental and physical traits of a thousand gifted children.* Stanford, Californien: Stanford Univ. Press.

Thalmann, H. C. (1971). *Verhaltensstörungen bei Kindern im Grundschulalter.* Stuttgart: Klett.

Thiel, R., Keller, G. & Binder, A. (1979). *AVI - Arbeitsverhaltensinventar.* Braunschweig: Westermann.

Thorndike, E.L. (1935). *The psychology of wants, interests and attitudes.* New York: Appleton Century Comp.

Thurstone, L.L. (1938). Primary mental abilities. *Psychometric Monographs, Nr. 1.*

Tiedemann, S. (1977). *Leistungsversagen in der Schule.* München: Reinhardt.

Tobias, S. (1975). Sequenzierung, Materialvertrautheit und Merkmal-Methoden-Interaktionen im programmierten Unterricht. In R. Schwarzer & K. Steinhagen (Hrsg.), *Adaptiver Unterricht - Zur Wechselwirkung von Schülermerkmalen und Unterrichtsmethoden* (S. 146-160). München: Kösel.

Todt, E. (1967). *Differentieller Interessentest.* Bern: Huber.

Todt, E. (1985). Die Bedeutung der Schule für die Entwicklung der Interessen von Kindern und Jugendlichen. *Unterrichtswissenschaft, 13,* 362-376.

Torrance, E.P. (1962a). *Guiding creative talent.* New York: Englewood Cliffs.

Torrance, E.P. (1962b). Testing and creative talent. *Educational Leadership, 20,* 7-10.

Torrance, E.P. (1964). Explorations in creative thinking in the early school years: A progress report. In C.W. Taylor & F. Barron (Eds.), *Scientific creativity: Its recognition and development* (pp. 173-183). New York: Wiley.

Toynbee, A. (1964). Is America neglecting her creative minority? In C.W.Taylor (Ed.), *Widening horizons in creativity* (pp. 3-9). New York: Wiley.

Treiber, B. (1980a). *Qualifizierung und Chancenausgleich.* Frankfurt/M.: Lang.

Treiber, B. (1980b). Stundenausfälle, Störungen und Lerngelegenheiten im Unterricht aus der Sicht von Lehrern und das Leistungsniveau ihrer Klassen. Zur Wirksamkeit der Quantität von Instruktion. *Zeitschrift für Empirische Pädagogik, 4,* 245-254.

Treiber, B. & Weinert, F. (1982). Gibt es theoretische Fortschritte in der Lehr-Lern-Forschung? In B. Treiber & F.E. Weinert (Hrsg.), *Lehr-Lern-Forschung* (S. 242-280). München: Urban & Schwarzenberg.

Trudewind, C. (1974). *Häusliche Umwelt und Motiventwicklung.* Göttingen: Hogrefe.

Trudewind, C. & Husarek, B. (1979). Mutter-Kind-Interaktion bei der Hausaufgabenanfertigung und die Leistungsmotiventwicklung im Grundschulalter - Analyse einer ökologischen Schlüsselsituation. In H. Walter & R. Oerter (Hrsg.), *Ökologie und Entwicklung* (S. 229-246). Stuttgart: Klett.

Trudewind, C. & Wegge, J. (1989). Anregung - Instruktion - Kontrolle: Die verschiedenen Rollen der Eltern als Lehrer. *Unterrichtswissenschaft, 17,* 13-155.

Tunner, W. (1975). Systematische Desensibilisierung und das Lernen von Strategien zur Bewältigung von Angst. In I. Florin & W. Tunner (Hrsg.), *Therapie der Angst* (S. 221-239). München: Urban & Schwarzenberg.

Turkson, S.N.A. (1970). *Psychosomatische Erhebungen an Prüflingen.* Unveröff. med. Dissertation. Gießen: Med. Fak.

Uguroglu, M.A. & Walberg, H.J. (1979). Motivation and achievement: A qualitative synthesis. *American Educational Research Journal, 16,* 375-389.

Ulmann, G. (1968). *Kreativität.* Weinheim: Beltz.

Urban, K.K. (1981). Zur Geschichte der Hochbegabtenforschung. In W. Wieczerkowski & H. Wagner (Hrsg.), *Das hochbegabte Kind* (S. 15-72). Düsseldorf: Schwann.

Urban, W. (1984). *Persönlichkeitsstruktur und Unterrichtskompetenz.* Wien: Österreichischer Bundesverlag.

Vagt, G. & Kühn, G. (1976). Zum Zusammenhang zwischen Ängstlichkeit und Schulleistung: Die Berücksichtigung des Ausmaßes der häuslichen Vorbereitung auf schulische Prüfungssituationen. *Zeitschrift für experimentelle und angewandte Psychologie, 23,* 163-173.

Valins, S. & Ray, A. (1967). Effects of cognitive desensitization and avoidance behavior. *Journal of Personality and Social Psychology, 7,* 345-350.

Vernon, P.E. (1970). *Creativity. Selected readings.* Harmondsworth: Penguin Books.

Vidor, M. (1931). *Was ist Musikalität?* München: Beck.

Viebahn, P. (1977). „Bestanden - nicht bestanden" als Bewertungskategorien in Prüfungen. *Psychologie in Erziehung und Unterricht, 24,* 231-240.

Wagner, I. (1982). Konzentrationstraining bei impulsiven und bei „trödelnden" Kindern. In H.-C. Steinhausen (Hrsg.), *Das konzentrationsgestörte und hyperaktive Kind* (S. 166-179). Stuttgart: Kohlhammer.

Wagner, I. (1990). *Aufmerksamkeitstraining mit impulsiven Kindern* (4. Auflage). Nieder-Olm: Klotz.

Walberg, H.J. & Marjoribanks, K. (1974). Social environment and cognitive development: Towards a generalized causal analysis. In K. Marjoribaks (Ed.), *Environments for learning* (pp. 259-273). London: National Foundation for Educational Research Publications.

Wallach, M.A. & Kogan, N. (1965). *Modes of thinking in young children. A study of the creativity-intelligence distinction.* New York: Holt, Rinehart & Winston.

Walter, H. (1977). *Angst bei Schülern.* München: Goldmann.

Wandel, F. (1979). *Macht die Schule krank? Probleme einer Sozialpathologie der Schule.* Heidelberg: Quelle & Meyer.

Watson, J.B. & Rayner, R. (1920). Conditioned emotional responses. *Journal of Experimental Psychology, 3,* 1-14.

Wattenberg, W. & Clifford, C. (1964). Relation of self-concept to beginning achievement in reading. *Child Development, 35,* 461-467.

Warnke, A. & Innerhofer, P. (1978). Ein standardisiertes Elterntrainingsprogramm zur Therapie des Kindes und zur Erforschung von Erziehungsvorgängen. In K.A. Schneewind & H. Lukesch (Hrsg.), *Familiäre Sozialisation* (S. 280-293). Stuttgart: Klett.

Weidenmann, B. (1978). *Lehrerangst. Ein Versuch, Emotionen aus der Tätigkeit zu begreifen.* München: Ehrenwirth.

Weidenmann, B., Krapp, A., Hofer, M., Huber, G.L. & Mandl, H. (Hrsg.). (1993). *Pädagogische Psychologie. Ein Lehrbuch.* München: PVU.

Weiner, B. (1976). *Theorien der Motivation.* Stuttgart: Klett.

Weinert, F.E. (1974). Die Schule als Sozialisationsinstanz. In F.E. Weinert, C.F. Graumann, H. Heckhausen & M. Hofer (Hrsg.), *Funk-Kolleg Pädagogische Psychologie* (Band 1, S. 419-447). Frankfurt/M.: Fischer.

Weingartner, P. (1978). *Wissenschaftstheorie* (2. Auflage). Stuttgart: frommann-holzboog.

Weinstein, C.S. (1979). The physical environment of the school: A review of the research. *Review of Educational Research, 49,* 577-610.

Weishaupt, H. & Zedler, P. (1994). Aspekte der aktuellen Schulentwicklung in den neuen Ländern. In H.-G. Rolff, K.-O. Bauer, K. Klemm, H. Pfeiffer & R. Schulz-Zander (Hrsg.), *Jahrbuch der Schulentwicklung. Daten, Beispiele und Perspektiven* (Bd. 8, S. 395-429). Weinheim: Juventa.

Weiss, V. (1993). Leistungsstufen der Begabung und dreigliedriges Schulsystem. *Zeitschrift für Pädagogische Psychologie, 7,* 171-183.

Werbik, H. (1978). *Handlungstheorien.* Stuttgart: Kohlhammer.

Westhoff, K. & Kluck, M.-L. (1983). Zusammenhang zwischen Intelligenz und Konzentration. *Diagnostica, 29,* 310-319.

Westhoff, K. & Kluck, M.-L. (1984). Ansätze einer Theorie konzentrativer Leistungen. *Diagnostica, 30,* 167-183.

Westhoff, K., Rütten, C. & Borggrefe, C. (1990). *Hilfen bei Konzentrationsproblemen in den Klassen 5 - 10.* Broadstairs: borgmann publishing (modernes lernen).

Wexley, K.N. & Thornton, C.L. (1972). Effect of verbal feedback of tests upon learning. *Journal of Educational Research, 66,* 119-121.

Wieczerkowski, W., Nickel, H., Janowski, A., Fittkau, B. & Rauer, W. (1974). *Angstfragebogen für Schüler (AFS).* Braunschweig und Göttingen: Westermann und Hogrefe.

Wieczerkowski, W., Bastine, R., Fittkau, B., Nickel, H., Tausch, R. & Tewes, U. (1969). Verminderung von Angst und Neurotizismus bei Schülern durch positive Bekräftigungen von Lehrern im Schulunterricht. *Zeitschrift für Entwicklungspsychologie und Pädagogische Psychologie, 1,* 3-12.

Wilcke, B.A. (1976). *Studienmotivation und Studienverhalten.* Göttingen: Hogrefe.

Wild, K.-P. (1991). *Identifikation hochbegabter Schüler. Lehrer und Schüler als Datenquellen.* Heidelberg: Asanger.

Williams, J.P. (1963). Comparison of several response modes in a review program. *Journal of Educational Psychology, 54,* 253-260.

Williams, T. M. (Hrsg.). (1986). *The impact of television.* Orlando: Academie Press.

Wimmer, H. (1973). *Soziale Schicht und kognitive Merkmale bei Vorschulkindern.* Unveröff. Diss., Universität Salzburg.

Wimmer, H., Nasseri-Chapar, F. & Lukesch, H. (1975). Die Bedeutung soziokultureller, sprachlicher und kognitiver Merkmale für die Schulleistung von Schulanfängern. *Psychologie in Erziehung und Unterricht, 22,* 199-208.

Wine, J. (1971). Test anxiety and direction of attention. *Psychological Bulletin, 76,* 92-104.

Wing, H.D. (1944). A factorial study of musical tests. *British Journal of Psychology, 31,* 341-355.

Wing, H.D. (1948). Test of musical ability and appreciation. *British Journal Psychological Monographs Suppl.,* No. 27.

Winkel, R. (1979). Lehrerängste. Die eigene Angst bejahen. *betrifft: erziehung, 12,* 66-68.

Winteler, A., Sierwald, W. & Schiefele, U. (1988). Interesse, Leistung und Wissen: Die Erfassung von Studieninteresse und seine Bedeutung für Studienleistung und fachbezogenes Wissen. *Zeitschrift für Empirische Pädagogik, 2,* 227-250.

Winterbottom, M.R. (1958). The relation of need for achievement to learning experiences and mastery. In J.W. Atkinson (Ed.), *Motives in fantasy, action and society* (pp. 453-478). New York: van Nostrand.

Wolpe, J. (1958). *Psychotherapy by reciprocal inhibition.* Stanford: Stanford University Press.

Wurdak, U. (1986). *Vergleich der Fernsehserien „ Dallas" und „ Schwarzwaldklinik" auf der Basis der Inhaltsanalyse - Teil II: Inhaltsanalyse der „ Schwarzwaldklinik".* Unveröff. Hauptseminararbeit, Regensburg.

Wylie, R. (1979). *The self-concept.* Lincoln: University of Nebraska Press.

Yerkes, R.M. & Dodson, J.D. (1908). The relation of strength of stimulus to rapidity of habit-formation. *Journal of Comparative and Neurological Psychology, 18,* 459-482.

Zajonc, R.B. (1965). Social facilitation. *Science, 149,* 269-274.

Zecha, G. (1992). Wissenschaftstheorie und Pädagogik. In B. Möller (Hrsg.), *Logik der Pädagogik. Pädagogik als interdisziplinäres Aufgabengebiet* (2 Bd., S. 201-220). Oldenburg: bis.

Zielinski, W. (1980). *Lernschwierigkeiten. Verursachungsbedingungen, Diagnose, Behandlungsansätze.* Stuttgart: Kohlhammer.

Zullinger, H. (1971). *Die Angst unserer Kinder.* Frankfurt/M.: Fischer.

Zumkley-Münkel, C. (1976). *Imitationslernen.* Düsseldorf: Schwann.

Personenregister

Cruickshank 105, 238, 247
Csikszentmihalyi 166
Czerwenka 173

Dahme 316
D'Andrade 152
Dann 282
Datta 126
Deci 166, 167
Deffenbacher 187, 207
Degel 237, 238
Dejung 200
Dennis 82
Dewey 298
Dietrich 283, 287, 288
Dobbelstein-Osthoff 304, 307
Dobreff 186, 191
Dodson 210
Dörner 26, 85
Donkoff 160, 161
Doren 60
Dorsch 101
Doyle 244
Dreeben 246
Dreher 47, 48, 50, 51, 72, 74, 188
Dreikurs 215
Drew 240
Drucker 269
Dubin 263
Dührssen 62
Dunkin 244
Dykman 239
D'Zurilla 228

Eckensberger 294, 295
Edelstein 305
Eder 239
Eggers 316
Elbing 221
Elhardt 198
Ellgring 221
Ellis 227
Engfer 23
English 195
Enstrup 230
Epstein 179, 186, 191
Erixon 195
Erlenmeyer-Kimling 79, 80

Erlinghagen 43
Evertson 248
Ewert 17, 18
Eye von 26, 27
Eysenck 181

Falbo 157
Feger 310, 315, 320
Feig 29, 30
Feingold 108
Fend 45, 188, 218, 231, 234, 249
Fenner 217
Fenz 186, 191
Ferdinand 51
Festinger 145
Filene 268
Filipp 23
Fisch 186, 191
Fischer 24, 138
Fitch 269
Fittkau 217, 272, 273
Flanders 246
Flammer 256, 257, 258, 260, 262, 263, 264, 266, 267
Flemming 179
Fliegel 180, 181, 182
Fölling-Albers 52
Fransworth 136
French 164, 165, 290
Freud 121, 144, 197, 198, 199, 200, 201
Frey 109
Friedrich 35, 86, 87
Frohwein 271
Fromm 304
Frostig 112
Fürntratt 191, 192
Furst 253

Gage 13, 17, 143, 175, 241, 242, 244, 247
Gädicke 36
Gärtner-Harnach 180
Garbe 64, 65, 66, 67, 73
Garten 266
Garvey 224
Gehlen 144
Geipel 43
Genser 26
Getzels 122, 124

Sachwortregister